供应链突发事件应急管理

EMERGENCY MANAGEMENT OF
DISRUPTION RISKS IN THE SUPPLY CHAIN

黎枫／著

社会科学文献出版社
SOCIAL SCIENCES ACADEMIC PRESS (CHINA)

　　本书受北京市社会科学基金项目（项目编号：19GLB018）、北京知识管理研究基地项目（项目编号：5026023500）、北京信息科技大学促进高校内涵发展－工商管理一级学科项目（项目编号：5121911022）、北京市属高等学校人才强教深化计划"中青年骨干人才培养计划"项目（项目编号：PHR201108270）、北京市哲学社会科学"十二五"规划项目（项目编号：12JGB055）资助。

　　感谢葛新权教授、侯军岐教授、裴虎军、李广霞、孙魏魏、刘欣然、刘玥婷、回广福对本书写作与出版所给予的支持！

摘　要

　　本书从定量和定性角度，对供应链突发事件应急管理进行了研究。本书详细研究了基于案例推理的供应链突发事件风险预警，基于收益共享契约的多级供应链突发事件应急协调问题，基于最小费用流的多级供应链网络突发事件协调问题，供应链上企业之间和企业内部应急风险防范策略，旅游供应链应急管理问题，旨在通过上述研究，指导供应链上各企业共同抵御应急风险，降低供应链的损失，提高供应链的竞争力。希望本书研究成果可以为政府应对供应链突发事件的政策制定提供依据，为专家、学者研究供应链突发事件提供良好的研究方法。

　　本书主要采用理论分析与数值仿真计算相结合研究方式，运用供应链管理、风险管理、旅游管理、信息管理、运筹学、应急管理、最优化理论、微观经济学等理论与方法进行研究，取得了如下成果。

　　（1）构建了供应链突发事件风险预警模型，从定量角度，详细分析了风险预警的具体过程，争取做到突发事件的事前管理；研究了供应链突发事件应急管理机制；研究了企业之间和企业内部应急防范策略。

　　（2）研究了基于收益共享契约的多级供应链突发事件应急协调问题，从二级供应链拓展到了多级供应链突发事件应急管理定量研究。本书研究了突发事件前，多级供应链基于收益共享契约的协调；研究了突发事件发生后，调整收益共享契约参数，使多级供应链重新达到协调；研究了当需求变量和价格敏感系系同时扰动情况下的多级供应链的协调，通过 Matlab 进行了验证，给出了多级供应链应急协调策略。

（3）本书研究了基于最小费用流的多级供应链网络突发事件应急协调，从多级供应链拓展到了多级供应链网络结构定量协调研究。还研究了突发事件导致市场需求总规模和总供给发生变化时，供应链网络协调的问题，使供应链网络最大可能满足客户需求且总成本最低的情况下，调整供应链中制造商生产数量、分销商采购数量以及零售商订货数量等，建立了基于 Busacker-Gowan 迭代算法的最小费用最大流供应链网络模型，并使用 Matlab 软件进行求解，实现网络的优化。通过对突发事件前后供应链生产数量和订购数量进行比较分析，旨在为供应链应对突发事件紧急调度问题提供理论基础。

（4）运用粗糙集理论方法，结合国内外关于旅游突发事件应急响应研究成果，研究了旅游突发事件应急响应模型，建立了信息处理决策表。通过 Python 语言编程，建立响应模型，根据不同条件计算响应级别，从而触发不同级别应急部门的响应。为第一时间正确响应提供决策支持。旅游突发事件应急响应模型的建立，为旅游管理部门应急响应工作提供了实践依据。可以为启动应急预案进行救援工作争取宝贵时间，可以直接或间接降低旅游突发事件造成的人员伤亡等各方面损失。

关键词：供应链　突发事件　应急管理

Abstract

This research aims to provide a method to study emergency management of disruption risks in the supply chain based on the quantitative and qualitative methods. It studies disruption risks warning problems in the supply chain based on case-based reasoning method. This research studies the multi-level supply chain coordinate problems after the disruptions based on the revenue sharing contract. It also studies the problem of how to coordinate after the disruptions in multi-level supply chain network based on the minimum cost flow. At last, this research provides some emergency management suggestions to prevent disruption risks in the supply chain.

This research proposes a guideline for enterprises of how to resist disruption risks, control disruption risks, reduce supply chain losses and improve the competitiveness of the supply chain. It also provides some suggestions for the government on how to response to the supply chain disruptions. The results of this research provide a good way to solve the risks in the supply chain for the experts who focus on the related research.

This study combines the theoretical analysis and numerical simulation approach. By using of the theory and methods of supply chain management, risk management, information management, operations research, emergency management, optimization theory and microeconomics, the following results can be obtained.

(1) The early warning model of supply chain emergency risk is constructed, and the specific process of risk warning is analyzed in detail from a quantitative perspective. This research establishes disruption risks of the early warning system and analyzes the specific process of risk warning and aims to control the disruption risks in advance. The mechanism of supply chain emergency management and emergency prevention strategies within and between enterprises are also studied in this research.

(2) This research studies the problem of how to coordinate in the disruption risks in multi-level supply chain based on the revenue sharing contract. The innovation point is this research focuses on the multi-stage supply chain instead of the secondary supply chain which is common in most of the related research. By adjusting the revenue sharing contract parameters, multi-stage supply chain can achieve coordination again. It also studies the coordination under the consideration of both the demand variables and price-sensitive are in perturbation. The results are validated by Matlab and disruption coordination strategies of the supply chain are given to control the disruption risks.

(3) When disruption risks occur, they always result in the change of the demand and supply, so it is necessary to study the coordination in multi-level supply chain network. This research solves the problem of how to coordinate the disruptions of the multi-level supply chain network based on the minimum cost flow. In addition, it extends to the multi-stage supply chain network from the multi-stage supply chain based on the quantitative methods. In order to meet customer demand better with the lowest cost, it is necessary to adjust the size of productions and the orders of distributors and retailers, so this research establishes an iterative algorithm based on Busacker-Gowan in the supply chain network model and use the Matlab software to simulate the results. By comparing the results before and after the adjusion, it can be seen that the model provided in this research can respond to disruptions and provide a theoretical basis for emergency scheduling.

(4) In order to study the emergency response of tourism emergencies, the emergency response model of tourism emergencies is studied by using rough set theory method and the research results of domestic and foreign emergency response to tourism emergencies. In this paper, the decision tables are processing to find out a relationship between the first-time information of tourism accident and response level by using attribute reduction, and then calculating minimal condition set. Finally, according to different information, this model can calculate response level immediately through Python programming. Thus it can trigger different levels of emergency department to response. This research can provide decision support quickly to save valuable time for starting emergency plan and rescuing. The results show that the establishment of the above-mentioned emergency response model for tourism emergencies provides a practical basis for the emergency response work of tourism management departments. In order to start the emergency plan for rescue work, and strive for valuable time, directly and indirectly reduce the loss of people and other injuries caused by tourist emergencies. It can be seen that the above research has extremely important research significance for dealing with tourist emergencies.

Key Words: Supply Chain, Disruption Risks, Emergency Management

目　录

| 1 |

引言

进入 21 世纪，世界上越来越多国家、地区和企业受到突发事件的影响，突发事件由于其爆发时间短、规律不容易掌握、后果影响极大等特点，给世界各个国家和地区经济、政治的良性发展，人民正常生产和生活秩序，企业正常运行都造成极大危害，影响深远。供应链突发事件应急管理是从供应链突发事件风险识别、风险评估、风险预警、风险控制、风险减轻策略等方面进行研究，建立一个完善的供应链突发事件应急管理框架，努力把供应链突发事件风险损失降到最低，影响降到最小，这项研究无论是对于政府、企业管理者和专家学者都具有极其重要的意义。研究成果可以为政府应对供应链突发事件的政策制定提供指导；为专家学者研究供应链突发事件提供良好的研究方法和研究思路；相关企业可以从研究中借鉴突发事件应对经验，指导企业更好地应对突发事件，减少损失。

1.1 研究背景

随着经济全球化、市场国际化和电子商务在全球的发展，企业所处的竞争环境发生了根本性改变。著名供应链管理专家马丁·克里斯多夫曾经说过："市场上只有供应链而没有企业，真正的竞争不是企业与企业之间的竞争，而是供应链和供应链之间的相互竞争。"供应链与供应链之间竞争已被许多专家学者认为是企业未来发展主流趋势。然而，供应链上各个企业之间合作，会因为信息不对称、信息扭曲、市场不确定以及政治、经济、法律等因素导致各种风险的存在。供应链风险是一种潜在危险，它针对供应链系统脆弱环节，对系统造成破坏，给上下游企业以及整条供应链带来严重损失。

统计数据显示，近十年来，地震、海啸、洪涝、飓风、突发疫情、恐怖袭击等突发事件风险发生的频率和强度都在逐年增加，使很多企业遭受重创。企业外部经营环境越来越不稳定，突发事件使供应链出现供应中断，进而制造商停产，需求产生巨大波动，整条供应链崩溃事件时有发生，从而造成供应链上各个企业损失巨大。

2000年3月，美国新墨西哥州飞利浦公司芯片厂发生大火，该厂是诺基亚和爱立信公司零配件供应商，这场大火导致其正常供货中断，造成全球范围内连续几个星期的芯片短缺。诺基亚公司高层针对大火突发事件采取积极应对措施，该公司马上成立了一个突发事件危机处理小组。在短短两个星期内，该小组迅速找到了可行的应急对策并立即执行该对策。危机处理小组决定重新设计芯片，并且加速刺激产能，同时尽快寻找后备芯片供应商。经过不懈努力，他们找到了日本和美国的供应商，承担生产几百万个芯片的任务，从接单到生产只花了5天时间。诺基亚从此赢得了市场商机，提高了市场占有率，使公司的市场份额快速上升了3%。而爱立信公司由于对突发事件没有采取积极应对措施，等到发现芯片供应短缺的时候已经为时晚矣，损失了近40亿美元的潜在销售收入，该事件后来直接导致爱立信公司在手机市场上的竞争完全失去了优势，市场占有率急剧下滑，销售收入大减。

2001年美国"9·11"恐怖袭击事件发生后，美国政府对航空、陆路运输等进行了严格管制，美国与其他世界各地的运输与物流配送基本停止，导致全球各地的企业因为供应短缺和物流配送问题损失巨大，尤其是按照全球供应链和JIT理念运作的福特、丰田等大型制造型企业。

2005年，中国发生了"苏丹红"食品添加剂事件，震惊了整个中国。其供应链上的原料供应商、制造商、产品分销商、零售商都遭受重大损失。肯德基在中国的 1200 家店因为该事件 4 天至少损失 2600 万元；亨氏（广州）食品公司损失 1460 万元；湖南省辣椒类产品在中国市场的销售额下跌了四成左右。

2008 年 9 月"三聚氰胺"事件使奶牛养殖户、奶业制造企业、经销商、零售商到最终消费者都损失惨重，一夜之间国产奶制品销售完全处于停滞状态。直到今天，包括光明、蒙牛等大型牛奶制造企业还处于亏损状态，国产奶业市场一直萎靡不振，销售前景令人担忧。

2008 年"5·12"汶川大地震，不仅给国家、社会、人民生命财产造成巨大损失，而且危及许多行业和企业的可持续性发展。受地震影响，四川的旅游业受到巨大冲击。由于基础设施受损严重，电力供应无法保证，四川启明星和峨眉山铝业合计 40 万吨产能，以及宏达股份位于什邡的 10 万吨锌冶炼产能受到重大影响，四川省内多数锌矿和铅矿被迫关闭，国家和企业的损失巨大。

中新网 2011 年 3 月 23 日报道，日本东北部海域 11 日发生的 9 级特大地震及引发的海啸，估计造成高达 25 万亿日元（约合 2 万亿元人民币）的经济损失，并对日本出口与制造业的经济复苏造成不利影响。此次地震导致多家日本企业停产，造成汽车零配件和半导体、钢材等产品供应中断，进而导致全球许多企业不得不停产或减产，使日本和全球经济的复苏雪上加霜。

共同社报道称，日本丰田汽车公司于 2011 年 4 月 4 日表示，因东日本大地震造成零部件供应不畅，公司在北美地区的所有 14 个工厂很可能从 4 月下旬起全线停产，此举将影响丰田公司在北美市场的新车销售。报道称，受大地震影响，日产汽车公司已宣布北美工厂将暂时停止生产，本田公司也表示将缩短北美工厂的工作时间，美国通用汽车公司和福特汽车公司不得不暂停了部分生产线。东日本大地震对美国汽车产业的影响正日趋扩大。丰田公司在北美持续使用库存材料维持正常时间内的生产活动，由于日本国内的零部件厂家生产恢复迟缓，丰田公司预计正常时间内的生产将难以维系。由此可见，突发事件对供应链的冲击不仅影响了企业自身、供应链，甚至波及其他国家的许多行业的供应链。

2018 年，武汉生物制品研究所（简称"武汉生物"）和长春长生生物科技有限公司（简称"长春长生"）生产的百白破疫苗被抽查出效价不合格，影响免疫保护效果，都被吊销生产许可证。来自中检院数据显示，2015～2017 年，百白破疫苗只有武汉生物、长春长生和云南沃森生物技术股份有限公司三家供货商，武汉生物为我国最大供应商，占市场份额的 85.2%，长春长生占比 14.5%，沃森占比 0.3%。自武汉生物和长春长生疫苗事件以后，我国多个省区市出现疫苗断货情况，产品供不应求，造成适龄儿童不能及时接种。

2018 年 4 月 16 日，美国商务部发布公告称，美国政府在未来 7 年内，禁止中兴通讯向美国企业购买敏感产品。受限制令影响，中兴通讯在短时间内难以找到替代零部件供应商，主要经营活动已无法正常进行，直接损害了公司全体员工、遍布全球的运营商客户、终端消费者和股东的利益。三个月后，美国与中兴通讯签署协议，中兴通讯向美国支付 4 亿保证金后解除禁令，恢复运营。通过中兴事件我们意识到，中国企业必须提高自主研发能力，掌握核心技术，否则再面对类似突发事件，即从供应链源头获取原材料时，就会受制于人，将影响整条供应链正常运作。

2019 年 5 月 15 日，美国商务部工业与安全局正式将华为列入一份威胁美国国家安全"实体名单"中，禁止华为从美国企业购买技术或配件。华为针对未来可能遭遇的各类供应链危机，已提前做好准备，所以华为面对此困境没有坐以待毙，准备启动"备胎计划"，兑现持续高质量为顾客服务的承诺，以确保公司大部分产品战略安全及连续供应。5 月 28 日，一直与华为合作的联邦快递在没有被授权情况下，擅自将两个由日本送往中国华为公司的包裹转运至美国，虽然本次不包含重要文件，但该事件也引起了足够重视。最后，华为为了安全起见，更改合作物流配送商，与中国邮政成为全面战略合作伙伴。

随着全球供应链管理与技术发展，供应链层次结构和网络结构越来越复杂，所跨地域范围越来越广。现代供应链管理更多地强调精益制造、即时制造或零库存，这就使得企业抵御突发事件风险能力越来越弱，企业应急管理能力受到极大挑战。当突发事件发生时，供应链上许多企业正常运作被迫中断，有的甚至破产倒闭。但是也有一些供应链在遭受突发事件影响后，供应链上的企业受到极小影响，或能够从风险影响中迅速恢复，维持正常运作。供应链上这些企业处理突发事件应急管理机制、应对突发事件协调控制方法、应急防范措施，很值得分析与研究，以便为更多企业提供经验和借鉴。

美国管理学家孔茨说："企业不担心正常事件发生，最担心的是突发事件。"鉴于突发事件对国家、地区及企业所造成的巨大影响，加强突发事件应急管理研究，提高供应链上各企业应对突发事件的能力，已成为供应链管理、风险管理、应急管理、信息管理等领域研究的重要热点问题，研究意义和价值重大。

1.2 研究意义

供应链突发事件虽然发生的概率小，但是往往影响巨大，如果处理不好，可能会带来灾难性的后果；如果处理及时、得当，可以把供应链的损失降到最低。突发事件对供应链上企业造成破坏并产生损失，同时对企业来讲也是一次重要的机遇和挑战，是企业发展的一次良机，尤其竞争激烈的市场环境更可能是企业加速发展的契机。将应急管理、风险管理、信息管理和供应链管理相结合进行研究，是近年来一个新的发展思路和趋势。供应链突发事件应急管理是针对突发事件一个动态管理过程，分为监测预防、识别评价、应急控制和善后管理四个阶段。

对供应链突发事件应急管理的研究，具有以下意义。

（1）建立了供应链突发事件应急管理定量研究，从二级供应链拓展到了三级供应链进行研究；同时对目前最为复杂的多级供应链网络结构定量研究进行了有益尝试。

（2）研究了基于收益共享契约的多级供应链突发事件应急协调机制，发生突发事件后，通过调整收益共享契约参数，供应链可以重新进行协调定量研究，给出了此时参数关系式，多级供应链突发事件的定量研究取得了一定成果。

（3）供应链突发事件应急管理研究始终把供应链整体利益最大化，而不仅仅是供应链上各个企业自身利益最大化，这符合供应链特点。从对供应链突发事件协调控制和策略的研究发现，只有当供应链上企业共同抵御突发事件风险，实现整条供应链利益最大化时，能够降低突发事件对供应链的冲击，降低供应链损失；否则，供应链极其脆弱，极易发生中断或崩溃。

（4）建立供应链突发事件预警系统，争取做到事前管理。

（5）通过建立供应链突发事件应急管理机制，争取把突发事件管理纳入常规管理机制，把企业影响和损失降到最低；通过施行一系列企业之间应急管理防范措施和企业内部应急风险防范措施，降低突发事件对供应链上各个企业的影响，提高供应链整体的竞争能力。

（6）对供应链突发事件应急管理定性与定量相结合的研究，从根本上找到了供应链发生突发事件时，各企业尽快从突发事件的影响中恢复正常的协调方法和控制手段，降低风险危害和损失；研究了基于最小费用流的多级供应链网络的协调控制，供应链网络突发事件协调定量研究，运用运筹学中最小费用流的理论知识进行了有益的尝试，通过 Matlab 仿真给出制造商需要调整的生产数量、分销商和零售商需要调整的订购数量，便于指导企业应对突发事件定量的调整与策略分析。

（7）针对旅游供应链应对突发事件进行了详细研究，构建了适应社会、经济和旅游业发展的危机保障体系及对策研究，提高旅游供应链抵御危机事件能力，为游客出游提供安全保障，为旅游供应链上各企业抵御危机、协调控制、降低风险，提供了有效控制手段。提高了旅游供应链上相关企业的效益和效率，提高了旅游供应链整体竞争力。

（8）供应链突发事件应急管理研究，具有极大理论和实践上的研究价值。把理论成果具体应用到实际企业中，指导供应链上供应商、制造商、批发商、零售商以及旅游供应链上各相关企业更好地规避应急风险，共同抵御风险。企业需要牢牢树立自己是供应链上不可或缺成员的思想，同时追求供应链整体利益最大化。供应链上各个企业共同合作，抵御风

险，协调控制，将为供应链整体带来不可估量的效益和效率，降低供应
链损失，提高供应链竞争力，同时使供应链上各个企业都受益，这样的
研究方法和手段在当前供应链与供应链竞争的趋势下，具有重要的研究
意义。

1.3　研究主要内容

供应链突发事件应急管理是针对突发事件的一个动态管理过程，可
以分为监测预防、识别评价、应急控制和善后管理四个阶段。本书主要
包含两个部分，第一部分主要围绕制造业供应链突发事件应急管理进行
详细研究，第二部分主要围绕服务业典型供应链，即旅游供应链，应对
公共危机事件的措施展开详细研究。第一部分主要从供应链突发事件风
险预警和应急控制两个方面着重进行研究，尤其应急控制是这部分研究
重点。本书第一部分主要研究内容，如图 1 - 1 所示，本书第二部分主要
研究内容，如图 1 - 2 所示。

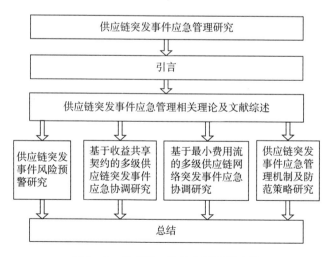

图 1 - 1　本书第一部分主要研究内容

（1）第一章引言部分，详细分析了供应链突发事件风险研究背景和
意义；详细分析了研究的主要内容、创新点、研究的主要技术路线和研
究中存在的主要问题。

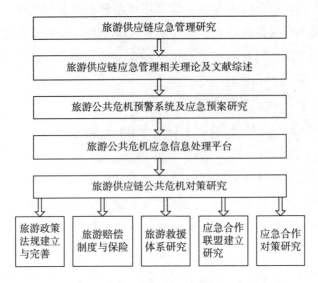

图 1 - 2　本书第二部分主要研究内容

（2）第二章为供应链相关理论概述。介绍了供应链理论、供应链管理理论以及应急管理相关理论。主要剖析了理论内容、特点、原则等内容，为后续研究提供理论依据。

（3）第三章为供应链应急管理相关理论及文献综述。介绍了供应链突发事件应急管理的相关知识以及从供应链风险识别、供应链突发事件风险评估和供应链突发事件风险控制三个方面对国外和国内的相关研究文献进行了总结和分析。

（4）第四章为供应链突发事件风险预警研究，对国外和国内供应链突发事件风险预警的文献进行分析研究，建立了基于案例推理的突发事件风险评估的流程和基于案例推理的风险预警流程。

（5）第五章介绍了供应链契约的相关理论。重点研究了收益共享契约、回购契约、弹性数量契约、批发价格契约和数量折扣契约。建立模型分析在不同契约条件下如何使得供应链成员利益最大化。

（6）第六章基于收益共享契约的多级供应链突发事件协调研究，详细分析了多级供应链在未发生突发事件时基于收益共享契约的协调研究，在发生突发事件后调整收益共享契约参数，从而使多级供应链达到新的协调研究。本章还研究了需求和价格敏感系数同时扰动时供应链最优分析；研究了在发生突发事件后，市场需求规模和价格敏感系数同时都发生变化的情况下，未采取任何应对措施和采取应对措施时供应链整体产生的利润差，通过 Matlab 仿真进行验证，提出了应对突发事件的应急策略。

（7）第七章基于最小费用流的多级供应链网络突发事件应急协调研究，分析了一个由制造商、分销商、零售商和顾客组成的多级供应链网络，在应对突发事件时出现的协调问题。当突发事件导致市场需求总规模和总供给发生变化时，研究供应链网络在突发事件发生后的协调作用，使供应链在最大限度满足客户需求且成本最低的情况下，调整供应链中制造商生产数量、分销商采购数量以及零售商订货数量，建立了基于 Busacker-Gowan 迭代算法的最小费用最大流供应链网络模型，并使用 Matlab 软件进行仿真，实现网络的优化。对突发事件前后的供应链网络中制造商生产数量、批发商和零售商订购数量进行比较分析，旨在为供应链应对突发事件的紧急调度问题提供理论基础。通过此模型可以对突发事件导致的供应链网络供给需求变化前后的供应链网络总成本、最大客户需求量满足度 m、各个分市场占总市场份额、供应链中制造商生产数量、分销商采购数量以及零售商订货数量调整进行分析与研究。

（8）第八章基于援助机制的多级供应链突发事件应急协调研究，分析了突发事件在供应链上的扩散机制。以三级供应链为例，从供应链成本角度分析供应链的最优恢复时间，依据各企业的单位拖欠成本确定最终的援助额，在供应商原材料价格上升影响下，企业的单位拖欠成本，可以由各企业的利润损失确定。供应链援助机制可以作为供应链应急管理恢复机制的有效措施。

（9）第九章为供应链突发事件应急管理机制及应急策略研究。在供应链突发事件应急管理定量研究的基础上，针对理论研究和数据仿真的结果，建立了供应链突发事件应急管理机制，进行了供应链上企业应对突发事件风险防范的策略研究，从企业之间的风险防范和企业内部风险防范两个方面进行了分析与研究。基于供应链突发事件应急管理机制及应急防范策略研究，建立供应链突发事件应急管理的机制，针对多级供应链单链结构和网络结构，提出了供应链上企业之间和企业内部的应急风险防范措施，将供应链突发事件风险降到最低。

（10）第十章为旅游供应链应急管理研究背景及意义，详细分析了旅游供应链研究内容、方法和意义。分析了旅游危机分类、特征及影响，对旅游危机做了研究综述。

（11）第十一章为旅游业公共危机应急预案研究，围绕国内外旅游公共危机进行了详细综述，分析了旅游公共危机预案流程。运用定量研究方法，进行了应急预案启动模型构建，为应对旅游突发事件建立了良好基础。

（12）第十二章运用粗糙集理论对旅游突发事件应急响应进行研究，该章主要进行如下内容研究。第一，从数据处理角度，优化应急响应流程。第二，运用粗糙集理论，构建信息完整应急响应模型，归纳运算步骤。采用粗糙集理论约简方法，对旅游突发事件发生后，第一时间内得到的所有信息进行知识整合，完成应急响应模型所需信息形式。运用约简方法，针对国家旅游局通报的突发事件信息，构建约简决策表。将数据信息与响应级别之间进行关联，得出决策表。针对已有数据进行分析，得出结论：应急响应级别判定的最小决策因素是时间、天气、事件类型、死亡情况。在新的突发事件发生后，迅速利用已知决策表，得出响应级别，迅速组织开展救援工作，减少人财物损失。第三，运用 Python 语言编程，实现应急响应模型。

（13）第十三章为旅游公共危机应急信息处理平台的建立。建立功能信息齐全的应急信息处理平台，提高应对公共危机能力。该信息平台包括信息系统、预警系统、应急处理系统、救援系统和控制系统。

（14）第十四章为旅游业公共危机对策研究。针对旅游供应链遇到的突发事件，从供应链角度提出了相应对策，减少突发事件对旅游供应链的冲击，提高旅游供应链之间相互协作，提高旅游供应链整体效益和效率。

1.4　主要创新点

本书创新点主要集中在以下几个方面。

（1）建立了基于案例推理的供应链突发事件风险预警系统，详细阐述了预警系统的工作流程，争取做到突发事件的事前管理。

通过综合运用风险管理、供应链管理、运筹学、图论、管理信息系统、经济学和应急管理的知识，针对突发事件，建立了基于案例推理的供应链突发事件风险预警系统，详细分析了基于案例推理的风险评估过程；研究了基于案例推理的预警系统工作流程，对于突发事件风险预警研究提供了研究方法和解决思路。供应链突发事件风险预警系统有效降低了供应链的风险和损失，大体上做到了风险的事前管理。

（2）在二级供应链的基础上，进行了基于收益共享契约的多级供应链突发事件应急的协调研究，分别进行了未发生突发事件时基于收益共享契约的多级供应链协调研究和发生突发事件后的协调研究，并通过Matlab验证结果，同时给出协调策略。

到目前为止，供应链突发事件的研究文献多是一个供应商和一个零售商的二级供应链单链结构下的突发事件协调研究，本书在二级供应链基础上对供应链结构拓展到了三级供应链，对由一个制造商、一个分销售、一个零售商和顾客组成的多级供应链结构，未发生突发事件时和突发事件发生后的协调定量研究，建立了协调模型。突发事件发生后，原有的收益共享契约不能使多级供应链达到协调；通过调整收益共享契约参数，多级供应链在新的收益共享契约下可以重新达到协调；对需求变量和价格敏感系数同时扰动情况下的供应链最优化进行研究，通过Matlab进行结果验证，给出供应链应急协调策略。

（3）针对目前较为复杂，很少有文献研究成果的多级供应链网络突发事件应急协调问题，从定量角度进行了研究。运用运筹学中最小费用流的理论知识和Busacker-Gowan迭代算法，对基于费用最小流的多级供应链网络突发事件的应急进行协调研究，对由一个制造商、三个分销商、每个分销商由三个零售商和顾客组成的多级网络供应链，在未发生突发事件时和突发事件发生后最大限度满足客户需求情况下，供应链网络最小费用做了协调研究，用 Matlab 进行数据仿真，分别计算出多级供应链网络在未发生突发事件时，供应链上零售商、分销商的最优订购数量以及制造商的最优生产数量；当发生突发事件后，针对突发事件对供应链产生的供需变化，重新进行协调研究，通过 Matlab 计算出突发事件后供应链网络中，零售商调整的订购数量、分销商调整的订购数量和制造商调整的生产数量，使供应链网络重新达到协调研究。

（4）结合上述供应链突发事件应急管理定量研究成果，从定性角度，对多级供应链的突发事件风险管理分别从应急管理机制及应急风险防范策略方面进行研究。供应链应急管理风险防范策略分为企业之间的应急防范策略和企业内部的应急防范策略，为专家、学者和企业管理者进行供应链突发事件风险管理提供具有重要意义和实践价值研究思路和方法。

（5）将公共危机管理、旅游管理、风险管理、供应链管理、管理信息系统知识结合起来，整合应用到旅游业公共危机保障体系研究，做出重要尝试和突破。

（6）从定量研究角度，运用粗糙集理论，研究旅游突发事件应急响应问题。运用粗糙集理论，构建信息完整应急响应模型，归纳运算步骤。采用粗糙集理论约简方法，对旅游突发事件发生后，第一时间得到的所有信息进行知识整合，完成应急响应模型所需信息形式，构建约简决策表。建立数据信息与响应级别之间关系，得出决策表。在新的突发事件发生后，迅速利用已知决策表，得出响应级别，进而迅速组织开展救援工作，减少人财物损失。运用 Python 语言编程，实现应急响应模型的建立。

（7）建立完善的旅游业公共危机下对策研究机制。通过建立完善的旅游业公共危机下对策研究机制，加强旅游企业抵御公共危机能力，把旅游企业损失降到最低，提高企业抵御风险能力，为城市建设和发展献计献策，为旅游者提供更加安全和完善的旅游环境，旅行社为旅游者服务，其意义重大，旅行社可以更好地促进旅游业不断发展，促进国家经济发展和社会繁荣。

1.5　本书研究的主要技术路线

本书在分析与研究国外和国内现有文献研究成果的基础上，对供应链突发事件应急管理进行了详细分析与研究。主要采取理论分析与数值仿真计算相结合的研究方式，运用供应链管理、风险管理、信息管理、运筹学、图论、应急管理、最优化理论、微观经济学等理论与方法进行研究。采取的研究思路是首先建立基于风险管理的供应链突发事件的研究框架和机制，其次分析了从供应链突发事件风险识别与预警、风险评估到风险控制的研究思路。下面针对本书第六章和第七章技术路线，进行详细分析。

（1）基于收益共享契约的多级供应链突发事件应急协调研究技术路线。

首先建立了未发生突发事件时的技术路线，对基于收益共享契约的多级供应链单链结构进行协调研究；其次进行突发事件后的多级供应链协调研究；最后根据 Matlab 仿真，进行验证和结果分析，该部分技术路线如图 1-3 所示。

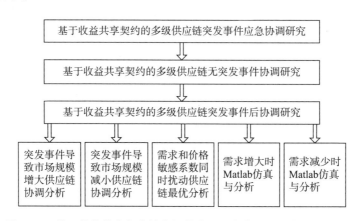

图 1-3　基于收益共享契约的多级供应链突发事件应急协调技术路线

（2）基于最小费用流的多级供应链网络突发事件应急协调研究技术路线。

将供应链网络分为有供应交叉和无供应交叉两种类型进行研究，本书首先进行了这两种类型在无突发事件发生时的协调研究，基于最大限度满足客户需求的情况下，实现供应链网络费用最小化的研究，通过 Matlab 调用 Busacker-Gowan 迭代算法分别计算出零售商、分销商的订购数量和制造商的生产数量；当发生突发事件后，需求和供给分别发生变化后，给出此时供应链网络的协调研究和需要调整的生产数量和订购数量，从而使供应链网络重新达到协调。

基于上述理论研究和 Matlab 仿真给出的结果，进行供应链突发事件协调研究，给出供应链突发事件的应急防范策略，从而使供应链的损失降到最低，该部分实现的技术路线如图 1-4 所示。

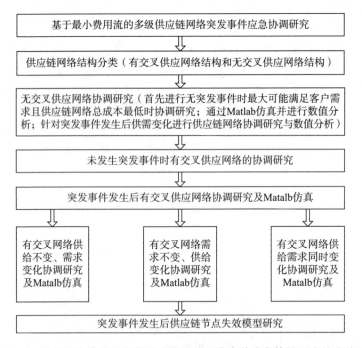

图 1-4　基于最小费用流多级供应链网络突发事件应急协调研究技术路线

1.6　研究中存在的主要问题分析

（1）有关供应链风险管理中日常风险管理研究的文献较多，可供借鉴的方法和经验也较多，但对于供应链突发事件风险管理研究文献较少，更多集中在定性分析与研究上。

（2）国内外许多应急管理专家和学者是从美国"9·11"事件后，才开始重视与研究应急管理，把应急管理、风险管理、信息管理、供应链管理结合起来进行研究，具体应用到供应链突发事件研究中的文献较少。

（3）国内调研的大多数企业对于供应链突发事件风险暂时没有一个完善的管理机制，没有建立从全局出发的应急预案，往往是发生突发事件后才急忙应对和解决，而突发事件的特点又决定了它每一次发生的特征、规律都不一样，想在个性中找到共性的特征有时很难实现。

（4）不同的企业面临的供应链突发事件的危害程度不同，在研究环节中如何区别对待是一个值得思考的问题。

（5）突发事件发生的概率和后果难以预测，相应的预警机制很难建立，也很难发挥应有的作用，这是一个非常大的困难；突发事件在信息不完全情况下，启动应急预案意味着成本增加，是否启动应急预案和何时启动预案都是供应链上企业值得研究的问题。

（6）供应链突发事件发生后，研究采用供应链上各个企业的协调机制来应对，已经取得了一定的研究成果，但是目前的理论研究往往局限在单链中，即一个供应商和一个零售商组成的供应链，但是现实中的供应链往往是由供应商、制造商、批发商、零售商和顾客组成的多级供应链结构和网络链接结构，在这种趋势下，如何实现供应链突发事件应急协调研究还没有太大突破，这是供应链突发事件应急管理的一个重要研究趋势，有待突破。

（7）运用粗糙集理论，研究旅游突发事件应急响应问题。基于历史数据信息完整条件进行分析处理，具有一定的局限性。未来应进一步研究在信息不完整条件下，应急响应模型基于存在缺省值情况下，数据分析处理及模型构建。

（8）运用计算机技术，实现应急响应模型的构建，取得了一定研究成果。未来针对计算机程序深化研究，应结合应急预警、应急救援、应急恢复等应急管理内容，持续增加系统功能和大数据管理功能，实现大数据的应急管理决策支持系统的建立，为应急管理服务。

1.7　本章小结

　　本章主要从本书的研究背景和意义进行了详细介绍，本书从定量和定性相结合角度，针对多级供应链的应急管理研究进行尝试。供应链突发事件应急管理研究始终把供应链整体利益最大化，符合当前企业合作共赢的发展理念。建立供应链预警机制和系统，提升供应链应急管理效率和效益。

　　本章详细阐述了本书研究的主要内容包含两个部分：第一部分主要围绕制造业供应链突发事件应急管理进行详细研究；第二部分主要围绕服务业典型供应链——旅游供应链，应对公共危机事件展开详细研究。本章分析了本书的创新点以及研究主要技术路线。对于本书研究中可能存在问题进行了详细阐述，为后续研究建立了框架和提供了研究思路。

| 2 |

供应链相关理论概述

2.1 供应链概述

早期观点认为供应链是生产企业中一个内部过程，它是指把从企业外部采购的原材料和零部件，通过生产转换和销售等活动，传递到零售商和用户的一个过程。传统供应链概念局限于企业内部操作层次上，注重企业自身资源利用，并没有注意企业之间的层次。

随着供应链发展，有些学者把供应链概念与采购、供应管理相关联，用来表示与供应商之间关系，这种观念得到了研究合作关系、JIT 关系、精细供应、供应商行为评估和用户满意度等问题的学者们的重视。但是，这样一种关系也仅仅局限在企业与供应商之间，而且供应链中的各企业独立运作，缺乏与外部供应链其他企业之间的联系，往往会造成企业间目标冲突。

随着供应链的发展，供应链概念注重与其他企业之间和供应链外部环境的联系。认为它是一个"通过链中不同企业制造、组装、分销、零售等过程，将原材料转换成产品，再到最终用户转换过程"，这是更大范围、更为系统的概念。例如，美国史蒂文斯（Stevens）认为："通过增值过程和分销渠道，控制从供应商的供应商到用户的流就是供应链，它开始于供应源头，结束于消费终点。"伊文斯（Evens）认为"供应链管理是通过前馈信息流、反馈物流及信息流，将供应商、制造商、分销商、零售商、直到最终用户连成一个整体的模式"。这些定义都体现了供应链的完整性，考虑了供应链中所有成员操作的一致性。

现今，供应链更加注重与核心企业网链关系，如核心企业与供应商、供应商的供应商乃至与一切上游企业的关系，与用户以及与用户相关的一切下游企业。此时对供应链认识形成了一个网链概念。哈里森（Harrison）将供应链定义为："供应链是执行采购原材料、将它们转换为中间产品和成品，并且将成品销售到用户的功能网链。"这些概念都同时强调供应链中战略伙伴关系问题。菲利浦（Phillip）和温德尔（Wendell）认为供应链中战略伙伴关系是很重要的，通过建立战略伙伴关系，可以与重要的供应商和用户更有效地开展工作。对供应链定义可以表述为：供应链是围绕核心企业，通过对信息流、物流、资金流控制，从采购原材料开始，制成中间产品以及最终产品，最后由销售网络把产品送到消费者手中，将供应商、制造商、分销商、零售商直到最终用户连成一个整体的功能网链结构模式。这个定义具有以下特点。

（1）它是一个范围更广的企业结构模式，它包含所有加盟节点企业，从原材料供应开始，经过链中不同企业制造加工、组装、分销等过程，直到最终用户。

（2）它不仅是一条连接供应商到用户的物料链、信息链、资金链，而且是一条增值链，物料在供应链上因加工、包装、运输等过程而增加其价值，给企业带来收益。

（3）在这个网络中，每个贸易伙伴既是其客户的供应商，又是其供应商的客户，它们既向上游贸易伙伴订购产品，又向下游贸易伙伴供应产品。

供应链并不是单一链状结构，而是交错链状的网络结构，供应链具有以下特征。

（1）复杂性

因为供应链节点企业的组成跨度不同，供应链往往由多个、多类型企业构成，它们之间关系错综复杂，关联往来和交易较多。所以供应链结构模式比一般单个企业结构模式更为复杂。

（2）动态性

供应链管理因为企业战略和适应市场需求变化的需要，其中节点企业需要动态更新和调整，这就使得供应链明显具有动态性。

（3）面向用户需求

供应链形成、存在、重构，都是基于一定市场需求而发生的，并且在供应链运作过程中，用户需求拉动是供应链中信息流、产品流、服务流、资金流运作的驱动源。

（4）交叉性

节点企业可以是这个供应链成员，同时也可以是另外一个供应链成员，大多数供应链形成交叉结构，增加了协调管理难度及影响此过程的各个环节和因素。它向着物流、商流、信息流、资金流的方向同时发展，形成了一套相对独立而完整体系，因而具有创新性。

（5）风险性

供应链需求匹配是一个持续性难题，供应链上消费需求和生产供应，始终存在时间差和空间分割。通常在实现产品销售数周和数月之前，制造商必须先确定生产款式和数量，这一决策直接影响到供应链系统生产、仓储、配送等功能容量设定，以及相关成本构成。因此，供应链上供需匹配隐含着巨大财务风险和供应风险。

在供应链模型研究方面，王圣广与马士华（1999）研究较为深入，他们将供应链分为四种模型：静态链状模型、动态链状模型、网状模型和石墨模型。供应链是一个网络系统，任何产品的供应链都由一个及以上的链条组成，供应链的结构模型必须将供应链的各个实体，以及产品或服务的物流渠道和营销渠道包括在内。根据给定供应链定义，将供应链模型简化为如图 2-1 所示。

从图 2-1 可以看出，供应链不是一条单一链条，链状网络中企业可能具有共同交叉点，每部分并不能孤立运作，交叉程度因企业而异，每一个企业既是供应商又是客户。

参与到贸易过程中的企业，不论是原材料供应商、制造商、批发商、

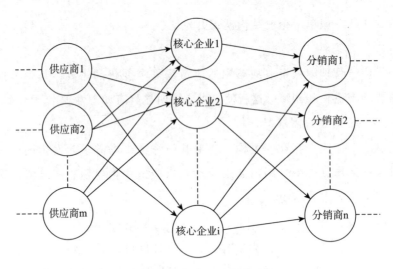

图 2 - 1   供应链结构

分销商还是零售商，都必须增加价值。增加价值可以通过不同方式实现，通过成本和时间来衡量。消费者目标是在每一次收到产品组合中获得最大增值，并付出最少费用。供应链上贸易伙伴将在充分共享信息基础上，增加反应速度，消除非增值过程，生产出具有客户价值的高质量产品，无论它是服务，还是半成品或成品。

供应链中库存用于缓冲不确定性及应对需求变化。每个贸易伙伴都应该认识到共享信息重要性，无法对供应链独立进行改进。

信息将在供应链中向上或向下流动，或者从最终用户开始流动，或者在中间供应商和客户之间流动。物料、产品或货物在供应链中向下流动。

2.2   供应链管理相关理论

本节主要围绕供应链管理概念、供应链管理特点、供应链管理基本原则和内容、供应链管理步骤和任务四个方面展开论述。

2.2.1   供应链管理概念

供应链管理是物流管理最新理念。这种管理思想的产生，是多种因素共同促成的，如全球经济一体化浪潮推进，资本流动国际化。结成广泛的生产、销售、服务的战略协作关系，成了一种必然趋势。科学技术发展，尤其是信息技术发展，为实现供应链一体化物流管理提供了可能性。同时供应链管理是节约交易成本的机制，是由市场参与各方通过反复多次博弈自由演化而来的交易机制。

供应链管理概念最早提出于 1982 年。开思·奥利夫（Keith Oliver）和麦考尔·威波尔（Mechael D. Webber）在《观察》杂志上发表"供应链管理：物流的更新战略"，首次提出了"供应链管理"概念。在 1990 年左右，学术界开始探讨供应链管理与传统物流管理区别。由于供应链管理理论源于物流管理研究，其产生背景不可分割地与物流管理联系在一起。事实上，供应链思想提出，经历了一个由传统物流管理到供应链管理的演化过程。对于供应链管理含义，企业至今仍有不同理解，有的认为供应链管理与物流管理内涵相同，有的认为供应链管理是物流管理延伸，有的认为供应链是一种企业业务的综合等。事实上，供应链管理概念与物流管理概念密切相关。目前通行的看法是供应链管理不仅仅是物流管理，较后者有更多功能，例如 Copper、Lamber、Pagh 等认为供应链是物流管理范畴的扩展，它除了包含与物品实体运动相关的种种活动外，还包括组织间的协调活动和业务流程整合过程，正是在这个意义上，才称之为供应链管理。Craighead, Blackhurst 和 Handfield（2007）将供应链定义为原材料到最终消费者整个过程中，所发生的与物流和信息流相关的所有活动，而供应链管理则是为了获得持续的竞争优势，在供应链关系基础上进行种种活动的整合。显然，从这一定义可以看出，供应链构成是以生产者为中心，由位于上游的供给阶段和下游流通渠道中所有企业组成。供应链活动包括信息系统管理、采购管理、生产管理、订货管理、库存管理、顾客服务以及废弃物处理等。

《中华人民共和国国家标准：物流术语（GB/T 18354—2001）》中，对供应链管理是这样定义的："利用计算机网络技术全面规划供应链中的商流、物流、信息流、资金流等，并进行计划、组织、协调与控制。"

综合以上定义，对于供应链管理概念，可以从以下几个方面来关注。

第一，供应链管理目的在于追求效率和整个系统费用的有效性，使系统总成本达到最小，这个成本包括从运输和配送成本到库存成本。因此，供应链管理重点不在于简单使运输成本达到最小或减少库存，而在于用系统方法来进行供应管理。

第二，供应链管理是围绕供应商、制造商、分销商、零售商有效率地结合成一体来展开研究的，因此它包括企业许多层次上的活动，从战略层次到战术层次一直到作业层次。

2.2.2 供应链管理特点

供应链管理与传统管理相比有着明显区别，主要体现在以下几个方面。

（1）供应链管理是一种集成化管理模式

传统管理以职能部门为基础，往往由于职能矛盾、利益目标冲突、信息分散等原因，各职能部门无法完全发挥其潜在效能，因而很难实现最优整体目标。而供应链管理把供应链中所有节点企业看成一个整体，以供应链流程为基础，物流、信息流、价值流、资金流、工作流贯穿于供应链全过程。通过业务流程重组，消除各职能部门以及供应链成员企业的自我保护主义，实现供应链组织集成与优化。

（2）供应链管理是全过程战略管理

供应链是由供应商、制造商、分销商、零售商、客户组成的网络结构，链中各环节不是彼此分割的，而是环环相扣的一个有机整体。因此，从整体上考虑，如果只依赖于部分环节信息，则由于信息局限或失真，就可能出现决策失误、计划失控、管理失效。进一步来讲，供应链供应、制造、分销等职能目标之间产生冲突时，高层管理者才能充分认识到供应链管理重要性；只有运用战略管理思想，才能有效实现供应链管理目标。

（3）供应链管理提出了全新库存观

传统库存管理思想认为，库存是维系生产与销售的必要措施，因而企业与其上游、下游企业之间在不同市场环境下，只是实现了库存转移，整个社会库存量并未减少。供应链形成使供应链上各个成员间建立了战略合作关系，通过快速反应使总体库存大幅度降低，库存是供应链管理的平衡机制。

（4）供应链管理以最终用户为中心

不管供应链连接企业有多少种类型，也不论供应链是长还是短，供应链都是由客户需求驱动的，正是最终用户的需求，才使得供应链得以存在；而且只有客户取得成功，供应链才能延续发展。因此供应链管理必须以最终客户为中心，将为客户服务、使客户满意作为管理出发点，并且贯穿于供应链管理全过程；将改善客户服务质量、确保客户满意、促进客户成功作为创造竞争优势的根本手段。

2.2.3　供应链管理基本原则和内容

在全球化市场竞争环境下，任何一个企业都不可能在所有业务上成为最杰出者，唯有联合行业中其他上下游企业，建立一条经济利益相连、业务关系紧密的行业供应链，实现优势互补。充分利用一切可利用资源，适应社会化大生产竞争环境，共同增强市场竞争实力。因此，企业内部供应链管理延伸和发展，也是面向全行业产业链管理延伸和发展，管理资源从企业内部扩展到外部，供应链管理内容也就相应丰富多了。

供应链管理实施原则基本上可以归纳为以下几方面。

（1）根据客户需求服务特性来划分客户群

即根据客户状况和需求，决定服务方法和水平。根据客户需求，如供货时间、数量、地点和企业可获得利润情况，设计企业后勤网络；及时掌握事项需求信息，销售和运营计划检测使整个供应链运作，及时发现需求变化进行早期警报，并据此安排和调整计划；将控制时间延迟，由于市场需求波动较大，因此距离客户接受最终产品和服务时间越早，需求预测就越不准确，而企业还不得不维持较大中间库存，再实施大批量生产时，应先在企业内部将产品加工结束，然后在零售店完成最终包装。

（2）与供应商建立双赢合作策略

供应商之间相互压价，固然使企业在价格上收益增长，但相互协作则可以降低整个供应链成本。

（3）建立信息系统

在整个供应链领域建立信息系统，信息系统首先应该处理日常事务和电子商务，然后支持多层次的决策信息获取，如需求计划和资源计划，最后应该根据大部分来自企业之外的信息进行前瞻性的策略分析。

（4）建立整个供应链绩效考核指标

建立整个供应链绩效考核指标，而不仅仅是局部个别企业独立制订标准，供应链最终验收标准是客户满意度。

供应链管理主要内容包括以下几个方面。

（1）信息管理

在供应链中，信息是供应链各方沟通载体。供应链中各个阶段企业就是通过信息这条纽带组成起来的，可靠、准确的信息是企业决策有力支持和依据，能有效降低企业运作中不确定性，提高供应链响应速度。供应链管理主线是信息管理，信息管理基础是构建信息平台，实现信息共享，将供求信息及时、准确地传达到供应链上各个企业，在此基础上进一步实现供应链管理。供应链中信息管理目标是通过有效管理和控制供应链中信息及信息流程各个环节，为供应链各个环节业务开展，提供信息支持，并深入开发供应链信息资源价值，以保证供应链目标实现和获得额外信息资源效益。供应链管理拆除了企业围墙，将各个企业独立"信息孤岛"连接在一起，建立一种企业协作模式，以此追求和分享市场机会。通过互联网，电子商务把过去分离业务过程集合，覆盖从供应商到客户全部过程，包括原材料供应商、外协加工和组装、生产制造、销售分销与运输、批发商、零售商、仓储和客户服务等，实现了从生产领域到流通领域一步到位的全业务过程。

（2）库存管理

供应链库存管理就是以降低库存成本和提高企业市场反应能力为目的，从点到链、从链到面的库存管理方法。供应链库存管理是对整个供应链上库存进行优化，以提高整个供应链运作效率及降低供应链运行总成本。只有建立一个快速响应供应链库存系统，才能适应充满激烈竞争、快速变化的市场环境。在供应链环境下，库存管理更加强调客户需求的满足率和库存信息的实时性，尤其在不同供应链环境下，库存管理策略有很大不同。供应链管理一个重要使命就是利用先进信息技术，收集供应链各方以及市场需求方面信息，在实时、准确信息帮助下减少实物库存，减小需求预测误差，从而降低库存持有风险。因此，供应链环境下的库存管理，必须树立供应链整体观念，精简供应链结构，将供应链上各环节有效集成。

（3）采购管理

供应链管理体现在供应商、生产商、批发商、零售商和消费者之间，最终结果是商品从供应商到消费者之间，最终目标是让商品从供应商到消费者的过程中实现其价值。采购是这条链上的起点，采购成本高低会影响产品最终定价和供应链获利情况。采购管理是供应链体系中一个重要环节，与供应链系统能够实现无缝连接，提高供应链企业之间协同运作效率，作用巨大。在供应链管理体系中，采购管理不断被精细化，作为不增值环节，其成本也不断降低。采购成本高低，直接影响到企业最终产品定位和公司获利能力，甚至可能影响到整个供应链最终获利状况。如果能实现企业内部各部门之间协同及与外部供应商之间采购协同，企业就能实现供应链上合作伙伴步调一致，及时适应市场变化，同时有效降低整个供应链运作成本。

（4）生产管理

传统企业生产时，是以企业自身物料需求为中心展开的，受企业资源能力约束，其原材料和外协零部件供应缺乏战略观念，导致与供应商协调不畅。企业计划制订，没有充分考虑供应商和分销商能力。不确定性对库存和服务水平影响较大，导致库存控制难度加大。在供应链管理环境下，生产管理组织模式和现行生产管理组织模式显著不同的是：供应链管理环境下生产管理是开放性的，以团队工作为组织单元的多代理制。在供应链联盟中，企业之间大多以合作的生产方式进行，企业生产决策信息通过 EDI/Internet 实时地在供应链联盟中，由企业代理通过协商决定。这种模式中，大企业专注于品牌、客户关系管理及创新性技术等核心能力提升，而将生产、流通、销售中低附加值环节外包给中小企业，以此形成了以稳定交易和利益共享为特征的产业链体系。这种模式会给总成本带来双重效应，一方面能够大幅度减少生产加工成本，另一方面由于企业之间信息流、物流和资金流管理变得更为复杂。因而，有可能导致交易成本大幅上升。因此，供应链生产管理能力成为决定企业是否具有市场竞争力的关键因素。

（5）绩效管理

供应链管理在实施过程中，要耗费大量人力、物力和财力。因此，必须进行严格管理和有效绩效评价，实现企业资源和社会资源最大化应用。有效绩效评价与严格管理是企业经营管理环节重要组成部分，它通过定期或不定期对企业生产经营活动进行评估，以事实为依据，帮助企业管理者发现企业经营管理中薄弱环节，提出改进措施和目标，使企业得以进步并取得长足发展。供应链绩效指供应链整体运作效率，对供应链绩效管理是对供应链业务流程进行动态评价，供应链绩效评价就是按照一定标准，采用科学方法，对供应链合作伙伴及整个供应链网络进行综合检查和评定，以确定其工作成绩和潜力评定的管理方法。供应链绩效评价和管理包括内部绩效、外部绩效和整体绩效等方面。供应链运行期绩效评价包括供应商、销售商及核心企业子系统的绩效评价。要实现供应链管理目标，需要构建一个供应链绩效评价指标体系。

（6）客户管理

供应链管理是提高竞争优势、降低交易成本的有效途径，这种途径就是通过协调供应链各成员之间关系，加强与合作伙伴联系，在协调合作关系基础上进行交易，为供应链全局最优化而努力。从而有效降低供应链整体交易成本，使供应链各方面利益同步增加。在供应链管理中，客户管理是供应链管理起点，供应链源于客户需求，同时也终于客户需求，因此供应链管理是以满足客户需求为核心运作的，由于客户需求千变万化，而且存在个性差异。因此，真实、准确的反映客户需求的客户管理是供应链管理重中之重。供应链管理作为一种关系管理，必须建立战略合作伙伴关系，并且建立一种长期有效的运行机制。

（7）风险管理

供应链上企业之间合作，会因为信息不对称、信息扭曲、市场不确定性以及其他政治、经济、法律等因素变化，而出现各种风险。同时，在供应链管理实施过程中，还要承担来自管理、组织和产品的风险。为了使供应链上各个企业都能从合作中获得满意结果，必须采取一定措施，规避供应链运行中存在的风险。例如提高信息透明度和共享性、优化合同模式、建立监督控制机制等，尤其是必须在企业合作各个阶段，通过运行激励机制，采用各种手段实施激励，促使供应链上企业之间合作更加有效。

2.2.4　供应链管理步骤和任务

供应链管理需要如下四个步骤。

（1）分析市场竞争环境，识别顾客价值

竞争环境分析为了识别企业所面对的市场特征和市场机会。要完成这一过程，需要通过调查、访问、分析等手段，对供应商、用户、现有竞争者进行深入研究，掌握第一手准确数据、资料。这项工作一方面取决于企业管理人员素质和其对市场的敏感性，另一方面企业应该建立一种市场信息采集监控系统，并开发市场信息分析和决策技术。例如一些企业建立的顾客服务管理系统，能够及时掌握顾客需求，是进一步开拓市场的有力武器。供应链管理目标在于提高顾客价值和降低总交易成本，管理者要从顾客价值角度来定义产品和服务，并在不断提高顾客价值情况下，寻求最低交易成本。顾客价值是指顾客从给定产品或服务中所期望得到的所有利益，包括产品价值、服务价值、人员价值和形象价值。一般来说，发现了市场机会并不意味着真正了解某种产品或服务在顾客心目中价值，因此，必须真正从顾客价值角度出发，来定义产品特征，只有为顾客提供超值产品，才能满足顾客需求，而顾客需求是驱动整个供应链运作的源头。

（2）进行战略设计，制订可行计划

从顾客价值角度出发，找到企业产品或服务定位之后，就要确定相应竞争战略。竞争战略形势确定，可使企业清楚认识到要选择什么样的合作伙伴以及合作伙伴联盟方式。根据波特竞争理论，企业获得竞争优势有 3 种基本战略形式：成本领先战略、差别化战略和目标集中战略。在供应链管理战略确定之后，需要有相应的供应链管理实施计划，准确认识业务环境和现状，制订可行的互动计划是非常重要的。首先要有针对性地设定项目目标，使项目成员保持一致前进方向，同时还可以作为今后活动判断评价基准。计划包括决定哪个地点供应哪些市场、计划库存、是否外协制造、备货和库存政策、备货点设定，以及促销时间和规模等；其次是完善信息系统和推进业务标准化，使采购、生产、库存、物流和销售这一系列供应链业务信息统一、准确；再次是以企业内部生产流程为切入点，再实施跨越企业供应链管理之前，调整本企业内部协作机制，消除瓶颈。企业内部实施项目的各部门之间，可以看作合作伙伴关系，各个部门之间合作关系，是以整个企业最佳化为根本目标来推进项目实施的。

（3）分析企业核心竞争力，选择合作伙伴

供应链管理注重的是企业核心竞争力，企业把内部职能和资源，集中在有核心竞争优势活动上，将剩余其他业务活动移交给有该业务优势的专业公司来做，弥补自身不足，从而使整个供应链具有竞争优势。企业应对自己业务认真清点，挑选与企业生存、发展有重大关系，能够发挥企业优势的核心业务，而将那些非核心业务剥离出来，交由供应链中其他企业去完成。供应链的建立过程，实际上是一个供应商评价、选择的过程。选择合适对象作为供应链中合作伙伴，是加强供应链管理最重要的一个基础。企业需要从产品交货时间、供货质量、售后服务、产品价格等方面全面考核合作伙伴。如果企业选择不合适的合作伙伴，不仅会侵蚀企业利润，而且会使企业失去与其他企业合作机会。

选择供应链中合作伙伴应注意以下几点：合作伙伴必须拥有各自可利用的核心竞争力；拥有相同的企业价值观及战略思想；有生产质量保证，能够按期交货；合作伙伴与发展前景良好企业的关系，若选择合作伙伴的目的性和针对性不强，过于泛滥合作可能导致过多资源、机会与成本浪费。合作伙伴一旦选定后，则需建立战略合作关系。

（4）实施计划，进行评价

供应链合作伙伴选定后，首先应以小项目为对象，实施小规模试验项目，在取得成功后，再循序渐进地应用于供应链，争取更大成效。在这一阶段，共同分享利润和风险、转变观念和改变业务模式是计划和设计实施三个要点。这就要求合作伙伴企业本着共享利润和风险的态度，相互公开各自经营现状和信息，公开其责任和成果测定方法，互相求得认同，共同构建、准确把握活动规则，努力实现多赢。由于供应链运作是短期决策，通常会有需求不确定性。因此，运作目的就是要利用这种不确定性因素的减少，在供应链配置和计划约束下达到最优性能。

供应链管理实施过程中，所需的人力、物力和财力投入非常大，面临经营风险也非常大。因此，精心进行严格绩效评价，才能实现企业供应链管理目标。对完成项目活动进行评价，并将其评价结果应用于下一个项目，特别是要积累成功经验，有利于加快下一个项目实施步伐。

评价标准主要有以下几点：第一，企业选择标准是否合适，是否有利于成为合作伙伴，公司与合作伙伴关系是否是一种长期相互信赖合作关系；第二，企业如何进行库存管理，采用哪种库存管理方式，库存管理目标是什么，是否使用库存管理系统，企业库存周转率在同行业水平如何；第三，企业如何进行物流网络设计和管理，企业在进行物流网络设计前是否有详细规则，企业物流网络是否有效提高了企业经营效率；第四，企业是否有对供应链管理进行绩效评价，主要采用了哪些指标。针对企业供应链绩效评价主要考虑以下几点：交货能力、存货周转率、企业生产柔性等。

供应链管理任务主要有以下几点。

（1）改善供应链管理质量，加强供应链成员合作紧密程度

企业要实现供应链战略目标，首先要对企业已有供应链管理进行优化，供应链管理优化程度体现了供应链管理质量，供应链管理质量取决于供应链成员合作紧密程度，而这种紧密程度在很大程度上，又取决于企业供应链合作成员之间所能共享的价值观。在科技日新月异和纵横交

错发展推动下，即使产品生产加快、更新周期缩短，对于那些生产由大量零部件组合起来的复杂产品企业而言，要全面洞察、吸收已经出现的最新技术成果，几乎是不可能的。而顾客又要求产品最大价值，即让他们满意度增加，一旦顾客不满意，企业仍然会失去市场，从而导致整条供应链上各企业失去市场。因此，在不断变化的市场竞争环境下，战略不再是从供应链本身找到定位，成功企业不但追求附加价值，更要懂得构造价值新成分。它们战略分析的重心不在企业上，甚至不在产业上，而是整个供应链系统上。在供应链中，不同的经济角色，即供应商、合伙人、联盟对手以及顾客的联盟之间进行合作，共同创造价值，价值产生形态不是链状，而是复杂的多层次网络系统。企业最重要战略任务是在顾客和合作者之间，创造越来越有价值的合作关系，而合作关系的紧密程度决定了供应链管理质量。也就是说，成功企业会把策略视为一种有系统的社会革新，不断地设计与重新设计复杂的经营系统，从而使整个供应链系统创造出最大价值。

（2）建立高效率消费者反应系统

供应链管理最终目标是建立一个具有快速反应能力和以客户需求为基础的系统，使零售商和供应商以及业务伙伴进行合作，提高整个供应链而不是单个环节效率，从而大大降低整个系统成本，减少库存和物资储备，同时为客户提供更好服务，这就是"高效率消费者反应"。网络出现，使企业面临的竞争是以全球企业为平台，而且是在信息传递无障碍和无时滞条件下发生的。这时，时间就成为最重要的竞争要素。企业必须综合配置各种资源，以缩短企业对市场需求进行有效反应的时间。换言之，一个企业对市场需求反应时间长短，代表企业调动和使用各种资源能力，即管理能力。反应时间成为最直观评价管理绩效标准。著名全球电脑供应商——戴尔公司通过因特网在线销售电脑，采取始终保持仅有 8 天存货、产品制造时间只有 4 小时的策略，让客户在网络上提出自己的电脑组装要求，并追踪装配和出货进度，客户通常可以在发出订单后 3~5 天收到产品，这样客户既满足又放心。由于产品生命周期缩短了，时间对于市场来说，就显得更加重要了。在服务领域，准时制生产实现快速增长，意味着这些公司能够建立快速、灵活响应，并且满足客户需求系统。事实上，组织与市场一样，也需要快速响应。每个企业都面临"成为快速响应组织"挑战。组织必须响应市场变化，这种变化产生的需求，不断提供具有创新性的解决客户问题的产品和服务，组织还必须在消费者反应中，具有高度灵活性。

（3）整合供应链

内部供应链整合。一个企业内部也是一条供应链，即包括传统上所说的五项基本活动：采购、制造、运输、存储和销售。内部供应链管理目标就是要使内部供应链达到整合，也就是使这五项基本活动任务互相配合，并且进行整体计划及管理。

外部供应链整合。外部供应链整合是指从供应商的供应商到客户的客户的全部过程，包括外购、制造分销、库存管理、运输、仓储、客户服务，充分进行信息交换，并完成统一计划安排，以使此网链中企业都能得到最大利益。这就跨越了企业围墙，建立了一种跨企业协作，以追求市场机会。

（4）降低供应链不确定性

大型生产制造环节日趋复杂，不同供应商以其不同方式将原料和零部件运送至生产现场，经过复杂生产过程，生产出各种零部件和最终产品，再将零部件和产品送至客户。这里客户不仅包括最终产品外部使用者，而且包括以此为原料的下游生产者。原材料经过了运输、生产、运输、再生产，最后成为产品并送至客户手中，其中复杂生产过程带有很多不确定性，运输本身也有多种手段，如飞机、火车、轮船、汽车等。实际承运时，往往会综合多种运输手段，能否准时运到也存在随机性。某种原因引起的原料延迟送达，可能会导致机器停止运作，订货被迫取消，这些不确定因素都会使管理者被迫增加库存。

控制库存在方法上并不困难，在进行简单统计后，就可以决定需要多大库存量，才能保证客户在时间段内任意时刻，得到最终产品。然而这需要不菲的资金，而且在生产系统形成网络结构时，问题就会变得非常复杂。不确定性可以引起一连串反应，例如，单源供应商——原料硅供应滞后，造成集成芯片生产者因为没有库存，不得不向它的客户电脑厂家推迟进货，电脑厂家又由于集成芯片原料缺货被迫停止生产线生产，而推迟提供电脑给电脑代理商，顾客在代理商处发现所需要的电脑缺货，别的代理商就会趁机向他推销同类可竞争产品。这样一来，由于原料硅未能及时到货，最终失去了一笔交易，甚至整个市场。

2.3 应急管理相关理论

2.3.1 应急管理概念

应急管理产生是一个长期积累过程，很难准确说它是什么时候由谁首先提出的。作为一门新兴学科，目前还没有一个被普遍接受的定义。在我国，最早公开使用"应急管理"这一概念的是 1989 年 5 月 27 日《人民日报》。计雷（2006）等认为应急管理是和突发事件紧密相连的一个概念，旨在应对突发事件过程中，为了降低突发事件危害，达到优化决策目的，对突发事件原因、过程及后果进行分析，有效集成社会各方面相关资源，对突发事件进行有效预警、控制和处理的过程。樊运晓（2006）认为应急管理是为了预防、控制及消除紧急事件，减少其对人员伤害、财产损失和环境破坏程度而进行计划、组织、指挥、协调和控制活动。应急管理也是一个不断发展和深化的领域。发展至今，它的思想概念和以前提法有了很大差别。在供应链领域，可以认为，应急管理（Disruption Management）这个术语是由 JensClausen、JesperHansen、JesperLarsen 和 Allan Larsen 在 2001 年的 OR/M5 Today 上提出的。提出以后，此术语被相关研究人员广泛接受。他们提出将运筹学方法运用到一个崭新领域，即应急管理，并提出突发事件有可能导致运作计划实施偏离实际，当偏离超出一定限度，就需要对计划做很大程度调整，这时候所进行的管理为应急管理。王燕（2006）指出，给定一个计划在运作过程中，经常被一些自然灾害、恐怖袭击等内部或外部扰动所打断，如机器故障、供应短缺、暴风雪等，使原计划不再最优甚至不可行。应急管理就是为了迅速处理这类扰动，基于运筹学方法，建立起来的对原计划进行修复或执行修改计划，而制定一个新的最优或近似最优的决策过程。它是一种实时危机处理管理方法，较好地解决了由于突发性情况引发的扰动问题。综合上述学者对应急管理认知和表述，本文对"供应链应急管理"做如下的界定：当系统在运行过程中出现扰动，使得原来计划不再最优或者甚至不可行的时候，对原来计划进行实质修改，以使系统损失最小或获得利润最大，最终保证系统能够平稳运行的过程。

2.3.2 应急管理指导原则

企业在进行应急管理过程中，需要遵循以下原则。

（1）防为先原则。指对可能发生的突发事件要加强检测、预警，力争在危机孕育和萌芽时期，就能够通过深入地细致观察和研究，防微杜渐，做好各种防范准备。

（2）及时反应原则。指在进行应急管理过程中，要有较强时间观念，需要做到迅速收集各种信息，最重要是确保能够在事件发生后第一时间，开展应急救援工作。反应时间长短很大程度上决定了应急管理成败。

（3）部门协作原则。突发事件往往不仅涉及某一个部门，很多情况下都存在大范围、多领域交叉，会增加事件处理难度和危害程度。其涉及领域主要有人力资源、情报计划、财务、各业务部门、信息通信、后勤、法律和公共关系等部门，这时就需要实行多部门参与协作，协调好各部门之间关系。

（4）专业处理原则。各种危机之间关系错综复杂，所以在处理时要充分利用各行业专家力量，依靠科学知识和职业技术，来解决危机事件。如金融危机需要经济学家，应急物资存储和调度需要物流专家。

（5）全民参与原则。在面对供应链重大危机时，仅仅依靠单个企业领导积极应对来圆满地解决危机是不可能的，很大程度上需要依靠企业全体员工以及供应链上其他企业积极参与和大力支持。能否充分调动供应链上下企业齐心协力参与，是影响应急管理成败一个重要因素。

2.3.3 应急管理体系特征

应对突发事件，需要动员各种组织和力量参与，需要统一指挥、统一行动，需要各方面相互协作、快速联动，需要技术、物质、资金、舆论的支持和保障，需要有法律和政策依据。现代政府应急管理体系应具有以下特征。

（1）由政府和社会共同组成

在现代国家，应急组织系统通常由政府部门和各社会主体共同组成，包括政府机构、政府公共组织、新闻媒体、工商企业、社会公民等主体。其核心部分是民警、消防、紧急救助、环境保护、救灾减灾和新闻媒体等部门。

（2）统一指挥、分工协作

应急管理体制指应急体系的机构设置、职责分工、相互关系和作用方式。从主要发达国家情况看，现代应急管理体制具有分工明确、统一指挥、相互协调等特征。

（3）相互协作、反应迅速

现代政府应急机制以相互协作、密切配合、反应迅速为特征。主要包括以下几点：一是通过计算机联网和明确信息报告责任形成信息资源共享机制；二是通过设定危机类别和等级进行风险提示预警机制；三是通过明确分工，制订应急计划，建立统一指挥中心形成分工协作、应急联动、快速反应机制；四是通过与民间组织、工商企业、社区组织、专业技术人员乃至国际组织签订协议形成广泛参与和协作机制。

（4）现代化

准确收集、分析和发布经济管理信息是政府科学决策和早期预警前提。现代国家把利用最新信息通信技术，建立信息共享、反应灵敏应急信息系统作为应急体系建设核心部分，有些发达国家应急信息系统广泛得到计算机系统、数据库系统、地理信息系统、卫星定位系统、遥感系统和视频系统大力支持。

（5）广泛的应急支持保障

现代应急管理体系必须有技术、物资、资金、培训等方面的支持保障。通过物资储备、财政预算、与工商交通运输企业签订协议等方式，为应对危机提供物力、财力保障；通过对组织人员培训和教育，不断提高应急管理人员和社会公众应急处置能力、协作能力和自我保护能力，通过协助新闻媒体报道，影响提高全社会危机意识和防护能力；通过专业技术机构和人员参与，为应急管理提供技术支持。这些都是许多国家流行做法，并为政府应急管理提供了有力支持和保障。

（6）健全的应急管理法律法规

应急管理虽然需要政府采取特殊应对措施，但必须有法律依据，依法实施应急措施。法律法规可以针对应急状态下政府管理权限、应急处置措施与程序、政府责任、公民权利与义务等方面，进行明确的法律界定，为政府实施应急处置，提供了可操作性的法律依据。

2.4　本章小结

本章主要针对供应链相关理论进行概述，包括供应链、供应链管理、应急管理等理论内容。应急管理是近些年越来越被重视的研究领域，供应链应急管理研究引起很多学者关注和重视，提升供应链稳定性，在面对突发事件时，让供应链总体损失最小化是当前非常重要研究内容。通过对供应链和应急管理相关理论概念、特点、基本原则、理论内容等方面知识的剖析，明确供应链与应急管理相结合的研究内容，为后续研究供应链突发事件应急管理提供理论依据。

| 3 |

供应链突发事件应急管理相关理论及文献综述

供应链突发事件应急管理是管理科学一个非常新颖和前沿的研究方向，利用应急管理思想方法和研究框架，将应急管理、风险管理、信息管理和供应链管理结合起来，对供应链系统中出现的突发性危机事件进行实时的管理，以降低其对供应链系统的影响，提高突发事件后供应链系统性能。

美国得克萨斯大学奥斯丁分校 Yu Gang 教授将应急管理应用到航空领域，开发出了应急管理实时决策支持系统，联合航空公司和大陆航空公司采用此系统后，显著地提高了供应链应对突发事件能力，减少了航班延误和取消数量，每年节约了数千万美元运作成本。近年来，应急管理研究领域扩展到了供应链管理、物流配送、项目管理、机器调度等航空工业以外领域，并且取得了一定进展。

本章详细分析供应链突发事件含义、类型以及特征，从根源上分析供应链突发事件爆发原因；对国外和国内有关供应链应急管理文献从供应链风险识别、供应链突发事件风险评估和供应链突发事件风险控制三个方面进行文献综述。

3.1 供应链突发事件含义及类型

供应链突发事件是指由供应链内外偶发因素直接或潜伏引起，在短时间内形成并爆发，直接影响或中断供应链的运行并可能带来灾难性后果的意外事件。所谓灾难性后果的意外事件包括影响或破坏供应链的安全运行，造成的供应链断裂、失效和生产成本剧增，导致供应链的网络价值链体系紊乱、崩溃，甚至整个供应链体系解体等。

按照供应链突发事件发生的因素，可将供应链突发事件分为供应链外部因素和内部因素引发的两大类突发事件。供应链外部因素引发的突发事件有自然灾害型、恐怖事件型等；供应链内部因素引发的突发事件有意外事故型、系统运营型、原料供应型等。供应链突发事件类型划分明确，为供应链突发事件进一步研究提供了依据，进而构建完整的供应链突发事件应急管理体系。供应链突发事件主要有以下几种类型。

（1）自然灾害类型

2011 年 3 月 11 日，日本福岛发生了大地震及海啸，给日本经济造成重大影响，除了人员伤亡惨重，还重创了日本的工业，其中大量工厂停产，导致汽车零配件、半导体以及钢材等严重短缺，全球很多汽车厂商因为零配件短缺而不得不减产。据中新网 2011 年 3 月 6 日报道，新西兰克赖斯特彻奇市 2 月 22 日发生的地震，给新西兰造成多达 150 亿新西兰元（约 110 亿美元）的经济损失，在今后 5 年内，可能会使新西兰 GDP 下降 1.5%。2001 年在英国发生的口蹄疫影响了英国的畜牧业、旅游业和其他一些行业及其供应网络。

2017 年 8 月 8 日，四川省九寨沟发生 7.0 级地震，九寨沟景区受到严重破坏，2017 年九寨沟旅游损失比 2016 年下跌 70%~80%，加上灾后重建工作，九寨沟旅游业经历了一个低谷期，这对整个四川省旅游业造成了一定影响。

2018 年，强台风"山竹"在广东沿海登陆，台风期间，广东省采取"停工、停业、停产、停运"等措施严密防御，最终导致直接经济损失 52 亿元，各行业均受到影响。2019 年 6 月 17 日，四川省宜宾市长宁县发生 6.0 级地震，影响了当地旅游业。地震发生后，包括同程艺龙、途牛、春秋国旅等多家国内旅游公司第一时间启动了应急救援机制，各大在线旅游代理商机票、酒店、客服等多部门协同合作，保障用户及供应商合作伙伴安全，维护他们的权益。

（2）恐怖事件类型

美国"9·11"事件让世界人民记忆犹新，不仅对整个世界政治经济形势产生了显著影响，而且对全球许多行业供应链系统造成了灾难性后果。2011年，利比亚发生国内动乱事件，很多中资企业把大量工作人员撤回，企业运行完全处于停滞状态，损失巨大。2015年，马里首都巴马科市中心遭遇恐怖袭击，三名中国公民遇难，均为中铁建公司海外业务负责人，这是该企业重大的人才损失，同时对海外业务发展造成了很大影响。2019年4月21日，斯里兰卡国内接连遭遇8起爆炸，造成重大人员伤亡。该事件严重影响了斯里兰卡国际形象，同时也对当地旅游业造成重创。与上年同期相比，恐怖袭击后，酒店净预订率平均下降了186个百分点，一些航空公司也暂停往返航班运行。

（3）某些行业发生的危机事件类型

2000年9月，石油价格危机迅速影响了英国的供应网络。2008年中国牛奶行业的"三聚氰胺"事件，导致奶制品整体销量大幅减少，损失巨大。到今天为止，很多牛奶企业还未扭亏为盈。2016年共享单车行业崛起，ofo小黄车、摩拜单车、小鸣单车等共享单车不断涌入市场，对传统自行车行业造成严重冲击，造成自行车销售量大幅度降低，不少国产中小型自行车企业倒闭。2018年5月6日，郑州空姐被滴滴司机杀害一事，引起了公众热切关注。通过该事件，大众发现网约车行业管理存在很大漏洞，未对司机进行严格管理和筛选，对整个网约车行业带来了不良影响。

（4）意外事故类型

比如零配件供应商发生意外事故，会严重影响到产品生产商，甚至使制造商不得不关闭工厂。1997年，由于Toyota刹车配件供应商突发安全事故，其整个生产工厂停产达数月之久，损失巨大。2019年银漫矿业公司人员在往井下运送工人过程中发生严重安全事故，造成22人死亡的重大影响。内蒙古应急管理局立即要求全盟非煤矿山企业停产停建，之后母公司2019年上半年净利润亏损上亿元。

（5）运营中发生突发事件类型

供应链上成员企业之间具有密切联系，如果供应商、制造商、批发商、零售商某一环节出现问题，它也能影响到供应链上其他成员企业。克莱斯勒汽车零配件供应商 Plastech Engineered Products 公司于 2008 年 2 月申请破产，而克莱斯勒公司的汽车塑料零部件储备却严重不足。克莱斯勒因为汽车零部件供应商破产，无法继续给其供货，克莱斯勒公司不得不关闭了北美 5 家整车总装厂，短暂性地关闭了全球范围内的 12 家装配厂。据法院文件称，Plastech Engineered Products 公司所在的供应链上下游制造商为其提供了 4600 万美元救助资金，其中克莱斯勒公司向其提供了总计 690 万美元援助金，希望其能够继续提供零部件，而保证制造商正常生产。2019 年，美国商务部工业和安全局将华为列入 "实体名单"，禁止华为从美国企业购买技术或配件，"名单" 上所列华为核心供应商 92 家，美国供应商 33 家，占比 36%，一些核心技术大多由美国公司主导，华为在中国或者其他地区没有替代供应商。但是，华为核心元器件有 1 ～ 2 年备货，短期供应链出货仍有保障。该事件推动国产供应链发展，华为公司必须要自主研发，自身掌握核心技术，未来才不会受制于人。

总结供应链突发事件发生时间、发展过程以及应对策略，供应链突发事件具有如下特点。

（1）爆发迅速

供应链突发事件往往是短时间内突然爆发，导致供应链上下游企业匆忙应对，事件发生前准备严重不足，后果非常难以预料，容易错过正确决策和挽救损失的最佳时刻。

（2）危害重大

供应链突发事件虽然是小概率事件，极少爆发，但是它一旦爆发后果非常严重，危害巨大。它可能导致供应链中断、崩溃，也有可能导致整个供应链完全处于无序状态，对国家和社会造成重大不良影响。

（3）发生概率小，规律不易掌握

突发事件由于其自身特点，发生时间、地点和特征极不容易掌握，给突发事件应急计划、应急预案的制订，应急预警研究带来极大困难。

（4）灾害具有蔓延的特性

供应链突发事件危害会沿着供应链上各个企业上下游关系，即供应商—制造商—批发商—零售商—顾客顺序蔓延，导致整条供应链上所有企业损失巨大；也可能会沿着供应链逆向流动，直至供应商，从而影响整个产业链。现在各个行业供应链网络链接结构特点越来越明显，这种灾害可能会蔓延到供应链网络结构上所有成员，导致供应链上全部成员受损，其造成的后果难以预料和想象。

（5）应对突发事件的迷茫性

供应链突发事件不是企业日常管理程序和方法所能解决的问题，需要供应链上节点企业通力合作，共同应对，并且始终以供应链整体利益最大化为目标。在应对突发事件时，供应链上合作企业缺乏有关突发事件成熟的控制过程经验、协调方法和控制策略可以借鉴，只能摸索前进。

3.2 供应链突发事件爆发原因及存在问题分析

本节对供应链突发事件爆发原因进行了详细分析，同时在对相关企业调研基础上，详细总结了供应链突发事件管理中存在的各种问题，为后续突发事件应急管理控制研究和策略制订提供了研究基础。

3.2.1 供应链突发事件爆发原因分析

供应链突发事件爆发的原因很多，综合起来分析有如下原因。

（1）世界各国政治、经济竞争加剧

当今世界上，国与国之间因为政治、经济等因素造成战争、冲突、制裁事件时有发生，比如联军对利比亚空袭事件，造成很多行业供应链中断。许多国家因为国内政治动乱、国家之间战争，从而使各个行业供应链上的企业生产、配送、销售等都基本处于停滞状态。2019 年 8 月，香港发生暴力事件，非法集会和暴力冲突持续升级，香港国际机场取消了航班 238 架次，机场瘫痪导致客运量每日损失 20.6 万人次，货运量损失 13863吨，空运货值损失 101.6 亿元。机场货运、客运持续受影响，对香港经济支柱产业造成冲击，持续下去会深刻影响香港经济各个领域和方面。

（2）各种自然灾害的逐年增多

近些年来，随着大气层被破坏、环境污染等问题日趋严重，自然灾害逐年增多，从而造成许多行业供应链突然中断，给人民生命财产造成重大损失，同时给国家和企业造成巨大灾难。

（3）供应链上各企业之间的网络链接结构导致发生突发事件的风险加大

供应链从供应商、制造商、批发商、零售商到最终消费者组成了供应链上的实体企业，在供应链网络结构下，应该追求的是供应链整体最优，而不是企业自身最优。在供应链实际运行中，如果供应链上个别企业出现商业欺诈等商业信誉问题，会给供应链上其他企业带来致命打击。所以，供应链网络链接结构决定了供应链上各企业应保持紧密合作关系，而不仅仅是交易伙伴关系。

（4）供应链上制造企业过多依赖于其供应商

JIT 方法推广和应用，使供应链上生产制造企业风险加大。因为采用 JIT 方法可以使库存成本大大降低，库存保持在很低水平，甚至是零，所以被企业广泛应用在库存管理中。供应商库存管理这一新方式的变革，给供应链上的企业带来明显经济效益，但当出现需求巨大波动时，会使整条供应链缺乏弹性，可能会产生牛鞭效应等。当面对突发事件时，供应链显得非常脆弱，极易发生中断甚至崩溃。日本大地震及海啸，给一直追求 JIT 方法的日资汽车制造企业致命一击，因为库存短缺，许多未受地震波及的地区汽车生产，也因为零配件短缺而不得不减产或停产。我国国产智能手机核心部件严重依赖国外供应商，当美国制裁中兴公司，禁止中兴向美国企业购买核心部件时，中兴主要经营活动被迫停止，最终向美国支付高额保证金后，中兴公司才得以恢复运营。2017 年 9 月 14 日，舍弗勒集团大中华区发表声明：其唯一在使用的滚针原材料供应商"界龙"，出于环保考虑被责令停产、设备拆除。舍弗勒可能需要 3 个月时间寻找并更换供应商。在这段时间内，滚针供货缺口预计将超过 1500 吨，将导致 49 家汽车整车厂的 200 多款车型停产，产值损失相当于 3000

亿人民币。

（5）供应链全球化发展趋势

随着信息技术及网络发展，供应链发展也由过去本土化生产和营销策略转向全球化生产和营销。通过 B2B 电子商务平台，进行全球范围内采购、生产和装配，供应链可以将世界各地的企业紧密地连接起来。这种远程采购、生产和装配方式，给供应链带来更大的风险。为了降低供应链风险，只能设置更长提前期，设置更多安全库存和更高报废率，降低可能发生各种突发事件风险，以及随之带来的供应链总成本增加。所以，供应链全球化在带来好处的同时，也带来了风险和成本增加。

（6）全球范围集中生产和分销趋势

现在发展呈现集中生产和分销趋势，的确给供应链发展带来了一些明显优势条件，在较少的地方进行集中大批量生产，生产规模经济效应很好地被体现出来，生产成本虽然降低了，但是带来了运输成本和风险增加，这种集中的工厂为了最大化规模经济效应，倾向于大批量生产，供应链敏捷性也就大大降低了。

（7）供应链上企业业务外包的发展趋势

现在供应链上各个企业越来越专注于自己核心优势业务发展，将业务活动外包。供应链上各个企业被连接在一起，通过共享信息和整合业务流程做法，提高整体供应链竞争优势。然而，企业业务外包伴随供应链整体风险加大和控制能力降低。一旦供应链上某一环节出现故障，整体供应链故障引发概率增大，供应链突发事件引发概率也随之增大。

（8）选择单源供应商发展趋势

越来越多企业选择单源供应是供应链管理发展趋势，认为无论是从合作双方利益和信息共享角度都是非常好的一个选择。但是，这种单源供应商风险相当大，因为一旦单源供应商遇到突发事件，出现破产、信誉等问题，供应链上的其他企业如制造商、批发商和零售商无疑都会受到重大影响，使整条供应链发生中断甚至崩溃。

（9）需求巨大波动影响

市场需求波动越大，需求预测准确性就越低。市场需求波动增加原因有如下几个方面：第一，技术变革加剧而导致产品生命周期越来越短，产品报废率有增加危险；第二，企业之间竞争活动加剧，导致消费品市场对内需求人为干扰增加。2001 年网络设备制造商 Cisco 公司没有准确预测市场需求，导致其不得不报废价值 200 万美元存货。2018 年，车企行业遭遇了市场需求大波动，市场一片萧条，宝马有一批进口车型预期会有不错销量，事实上根本就卖不出去。最后，因这批车库存过大，成为库存车，只能低价卖出，损失惨重。

（10）供应链信息共享和控制措施严重缺乏

供应链风险是供应链上各成员之间缺乏相互信任，导致供应链各个环节上决策者行动不一致，增加了供应链整体风险。因此，建立完善的供应链管理信息系统，增加供应链上各企业之间相互信任，实现信息和利益共享，增加运作的透明性，增强供应链整体控制能力，进而降低突发事件发生概率，降低对供应链整体的影响和冲击，否则就会增加供应链整体风险，导致供应链突发事件发生。

3.2.2 供应链突发事件管理中存在问题分析

目前，供应链上的各个企业虽然已经意识到了供应链突发事件风险问题，然而在实践过程中，仍然存在很多问题。通过对国内外企业突发事件现状进行分析，认为供应链突发事件管理问题主要体现在以下几个方面。

（1）企业高层对突发事件风险后果认识不足，重视不够，没有相应的应急管理组织机构，没有完善的突发事件应急管理机制，没有制订相应的应急管理计划、预案和预警等相应保障措施，对突发事件危害意识不够。

（2）更多依赖于单源供应商，缺乏后备供应商选择和储备。一旦供应链发生突发事件，供应链上其余企业往往准备不足，难以应对，只能减产或停产；缺乏对供应商分类管理，缺乏长期合作意识；对维护合作伙伴关系缺乏风险意识。此外，供应商评价指标体系中，当选择国外供应商时，往往对外部风险因素考虑不周。

（3）供应链上各个企业缺乏真正合作。81%被调研企业承认，他们与供应链上其他企业合作过程中，有尽可能地把供应链风险管理责任转加给对方的趋势。企业在合作过程中，存在追求自身利益最大化现象，而忽视了供应链整体利益最大化的合作理念。这样忽视其他合作伙伴利益情况，存在巨大风险，缺乏共同抵御风险意识和机制，缺乏利益共享和风险共担相应机制、真正的合作意识和理念；这种做法虽然看上去似乎转移了其自身风险，但是整条供应链面对突发风险时，如果每个企业都考虑自身利益，而不积极应对，最终会导致整条供应链中断或崩溃。供应链突发事件应急控制是否成功，取决于供应链上是否所有企业都采取了应急行动。只有当供应链上所有企业通力合作，共同应对突发风险，才能从根本上降低整条供应链面临的突发事件冲击和影响。

（4）供应链上各个企业之间没有建立完善的信息系统进行信息共享、沟通与交流。造成供应链上下游企业之间信息不共享、信息不对称、信息沟通不畅通，信息披露透明度不强。需求不稳定造成供应链上各个企业面对突发事件风险加大。企业与企业之间缺乏公共信息平台进行沟通与协作，以达到信息共享目的。供应链上各企业尚未建立完善突发事件信息收集、信息分析和披露制度。缺乏信息系统统一规划、开发和使用，从而导致不能实现供应链突发事件应急管理的信息化解决方案。

（5）供应链上企业之间缺乏灵活有效的契约机制，来实现供应链协调。企业之间在契约制订过程中，往往从自身利益出发，忽视对方可能存在的风险，对双方风险偏好考虑不周，造成双方期望利润不能达到最优值的后果。企业应针对不同的风险偏好者制订不同契约机制。

（6）遇到供应链突发事件时，习惯于事情发生后才紧急应对。调研结果显示，2003年国内受"非典"影响较大的企业有24%左右，但是直到今天，这其中52%的公司仍然没有建立完善的供应链突发事件应急管理组织机构、相应管理机制和制订完备应急预案，这种情况在国外也不容乐观。据美国物流管理委员会指出，"9·11"事件发生前和发生后，美国企业对于供应链突发事件应急管理并没有引起足够重视。从20世纪90年代后期至今，供应链突发事件发生规模、频率、波及范围越来越大，但是企业对于突发事件应急防范计划、应急预案和应急措施却还未制订完备，缺乏完善的供应链突发事件应急管理机制和过程管理。

（7）供应链上的企业缺乏统一行动方案和组织协调。在调查中发现，目前41%的企业没有制订突发事件应急防范计划，缺乏统一组织协调。这一现象表明，企业在应对突发事件风险时，缺乏实际有效行动和统一组织协调。企业现有应急管理机制制订完全是以各企业自身分散管理为主，追求自身利益最大化，使突发事件发生后应急资源难以统一协调和调动。当发生突发事件时，供应链上各企业容易出现相互推诿的现象，严重影响供应链整体协调运作机制。可能会在遇到供应商破产、倒闭这类突发事件，导致供应商不能正常供货，影响整体供应链正常运行时，供应链上各企业才开始重视供应链突发事件应急管理工作。

（8）不了解供应链突发事件应急管理所应开展的具体工作。通过对数家企业高管调研，得出供应风险管理重要性排序，从表3-1可以看出，企业把程序和数据备份放在了供应链风险管理第一位，而把对企业危害最大的意外事故计划放在了最后一位。由此可以看出，企业对于突发事件风险没有足够认识。实际上，意外事故计划被看作防范突发事件风险的重要保障，是保证供应链上企业正常运作的重要手段，是供应链上各企业之间通力合作，共同抵御突发事件的最重要措施。

表3-1　供应链风险管理措施的重要性排序

序号	风险管理措施
1	程序和数据的备份
2	风险的自我评估
3	运营方式的改进
4	对员工的培训
5	财务措施
6	与供应商合同的重新评估
7	安全措施
8	保险
9	风险的外部审计
10	意外事故计划

3.3 供应链风险因素识别文献综述

供应链风险识别是有效进行供应链风险管理（SCRM）整个过程的首要阶段，风险识别分析是否合理、适当，直接影响后面风险评估和风险控制质量。国外专家研究供应链风险识别较早，已经取得了一定的研究成果，可以供我们研究借鉴和使用。国内研究起步虽然晚一些，但是也取得了一定的成果。本节主要针对国外和国内供应链风险识别的文献进行分析与研究。

3.3.1 国外供应链风险因素识别文献综述

供应链风险问题已经引起了越来越多西方国家专家和学者关注。Kraljic（1983）提出一个采购组合管理框架，该框架将由外部因素所引起的不确定性和供应中断问题都纳入框架中。Zanger（1997）研究了供应链网络中，小企业和大企业各自面临的不同机会和风险。Smeltzer 和 Siferd（1998）探讨了供应链风险管理问题，为更好地从采购管理角度理解供应风险管理，他们运用交易成本理论和资源依赖模型，进行了详细分析，指出主动积极的采购管理就是供应风险管理，但是论文核心关注的是某一特定领域问题。Akkermans 等（1999）研究了供应链中，与共同目标和信息共享不完善相关问题，但是论文不完全算是系统地研究了供应链网络风险文献。Lonsdale（1999）提出管理供应链垂直关系的外包风险管理模型。Harland 等（2003）、Chopra（2004）、Nagurney 等（2005）分别从不同角度系统研究了供应链风险因素，这些研究成果主要是从风险特征角度，对供应链风险作了识别。Punniyamoorthy（2013）利用高阶结构方程模型，来区分各种风险，并提供一个可靠且精确方法，来评估相似竞争行业的供应链风险。同时，论文总结了一个优先级的风险框架，揭示了不同来源具有重要性的风险结构。研究文献针对供应链外部环境所引起风险的研究并不多。Sheffi（2001）对供应链恐怖袭击风险进行了分析，指出了供应链脆弱性所在，提出应加强与政府合作，增强安全措施，防范恐怖袭击发生；建立适当的库存来抵抗恐怖袭击，重新构建企业运作流程，提高企业运作环境安全性。

Hallikas 等（2004）研究了网络环境下的风险分析和评估，以及供应商网络风险管理过程，研究重点是网络协作产生何种风险，以及如何进行风险管理。论文中将供应商网络风险来源分为四类：（1）太低和不恰当的需求；（2）在履行客户交货任务过程中出现的问题；（3）成本管理和定价；（4）企业资源、发展和柔性中所存在的弱点。虽然研究对供应商网络风险因素进行了分类，但是并没有进一步细化分析。Berger 等（2004）认为，重大灾害事件发生引起的供应风险，导致了内部供应网络完全中断。他们把这些事件分为：（1）超级事件，是指那些同时影响了所有的供应商，并且中断了所有供应商的供应；（2）中度事件只是影响了一部分供应商；（3）单一事件影响了单一特定的供应商。采购环境决定了事件是超级、中度还是单一事件的分类。Christopher，Rutherford（2004）研究将风险分为供应风险、过程风险、需求风险、行为风险、政治或社会风险、智能方面风险。

Chan，Kumar（2005）首次将地理位置、政治稳定性、经济状况、恐怖主义等风险因素纳入对全球供应商选择标准之中。Zeng，et al.（2005）基于风险来源能力限制、技术不兼容、供应突发事件、汇率波动或者灾害等方面，针对风险进行分类。Kleindorfer，Germaine（2005）研究了突发事件风险，这些突发事件风险来源于自然灾害、罢工、经济突发事件和恐怖袭击等。研究提出了一个从应急风险评估到应急风险减轻的概念框架。Tang，C. S.（2006）将风险分为运营风险和突发风险。Van Wassenhove（2006）进行了灾害分类：（1）自然的，突发爆发的（地震、飓风、火山爆发）；（2）人为的，突然发生的（恐怖袭击、工业事件）；（3）自然的，发生缓慢的（干旱、饥荒、贫穷）；（4）人为的，发生缓慢的（政治和难民危机）。Wagner，Nikrouz（2010）研究了供应链脆弱性和供应链风险之间关系，针对这种重要关系进行了大规模的调研，发现供应链特征和突发事件风险对供应链影响的关系。供应链突发事件风险是指需求方面的风险、供应方面的风险和灾难风险三类，但是研究具有一定局限性。因为研究是在德国收集的数据,在其他国家是否适用,值得思考;另外,更深层次的有关供应链特征如何提高或降低供应链脆弱性研究,都是很难掌握的。

Trkman,McCormack(2009)初步研究了识别和预测供应风险的一种新方法,这种对于供应商评估和分类方法是基于供应商属性、表现和供应链特征来进行的。基于供应商动态外部和内部环境,修改诸多因素,提出了一种评估和分类供应商的新方法。

Oke等(2009)针对风险进行了分类,将风险分为供应相关风险、需求相关风险和其他风险。供应风险包括进口的原因、气候、人为灾害、自然灾害、社会经济和关键供应商的缺失;需求相关风险包括经济、需求变动性和不可预测性。Ellis等(2010)研究了供应突发事件风险的三个方面:供应突发事件大小、供应突发事件可能性和供应突发风险其他方面。研究结论对进一步决策过程,提供了支持。

Tse,Tan(2010)从全球供应链网络所产生的质量风险的角度分析风险管理的概念性研究框架,针对风险关注、风险转移、风险预防、风险补救四个管理实践,提出可视化供应链和战略供应链管理的理念。

Greening等(2011)从实证角度出发,研究了供应链突发风险识别,分析供应网络结构中断。从中断风险识别时间限制角度出发,提出了识别突发风险概念框架,认为影响突发风险识别因素主要有以下几个方面:(1)供应链网络结构和成熟度;(2)网络成员角色、能力和积极性;(3)供应链网络社会治理。

Punniyamoorthy等(2013)主要研究了重工业企业供应链风险,采用集体判断方法,针对风险因素进行了分析,运用高阶测量模型,依据整条供应链中风险结构重要性进行排序,进行量化研究。该研究中,运用客观方法——聚类算法,实现不同行业风险分类,还提出运用集成高阶测量模型采用定量方法研究风险,将是进一步研究方向。

Aqlan,Lam(2015)提出了一种基于领结分析和优化技术的方法论,以量化减轻供应链风险。提出的方法考虑了风险相互联系,并且确定了在预算约束下缓解策略的最佳组合。该文针对一个基于高端服务器制造环境的实例，进行了研究。

Ceryno，Scavarda 和 Klingebiel（2015）研究通过调查巴西三大供应链的主要风险表现，确定了汽车供应链中主要风险，并为巴西汽车行业提供了初步的风险预测。该研究通过对不同供应链上的现实风险表现分析，确定了供应链可能面临的主要风险，以此帮助供应链启动供应链风险管理流程。

Truong Quang，Hara（2018）研究比较了两种模型：（1）只存在风险对供应链绩效的直接影响，即竞争模型；（2）包含风险之间的关系，显示了推动效应的机制，即假设模型。越南建筑业实例证据证明，假设模型更适合。

Mehrjoo，Pasek（2016）以快速服装行业为研究对象，提出了一个系统动力学模型，用于分析三个供应链层次的快速服装行业行为和关系，分析了交货期和交货延迟对供应链绩效影响，认为在最短时间内，满足客户需求是该行业成功关键。

Liu，Li 和 Zhu（2018）利用经济学中的风险管理理论和水文中的分布式水文模型，提出了一种大数据下的供应链财务风险预测方法，并根据预测结果，针对财务企业风险状况，进行预测研究。

Nakandala，Lau 和 Zhao（2017）提出了一种基于模糊逻辑和层次全息建模技术相结合的混合模型，以新鲜食品行业为例，验证了该方法实用性和可行性。

BOONYANUSITH，JITTAMAI（2019）利用"风险屋"模型，探讨血液供应链中的风险，进行风险评估与风险管理行为评估。在案例研究中，共发现 30 起风险事件和 16 个风险因素，缺乏协作、决策信息不足和信息共享有限是影响血液供应链管理的三大风险因素。

Routroy，Shankar（2014）针对服装供应链进行研究，认为服装供应链管理者应识别和分析与其供应链相关风险，以便制订适当缓解策略，提高供应链绩效。

上述有关供应链风险识别主要研究成果，汇总①见表 3 - 2。

① 感谢裴虎军、李广霞、孙魏魏、刘欣然、刘玥婷、回广福所给予的支持，在此真诚说声谢谢！

表 3 – 2   国外供应链风险因素识别主要研究成果

作者	年份	风险因素
Sheffi	2013 2015	供应失败、运输失败、设备实施失败、信息交流失败和需求失败
Cranfield Management School	2002	供应风险、需求风险、环境风险、制度风险、运作过程风险、预防计划措施失败风险六大因素
Kleindorfer et al.	2005	中断风险、协调风险
Harland，Brenchley	2003	内部风险（治理风险、财务风险、产品市场风险、运行风险）和外部风险（政治风险、经济风险、社会风险、技术风险、法律风险和环境风险）
Harland et al.	2003	战略、作业、供应、客户、制度、竞争、信誉、税收、资产和法律风险
Ernst，Young	2003	持续经营计划风险、数据完整性风险、管理技术应用安全风险、企业治理风险、合作关系风险、供应链管理成本与投资风险、劳动力风险和税收风险
Chopra Sunil	2004	破裂、延迟、知识产权、IT 系统、预测、采购、库存、生产能力、可接受等九大风险
Eugenio – Martin et al.	2014	外部环境风险、运作风险、自然灾害风险
Hallikas，et al.	2004	供应商需求风险、交货履约能力、财务相关风险和定价风险
Protiviti	2004	战略计划风险、销售和运作计划风险、采购风险、供应中断风险和控制风险
Berger，Gerstenfeld 和 Zeng	2004	超级事件（同时影响所有供应商）、中度事件（影响部分供应商）和单一事件（影响单一供应商）
Christopher，Rutherford	2004	供应风险、过程风险、需求风险、行为风险、政治或社会风险、智能方面风险
Cavinato	1989	产品流动风险、存储和库存风险
Chopra，Sodhi	2004	人为和自然灾害、供应风险、系统风险、预测风险、库存风险、能力风险等
Spekman，Davis	2004	供应风险、库存风险、信息流风险、资金流、安全、协调社会责任等
Peck	2005	风险存在不同层次——产品/过程、资产、组织与内部组织网络、环境
Kleindorfer，Saad	2005	供需之间不平衡、日常活动的中断等
Sheffi，Rice	2005	风险分类是基于中断发生可能性和风险后果
Kleindorfer，Saad	2005	突发事件风险来源于自然灾害、罢工、经济突发事件还有恐怖袭击等突发风险

续表

作者	年份	风险因素
Van Wassenhove	2006	自然的、突发爆发的（地震、飓风、火山爆发）；人为的、突然发生的（恐怖袭击、工业事件）；自然的、发生缓慢（干旱、饥荒、贫穷）；人为的、发生缓慢（政治和难民危机）
Wagner，Nikrouz	2010	突发事件风险是指需求方面的风险，供应方面的风险和灾难风险三类
Tang，C. S.	2006	运营风险和突发风险
Tang，C.，Tomlin B.	2008	供应风险、过程风险、需求风险、知识属性风险、行为风险、政治/社会风险
Trkman，McCormack	2009	内在不确定性（市场动荡、技术动荡）、外在不确定性（独立事件——恐怖袭击、传染病、工人罢工；持续风险——通胀、消费价格变化）
Oke 等	2009	供应相关风险、需求相关风险和其他风险
Tse，Tan	2010	质量风险
Greening 等	2011	中断风险
Routroy，Shankar	2014	供应链所有权分散、需求波动、竞争水平提高、技术迅速过时、环境法规、汇率波动
Aqlan，Lam	2015	材料短缺、设备故障、订单取消、质量问题、延迟风险、创新风险、自然灾害风险、关键客户问题、额外库存风险
Mehrjoo，Pasek	2016	交货期，交货延迟
Nakandala，Lau 和 Zhao	2017	不稳定需求、供应质量风险、供应商交货延迟
Ceryno，Scavarda 和 Klingebiel	2015	宏观环境不确定性，政府政策不确定性，产品市场不确定性，需求风险，供应风险
Truong Quang 和 Hara	2018	外部风险：自然灾害，外部法律问题，文化差异；时间风险：交付延迟，采购延迟；知识风险：信息失真；金融风险：通货膨胀，货币波动；供应风险：供应商破产、价格波动、投入质量和数量不稳定；需求风险：需求多变、高市场竞争、客户破产和客户分散
Liu、Li 和 Zhu	2018	供应链稳定性、物流企业监管程度、企业实力
BOONYANUSITH，JITTAMAI	2019	分配和分配延迟、物流流程中断、交付和运输中的非标准包装、库存流程复杂、成本支付延迟、不当需求分析、决策信息不足、缺乏信任、缺乏协作、质量控制问题、能力不足、缺乏经验的员工、安全问题、有限信息共享、供需不确定性

3.3.2 国内供应链风险因素识别文献综述

国内对供应链风险因素识别文献研究较少，主要有以下文献：张炳轩等（2001）、党夏宁（2003）、许志端（2003）、解琨等（2003）、倪燕翎等（2004）、周艳菊等（2006）、陈志鼎等（2019），他们主要是从风险来源的角度对供应链风险作了识别，如表3-3所示。

表3-3 国内供应链风险因素识别主要研究成果

作者	年份	风险因素
张炳轩等	2001	市场风险、合作风险、利润分配风险、利润波动风险、道德风险、技术与信息风险
党夏宁	2003	效率因素、信息因素、资金因素、外来风险因素
丁伟东等	2003	自然环境风险因素（水灾、火灾、地震等）和社会环境风险因素（独家供应商、信息传递、物流配送、财务状况、市场波动、合作伙伴、利润分配等）
马士华	2003	内生风险（道德风险、信息风险、合作关系风险、物流风险）和外生风险（政治风险、经济风险、技术风险、法律风险、供应风险和需求风险）
许志端	2003	战略意图的制定、资源和知识的交换、伙伴的选择、伙伴关系的范围、学习的能力、解除合作的程序、关键绩效指标
解琨、刘凯等	2003	管理协作风险、信任风险、激励风险、道德风险、核心技术外泄风险、合作关系风险
倪燕翎等	2004	外部风险（环境、市场）、内部风险（管理、信息、技术、结构、金融）
周艳菊等	2006	需求、供应、经营、环境、制度和信息技术六大风险因素
金海水等	2015	供应因素、环境因素、生产管理、技术因素
孙金花等	2016	供应商风险（关键资源缺失风险、要素投入风险、配套设备不完善风险等）、集成商风险（关键客体流失风险、融资风险、信息不对称风险等）、科技用户风险（成果应用风险、外包风险、科技成果转化风险）
刘莉洁等	2016	产品性价比因素（质量稳定性、售后服务、价格高低等）、交易因素（订货提前期、交货准时性、交货及时性）、定价因素（价格弹性）、生产能力影响因素（装配能力、技术能力、信息共享程度、降低成本能力等）
彭红军等	2016	自然风险、人为风险、市场风险、管理风险、政策性风险等
周业付等	2016	行业风险（品种质量、养殖设备、物流运输等）、社会风险（需求变动、价格变化、资源供应、环境污染）、政策风险（政策变动）、自然风险（天气变化、地质灾害）、人为风险（成产加工、专业技术等）、生物变化（疫病、选址建设、生物安全）

作者	年份	风险因素
张学龙等	2017	效率、质量、成本、服务水平、信任
付焯等	2017	物流作业非标准、物流组织管理低效、物流要素保障弱化和节点间的传递障碍
陈志鼎等	2019	供应风险、需求风险、生产风险、管理风险、环境风险

目前多数供应链风险识别文献研究的是供应链单链结构，而对供应链网络链接结构风险识别研究文献很少，供应链网络链接结构是现今很普遍的结构，并且是供应链未来重要发展趋势。所以，未来风险识别重点应该放在网络链接结构上，并且具有一定实际研究价值和意义。

王文婕（2011）采用 OWA 算子研究了供应链管理风险事件发生概率大小和影响大小，并求得其综合属性值。通过比较综合属性值的大小，找出关键风险因素，进而得出结论，即该方法比较适合供应链网络中风险因素相关性相对较低的风险研究。

于宝琴等（2010）运用模糊熵法，并结合绿色供应链管理（GSCM）内容，采用定量与定性相结合方法，求出各因素权值，根据权值大小找出关键风险因素。刘秋生等（2012）运用模糊熵法建立了基于突发事件的供应链风险识别模型，通过三角模糊数确定权重，弱化了对主观赋权依赖性。经过权重分析，识别出基于供应链突发事件的关键风险因素。王晔（2013）从权变理论视角出发，针对变化环境和不确定性因素这两个方面，也就是从结构性和随机性两个维度，来分析影响供应链绩效的风险因素。与此同时，对影响供应链绩效的风险因素，采用计算模糊集合信度结构的方法，分析评价了相关风险因素的风险水平，为企业识别和预测供应链上的风险，提供了又一种新的研究思路。但是本书中，只是针对某单一的风险因素进行评价，并没有涉及各个层级的风险因素，也没有对它们进行综合评价。而且，本书没有检验结构性和随机性这两个分类维度的构念效度，构念效度统计检验是让结论更加科学严谨的重要保证。

樊星等（2016）以一个三阶段跨国农产品的供应链为研究对象，构建一套农产品供应链风险识别框架模型，并引入模糊三角数，结合多属性决策方法，建立农产品供应链模糊多属性评估方法模型。最后，结合具体算例进行验证。慕静等（2017）通过对物联网在农产品供应链中运作机制分析，提出各环节的潜在问题，通过风险识别将风险划分为感知层、信息层、应用层和其他风险，并针对性提出物联网下农产品供应链风险防控策略。

杨斯玲等（2016）在对 EPC 建筑供应链风险进行系统分析基础上，设计了 EPC 建筑供应链风险评价指标体系，并采用区间层次分析法，进行指标赋权。依据约束理论建立三步骤动态反馈环，管理 EPC 建筑供应链风险，结合集对分析中联系势和全偏联系数两种排序准则，确定系统中的最大风险约束。靖鲲鹏等（2014）对供应链风险识别采用供应链运作参考模型、故障树分析法、情景分析法，进行了梳理和述评，并针对这些方法进行了分析、比较，总结出了各种风险识别方法优缺点及适用性，以期对实践领域应用提供参考和帮助。

谭忠富等（2014）基于一般供应链风险管理理论，从煤电能源供应链价格传导风险控制、产能规模匹配与协调风险控制和节能减排环境下的风险控制三个方面，对国内外相关研究进行了综述。结果表明，煤电能源供应链中，各单一环节风险控制研究成果较多，但是，缺乏煤电能源供应链整体风险传递机制、扩展路径及协调控制的研究。

姚琪（2018）从物联网环境下的食品供应链特点出发，从物联网的三个层次分析供应链风险，实证上运用 OWA 算子对风险因素进行定量评估，根据实证结果，提出相应对策建议。

3.4　供应链突发事件风险评估文献综述

3.4.1　国外供应链突发事件风险评估文献综述

Yu、Zeng 和 Zhao（2009）在一个两阶段供应链中，评估了供应突发事件风险对于单源和双源方法选择影响，这项研究具有一定局限性：（1）需求模型相当简单，并且只是价格敏感需求；（2）供应商能力被认为是无限的，但主要供应商能力在突发事件中发生了损失；（3）这项研究只是集中在单源和双源之间。Neiger、Rotaru 和 Churilov（2009）提出了一种基于 VFPE 的风险识别方法。这种 VFPE 提供了多角度风险研究方法，包括过程、目标和风险资源。研究局限性在于方法使用了经验估计方法。

Giannakis，Louis（2011）研究制造型供应链突发风险应急管理框架。运用层次分析法对风险进行识别和评估，并利用决策支持系统针对突发事件风险性质进行分析，并提供风险控制决策支持。

Wu，Olson（2010）针对供应链风险进行了分类，找到了其中的共同特性，并且针对不同风险进行了比较，还对已有评估方法、案例、模型总结分类，得出了供应链风险管理框架。该框架主要关注以下五点：第一，关注供应链所处环境；第二，了解不良风险事件对组织成员影响；第三，考虑风险强度；第四，识别哪些风险是组织可以处理的，哪些风险是需要外包的；第五，控制关键输出。Nigro，Abbate（2011）不是从整体来评估风险，而是分析造成风险因素和控制风险决策所带来的不同影响，分析供应链网络风险，运用资本资产定价模型来评估投资成本，最后运用 Shapley 值法进行利益分配。结合实务期权理论，来研究网络价值，将是未来研究方向。Lockamy，McCormack（2012）应用贝叶斯网络，来评估供应商风险。依靠现有和潜在供应商获取准确数据能力，建立贝叶斯网络，来进行供应商风险评估。Shukla 等人（2011）研究供应链效率和鲁棒性之间协调问题，即供应链运行成本与风险成本协调问题。应用情景规划法和混合整数线规划模型，使供应链效率和鲁棒性最大化，并且评估和权衡两者之间关系。结果表明，从长期来看，供应链应该有较多鲁棒性，鲁棒性并不会对供应链效率造成影响。研究更加切合实际、更复杂的供应链形式，如随机需求、多产品、多生产设施、非线性运输成本等突发风险控制问题，将是未来研究方向。Klibi，Marter（2012）针对供应链网络需求随机性和结构脆弱性等问题，通过对风险强度和持续时间分析，运用蒙特卡罗模拟法，对供应链风险建模，实现对供应链风险评估，并建立弹性供应链，降低供应链中断风险。Kleindorfera 等（2012）通过设计和建立一个准事故管理系统，达到大幅度减少事故发生次数和事故所造成影响的作用，分析了应对不同风险重要因素，例如安全、产品质量等，把准事故作为突发事件主要指标，建立指标体系，来计算高频率、低损失和低频率高风险事件，他们还认为该系统需要每个成员协同合作。同时，企业应该区分人身安全和过程安全，并通过准事故指标来评估过程风险，引入潜在安全损失指标，帮助管理者在经验基础上，来评估企业潜在业务损失。Dekkers, et al.（2012）等从生产组织与网络关系角度，研究了信息中断风险对生产组织的影响，提出将信息理论方法应用于生产组织中，研究制造业务关键信息中断所产生供应链扰动。运用熵理论来评估物料流中不同因素所引起中断风险的水平，运用离散事件仿真技术，探讨中断风险在供应链合作伙伴之间所产生的影响。研究结果表明，在信息中断风险中，零售商承担了库存成本不确定性，而制造商和批发商承担了库存管理成本不确定性。Schmitt, Snyder（2012）基于两个供应商，第一个是供应商可靠供应链，第二个是供应商不可靠的供应链，研究了收益不确定性和中断风险两种供应链风险，认为单周期报童模型低估了供应链突发风险，选择决策也为次优决策，提出应用多阶段分析模型，从整体角度制订战略决策。将随机需求下两个供应商都为不可靠供应商的供应链突发风险研究，作为进一步研究方向。Ganguly, Guin（2013）运用模糊层次分析法，来研究产品供应相关风险及其对买方市场潜在影响，此方法可以将个人对各风险因素重要性看法和从自己角度对风险评估作为输入量来评估风险，使管理者更好掌握影响最大的风险因素，并将关注重点放在这些因素上。此方法局限性是对评估者知识要求较高，并且主观性比较强。指出同客观方法同时使用并逐步运用到多层供应链上，将是以后研究方向。

Ganguly, Guin（2013）采用案例分析方法，分析了供应链相关风险，运用模糊层次分析法，针对供应链风险进行评价，并确定供应链相关危险因素及其带来的潜在影响，从而可以降低风险，增加盈利概率。但是该文案例中所列举数据并不全面，需要详细数据来进一步验证。

Xie, Anumba, Tummala et al.（2011）在供应链风险管理方面提出了一个全面方法——基于风险管理程序（RMP）结构化和事先准备评估和管理供应链风险方法。在应用供应链风险管理程序（SCRMP）中，针对供应链风险进行有效管理，并为管理决策提供支持。

Lockamy，McCormack（2012）等通过构建贝叶斯网络模型，提供了一种对供应链风险评估方法，使得管理者能够准确制订供应链风险管理策略，降低供应链整体风险。但是，该模型必须要正确识别风险事件，了解风险类别对供应链影响，否则会降低模型准确度。

Tadeusz Sawik（2011）研究了在客户驱动供应链中，利用所选最优性准则的期望值和有风险条件值的有序加权平均聚合，得到一个鲁棒解。并在文中确定了风险中性、风险规避和稳健的解决方案。

Mostafaeipour，Qolipour 和 Eslam（2017）通过建立一个数学模型，来量化供应链风险管理中典型风险，如延迟交货、质量不达标、自然灾害和财务风险等供应链风险。该模型旨在选择和分配订单给供应商时，以最大限度地降低上述风险因素带来的供应风险。利用模糊函数，将该模型转化为模糊供应链风险评估模型。结果表明，与确定性模型相比，模糊供应链风险评估模型具有更好的预测效果，并证明该模型对活动风险控制能力有一定提高作用。

Zhou，Hu 和 Xie 等（2016）研究了基于直觉模糊信息的供应链风险评估问题，提出了一种依赖直觉模糊 Hamacher 加权几何（DIFHWG）算子。利用该算子设计了一种基于直觉模糊数的供应链风险评估算法。

Li，Du，Wang et al.（2016）为评估药用辅料安全性，基于层次分析法和模糊数学理论，建立了供应链风险模糊层次综合评价模型。文章最后进行实证分析，认为注射用聚山梨酯 80 与口服用聚山梨酯 80 相比，是供应链中的一种高风险成分。

Chaudhuri，Mohanty 和 Singh（2013）的文章提出了一种在新产品开发过程中，涉及群体决策供应链风险评估方法。这种方法可以使用数字和语言数据，确定不同子系统和最脆弱子系统的每个供应商脆弱性得分，然后进行失效模式影响分析（FMEA）。它有助于优先考虑易受影响的供应商失效模式，从而制订具体控制计划，以缓解与供应相关失效。

Cheng，Wang（2015）以酒店供应链为研究对象，结合风险识别原理，从环境风险、管理风险、合作风险、信息风险和企业自主权风险五个方面，对饭店供应链风险因素进行了识别，从而建立了饭店供应链风险评价指标体系；其次，运用层次分析法确定了风险指标权重，建立了基于模糊灰色综合评价法的酒店供应链风险评价模型。根据该模型进行实证分析，验证了该模型合理性、可行性。

Liu，Daniels（2017）在文章中提出了一个风险评估框架，作为研究路线图。该框架确定了风险评估的四个步骤，形成了风险管理周期。第一步为"价值建模"，分析供应链中组织成员价值主张和价值交换；第二步为"流程分析"，分析了事务流程"未来"和"现状"模式，分析了诸如欺诈或操作错误等人为因素；第三步为"不确定性估计"，估计特定风险生效可能性，并形成风险水平最终意见；第四步为"多准则决策"，根据上述分析得出风险模型，设计风险缓解方案、解决方案的决策和处理过程。

DiMase，Collier，Carlson et al.（2016）为降低假冒电子零件产品进入微电子行业，他们在文章中首先概述了电子供应链的复杂性，并强调了风险评估实践中存在的一些差距，重点提出要增强可追溯性功能，以便通过供应链的风险阶段对有风险零件进行追踪。

3.4.2　国内供应链突发事件风险评估文献综述

丁伟东等（2003）提出了基于模糊评价方法的供应链可靠性评估矩阵，具体包含四个步骤：（1）选定可靠性评估因素，构成评估因素集；（2）根据评估要求，划分等级，确定评估标准；（3）对各风险因素进行独立评估，得到评估矩阵和权重矩阵；（4）定量运算，计算出每个企业风险评估结果 R_i，定义为供应链中成员企业可靠性。

$$R_i = \sum p_j a_{ij} \quad i = 1,2,\cdots,n; j = 1,2,\cdots,m \tag{3.1}$$

式中 p_j 表示风险因素权重；a_{ij} 表示企业 i 针对风险因素 j 评估值。

整个供应链系统可靠性表示为 $Ps = R_1 R_2 R_3 \cdots R_n$，通过对可靠性分析，来判断供应链风险大小。该方法没有考虑风险事件发生概率，也没有具体说明采用什么方法来确定风险因素风险值。

付玉等（2005）提出了偶发供应链风险定量估计方法，把人工智能中的案例推理技术引入供应链风险估计，解决了基于案例描述与存储组织、匹配案例检索以及检索结果调整等关键问题，设计了实用的偶发风险估计原形系统。但是到目前为止，有关供应链风险评估成功案例较少，影响了该方法实际应用效果。

刘俊娥等（2007）运用 Borda 序值方法，测算出各风险因素的 Borda 值。根据 Borda 值大小，找出供应链关键性风险因素，采用定性与定量结合方法，实现了对供应链整体风险评估，具有简便、客观和模块化特点。但是该实例数据量比较小，而且权重计算方法主观因素太重，仅适合比较粗略风险评估。

李毅学（2011）将供应链金融风险划分为系统风险和非系统风险两类，在系统性评估原则、主体加债评估原则、强调过程性和动态性评估原则基础上，构建风险评估指标体系。运用层次分析法，得出指标权重，并进行一致性检验。步骤如下：

（1）构建指标体系

（2）构建判断矩阵

$C = (b_{ij})_{mm}$，b_{ij}是供应链风险评估指标体系元素 B_i 和 B_j 相对于准则 A 的重要性比例标度。$B_{ij} > 0$，$b_{ij} = 1/b_{ij}$，$b_{ij} = 1$。

（3）计算权重

B_1，B_2，$\cdots$，B_n 对于 A 相对权重 ω_1，ω_2，$\cdots$，ω_n 可以写成 $W = (\omega_1, \omega_2, \cdots, \omega_n)^{\mathrm{T}}$。其中 $\omega_i = (\prod_{i=1}^{n} b_{ij})^{\frac{1}{n}} / \sum_{k=1}^{n} (\prod_{j=1}^{n} b_{ij})^{\frac{1}{n}}$，$i = 1, 2, \cdots, n$。

（4）一致性检验

$$\lambda_{\max} = \sum_{i=1}^{n} \frac{(CW)_i}{n\omega_i} = \frac{1}{n} \sum_{i=1}^{n} \frac{\sum_{j=1}^{n} b_{ij}\omega_j}{\omega_i}$$，将其代入 $C.I. = \frac{\lambda_{\max} - n}{n - 1}$ 得出检验指标，判断矩阵一致性，$C.I.$ 即计算一致性指标。

（5）计算总排序权重

第 k 层上元素对目标的总排序为 $W^{(k)} = (\omega_1^{(k)}, \omega_2^{(k)}, \cdots, \omega_{nk}^{(k)})^{\mathrm{T}} = P^{(k)} \cdot W^{(k-1)}$。

该文在构建评估指标体系以及确定指标权重之后，并未对指标体系进行验证运算。

陈浩（2012）从不同维度设计供应链突发事件风险预警评价指标体系，应用控制图原理，对供应链突发事件风险预警方法建模，阐述了应用 3σ 方法，如何确定预警指标阈值以及如何应用模糊综合评判法，对综合风险进行预警评价。文章将系统风险度预警指标体系分为五类并且定义指标计算公式，同时设计了管理维度、供应风险度、需求维度、物流维度、财务维度及信息维度供应链突发事件预警评价指标，并且运用变异系数法，计算各指标权重。文中定义：

$$V_i = \frac{\sigma_i}{\overline{x_i}}, i = 1, 2, \cdots, n \qquad (3.2)$$

V_i 是第 i 项指标的变异系数，δ_i 是第 i 项指标标准差，$\overline{x_i}$ 是第 i 项指标平均值。

各指标权重定义为：

$$W_i = \frac{V_i}{\sum V_i}, i = 1, 2, \cdots, n \qquad (3.3)$$

再运用控制图法，确定预警区间对预警进行综合评价。但是该文章中，并没有对评价指标体系维度分类进行详细说明。

张浩、杨浩雄、郭金龙（2012）对供应链网络可靠性进行界定和分析，以节点企业间协同为基础，得到可靠度计算模型。根据供应链网络可靠性统计特性，建立多层贝叶斯估计方法，应用于样本可靠性评估中。在估计失效率基础上，对供应链网络可靠度进行估计。

余娟（2019）构建了港口物流柔性供应链稳定性综合评估模型。该模型综合多种方法，首先利用主成分分析方法，从供应链稳定性评估体系中，筛选出模型构建指标，然后利用层次分析法计算指标权重，最后利用模糊综合评价法，对港口物流柔性供应链稳定性进行评估。

周文坤、王成付（2015）运用 DEA、AHP 和基于左右得分的模糊TOPSIS 相结合评价方法，对中小企业在供应链融资中的信用风险进行评价。

宋欣蔚、夏同水（2016）研究分析了基于电子商务集群供应链风险因子，对其进行分类。构建了风险评估体系，运用层次分析法和模糊综合评价方法，建立基于电子商务集群供应链风险评估模型，并根据具体案例进行实证分析。

刘娜、沈江等（2018）基于复杂网络理论，提出一种融合节点自身重要度，以及连边重要度改进加权节点收缩法，此改进方法能够全面客观地评估供应链网络节点之间重要度。

王蒿华、朱建军、张明（2017）针对大型客机供应链风险评估不完全特征，建立考虑接近关联度和相似关联度最大的不完全信息推测模型；依据最大关联度思想，提出群体评估者定权方法；基于灰靶决策框架，提出考虑风险最大区分思想下属性权重测算极大熵方法。

张旭、袁旭梅、袁继革（2017）设计了一种赋权方法改进的加权节点收缩法，对供应链节点重要度进行评估。以三角模糊数改进连边权值确定方法，通过节点自身重要度和邻域节点间关系重要度加权和衡量节点重要度。最后进行实证分析，验证了该改进方法准确性和有效性。

易伟明、董沛武（2018）首先分析和建立影响供应链企业节点的风险因素指标，然后利用层次分析方法，结合专家评判，对各个风险因素指标参数计算权重，最终利用模糊理论，建立智能硬件供应链中企业节点风险等级的综合评价体系。

赵国军（2016）针对企业供应链管理中绩效和竞争优先权确定问题，提出了一种基于三角模糊集和多准则决策分析方法，该方法考虑了成本、质量、可靠性、灵活性和创新五种优先权。

储雪俭、秦偲嘉、刘逢（2018）构建了包括主体信用、交易信用和监管信用三个维度的信用评价体系，运用熵权 - TOPSIS 模型，对各个指标赋予权重，对中小企业进行信用风险评价排序，为金融机构融资决策提供依据。

张潇（2017）从供应链产业生态和平台生态角度，运用突变级数法，构建兼具数据可比性与数据可得性的互联网供应链金融生态系统绩效评估模型，针对互联网供应链金融生态系统进行绩效评估。

王宗光、朱炳晓、廖世龙（2019）以单一供应商、单一制造商与单一分销商组成的三级供应链运作模型为基础，结合 FMECA 风险诊断方法、C-POWA 算子在区间数信息集结的算法步骤以及权重乘子在动态评价的应用，提出制造供应链核心制造商风险动态评估模型。

颜波、石平、丁德龙（2014）分析了物联网环境下农产品供应链运作模式，识别供应链风险，然后使用 OWA 算子，对风险因素进行定量评估与排序，依据风险评估结果，使用供应链风险扩散收敛模型，找出衡量供应链风险波动定量指标。

3.5　供应链突发事件风险控制文献综述

本节对国外和国内供应链突发事件的风险控制进行了详细分析和综述。就供应链突发事件风险控制的研究现状进行了分析。

3.5.1　国外供应链突发事件风险控制文献综述

国外学者从美国发生"9·11"开始研究供应链应急管理，目前，供应链突发事件应急控制研究，已经取得了一定成果。根据供应链应急管理定量研究模型性质，可以分为确定性模型和随机性模型。在确定性模型中，假定需求变量是确定性的，扰动主要表现在生产成本、存储成本、需求规模、价格弹性系数等参数突然变化，解决扰动发生后供应链恢复问题。研究模型包括经典 EPQ（Economic Production Quantity）模型和 EOQ（Economic Order Quantity）模型。

在随机性模型中，大部分文献考虑生产率和供应扰动情形。Parlar（1997）研究了单个供应商问题，根据机器两种可能状态，建立了随机需求（性）模型。如果机器处于正常状态，则其可用时间服从爱尔兰分布；如果机器处于非正常状态，则其维修时间服从正态分布。该文给出了这两种状态随机需求下的最优订货量和库存。Gürfer，Parlar（1997）考虑了二级供应链中，包含两个供应商应急协调问题，并分两种情况讨论了供应商应急协调策略。在正常情况下，供应可以获得，并且在一段时间内服从爱尔兰分布；在非正常（扰动）情况下，供应不可获得，并且在一段时间内服从正态分布。该文献通过最优化策略，以长期平均费用最小为目标函数，推导出每个供应商最优订货量和库存。

Abboud（2001）考虑生产和库存系统中，机器发生故障情况下供应链协调问题。该文通过离散时间估计方法，给出了最优生产数量。

Kleindorfer，Saad（2005）完善了供应链管理概念框架，并且总结了应对供应链突发事件十条原则。Tomlin（2005）最初研究重点放在了企业销售生命周期短的各种产品上，面临交货时间较长时，所采用供应方面和需求方面的运营策略，进一步分析了在应急管理中，如何在各种预防措施和应急措施中，进行权衡和选择。Lewis，Erera 和 White（2005）考虑了应急恢复策略对成本设置上限产生的影响，指出了模型目标函数大多是期望成本最小或期望利润最大，即假定决策者为风险中性的。

Snyder，Shen（2007）对于现有供应突发事件模型，做了一个非常出色的综述，论文中比较了需求和供应不确定下供应商不同作用，指出冗余供应商策略，针对预防供应中断及中断发生后如何恢复供应，起着至关重要作用。一般来说，增加供应链中供应商数目，可以增加供应链柔性和鲁棒性。Tomlin（2006）研究了面对企业销售寿命周期长的产品时，供应方面运营策略（库存、多样化等），考虑了风险厌恶型决策者，分别采用了方差、下方风险及条件风险价值，作为风险度量函数，分析了风险态度对最优策略选择影响。

Bundschuh，Klabjan 等（2003）研究供应商能力为零和能力充足两种情况下供应链设计问题，指出冗余的供应商，能够增强供应鲁棒性。Craighead，Blankhurst 等（2007）对供应链突发事件严重性相关六个方面进行了研究。研究了供应链密度、复杂性和关键节点三个供应链设计特征与供应链突发事件严重性关系；研究了两个供应链恢复能力和预警能力与供应链突发事件严重性关系。上述研究，对供应链风险、脆弱性、弹性和商业持续规划研究，提供了支持和研究思路。Serel（2008）研究了在单一阶段，当一个供应商遭遇供应应急风险时，需要建立一个零售商和两个供应商库存和定价决策模型。

Richey，Skipper 和 Hanna（2009）使用了应变计划，减少供应链突发事件风险。应变计划过程几种属性和灵活性之间关系得到了验证。基于这份研究，高层领导支持、资源分配、信息技术使用和外部协作，给供应链提供了最大灵活性。研究具有一定局限性，可能会影响结果通用性和有效性。通过跟供应链灵活性高度相关的十个属性，建立关系式（3.4）：

$$Y = \beta_0 + \beta_1(TMS) + \beta_2(GA) + \beta_3(RA) + \beta_4(IT) + \beta_5(IS)$$
$$+ \beta_6(CONN) + \beta_7(COMP) + \beta_8(PPS) + \beta_9(IC) + \beta_{10}(EC) \quad (3.4)$$

式中 TMS 指最高管理层支持；GA 指目标分配；RA 指资源分配；IT 信息技术使用；IS 信息共享；$CONN$ 连续性；$COMP$ 计划全面性；PPS 计划过程标准化；IC 内部协作；EC 外部协作。

上述十个属性和供应链柔性正相关。通过相应模型研究，证明供应链柔性可以提高供应链能力，更好地来应对突发事件。

Giannakis, Louis（2011）突出了基于多事件制造供应链应急管理框架。它在利用决策支持系统，管理突发事件风险概念基础上，分析了供应链风险管理基于多系统框架研究中层析分析方法的应用，论文总结了研究局限性和未来拓展研究内容。

Sawil（2011）研究了供应链突发事件风险基于订单需求，供应组合最优化选择。供应商选择和订单分配是基于价格、购买产品质量和配送可靠性决定的。优化组合方法是通过计算风险下的价值和期望成本最小化来实现的，最后再给出数值计算。

Sawil（2011）针对需求不确定性分析，研究了供应链面对订单需求不确定条件下的突发风险所采取措施，提出运用供应组合方法，来降低风险。组合方法通过比较风险价值和最低期望成本确定组合形式。Hilmola，Lorentz（2012）运用基于贝叶斯智能原理的连续模拟模型，分析供应链突发风险，研究管理者面对供应链突发风险时采取的决策形式，是采取战略决策还是战术决策，并分析了采取这些决策关键决定因素。该研究从管理者决策角度，对供应链风险管理提出了建议。Sadjady, Davoudpour（2012）分析二级多产品供应链设计，在面临需求不确定性、单期多产品环境，应该用混合整数规划模型，解决仓库在零售商和分销商之间分配问题以及仓库到工厂运输方式选择问题。此模型包括最小化运输成本、交货期、库存持有成本及运营成本，实现供应链优化。Carle，Martel 和 Zufferey（2012）提出运用合作代理机制，研究大规模多阶段供应链的供应商选择、产品分销点设置、运输站点选择以及营销决策制订等问题，实现供应链协调和供应链风险控制。Wakolbinger，Cruz（2011）研究由制造商和零售商组成的二级供应链在不确定需求条件下，降低供应链中断风险的问题，提出通过风险信息共享和制订风险分担合同，来降低供应链中断风险。通过大量实例得出，在某些情况下，信息共享获利依赖参与者谈判能力及风险合同选择，信息共享和风险分担合同可以起到互补作用。Funaki（2012）提出战略安全库存配置模型，通过需求信息反向传导，建立保证服务模型并制订多级库存设置机制，解决由交货需求变化等突发事件引起的装配型产品供应链协调问题。

Kristianto，Gunasckaran 等（2012）分析了需求不确定性、生产和供应提前期，供应链要满足消费者在及时送货、总成本及产品质量方面需求，需要在战略和战术水平上，优化供应链网络，针对仓库选址、生产流程设计建立决策支持系统。通过计算机仿真技术，来验证供应链网络运作水平。分析结果显示，越少存货持有量和越短顾客需求反应期，可以提高供应链功能，并提出较低安全库存量，可以提高供应链效率。这个系统可以提高供应链整合和仓库选址效率，但是该系统也存在缺陷。主要是在需求预测的平滑指数设定和缺货订单分析中需求样本采集频率等方面需要完善。

Paksoy，Pehlivan 等（2012）运用模糊线性规划模型，研究多级供应链网络优化问题，实现设施设置和成本最低之间协调，解决了生产与分销问题，并分析了供应链效率与供应链结构设计关系，对供应链管理有着重要指导意义。但是此模型是在假设前提下进行的，实际情况下的算法还需要优化。Nicke，Saldanha-da-Gama 等（2012）分析了多级供应链网络设计中的财务风险问题，其中包括设施选置、商品流通和机会成本等问题，文章主要考虑了需求和利率不确定性，提出运用多级随机混合整数线性规划方法和路径优化方法，在实现设定投资回报时，使风险降到最低，并把服务水平也作为目标函数，最终实现供应链优化和管理。运用此方法，解决更复杂供应链设计中风险问题将是进一步研究方向。

Schmitt，Singh（2012）研究多级供应链中断风险和需求不确定性风险，以及风险所带来损失与采取补救措施之间平衡问题，分析仓库选址和库存量对降低供应链风险影响，运用仿真模型进行分析，通过实现供应链弹性，充分利用有限产能，采用提前规划等方法来降低供应链中断风险，对供应链风险管理具有指导意义。但是，研究中没有考虑中断风险在多级供应链中的放大作用，全面研究供应链中断风险并建立实用政策，来应对供应链中断风险，将是进一步研究方向。Wilding，Wagner 和 Colicchia 等（2012）运用网络分析方法，对最近研究文献进行分析总结，认为通过关注供应链设计不确定性，了解供应链网络协作及供应链成员合作所产生风险影响，运用积极缓解等措施来控制供应链风险。

Nakandala，Samaranayake 和 Lau（2013）分析供应链需求不确定性风险，运用模糊决策支持模型，监控复杂供应链准时交货，将需求变化、原材料短缺以及提前期变化作为输入量，通过模糊推理模型，经过集成数据收集，模糊化和去模糊化处理，提高准时交货率，达到监控供应链风险目的。

Shin，Shin，Kwonc 和 Kang（2012）分析了由缺货造成的供应链网络突发风险，运用贝叶斯信念网络，建立缺货补充计划框架，为供应链应对缺货风险提供了新思路。在实际供应链管理中，遇到的风险要更复杂，但此研究考虑风险比较单一，没有考虑其他风险影响。Hittle，Leonard（2011）通过研究风险事件，分析供应链风险潜在发生原因，提出提高产能柔性、增加供应商、积极风险管理等措施来控制供应链突发风险。此研究是从少量风险案例中分析出来的，缺乏理论验证，研究提出将更多的实例用于突发风险研究将是未来研究方向。

Kumar，Tiwari（2013）分析了供应链系统中，由生产、配送、库存系统设计等产生的突发风险，通过实现安全库存和永续盘存与供应链成本最低的协调来避免风险。将零售商分散决策和分销商与零售商集中决策两种情况，运用混合整数非线性模型分两阶段研究。第一阶段将生产与分销选址和物流配送问题运用分段线性函数线性化；第二阶段计算供应商和分销商需求量。其中第一阶段通过拉格朗日法进一步分为供应商与分销商、分销商与零售商协作两个子问题，这些子问题可以为整体问题提供下限。结果表明，分销商与零售商集中决策时安全库存和永续盘存，可以使供应链风险降低 8.25%，并降低供应链成本。Nigro，Abbate（2011）不是从整体评估风险，而是通过分析风险因素和控制风险决策所带来不同影响，来分析供应链网络风险，运用资本资产定价模型，来评估投资成本。最后运用 Shapley 值法，进行利益分配。在文章中提出，结合实务期权理论，来研究网络价值评估，将是进一步研究方向。Correia，Melo 等（2013）等研究多阶段的二级供应链网络突发风险控制协调问题，采用两个混合整数线性规划模型，来针对成本最小化和利润最大化两个不同目标进行分析，并选择设施位置和各设施之间物流。对由 CPLEX 随机生成实例进行定量研究，探讨不同决策选择对供应链网络设计影响。

Hilmda，Lorentz（2012）等阐明了供应链突发风险影响下管理行为决定性因素和本质，认为管理决策过程是决定供应链突发风险所造成的最终长期影响重要因素。运用基于贝叶斯智能决策连续仿真模型，利用系统动力学方法，研究了在突发风险情境中，供应链功能健全和功能失调假设下，供应链设计过程，运用基于二次数据案例研究，来评估模型有效性。该研究从更广泛角度，分析了供应链突发风险影响，并从行为理论角度，分析了供应链管理问题。Hittle，Leonard（2011）等从定性角度分析各种类型风险事件，研究供应链突发风险发生原因，确定抑制风险升级或反复发生关键时间和资源。供应链风险发生一般是因为对单一供应商的依赖和供应商间不积极的关系。控制风险措施能提高供应链能力灵活性，可以建立多个供应商和积极主动风险管理。这些研究成果是对供应链风险管理的探索性研究，该文章认为通过模型理论，来研究供应链突发风险将是进一步研究方向。

Xanthopoulos，Vlachos 和 Iakovou（2012）等研究两个供应商组成的供应链突发风险，运用随机报童库存模型，研究库存政策和风险管理，在风险中立和风险反对两种情况下进行分析。通过实施应急政策，可以控制风险发生。研究复杂供应链形式和多种风险同时发生时供应链风险管理，将是进一步研究的方向。Tabrizi，Razmi（2013）认为供应链网络面对各种风险，提出运用混合整数非线性模型和模糊理论，来研究突发风险带来的不确定性。运用奔德斯分解法，将模型转化为一个混合整数，此外，采用交互式解决方法为决策制定者提供关于不同满意度的替代决策计划。通过灵敏度分析和大量实例，来验证了此模型准确性和性能。该文章认为对复杂模糊和随机条件下研究供应链风险管理，将是进一步研究的方向。

Klibit，Martel（2012）等用三种不同方法，描述未来的供应链网络环境，借助风险模型方法在不确定条件下进行风险评估和供应链网络设计。基于该描述性模型，提出应用蒙特卡洛方法，用以产生合理未来情景。通过对两个案例研究，说明了该方法的关键方面，以及如何使用才可以获得弹性供应链网络。

Fu，Ionescu 等（2016）提出并讨论了一个考虑实际操作约束的基准供应链系统库存控制实用解决方案。通过对供应链中信息流和物流分析，解决了供应链建模和控制问题，在约束 EPSAC 算法背景下，通过设计订货策略来控制库存。

Metzner，Platzer 等（2019）研究生物质供应链中，原料属性统计评价和属性成本随原料变化函数估计。利用统计过程控制、田口损失函数和方差分析技术，对生物质供应链中累积方差进行量化。研究表明，如果不考虑供应链关键因素和相关成本方差影响，总成本可能会被大大低估。

Ivanov，Sokolov（2012）认为结构动力学控制是对供应链综合过程的动态解释，旨在供应链规划领域，扩大目前供应链分析领域范围。基于最优程序控制理论、主动建模对象、结构数学概念和数学规划开发，来规划控制模型。

Makris，Chryssolouris（2013）讨论了一个基于 Web 服务的决策支持软件系统的设计与实施。该系统能够对供应链进行建模，并查询供应链合作伙伴，提供给客户生产所需的有关零件有价值信息，从而使供应链能够适应市场变化，显著缩短订单的交货时间。

3.5.2 国内供应链突发事件风险控制文献综述

Xia，Yang 等（2004）研究了经典 EPQ 模型生产存储系统中扰动管理问题，并在另一篇文章中，研究了由一个制造商和一个零售商组成的两级生产存储系统中出现的实时应急管理问题。

Qi，Bard 和 Yu（2004）研究了由单个制造商和单个零售商组成供应链应急协调问题，分析了突发事件造成的市场需求规模扰动对协调供应链的带来影响。这种影响可能会破坏制造商原有生产计划，使原本协调的供应链不再协调。该文章通过实时应急管理调整原有计划，使得供应链在新的契约下达到协调，并且分析了采用实时应急管理和没有采用实时应急管理所带来的收益差别。

雷臻、徐玖平（2004）从应急管理政策、应急管理机构和应急管理流程三个方面，分析了供应链上突发事件应急管理体制，从而为解决供应链中的突发事件，提供了一个解决框架。

Xiao，Qi（2006）研究了由单个制造商和两个具有竞争性零售商组成的供应链系统，还研究了投资敏感系数出现扰动的情况下供应链应急协调问题。该文认为需求依赖于零售商的促销投资，当投资敏感系数出现扰动时，通过调整批发价格加补贴率合同，来协调扰动后的供应链系统。

Yang，Qi 和 Yu（2006）在生产计划领域，考虑了当生产费用是凸函数时，如果生产费用出现扰动，如何用应急管理方法修改原来计划，使得系统能够平稳运行，并且对生产存储所造成的影响最小。

张存禄、黄培清（2007）在定量分析供应商数量、供应风险以及采购总成本关系基础上，进行了最优供应商数量研究。

Huang，Liu（2006）研究了负指数需求函数情况下，市场需求规模出现扰动时，供应链应急协调问题，他还分别讨论了独自决策和集中决策两种情况下，如何达到供应链协调。于辉、陈剑和于刚（2006）研究了突发事件利用经典的数量折扣契约协调的供应链所造成影响。文章给出了供应链应对突发事件最优策略，提出了新的具有抗突发事件数量折扣契约建议，并且还研究了批发价格契约下的供应链是如何应对突发事件的。该文经研究表明，对于批发价格契约下的供应链，只有当突发事件造成需求规模变化足够大时，供应商才会调整生产计划，并且实时启动应急管理系统，给出数值仿真。

Xiao，Qi（2008）的另一篇文章研究了需求依赖于两个零售商的零售价格函数，制造商生产成本扰动供应链协调问题。该文研究了两种协调机制，即全单位数量折扣机制和增量数量折扣机制。研究表明，当两个零售商购买费用不同时，全单位数量折扣不能协调供应链；同时，生产成本扰动可能会影响批发价格、订购量和零售价格。对于供应链来说，如果扰动不大，保持原来协调机制是最优的。文章最后，将该模型扩展到生产成本和需求同时扰动情况下进行讨论。

王艳、高修成（2005）研究了一个生产商和两个零售商供应链在生产费用扰动时的协调问题。生产费用扰动后，零售商投资额与生产商生产数量都会和原计划不同。研究表明，批发价格加（投资）补贴率合同，可以协调扰动后的供应链。通过调整批发价格和补贴率，可使供应链总利润在生产商和两个零售商之间进行分配，还可以用数值仿真验证上述结论。

雷东、高成修等（2006）研究了当市场需求为零售价格线性函数，市场需求规模和生产成本同时扰动时，供应商扰动管理策略，给出了在供应商为 stackelberg 博弈主导者情形下的供应链协调机制。

韩梅琳、樊瑞满等（2007）对供应链突发事件应急协调机制进行了研究，划分了供应链风险类型，探讨了不同合作关系下的供应链应急协调机制，并构建了以供应链上各企业的功能单元为任务粒度的供应链多Agent 应急协调体系结构。

刘北林、马婷（2007）对虚拟应急供应链构建过程进行了研究。该文首先对虚拟应急供应链的概念进行界定。在此基础上，建立了虚拟应急供应链构建的三阶段过程模型，并对构建过程中关键因素作了进一步分析。实际上，通过增加供应链整体鲁棒性，也可以提高供应链应对突发事件能力。

胡敬松、王虹（2007）针对一个供应商、一个制造商和一个零售商构成的三级供应链，在考虑随机性需求基础上，探讨了突发事件对三级供应链影响。同时，改进了协调供应链价格折扣契约，使之具有抗突发事件性，并讨论了利润分配情况。于辉、陈剑（2007）从企业管理和系统优化角度，研究了供应链系统如何应对突发事件问题。收益共享契约可以协调需求依赖于价格的供应链系统。研究了突发事件对供应链所造成的影响，并指出零售商最优应对价格，是对供应链最优应对价格的扭曲，提出了一个新的两阶段收益共享契约，用于协调突发事件下的供应链。

盛方正、季建华（2008）研究了一个零售商和一个风险规避的供应商组成的供应链，在供应商可能发生突发事件情况下，使用罚金合同协调该供应链，还建立了两阶段模型。研究发现，供应商支付最优罚金数量是零售商订单拖欠成本和供应链恢复所需时间乘积；罚金合同的存在，使供应商恢复时间减少，预防措施增加；另外相对于风险中性供应商来讲，风险规避供应商采取预防措施将更加充分。

Yu 等（2009）评估了基于两阶段供应链在单源和多源之间，供应链应急风险影响。王颜新、李向阳（2009）对供应链应急响应决策方法体系进行了研究。为有效地减小供应链管理中不确定性，提高应急管理可操作性，文章从方法论角度，提出了一种用以刻画供应链突发事件演化建模、应急预案管理、响应决策构建、评估和仿真演练的模型方法体系。突发事件应急管理五个要素涵盖供应链突发事件应急响应的全生命周期，通过对供应链突发事件发展规律分析，建立突发事件演化模型；针对特定突发事件，利用预案构建方法，完成特定预案开发与部署；在突发事件爆发期，通过预案拓展并依靠响应决策方法，进行实时响应决策；对于要建立或已经建立应急响应管理的，提供相应的评估方法加以评估，以支持决策优化；对整个应急响应过程提供演练仿真方法，通过演练仿真，不断提升应急响应过程科学性。

张宁等（2009）研究了突发事件"横向"与"纵向"供应链协调应急机制，以及面向应急主题的第三方应急协调策略。根据发生可能性和影响力两个维度，将突发事件划分为四种类型，探讨了上述应急机制分别适用的突发事件类型。

郑忠良等（2009）将研究视角聚焦到受灾运作系统内部，重点分析运作系统赖以运营的核心要素——运作能力，在遭受冲击之后的应急管理，在企业现实应对基础上，提出了一个适应性较好、流程较为明确的分析框架。他们研究了突发事件发生后，管理者在对突发事件造成运作系统能力损失评估基础上，根据运作系统内部和外部两个环境，确定有效能力恢复措施和应急方案，保证运作系统持续进行，从而减少应急期间运作系统损失，并通过事后对应急预案修正和完善，进而增强系统抗突能力。

滕春贤等（2009）建立了零售商面临随机需求供应链网络均衡模型，设计了具有抗突发事件性数量折扣契约，并指出突发事件发生使得需求规模突然发生变化时，供应链网络中各成员决策就不再是最优的。通过在制造商和零售商交易之前，建立关于二次订购数量折扣契约，可以协调供应链网络，增强供应链网络抗突发事件性。通过研究发现，在突发事件发生时，为了使供应链网络及时达到新的均衡，设计关于二次订购（补货）数量折扣契约如下：

$$\rho_{1ij} = \left[1 + \delta \times \frac{q_{ij}^{**} - q_{ij}^{*}}{q_{ij}^{*}} \right] \times \rho_{1ij}^{*} \tag{3.5}$$

式中 q_{ij}^{**} 表示突发事件发生后的均衡订购量；q_{ij}^{*} 表示突发事件发生之前的均衡订购量；ρ_{1ij}^{*} 表示突发事件发生之前的均衡批发价。

该数量折扣契约表明：二次订货批发价高于原始批发价，而且随着补货量增加，批发价增加，因为制造商成本也是增加的。

盛方正等（2008）研究了多个零售商情况下，使用转移支付协调发生突发事件的供应链问题，给出了按照时间顺序研究突发事件两阶段模型，研究了可以协调该供应链的转移支付合同应满足条件，给出了可以协调供应链转移支付表达式。

研究得出以下公式。

（1）将发生突发事件的供应商和它的下游零售商看成一个企业整体

的条件下，该企业二阶段最优恢复时间 τ 满足公式（3.6）：

$$\frac{\partial c(\tau_0,\tau)}{\partial \tau} = -\sum_{i=1}^{n}\theta_i \tag{3.6}$$

（2）将发生突发事件的供应商和它的下游零售商看成一个企业整体的条件下，该企业第一阶段的最优预防措施，即集权供应链第一阶段采取的最优预防措施 τ_0 应满足的条件为：

$$\frac{\partial g(\tau_0)}{\partial \tau_0} + pE_\theta\left[\frac{\partial c(\tau_0,\tau)}{\partial \tau_0}\right] = 0 \tag{3.7}$$

式中 τ 表示供应商在发生突发事件之后，到重新恢复生产所需花费的时间；$c(\tau_0,\tau)$ 表示在突发事件发生后，供应商为恢复生产花费的成本，它与 τ_0 和 τ 有关；θ_i 表示第 i（$i = 1,2,\cdots,n$）个零售商在供应商恢复生产所需时间 τ 内，单位时间发生的订单拖欠成本，零售商订单拖欠成本为 $\theta_i\tau$；τ_0 为供应商为预防突发事件发生所采取的预防措施；t_i 表示第 i 个零售商向供应商提供转移支付，可以看作零售商为供应商支援资金或者为供应商提供人力资源、设备等。

该研究假设突发事件发生时，零售商订单拖欠成本对于供应商是完全信息，实际上，现实中可能存在零售商并不向供应商透露其订单拖欠成本，这在存在的多个零售商供应链中，尤为突出。在这类问题中，必然出现零售商之间、零售商和供应商之间博弈，如何在这种情况下达到系统最优，应该是有价值的研究方向。

王传涛等（2009）研究了突发事件造成供应链生产成本和市场规模扰动时，最优应对策略和协调问题。在集中化决策模式下，对生产成本和需求扰动各种情形进行了分析，得到了供应链调整生产计划条件，以及调整计划后产品最优生产数量和最优零售价格。在分散化决策模式下，发现稳态情形时数量折扣契约不能使扰动后的供应链达到协调。因此，给出了能使扰动后供应链达到协调的修正的数量折扣契约。通过本文分析可知，即便突发事件同时造成生产成本和需求发生扰动，原来生产计划仍然具有一定鲁棒性，只有当成本和市场规模扰动幅度超过一定范围时（$\Delta D > 0$ 且 $\Delta c \leqslant -\lambda_1$ 或 $\Delta D < 0$ 且 $\Delta c \geqslant \lambda_2$），供应链才应该改变原来生

产计划，使供应链利润最大化。但是，供应链协调契约不具有鲁棒性，只要突发事件造成供应链生产成本和市场规模发生扰动，供应链契约就必须做出相应调整，才能使其达到协调。在他们文章列举的模型中，还有一些实际因素没有考虑在内，比如制造商能力限制、市场需求不确性、突发事件对供应链影响等。

于辉、江智慧（2009）研究了决策者面对突发事件，在完全没有突发事件发生时间和发生次数信息条件下，利用局内决策理论与方法，构建确定情形下的应急策略，并利用"竞争比"说明该策略有效性。在此基础上，进一步研究随机模型下平均"竞争比"，对理论和数值分析表明，指数分布引入，使得竞争分析性能得到显著改善。

韩传峰等（2009）分析了非常规突发事件应急决策系统内部结构，构建了 SD 因果关系模型，研究了非常规突发事件应急决策系统各子系统之间反馈机制、相互耦合机制以及应急决策动态调整机制，提出了非常规突发事件应急决策系统优化建议。

张松（2011）研究了基于战略应急库存与实物期权组合策略，设计了树形供应链中断风险应急模型，通过求解模型得到系统最优策略。莎娜等（2011）针对供应链环境复杂性和不确定性，提出运用情景分析思想方法，来提高供应链应急管理能力，探讨了供应链四种不确定性水平下情景特征、情景分析流程以及情景构建方法等问题。

于辉等（2011）引入 CVaR 来刻画企业在突发事件下应急目标，进而建立供应链应急援助决策模型，分析了供应商和零售商遭遇突发事件时应急援助状况，并且给出了在一定置信水平控制下最优援助额。庞庆华（2010）研究了在随机市场需求下，收益共享契约可以实现由制造商—分销商—零售商组成的供应链系统协调，给出了供应链系统对突发事件最优应对策略，改进了收益共享契约，使其能协调应对突发事件。

朱晓迪等（2011）运用可拓学方法，建立供应链突发事件应急协调的相关物元模型。通过对突发事件进行相关性和蕴含性分析，找出引起突发事件，打破供应链协调的物元，并采取有效应急协调策略，进行可拓变换，并从中开拓机遇，使供应链重新达到协调。姜丽宁、崔文田

（2012）研究了当突发事件造成需求市场分布发生变化时，供应链如何运用目标回扣契约进行协调应对，为供应链应急管理提供了一种新的应对策略。朱传波等（2011）研究了突发需求情况下的供应链能力决策问题，同时考虑了突发性需求信息对称且完全、突发性需求信息对称但不完全、突发性需求信息不对称等情形下的供应链能力决策及应急协调机制，首次将信息不对称引入突发性市场需求情况下的能力应急协调研究中。

夏德、王林（2012）从供应链运作和企业风险表现特征这两个角度，分析了企业供应链运作过程中，潜在的风险因子及它们联动特征。根据管理杠杆的风险控制特征，设计出了风险管理杠杆选择模式，有效地实现供应链风险管理和控制。

程书萍等（2012）分析了国内外工程风险管理和工程供应链风险管理研究现状，基于工程供应链视角，对工程项目中风险源进行了分类和识别，并提出了相应控制策略。

崔后卿等（2014）提出运用期权思想，激励有信息优势的农产品销售企业，通过其期权购买量向农业合作社反映真实市场需求信息。结果表明，基于期权风险控制模型可以有效改善信息不对称所带来的供应链风险状况。

田虹、崔悦（2018）认为供应链能够通过长期合约机制、事前选择机制和供应链金融机制，在一定程度上克服单个企业所面临的价格风险、供需风险和资金风险，但是，其在一定程度上代替了市场价格机制和竞争机制，有可能会导致供应链长期和整体风险。

付焯等（2018）构建了生鲜农产品供应链（FAPSC）物流风险传递测算模型，对 FAPSC 物流作业薄弱环节的发现提供帮助。在链式供应链沿单一物流方向传递情况下，通过持续优化供应链薄弱节点关键风险控制系数，可以有效减少风险沿供应链向下游传递、放大。通过调整对它们进行组合优化，可以降低供应链整体风险。

张义、钟斌（2015）提出了一种基于节点重要度和抗风险努力程度的供应链利益分配策略，通过上述两种利益风险方案，可以驱使行为主体主动对风险进行识别和控制，从而使得整个项目型供应链出现合作博弈，实现利益最大化。

总结目前关于供应链应急管理研究现状，可以看出国内外学者最近几年越来越多地关注供应链应急管理问题。不管是从定性方面还是从定量方面，均取得了一定研究进展。但是，应急管理应用到供应链管理中的做法，还处于起步阶段，仍有许多问题亟待解决。

（1）大部分文献均是考虑单个因素发生扰动，比如市场需求规模、生产成本、价格敏感系数等，而在实际中，突发事件往往造成供应链系统中两个或两个以上因素同时发生扰动，而对于这种情况，就目前来看，文献很少，而且也还没有进行系统研究。

（2）目前文献关于成本扰动应急协调研究，主要集中在对制造商生产成本发生扰动进行的研究上，而在实际中，对于零售商购买成本、存货成本等因素扰动，也会对供应链系统造成很大影响。

（3）目前研究绝大多数仅限于对最简单一个制造商和一个零售商以及一个制造商和两个零售商组成的供应链系统，进行了单因素扰动应急协调研究。而在现实市场环境下，供应链渠道上一个制造商和多个零售商情形是非常普遍的，并且各零售商之间都存在激烈竞争。此时，系统将如何应对突发事件造成的各种扰动，如何在分散式系统下激励各成员在个体最优的决策下，做出有利于系统整体最优决策，均是亟待解决的问题。

（4）目前供应链网络链接结构越来越普遍，在网络结构下如何实现供应链突发事件后的协调，是非常重要的研究方向和趋势。但是，现有文献研究很少，在网络结构下供应链突发事件协调研究，是未来主要的研究课题。

3.6 本章小结

本章对供应链突发事件含义和类型进行了详细分析，分析了突发事件爆发原因，从三个方面对国外和国内供应链突发事件应急管理文献进行了相关分析与研究。首先，针对国外和国内供应链风险识别文献进行了分析与研究。国内虽然研究突发事件风险时间相对较晚，但是，越来越引起专家和学者重视。其次，针对供应链突发事件风险评估进行了文献分析与研究，给出了目前一些突发事件风险评估方法。但是，因为突发事件本身特性，决定了目前风险评估方法具有一定局限性；对国外和国内供应链突发事件风险应急控制进行了大量研究，总结了目前国外和国内突发事件风险控制研究方法和策略，为进一步研究供应链突发事件风险控制与协调研究，提供理论支持和借鉴。

| 4 |

供应链突发事件风险预警研究

在突发事件发生越来越频繁的今天，应对供应链突发事件最好办法和最有效手段是制订应急预案。所谓应急预案是指在日常经营活动过程中，某些事件突然发生，造成或者有可能造成严重社会危害，并且需要及时采取应急措施来应对，包括自然灾害、意外事故、公共卫生事件和社会安全事件等的整体应急预案系统。突发事件应急预案的主要任务是对从各种不同来源收集的信息，进行相应分析和识别，对环境进行检测，并利用预警模型对可能发生危机做出判断，通过预警报告来判断危机级别。突发事件应急预案制定机关应该由社会上各行各业不同人员组成，并能够定期对潜在风险征兆进行研究和分析，事先估计危机后果，提前制订一些科学而周密的危机应变计划，建立一套规范、全面的风险解决方案。同时，也应当根据实际需要和情势变化，适时修订应急预案。当突发事件发生时，应及时启动应急预案，将风险降到最低。但是，由于突发事件本身有独特属性、输入信息不确定性以及信息来源不可靠性等问题，造成了制订应急预案非常困难，采集信息的特征会直接影响预警效果。

2004年，国家开始在"分级分类"原则指导下构建突发事件应急预案体系。2006年1月，国务院发布《国家突发公共事件总体应急预案》，建立了相应的应急预案体系。加强突发事件应急预案体系构建，是一件刻不容缓的事情，关系到国家全局经济社会发展和人民群众生命财产安全，是全面落实科学发展观、构建社会主义和谐社会重要内容，是各级政府坚持以人为本、执政为民、全面履行政府职能重要体现。突发事件发生前的预防是突发事件管理重点，预防是突发事件管理中最简便、成本最低的方法。通过构建应急预案体系，可以有效觉察潜伏危机，对危机采取果断措施，为突发事件处理赢得主动，从而预防和减少自然灾害、事故灾难、公共卫生和社会安全事件等突发事件发生及其造成的损失，保障国家安全、人民群众生命财产安全，维护社会稳定发展。

监测预警是应对突发事件前提，它的作用在于发现突发事件，从而为事件防范提供依据。预警主要做法是先详细列出可能导致突发事件发生的一切因素，根据这些因素确立突发事件发生指标体系，实施重点监控。当问题积累到一定程度，达到预警系统阀值时，预警机制就会发出警报。应急预警目的在于及时采取措施，避免或减少损失，迟到预警等于没有预警。因此，突发事件信息收集、传输、分析、判断、发布等一系列过程都应当十分迅速，否则，突发事件预警系统建立，将从根本上失去意义。

虽然导致企业运作中断供应链的突发事件，具有很多偶发因素，并且比较难以估计其发生的概率。但是，还是能从一些小事故中，发现突发事件爆发苗头。突发事件在爆发之前，总会出现一些征兆，从小事故分析入手，从中吸取经验和教训，能够减少突发事件发生概率。

4.1 供应链突发事件风险预警文献综述

李继勇等（2011）利用 BP 神经网络自学习特性，通过对模型各层连接权值分析，找出供应链关键风险因素，有效提高了供应链风险预测准确性，并减少其发生概率。尽管用 BP 神经网络对供应链风险预测精度达不到100%，但是系统已经达到稳定，其误差也满足实际应用要求。

Kleindorfer 等（2012）等通过构建 Near-Miss 风险管理系统，来减少重大工业事故出现频率和降低严重程度，提高公司利润。但是，Near-Miss 风险管理系统在风险管理中起到事后取证作用而不是警报，并且提出"潜在的安全问题利润损失"这一概念，用来计算由于意外停机和突发事故产生的潜在经济损失。

系统可靠性、安全性以及公共危机管理方面研究文献，主要有 Zol-ghadri（2002），Novak 等（2003），Zaldivar 等（2005），吴叶葵（2006），李柯等（2006）的文章，他们研究预警系统，多数集中在运营设备异常情况监控方面，如飞机飞行过程中异常参数报警，通信设施过电预警、化工厂逃生启动预警以及社会公共突发事件预警等，以便在灾难发生之前进行预测和预警等。

计卫舸等（2012）针对高校公共突发事件频繁发生的情况，设计了基于决策支持高校公共突发事件智能预警系统。该系统核心技术是运用智能决策过程，与人工智能、信息存储、信息计算等理论方法有机结合在一起，建立高校公共突发事件决策支持知识库，综合运用定量模型求解方法和定性分析不确定推理优点，建立并完善预警模型，为解决半结构化或非结构化多源异构信息决策问题提供支持。对高校公共突发事件潜在危机进行预警，可以减轻或避免不必要危害发生。

胡诗妍、隋晋光（2012）等组合有效性模型思想，创新性地提出了基于风险指标体系动向预警、状态预警模型，综合应用德尔菲法（Delphi Method）、层次分析法（AHP）、经验统计分析等多种量化分析方法，同时，基于案例实证分析和数据统计分析，形成了一套关于群体性事件风险量化评估方法。结合时间序列分析预测模型，模型构建了基于指标体系事件风险预警趋势预测、动向预警、状态预警数学模型体系，为管理决策提供科学参考和依据，使得决策者也能够从多个角度，了解群体性事件发生的风险。

王涛（2011）在其博士论文中，研究了各种不同形式的突发公共事件，并总结它们共性属性。随后，将突发性公共事件进行了细分，提出了突发性公共事件元事件模型。以此为基础，提出了基于突发公共事件元事件模型过程构建和基于元事件模型突发公共事件处理流程。另外，从突发事件发生和演化角度，分析了单一突发公共事件演化；从混沌理论角度，建立了以致灾强度、受灾环境状况和应急管理水平三要素的突发公共事件状态方程。虽然该文对突发性公共事件元事件相关研究，取得了一些实质性进展。但是，这些理论或模型并没有在实践中得到完善验证，而且突发性公共事件有线性的、非线性的、连续性的和离散的，这是文章研究不足之处。

关于供应链应急预警系统，Towill 等（2003）采用了控制工程理论和方法，系统分析供应链中信息流传递和处理机制。通过在供应链中，采用信息滤波器功能方法，对供应链中信息流传递和处理进行监控。

许明辉（2004）提出了基于信息系统预警功能和解决方法基本思路，文章中利用两个阈值来表述应急事件严重程度，只有当问题严重程度超过最大阈值时才采取应急管理，否则继续监测事态发展。

王丽杰、宋福玲（2010）采用定性方法，分析了供应链运作风险的产生，并且在对供应链风险种类划分基础上，构建了供应链风险预警体系框架，降低了供应链效率和成本，减少了供应链企业损失。

陈敬贤（2012）从风险频度和风险烈度两个方面，概括描述了供应链风险基本属性，基于供应链上企业间的电子数据交换（EDI）信息系统，构建了供应链风险预警体系，并分析了预警模型基本构成和主要流程，使得企业更加有效地管理供应链风险。但是实际中，应用该预警模型并没有实质性进展，文章分析希望对企业风险预警提供一些研究思路。

肖开红（2012）归纳了供应链突发事件风险因素，运用未确知测度矩阵建立单风险指标水平，得出各个风险指标导致供应链突发事件可能性。结合信息熵理论得到各风险权重值，以此构建一个测度供应链突发事件水平定量模型，为供应链突发事件风险管理理论与实践研究，提供了一个新的研究视角。但是，该文所提出的供应链突发事件风险预警模型模型中，运用数据有限，样本较少，缺少更准确预警，因而有待采用大样本进行检验。强瑞、胡秀连（2012）结合粗糙集（RS）与特征加权支持向量机（FWSVM）优缺点，提出了 RS - FWSVM 模型，并研究了该模型应用在供应链质量预警方面流程。通过 RS 理论，得到供应链质量评价指标权重，使模型中各指标重要程度更符合实际情况，为供应链企业潜在的危机识别，做好供应链质量危机事前预警和防范，进而采取有效规避措施趋利避害等，提供了参考依据。但是，该文收集数据准确度不够，使得模型预测精度降低，这也是以后研究要注意的方向。

Tomlin, Snyder（2007）研究了公司具有预见性的供应中断风险预警系统的应对策略，作者根据危险级别，决定如何应对突发事件。文章中采用周期检查库存策略，来应对突发事件。Knemeyer, Zinn 等（2009）分析了供应链灾害事件预警计划过程。这个计划包含四个步骤：（1）识别关键位置和威胁；（2）对每个关键位置估计事件发生可能性和可能损失；（3）对每个关键位置评估其替代措施；（4）对每个关键位置选择替代策略。

Hale, Moberg（2005）研究了供应链 5 阶段灾害管理过程，提出了供应链安全位置决策过程的研究框架。Snyder 和 Shen（2007）比较了在需求和供应不确定下，对供应商的不同作用，指出冗余供应商策略对预防供应中断以及中断发生后如何恢复供应，起着至关重要作用。

Zhang, Sheng, Du 和 Jin（2014）探讨了案例推理决策机制，是否能够为供应链中断风险管理带来积极影响。研究表明，基于案例推理风险评估、风险识别、风险控制和风险评价机制，能够有效应对供应链中断风险。Apte 等（2016）将自我维持概念应用于响应供应链，建立了自我维持响应供应链数学模型。通过模型，深入分析自我维持、灾难发生速度、影响分散以及救援工作成本之间关系和相互作用。Xue, Lin 等（2018）提出了基于云模型的集群供应链突发事件预警分类的高维数据流进化聚类算法。利用高维数据流和复合不确定性特征，解决了集群供应链突发事件预警分类瓶颈问题。Chen, Chen 等（2010）为了提高突发事件方案流程效率和有效性，提出了应急救援交通规划算法（ERTPA）用于最小化三个目标：延迟、流动时间以及成本。但是，没有考虑紧急需求、运输设备故障等不确定因素。在未来研究中，针对大规模突发事件善后需求规划问题，应考虑这些不确定性因素，修改 ERTPA 进行实时响应。Ho, Zheng 等（2015）综合了 2003～2013 年，关于供应链风险管理国际期刊文章，对供应链风险定义、风险类型、风险因素和风险缓解策略研究进展进行详细介绍。Lavastre, Gunasckaran 和 Spalanzani（2014）探讨了企业内部和外部不确定性，对供应链产生潜在的影响，试图界定风险及来源。该文提出一个供应链风险管理框架，并将164家法国制造企业数据应用到此框架中。最后，确定了合作关系是进行供应链风险管理有效方法。Mostafaeipour，Qolipour和Eslami（2017）通过将延迟交货、质量不合格、自然灾害和财务这些典型风险进行量化，利用模糊订货函数，构建模糊供应链风险评估模型。研究表明，与确定性模型相比，模糊模型对风险控制能力明显提高，该模型总目标是降低延迟部件成本或数量，提出模型中最重要因素——效率。

李辉、李向阳等（2006）利用神经网络或支持向量机（Supported Vector Machine），对供应链风险或危机进行了量化分析。在此基础上，提出相应预警方案，对供应链威胁因素进行了量化处理，分别从供应链伙伴关系和集成化供应链两个方面，对危机进行预警研究。但是该研究并没有考虑太多应急管理实质问题，因此缺乏一定使用价值。

于辉、陈剑（2007）研究了在决策者完全没有获知突发事件持续信息条件下，利用局内决策理论与方法，构建单个企业启动应急预案，并且研究了两个企业启动应急预案问题，指出分散决策会造成企业启动预案时间扭曲，并使用转移支付机制，来协调企业在突发事件下的启动预案行为。但该论文中假设条件，即"决策者完全没有突发事件持续时间的信息"，不一定总是成立的。因为决策者根据历史数据或者经验，总会获知一些有关突发事件持续时间信息。

于辉、邓亮等（2011）在公平博弈基础上，建立了供应链应急援助CVaR模型，探讨了CVaR风险控制方法，在供应链应急恢复中起到的作用。运用该模型，能够有效减少突发事件造成损失，使供应链之间可持续性得到维持。

盛方正等（2008）研究中，假设企业会采取措施，收集有关突发事件信息，并且根据掌握的信息，对突发事件持续时间进行预测。在此基础上，分别针对企业单独决策和供应链作为整体进行决策这两种情况下，建立了相应数学模型，进行启动预案研究。研究发现，在企业单独决策时达不到供应链整体最优，之后设计了协调方案，以使在单独以及整体决策两种情况下的预案启动分析。

楚扬杰等（2006）分析了供应链风险来源，针对环境风险和结构风险，采用数据挖掘方法进行预警，对信息风险采用信息共享和激励机制设计方法，进行风险防范的研究。刘永胜、白晓娟（2006）分析了供应链风险及其预警机制，明确了供应链风险预警指标体系设计四项原则：灵敏性原则、灵活性原则、综合性原则、定性和定量指标相结合原则。另外，构建了供应链风险预警指标体系，给出了一种供应链风险预警综合评价方法。

曹新向（2006）将生态安全理论与生态预警方法相结合，并应用到旅游地环境影响评价与可持续发展研究中，建立了一个有旅游地生态环境压力预警、旅游地生态环境质量预警、旅游地生态保护与整治能力预警等子系统构成的旅游地生态安全符合预警系统。杨俭波等（2006）在《Web Service/Web GIS 在突发性旅游灾害事件应急预警信息系统中的应用》中，以 ArcIMS 和微软的 ".NET" 应用服务器为基础应用平台，建构了面向对象为突发性旅游灾害事件应急预警信息系统，实现了突发事件状态下，各相关服务对象信息共享，提高了应急预警时效性、敏感性和决策效能。杨月华、杜军平（2008）在《基于神经网络的旅游突发事件预警研究》中，基于 BP 神经网络，建立了旅游突发事件预警模型，并取得了较好预测效果。丁丽英（2011）在《福建沿海旅游环境承载力预警系统研究——以平潭岛为例》中，为实现旅游业可持续发展，采用模糊综合评判法对其环境承载力状况进行了系统预警。徐婧璇等（2012）在《基于混沌理论的海南旅游业危机预警机制构建》中，以混沌理论为基础，建立了海南旅游业危机评价指标体系、危机预警机制、危机防治综合管理机制和教育与宣传等系统。上海师范大学叶欣梁（2011）在其博士学位论文《旅游地自然灾害风险评价研究——以九寨沟为例》中，以九寨沟为例，采用情景性分析研究方法，提出了旅游地自然灾害风险管理模型框架。综上所述，学者们基于不同理论，采用了不同方法，对同类型旅游危机进行了各自不同的预警研究。但是，就目前来看，采用定量方法对旅游危机预警系统进行研究的文献还比较少，尤其是突发性旅游危机预警方面。

唐润等（2016）利用三角模糊数，对物元模型量值进行改进，从原料产地、加工、流通、销售和监管环节，建立了基于熵权和模糊物元可拓的生鲜食品质量安全预警指标体系。运用实例，验证了该模型的有效性。雷勋平等（2014）研究了食品安全关键因素，构建食品安全评价与预警指标体系。以集对论和变权理论为基础，综合分析各关键因素的同一性、差异性和对立性，有效结合集对论与指标权重的惩罚——激励机制，建立食品安全集对变权评价与预警模型。郭孝芝等（2015）研究了电子商务企业供应链风险，建立了科学合理预警指标体系。首先，针对B2C电子商务企业供应链风险诱因进行分析，初步建立风险诱因体系；其次，利用因子分析法筛选指标体系；最后确立了由 28 个指标构成的供应链风险预警指标体系。许振宇等（2015）以应急供应链为评价对象，从保障机制、信息系统、网络结构、运作流程、资金保障五个方面构建评价体系。依据指标特点，运用语言评价值、区间值、数值等多形式测定指标值。利用层次分析法、熵值法计算指标权重，再综合运用三角模糊数、联系数等理论方法对指标值和权重进行集结排序。通过算例，验证了模型有效性和适用性。

李业凤、李芳（2018）针对制造商主导双渠道供应链，引入双渠道价格敏感系数及竞争系数两个变量，研究在非对称信息下，双渠道发生突发事件的协调策略。在零售商成本扰动范围较大时，需要对原有计划、批发价格等内容进行调整，使供应链达到平衡。吴忠和等（2015）研究了一个供应商和一个零售商构成的二级供应链，是如何应对突发事件的。研究表明，供应链最优生产计划、最优批发价格和最优零售价格具有一定鲁棒性，当突发事件造成零售商期望成本在一定范围内发生扰动时，这三者可保持不变。当超过一定范围时，需要对三者加以调整。姚珣等（2011）利用新消费者函数，提出计算供应链损失新方法。在应急情况下，运用该方法，可以估算出供应链所遭受的损失。通过把损失值与预先设定预案阀值进行比较，可以确定供应链应急预案启动时间。严南南、李森（2019）以单周期三级供应链为研究对象，建立了 RS – TT 联合契约，研究发现该契约在突发事件后，不能起到协调作用。因此，对原契约及契约参数进行改进。运用算例，验证了改进后契约具有抗突发性。伍星华等（2015）以突发事件影响、供应链拓扑结构和契约类型这三方面为主线，对突发事件下，供应链契约协调研究成果进行梳理和归纳。分析现有研究存在的不足，提出未来应该针对网状和环状供应链协调问题，在多因素同时扰动下深入研究。牟宗玉等（2015）研究了集中式决策闭环供应链应对策略，以及突发事件干扰下，分散式决策闭环供应链数量折扣契约问题。研究表明，突发事件发生后，集中式决策闭环供应链在稳定环境下，新产品和再造品最优决策调整方式与两类产品生产成本发生扰动程度相关，还与两类产品之间相互替代系数相关。王彦伟、宋林（2019）基于第三方回收模式，在制造商履行社会责任前提条件下，解决了企业应对闭环供应链突发事件协调性问题，并在数据仿真模拟后，针对分散式和集中式，提出了制造商与零售商供应链突发事件应急协调管理策略。唐振宇等（2018）探讨了在传统供应链和 B2B 电子市场共存下，引入双向期权契约，通过模型构建和数值分析，研究供应链成员企业在突发事件下最优决策。研究表明，双向期权契约与 B2B 结合，可以有效应对突发事件引起的需求变动。但是，该研究未考虑突发事件对供应端造成的影响。柴文龙（2017）以中国上市银行呆坏账率数据为基础，引入风险因子，建立剩余资本处理模型。他还研究在面对突发事件时，资本供应链最优协调策略。研究发现，资本供应链在剩余资本契约下，同样具有很强的鲁棒性，只有风险因子保持在一定区间范围内，资本供应商及整个资本供应链才有协调动力。

崔玉泉、张宪（2016）研究了非对称信息下，供应链突发事件的应急管理和信息价值问题。运用数值分析，说明了信息对供应链重要价值，以及突发事件情况下，实施应急管理必要性和重要性。马靖莲等（2016）认为现有供应链具有多环节、易受到系统内部以及外部环境等因素影响，从而导致供应链风险。结合复杂网络特点，总结国内外不同学者对复杂网络上供应链风险评估方法，分析现有评估方法存在的问题，提出改进策略。董千里、马靖莲（2015）依据集成场理论，从冷链系统顶层集成体、基核和连接键等关键因素出发，分析了冷链突发事件中存在问题，从人、机、物、环境四方面因素建立冷链突发事件致因要素指标体系。针对这些潜在风险，从防范和应对角度，提出研究思路和策略。孟翠翠等（2014）认为基于柔性能力供应链突发事件应急管理、供应链突发事件应急管理、供应链柔性和随机能力规划这三方面密切相关。覃艳华等（2013）通过对供应链应急管理能力影响因素进行分析，探讨了在提高供应链应对突发事件能力过程中，企业、政府和消费者应采取的策略。

从现有研究文献看，大多数文献研究的是具体运作系统在运行时对参数异常的监控，而针对供应链管理应急预警系统大多从定性角度进行讨论，缺乏一定实用性。未来应从定量角度来研究供应链突发事件应急管理，同时需要对供应链应急运作机制，做进一步深入研究，提出适合供应链应急预警系统构建的更一般化模型和框架方案。

虽然目前已经有一些关于供应链应急预案的研究成果，但是关于供应链中企业在面对突发事件时，是否应该启动应急预案，以及何时启动应急预案的研究比较少。这个问题对供应链应急管理具有重要现实意义。1993 年，日本知名半导体原料供货商住友化工厂发生爆炸，严重影响全球半导体供货；2000 年 3 月，飞利浦公司位于阿尔伯克基工厂突然着火，爱立信没有迅速做出反应，没有启动任何应急预案，只是等待芯片厂恢复生产。由于该厂是爱立信唯一供应商，公司有多达数百万台新款手机急需零部件组装生产，但此事件发生，只能眼睁睁地看着失去市场商机。诺基亚公司针对飞利浦公司的大火，紧急召开了会议，启动了应急方案。多次和飞利浦公司共同产量问题，在确定很难满足订单的情况下，启用了备用供应商，从而避免了订单拖延。诺基亚因为突发事件处理得当，市场份额有了提升。从这个实际案例可以分析出，诺基亚和爱立信公司对于突发事件采用了不同应对策略，对是否启动应急预案以及何时启动应对预案有不同决策，结果诺基亚市场份额因为其处理得当，而有所提升。爱立信不但承担了巨额损失，而且最后还不得不退出了手机市场，从而形成了今天不同的市场结果。因此，供应链中任何一个环节出问题，都会影响供应链整体正常运作。供应链危机预警是供应链管理重点内容，是否启动应急预案以及何时启动应急预案研究，都具有非常重要研究价值和意义。

4.2　基于案例推理的供应链突发事件风险评估

供应链突发事件风险是典型不确定型风险，运用概率与统计方法进行风险评估已经不适用，需要寻求新的有效风险评估方法。案例推理方法（Case-Based Reasoning，CBR），最早由耶鲁大学 Schank 教授提出来，在人工智能领域中，属于一种比较新的问题求解方法和学习方法，它是基于知识重要性阐述的。案例推理方法主要是将以前发生过的案例收集起来，并且要按照一定规律分类形成案例库，当有新案例发生时，可以设定具体条件，在案例库中进行检索，找出过去曾经发生过的相同或相似案例，从而获得当前问题解决方案，并充分利用案例中隐性知识和隐含信息。CBR 研究方法来源于对人类认知心理活动研究，减少了在常规知识系统中，获取知识的瓶颈问题，它是定性与定量分析方法的结合，具有动态知识库和增量学习特点。CBR 系统主要由两个重要部分组成，案例库和推理机。案例库，即过去案例分类整理，加上专家经验教训等，它构成了 CBR 系统基础；推理机则是推理过程和方法，在遇到新案例时，首先从当前案例库中，寻找完全相似或部分相似先前案例，根据先前案例提供的方法以及经验，并参考专家意见和想法进行推理，最终找到新的方法来解决新案例的问题。

案例推理理论基础遵循自然界两大原则：（1）世界是规则的，相同或相似问题总是或多或少存在某些类似求解方法和过程之中；（2）事物总是会重复出现，只是周期长短不同，遇到问题或发生事物时，总是会重复出现。即使不是完全重复，也会有部分重复。基于以上两条原则，应用案例推理方法，可以有效地运用过去经验和认知，以及目前所掌握的新知识，来求解当前遇到问题。对于之前从未出现过的新问题，并不能说明案例推理方法就不能用了，因为案例推理系统具有重新学习特征，这体现了案例推理系统的自我完善功能。

Aamodt，Plaza（1994）于 1994 年，提出了著名四阶段 CBR 循环，即案例检索（Retrieve）、案例重用（Reuse）、案例修正（Revise）和案例保存（Retain）。这四个阶段后来被归纳为典型案例推理问题求解四个主要过程，亦称为 4R，也有人称为 CBR 生命周期，其工作过程如图 4 - 1 所示。

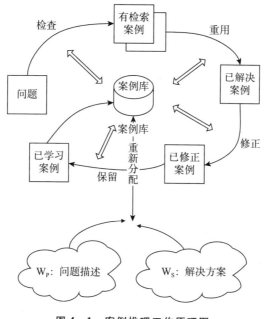

图 4 - 1 案例推理工作原理图

（1）案例检索（Retrieve）。它主要任务是采用某些先进技术，检索历史案例，获得匹配案例，其匹配案例要有与当前状况相似或部分相似的特征参数。

（2）案例重用（Reuse）。根据获得的与新问题具有较高相似度的案例及其解决方法和案例最后评析，找出它与当前问题案例之间区别，对它们之间不同点进行适当推理调整，对过去案例与新案例相关部分进行重用，从而生成初步新问题解决方案。

（3）案例修正（Revise）。在拟实施过程中，若发现通过案例重用阶段得到初步解决方案，并不能像预期那样解决实际中出现问题，就要对新案例解决方案进行修改，使得解决方案更符合问题案例特征。

（4）案例保存（Retain）。当案例修正得到的解决方法可以顺利解决新案例问题时，可以把新案例以案例对象形式存储于案例库，为将来解决新问题，提供可能有用经验或教训。

CBR 技术就是采用匹配方法，找出与问题相似案例，其理论基础是相似原理。CBR 方法工作流程如图 4 - 2 所示。

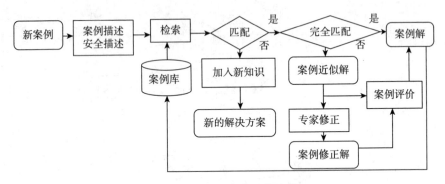

图 4 - 2　CBR 方法工作流程

（1）对新案例属性进行规范化描述。案例描述是 CBR 非常重要一项工作，如果新案例描述不规范，就会影响到案例推理直接效果和实际应用价值。可以采用如下数据库字段来描述新案例属性，但是不同行业供应链突发事件描述是不同的，这点应值得注意。通常数据库会包含如下字段：新案例编号、突发事件类型、事件严重程度、事件发生时间、事件发生地点、事件爆发原因、事件简述、事件发生阶段、受影响企业、事件影响的具体程度、应对措施、预案启动时间、当事人、其他说明。事件严重程度可以分为五级：轻微、较轻、一般、较危险、高度危险。事件发生阶段指的是供应链上供应、生产和配送阶段，受影响企业可能包含了供应链上所有企业：供应商、制造商、批发商、零售商和最终顾客。事件影响具体程度是指对供应链上各企业运营成本增大，供应、制造或配送时间延迟，产品或服务质量下降等影响程度。

（2）系统将新案例与案例库中数据进行检索分析。如果发现有匹配案例，就进一步结合案例属性判断是否符合完全匹配情况，如果是完全匹配情况，采用案例库中存储案例解，进行突发事件处理。检索过程采用知识引导法进行，建立一套规则进行索引控制。根据已知的知识来决定案例中哪些特征是最重要的，并根据这些特征来组织和检索，同时检索算法效率高低，对于案例推理方法应用也是非常重要的。常用检索方法主要有近邻法、归纳法和知识导引法。其中，近邻法是最常用的一种方法。近邻法是指在评估新案例与旧案例之间相似度之前，它们相似属性已经被赋予权值，定义属性权值是近邻法关键，它可以直接影响案例结果输出。目前指标权重的计算可以采用定量方法或定性方法，也可以两者兼用。比如专家评分法、人工神经网络、粗糙集等。还可以预先设定，再通过案例库测试样本进行调整。由于采用近邻法进行新旧案例相似度计算时，所采用的算法时间成本与案例库中案例数量呈线性关系。因此，这种方法比较适用于案例库规模较小情况。下面是近邻法计算相似度公式（罗忠良等，2005）：

$$Similarity(T,X) = \sum_{i=1}^{n} f(T_i, X_i) \times W_i \tag{4.1}$$

其中 T 表示目标案例；X 表示案例库中的源案例；n 表示每一个案例所包含的特征个数；$i \in [1,n)$，f 是案例 T 和案例 X 中 i 特征的相似度函数；W 表示特征 i 的属性权重，$W \in [1,n)$，$\sum_{i=1}^{n} W_i = 1$。

（3）当进行匹配时，如果发现案例库中没有相关案例解，将新案例数据存储在案例库中，同时将新案例解决方案存储在案例库中，以备后用。

（4）一旦找到了匹配案例，CBR 系统将推荐使用匹配案例中解决方案，作为目标案例解决方案。通常情况下，这个方案是可行且适合的。但是，如果系统匹配新案例不是完全匹配成功，或者存在源案例与目标案例具有奇异值无法判断时，就必须寻找案例近似解，请相关专家根据新案例特征进行修正。修正方法可以从新案例与旧案例事件影响程度、波及范围、事件发生时间等方面进行调整。同时，将修正后案例解请相关专家进行评价，评价后形成案例解，存储在案例库中。

综上所述，可以对案例推理技术有一个比较深入认识。基于案例推理技术所构建的是一个智能化反馈系统，这个反馈系统包括系统输入和输出、输入信息和输出信息之间关系表示等内容。通过系统内部函数映射关系调整系统，以此缩小实际输出结果与期望输出结果之间误差，从而为解决新问题提供精准系统保证。为了对新案例与旧案例之间相似度做出合理评判，必须提高系统内部处理规则可靠程度。在案例推理过程中，通常把待解决问题或状况称为目标案例（Target Case），把历史案例也就是案例库中案例，称为源案例（Base Case）。案例推理研究核心问题是案例表示、案例检索和案例调整。现有大部分案例推理系统，基本上都是案例检索和案例重用的系统，而案例调整通常是由案例推理系统管理员来完成的。案例推理主导思想是根据目标案例引导，从系统案例库中，得到以前的、与目标案例相似的源案例，并根据源案例解决方法，指导目标案例得到有效处理方法的过程，这是一种机器学习方法。

与案例推理规则相比，传统推理规则不可避免地存在获取知识瓶颈问题，对于处理过的历史问题，没有任何记忆功能，更别说处理不同领域外的事件了，而且传统推理系统整体性能较为脆弱。而案例推理方法（CBR）比较特殊，其特殊推理方法，即引用旧案例或经验来评价、分析、解释、解决新问题或新情况，可以有效地改善传统推理规则存在问题。事实上，案例推理方法应用非常广泛。目前，CBR 已广泛应用于医疗诊断、法律、电路或机械设计、故障诊断、农业、气象、软件工程等各个领域。

4.3 供应链突发事件风险预警流程研究

供应链突发事件应急管理并不是以风险结束为目标，而是利用现有人力、物力等资源，对突发事件进行预警，使得损失降到最低。为了实现这个目标，对供应链突发事件风险预警流程分析至关重要。

在突发事件风险发生之前，很少有企业会关注一些信息，即需要企业一定成本付出才能获得的信息，而企业为了降低成本，获得最大利润，可能会刻意回避。但是，这些信息极有可能就是预防风险发生的关键。如果企业能够认识到潜在风险，从而预防风险，将会降低损失。这些企业会认为构建预警系统、分析预警流程是十分合理且必要的。

突发事件发生原因是多方面的，无论是自然因素还是人为因素引起的，任何事情发生、变化都遵循量变与质变转化规律。风险产生总是有一个变化过程：萌芽期—成长期—爆发期。任何风险发生之前都有一定预兆，如果企业能够对平时积累的各种信息进行分析整理，及时发现问题，及时预警，从而采取措施，防止危机发生，就有可能最大限度降低和减少影响和损失。

基于案例推理方法，构建供应链突发事件风险预警流程如下，如图 4 - 3 所示。

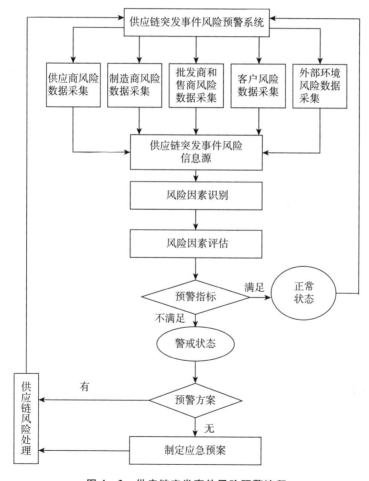

图 4 - 3　供应链突发事件风险预警流程

（1）供应链突发事件风险预警系统是从供应链上各个节点企业和外部环境收集风险数据，包括供应商风险数据采集、制造商风险数据采集、批发商和零售商风险数据采集、客户风险数据采集和外部环境风险数据采集等。

（2）将收集到的风险数据输入风险预警系统中的风险识别和风险评估模块进行分析，系统通过与模型库中的模型进行比对，判断收集风险数据是否满足其预警指标全状态特征，如果完全满足其条件，该风险属于正常状态，不用对其采取任何行动和方案，系统转入下一次预警分析，继续采集风险数据。

（3）如果对收集到的风险指标与预警指标进行对比分析后，发现不满足其安全设置情况，系统发出预警报告，进入警戒状态。判定系统中是否有相关风险预警方案，如果系统中没有预警方案，就请相关专家和管理者制定相应预警方案。同时，将新制定的预警方案存入数据库，已备后面预警系统使用。系统采取协调和控制方法后，风险降低，系统重新回到初始状态，继续下一次风险预警判断。

4.4 供应链突发危机预警模型流程及方法

供应链突发危机预警是针对可能发生，但还未发生的危机，进行提前预警。它将供应链危机评估与供应链危机预警相结合，帮助企业提前预测可能发生的重大突发性危机，从而规避危机，降低供应链成本，提高效率，并提高供应链稳定性与安全性。

关于供应链突发危机预警模型构建方法，从最初纯定性研究方法到纯定量研究方法，到现在定量与定性相结合研究方法。突发危机的发生大多数是外部环境变化导致的。因此，基于指标体系，建立预警系统是一种很适用的方法。

（1）建立指标体系

建立初始指标体系最常用几种方法如下。

①理论分析法。从突发性危机预警概念、影响因素以及外部环境角

度出发，在理论分析基础上，初步确定危机预警指标体系。

②频度统计法。从最初研究供应链危机预警，到目前有关预警研究报告、论文、会议文章等文献资料，进行频度统计，选择那些使用频率较高指标。

③问卷调查法。采用书面形式，设计出含有危机预警指标的调查问卷，并选择合适相关人员作为调查对象，进行问卷调查，然后进行分类统计，确定初始指标体系。

④数据统计法。运用数理统计方法（SPSS），对相关数据进行分析，初步选定指标，分析各变量之间相对变化和相关程度，建立指标体系。

（2）指标筛选

通过以上方法，建立较粗糙指标体系，接下来要对初步确定指标进行筛选。对各指标筛选主要有两种形式：一种是信息压缩型，可以采用主成分分析法、因子分析法等；另一种是去除冗余型，可以采用有监督属性的筛选方法，这类方法需要评估机制加搜索方法等。这里只介绍第一种形式：信息压缩型。

①主成分分析法

基本思想：把多个指标转化为几个相互没有关系的综合指标。但是，这几个指标要能够尽可能多地反映出原有指标提供信息的一种多元统计分析方法。

主成分筛选原则如下：任意主成分都是原始变量线性组合；主成分数量小于等于原始变量数量；各个主成分相互之间没有关系；主成分所包含信息不少于原始变量所提供信息。

具体步骤如下：

a. 假设有 n 个样本容量，每个样本容量有 p 个初始指标的观测值，

得到的初始矩阵为 $X = \begin{bmatrix} x_{11} & x_{12} & \cdots & x_{1p} \\ x_{21} & x_{22} & \cdots & x_{2p} \\ \vdots & \vdots & \vdots & \vdots \\ x_{n1} & x_{n2} & \cdots & x_{np} \end{bmatrix}$，其中 x_{ij} 指第 i 个样本的第 j 个

指标的观测值；

b. 将初始指标的观测值进行无量纲化处理，即令 $x_{ij}^* = \dfrac{x_{ij} - \bar{x}_j}{\sqrt{Var\ (x_j)}}$

$(i = 1,\ 2,\ \cdots,\ n;\ j = 1,\ 2,\ \cdots,\ p)$，其中 $\bar{x}_j$ 和 $\sqrt{Var\ (x_j)}$ 分别是第 j 个变量的平均值和标准差，得到无量纲化矩阵 X^*；

c. 计算相关系数矩阵 $R = (X^*)^{\mathrm{T}} X^* = (r_{ij})$；

d. 求出 R 的特征值和相应的标准特征向量；

e. 将特征值从大到小进行排序，并计算前 m 个特征值累计可解释的

方差在总方差中所占的比例为 $\dfrac{\sum\limits_{k=1}^{m} \lambda_k}{\sum\limits_{i=1}^{p} \lambda_i} (m < p)$；

f. 根据累计值以及研究目的，可以选择主成分，而忽略非主成分。

②因子分析法

基本思想：根据相关性大小，把原始变量进行分组，使得同一组内变量之间相关性较高，而不同组间变量相关性则较低。每组变量代表一个基本结构，并且一个不可观测的综合变量表示，这个基本结构就是公共因子。

具体步骤如下：

a. 设原始数据的矩阵为 $X = \begin{bmatrix} x_{11} & x_{12} & \cdots & x_{1p} \\ x_{21} & x_{22} & \cdots & x_{2p} \\ \vdots & \vdots & \vdots & \vdots \\ x_{n1} & x_{n2} & \cdots & x_{np} \end{bmatrix}$，将原始数据标准化

处理，应用公式 $x_{ij}^* = \dfrac{x_{ij} - \bar{x}_j}{\partial_j}$，$i = 1,\ 2,\ \cdots,\ n,\ j = 1,\ 2,\ \cdots,\ p$，其中 ∂_j

为相应变量的标准差，$\partial_j = \sqrt{\dfrac{1}{n-1} \sum\limits_{i=1}^{n} (x_{ij} - \bar{x}_j)^2}$，$\bar{x}_j$ 为每列的平均数；

b. 建立变量的相关系数矩阵 $R = (r_{ij})_{p \times p}$，利用原始数据求相关系数

矩阵，相关系数矩阵公式为 $r_{ij} = \dfrac{\sum\limits_{i=1}^{n} (x_{ij} - \bar{x}_j)(x_{ik} - \bar{x}_k)}{\sqrt{\sum\limits_{i=1}^{n} (x_{ij} - \bar{x}_j)^2 \cdot \sum\limits_{i=1}^{n} (x_{ik} - \bar{x}_k)^2}}$，利用

标准化后的数据表求相关系数矩阵，相关系数矩阵公式为 $r_{ij} =$

$$\frac{\sum_{i=1}^{n} x_{ij} x_{ik}}{\sqrt{\sum_{i=1}^{n} x_{ij}^{2} \sum_{i=1}^{n} x_{ik}^{2}}} = \frac{1}{n} \sum_{i=1}^{n} x_{ij} \cdot x_{ik} ;$$

c. 求 R 的特征根及相应的单位特征向量，分别记为 $\lambda_1 \geqslant \lambda_2 \geqslant \cdots \geqslant \lambda_p \geqslant$

$$0 \text{ 和 } u_1, u_2, \cdots, u_p \text{ 记为 } U = (u_1, u_2, \cdots, u_p) = \begin{bmatrix} u_{11} & u_{12} & \cdots & u_{1p} \\ u_{21} & u_{22} & \cdots & u_{2p} \\ \vdots & \vdots & \vdots & \vdots \\ u_{p1} & u_{p2} & \cdots & u_{pp} \end{bmatrix};$$

d. 根据累计贡献率的要求比如 $\dfrac{\sum_{i=1}^{m} \lambda_i}{\sum_{i=1}^{p} \lambda_i} \geqslant 85\%$，取前 m 个特征根及相

应的特征向量，写出因子载荷阵：

$$A = \begin{bmatrix} a_{11} & a_{12} & \cdots & a_{1m} \\ a_{12} & a_{22} & \cdots & a_{2m} \\ \vdots & \vdots & \vdots & \vdots \\ a_{p1} & a_{p2} & \cdots & a_{pm} \end{bmatrix} = \begin{bmatrix} u_{11}\sqrt{\lambda_1} & u_{12}\sqrt{\lambda_2} & \cdots & u_{1p}\sqrt{\lambda_m} \\ u_{21}\sqrt{\lambda_1} & u_{22}\sqrt{\lambda_2} & \cdots & u_{2p}\sqrt{\lambda_m} \\ \vdots & \vdots & \vdots & \vdots \\ u_{p1}\sqrt{\lambda_1} & u_{p2}\sqrt{\lambda_2} & \cdots & u_{pp}\sqrt{\lambda_m} \end{bmatrix}$$

e. 对 A 施行方差最大正交旋转；

f. 计算因子得分。

供应链突发性危机等级确定。根据不同行业危机预警研究目标，结合国内外相关问题研究调查，确定模型预警等级。

（3）各指标权重确定

在指标体系中，各指标对目标重要度是不同的，应根据各指标重要程度分别赋予不同权重。在供应链突发危机预警过程中，预警指标权重确定十分关键，只有当各指标权重分配合理时，才能正确地进行旅游危机预警。常用方法主要有以下几种。

层次分析法（AHP）是一种结合主观性与客观性的方法，但是偏重于主观性。该方法核心是将决策者经验判断进行量化，应用 AHP 方法，

来计算指标权重基础，是建立在一个有序的阶梯层次结构模型上的。通过指标之间两两比较，综合计算各指标权重系数。

计算步骤如下。

首先，建立层次结构模型。比如，针对决策问题，通常将其划分为如图 4 - 4 所示的层次分析法结构。

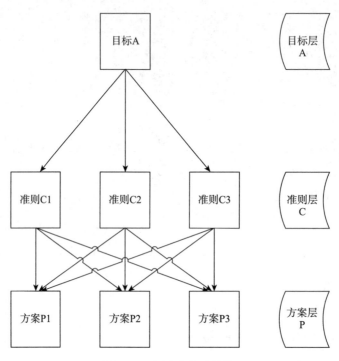

图 4 - 4 层次分析法结构

其次，构造判断矩阵 B，对各指标重要性进行两两比较和分析判断。判断因素各个标度值反映了人们对各因素重要性的主观判断。相对于上层某因素，在下层中进行因素间两两比较，引入九分位的相对重要的比例标度，构成判断矩阵，如因素 i 与 j 相比，取标度值 b_{ij}，标度值越大，表示因素 i 重要性越强，同理，因素 j 与 i 相比，去标度比率值 $b_{ji} = 1/b_{ij}$ 如表 4 - 1 所示。

表 4 – 1　九分位的相对重要的比例标度

标度	含义：因素 i 比因素 j
1	同等重要
3	稍微重要
5	明显重要
7	强烈重要
9	极端重要
2, 4, 6, 8	介于上述两个相邻等级之间
1/2, 1/3, …, 1/9	i 因素与 j 因素重要性地位互换

对于任何判断矩阵，都满足：$b_{ij} > 0$；$b_{ii} = 1$；$b_{ji} = 1/b_{ij}$；i，$j = 1$，2，3，…，n，因为判断矩阵是一个正交矩阵，所以每次判断时只需要做 $n(n-1)/2$ 次比较即可。

再次，计算各指标权系数。

计算判断矩阵 B 每一行元素的积 M_i 表示为 $M_i = \prod_{j=1}^{n} b_{ij}$，$i = 1$，2，3，…，$n$；计算各行 M_i 的 n 次方根值表示为 $\overline{w}_i = \sqrt[n]{M_i}$，$i = 1$，2，3，…，$n$，式中，$n$ 为矩阵阶数；将向量 $(\overline{w}_1, \overline{w}_2, …, \overline{w}_n)^{\mathrm{T}}$ 归一化，计算如下：$w_i = \dfrac{\overline{w}_i}{\sum\limits_{j=1}^{n} \overline{w}_i}$，$w_i$ 即为所求的各指标的权重系数值。

目标层 A 对准则层 C 的相对权重为：$\overline{w} = (w_1, w_2, …, w_k)^{\mathrm{T}}$。准则层 C 的各准则 c_i（$i = 1$，2，…，k）对方案 P 中的所有 n 个方案的相对权重为：$\overline{w}_i = (w_{1i}, w_{2i}, …, w_{ni})^{\mathrm{T}}$，$i = 1$，2，…，$k$。各方案对目标而言，其相对权重是通过 $\overline{w}$ 与 $\overline{w}_i$（$i = 1$，2，…，k）组合而得到的，其计算根据表 4 – 2 得到。

表 4 – 2　P 层次排序权值

层次 C 权数 层次 P	$C_1\,C_2…C_m$ $w_1\,w_2…w_m$	B 层次排序权重
P_1	$w_{11}\,w_{12}…w_{1m}$	$\sum\limits_{j=1}^{m} w_j w_{1j}$

层次 C 权数 层次 P	$C_1 C_2 ... C_m$ $w_1 w_2 ... w_m$	B 层次排序权重
P_2	$w_{21} w_{22} ... w_{2m}$	$\sum_{j=1}^{m} w_j w_{2j}$
P_n	$w_{n1} w_{n2} ... w_{nm}$	$\sum_{j=1}^{m} w_j w_{nj}$

最后，层次排序及一致性检验，包括层次单排序及一致性检验和层次总排序和一致性检验。

层次单排序及一致性检验。根据 $BW = \lambda_{max} W$ 求解 W（B 为判断矩阵，W 为特征向量，λ_{max} 为判断矩阵的最大特征根），经过归一化处理，得到层次单排序权值。然后进行一致性检验，计算一致性指标 $CI = （\lambda_{max} - n）/（n-1）$。当判断矩阵具有完全一致性时，$CI = 0$。$（\lambda_{max} - n）$ 越大，CI 越大，矩阵一致性越差。将 CI 与平均一致性指标 RI 进行比较，当随机一致性比率 $CR = CI/RI < 0.01$ 时，认为层次单排序结果有满意的一致性，否则需调整判断矩阵元素的标度值，对于九分位矩阵，平均随机一致性指标 RI 为定值，如表 4-3 所示。

表 4-3 平均随机一致性指标 RI 值

标度	1	2	3	4	5	6	7	8	9
RI 值	0.00	0.00	0.58	0.90	1.12	1.24	1.32	1.41	1.45

层次总排序及一致性检验。假设 P 层次的因素对于 C_j 单排序的一致性指标为 CI_j，相应的平均随即一致性指标为 CR_j，则 P 层次总排序随机一致性比率为：$CR = \dfrac{\sum_{j=1}^{m} w_j CI_j}{\sum_{j=1}^{m} w_j RI_j}$。当 $CR < 0.10$ 时，认为层次排序结果具有满意的一致性，否则需要调整判断矩阵的标度值。

其中，计算判断矩阵的最大特征值根 λ_{max} 及对应的特征向量 W，常用方法如下。

①幂法

首先，任取与判断矩阵 B 同届的正规化初值向量 W^0；其次，计算 $\overline{W}^{k+1} = BW^k$，$k = 0，1，2，\cdots，n$；再次，令 $\beta = \sum\limits_{i=1}^{n} \overline{W}_i^{k+1}$，计算 $W^{k+1} = \dfrac{1}{\beta} \overline{W}^{k+1}$（$k = 0，1，2，\cdots，n$）；最后，对于预先给定的精确度 ε，当 $|\overline{W}_i^{k+1} - W_i^k| < \varepsilon$ 对所有 $i = 1，2，\cdots，n$ 成立时，则 $W = W^{k+1}$ 为所求特征向量。$\lambda_{\max}$ 可由下式求得，表示为 $\lambda_{\max} = \sum\limits_{i=1}^{n} \dfrac{W_i^{k+1}}{nW_i^k}$，式中 n 为矩阵结束；W_i^k 为向量 W^k 的第 i 个分量。

②和积法

首先，将判断矩阵每一列正规化利用公式 $\overline{b}_{ij} \dfrac{b_{ij}}{\sum\limits_{k=1}^{n} b_{kj}}$，$i，j = 1，2，\cdots，n$；其次，每一列正规化后的判断矩阵按行相加 $\overline{W}_i = \sum\limits_{j=1}^{n} \overline{b}_{ij}$，$i，j = 1，2，\cdots，n$；然后，对向量 $\overline{W} = [W_1，W_2，\cdots，W_n]^{\mathrm{T}}$ 正规化 $W = \dfrac{\overline{W}_i}{\sum\limits_{j=1}^{n} \overline{W}_j}$，$i，j = 1，2，\cdots，n$ 所得到 $W = [W_1，W_2，\cdots，W_n]^{\mathrm{T}}$ 即为所求特征向量；最后，计算判断矩阵最大特征值 $\lambda_{\max}$，$\lambda_{\max} = \sum\limits_{i=1}^{n} \dfrac{(BW)_i}{nW_i}$ 式中 $(BW)_i$ 为向量 BW 的第 i 个分量。

③方根法

首先，B 的元素按行相乘 $u_{ij} = \prod\limits_{j=1}^{n} b_{ij}$；其次，所得的乘积分别开 n 次方 $u_i = \sqrt[n]{u_{ij}}$；然后，将方根向量正规化，即得特征向量 W 的第 i 个分量 $W_i = \dfrac{u_i}{\sum\limits_{i=1}^{n} u_i}$；最后，计算判断矩阵最大特征值 $\lambda_{\max} = \sum\limits_{i=1}^{n} \dfrac{(BW)_i}{nW_i}$。

④熵权法

熵权法原理是将评价中各个待评价单元信息进行量化，并进行综合分析的方法。它是一种依据各指标所包含信息量多少，确定指标权重客观赋权法。某个指标熵值越小，说明该指标量值变化越大，提供信息量也就越多，在综合评价中起的作用越大，则该指标权重也应越大。在信息论中信息熵 $e_i = -k \sum_{j=1}^{m} P_{ij} \ln p_{ij}$ 表示系统有序程度，系统有序程度 j 越高，则信息熵越大。采用熵值法对指标权值进行确定，可以简化评价过程。熵权法计算步骤简单，有效利用了指标数据，排除了主观因素的影响。

设有 m 个待评价方案，n 个评价指标，形成原始指标数据矩阵 $X = (x_{ij})_{m \times n}$。

构建评价矩阵。由 m 个待评价方案，n 个评价指标矩阵为：

$$X = \begin{array}{c} \text{指标 } I_1 \\ \text{指标 } I_2 \\ \vdots \\ \text{指标 } I_n \end{array} \begin{bmatrix} x_{11} & x_{12} & \cdots & x_{1n} \\ x_{21} & x_{22} & \cdots & x_{2n} \\ \vdots & \vdots & \vdots & \vdots \\ x_{m1} & x_{m2} & \cdots & x_{mn} \end{bmatrix},$$

其中 $i = 1, 2, \cdots, m$；$j = 1, 2, \cdots, n$；x_{ij} 表示第 i 个待评价方案的第 j 个评价指标。

指标的无量纲化处理。由于各指标是不同类型，总体上分为两类：正指标（越大越优型）和负指标（越小越优型），因此要对各个指标进行无量纲化处理。对于正指标，其无量纲化公式为 $x'_{ij} = \dfrac{x_{ij} - \min_i(x_{ij})}{\max_i(x_{ij}) - \min_i(x_{ij})}$。

对于负指标，其无量纲化公式为 $x'_{ij} = \dfrac{\max_i(x_{ij}) - x_{ij}}{\max_i(x_{ij}) - \min_i(x_{ij})}$，$i = 1, 2, \cdots, m$；$j = 1, 2, \cdots, n$；其中无量纲化公式中 x_{ij} 表示第 i 个待评价方案的第 j 个评价指标初始值，x'_{ij} 表示 x_{ij} 无量纲化处理后的值，即得到无量纲化的

评价矩阵为 $X' = \begin{bmatrix} x'_{11} & x'_{12} & \cdots & x'_{1n} \\ x'_{21} & x'_{22} & \cdots & x'_{2n} \\ \vdots & \vdots & \vdots & \vdots \\ x'_{m1} & x'_{m2} & \cdots & x'_{mn} \end{bmatrix}$。

确定评价指标熵值。令 $h_j = \dfrac{-\sum\limits_{i=1}^{m} f_{ij} \ln f_{ij}}{\ln n}$，其中 $f_{ij} = \dfrac{x'_{ij}}{m + \sum\limits_{i=1}^{m} x'_{ij}}$，$i =$

1，2，…，m；$j = 1$，2，…，n；由于经过无量纲化处理使得某些指标所对应的 $x'_{ij} = 0$，在计算熵值时是没有意义的，因此，在对上式中求 f_{ij} 的公式进行了修正，即 $f_{ij} = \dfrac{1 + x'_{ij}}{m + \sum\limits_{i=1}^{m} x'_{ij}}$。

运用熵值法确定指标权重。利用公式 $w_j = \dfrac{1 - h_j}{n - \sum\limits_{j=1}^{n} h_j}$，$j = 1$，2，…，

n，求得各指标的权重值。

⑤可拓决策模型

可拓决策理论是以广东工业大学蔡文研究员为首的中国学者创立的一门新理论。可拓学是一门交叉学科，是用形式化模型研究事物拓展可能性和开拓创新的规律与方法，并用来解决矛盾问题。可拓决策模型建立了以物元、事元、关系元为基本元的形式化描述体系。其中，物元、事元和关系元构成了描述千变万化大千世界基本元，统称为基元。

定义1：把物 N，特征 c 及 N 关于 c 的量值 v 构成的有序三元组 $R = (N, c, v)$ 作为描述物的基本单元，成为一维物元，N，c，v 三者称为物元 R 的三要素，其中，c 和 v 构成的二元组 $M = (c, v)$ 作为 N 的特征元。

定义2：如果物 N 具有 n 个特征，其 n 个特征 c_1，c_2，…，c_n 及 N 关于 c_i（$i = 1$，2，…，n）对应的量值为 v_i（$i = 1$，2，…，n），则称：

$$R = \begin{bmatrix} N, & c_1, & v_1 \\ & c_2, & v_2 \\ & \vdots & \vdots \\ & c_n & v_n \end{bmatrix} = (N, C, V)$$ 为 R 的 n 维物元。其中，

$$C = \begin{bmatrix} c_1 \\ c_2 \\ \vdots \\ c_n \end{bmatrix}, \quad V = \begin{bmatrix} v_1 \\ v_2 \\ \vdots \\ v_n \end{bmatrix}。$$

定义 3：一般来说，物随着时间 t 变化而变化，为此，引入参变量物元。在物元 $R = (N, c, v)$ 中，如果 N、v 是 t 的函数，称 R 为参变量物元，记为 $R(t) = [N(t), c, v(t)]$，此时，$v(t) = c[N(t)]$，一般简记为 $v = c(N)$，则多维参变量物元 $R(t)$ 记为 $R =$

$$\begin{bmatrix} N(t), & c_1, & v_1(t) \\ & c_2, & v_2(t) \\ & \vdots & \vdots \\ & c_n & v_n(t) \end{bmatrix} = [N(t), c, v(t)]。$$

假设预警等级为 m 级，建立相应的物元为：

$$R^* = \begin{bmatrix} N \\ c \end{bmatrix} = \begin{bmatrix} N_j & N_1, & N_2, & \cdots, & N_m \\ c_i & v_{1i}, & v_{2i}, & \cdots, & v_{mn} \end{bmatrix} = \begin{bmatrix} N & N_1, & N_2, & \cdots & N_m \\ c_1 & <a_{11},b_{11}>, & <a_{21},b_{21}>, & \cdots & <a_{m1},b_{m1}> \\ c_2 & <a_{12},b_{12}>, & <a_{22},b_{22}>, & \cdots & <a_{m2},b_{m2}> \\ \vdots & \vdots & \vdots & \vdots & \vdots \\ c_n & <a_{1n},b_{1n}>, & <a_{2n},b_{2n}>, & \cdots & <a_{mn},b_{mn}> \end{bmatrix}。$$

式中：R^* 为经典物元；N_j 为预警等级；c_i 为第 i 个预警指标；v_{mn} 为 N_m 关于 c_i 所规定的量值范围（也称为经典域），$i = 1, 2, \cdots, n$；$j = 1, 2, \cdots, m$。

对于经典域，构造其节域 R_p（$R_p \supset R_j$），可得到：

$$R_p = (N_p, c_i, v_{pi}) = \begin{bmatrix} N_p, & c_1, & v_{p1} \\ & c_2, & v_{p2} \\ & \vdots & \vdots \\ & c_n & v_{pn} \end{bmatrix} = \begin{bmatrix} N_p, & c_1, & <a_{p1},b_{p1}> \\ & c_2, & <a_{p2},b_{p2}> \\ & \vdots & \vdots \\ & c_n & <a_{pn},b_{pn}> \end{bmatrix}。$$

式中：R_p 为节域物元；N_p 为突发性旅游危机预警等级的全体；v_{pi} 为

N_p 关于 c_i 所取的量值范围。

对于待测评的旅游目的地，将搜集到的数据或分析结果用物元表示，得到待测物元，为公式表示为：

$$R_0 = (P, c_i, v_i) = \begin{bmatrix} P, & c_1, & v_1 \\ & c_2, & v_2 \\ & \vdots & \vdots \\ & c_n & v_n \end{bmatrix}$$。式中：R_0 为待测物元；P 为待

测旅游目的地；c_i 为第 i 个预警指标；v_i 是关于 c_i 所取的量值范围。

$$令\ r_{ij}(v_i, V_{ij}) = \begin{cases} \dfrac{2(v_i - a_{ij})}{b_{ij} - a_{ij}}, & v_i \leqslant \dfrac{a_{ij} + b_{ij}}{2} \\ \dfrac{2(b_{ij} - v_i)}{b_{ij} - a_{ij}}, & v_i \geqslant \dfrac{a_{ij} + b_{ij}}{2} \end{cases}$$，式中：$i = 1, 2, \cdots,$

n；$j = 1, 2, \cdots, m$；且 $v_i \in V_{ip}$，则 $V_{ij}\max = \max_j[r_{ij}(v_i, V_{ij})]$。若指标 c_i 的数据落入的类别越大，该指标应赋予的权系数越大，那么取 $r_i =$

$$\begin{cases} j_{\max} \times [1 + r_{ij\max}(v_i, V_{ij})], & r_{ij\max}(v_i, V_{ij}) \geqslant -\dfrac{1}{2} \\ \dfrac{1}{2}j_{\max}, & r_{ij\max}(v_i, V_{ij}) < -\dfrac{1}{2} \end{cases}$$ 反之，若指标 c_i 的数据

落入的类别越小，该指标应赋予的权系数越小，那么取 $r_i =$

$$\begin{cases} (m - j_{\max} + 1) \times [1 + r_{\max}(v_i, V_{ij})], & r_{ij\max}(v_i, V_{ij}) \geqslant -\dfrac{1}{2} \\ \dfrac{1}{2}(m - j_{\max} + 1), & r_{ij\max}(v_i, V_{ij}) < -\dfrac{1}{2} \end{cases}$$，则指标 c_i 的

权系数为 $e_i = r_i / \sum_{i=1}^{n} r_i$。

（4）供应链突发危机等级层次划分

建立制造业企业的供应链突发性危机安全等级评价集为 $v = \{v_1, v_2, v_3, v_4\} = \{$低度Ⅳ，中度Ⅲ，高度Ⅱ，极高Ⅰ$\}$，且Ⅰ，Ⅱ，Ⅲ，Ⅳ $\in P$，对于任何 $p \in P$ 判断是否属于 Ⅰ，Ⅱ，Ⅲ，Ⅳ 并计算关联程度。得到供应链突发性危机等级层次划分如表 4-4 所示。

表 4 - 4　供应链突发性危机等级的层次划分

综合关联度 $\lvert K_{j0}(R_0) \rvert$	[1, 0.5)	[0.5, 0.3)	[0.3, 0.1)	[0.1, 0]
企业供应链危机状态	极高 I	高度 II	中度 III	低度 IV

（5）供应链突发性危机等级计算与判断

①运用可拓决策理论模型，计算并判断供应链突发性危机等级。对预警对象 p_i，首先用非满足不可的特征 c_k 的量值 v_{ik} 评价。如果 $v_{ik} \notin v_{jk}$，则认为预警对象 p_i 不满足"非满足不可的条件"，不予评价；如果满足，则计算待预警对象关于各等级的关联度。通常，第 i（$i=1, 2, \cdots, n$）个指标数值域，属于第 j（$j=1, 2, \cdots, m$）个安全等级关联函数为：

$$K_j(v_i) = \begin{cases} \dfrac{\rho(v_i, V_{ij})}{\rho(v_i, V_{ip}) - \rho(v_i, V_{ij})}, & \rho(v_i, V_{ip}) \neq \rho(v_i, V_{ij}) \\ -\rho(v_i, V_{ij}) / \lvert V_{ij} \rvert, & \rho(v_i, V_{ip}) = \rho(v_i, V_{ij}) \end{cases}$$

式中，v_i 为评价因子的实际数值；$\lvert V_{ij} \rvert$ 表示节域区间的长度；K_j (v_i) 为各安全因子关于安全等级关联度；ρ (v_i, V_{ij}) 表示点 v_i 与有限区间 $V_{ij} = (a_{ij}, b_{ij})$ 的距，ρ (v_i, V_{ip}) 为点 v_i 与有限区间 $V_{ip} = (a_{ip}, b_{ip})$ 的距，距的计算公式为 $\rho[x, (a, b)] = \left\lvert x - \dfrac{a+b}{2} \right\rvert - \dfrac{b-a}{2}$；$V_{ij} = (a_{ij}, b_{ij})$ 为经典域；$V_{ip} = (a_{ip}, b_{ip})$ 为节域。

关联函数 $K(x)$ 的数值表示预警对象符合突发性旅游危机等级的隶属程度。预警对象 R_0 关于危机等级 j 的关联度为 $K_j(R_0) = \sum_{i=1}^{n} w_i K(v_i)$，如果 $K_{j0}(R_0) = \max_{j \in |1,2,\cdots,m|} K_j(R_0)$，则评定对象 R_0 属于危机等级 j。

②运用模糊评价法，确定供应链突发性旅游危机预警等级。假设供应链突发性旅游危机预警指标体系，有 $U = \{U_1, U_2, U_3, U_4\}$，$U_1 = \{U_{11}, U_{12}, U_{13}, U_{14}\}$，$U_2 = \{U_{21}, U_{22}, U_{23}, U_{24}\}$，$U_3 = \{U_{31}, U_{32}, U_{33}, U_{34}\}$，$U_4 = \{U_{41}, U_{42}, U_{43}, U_{44}\}$。其中 U_i（$i=1, 2, 3, 4$）表示第 i 个一级指标，U_{ij} 表示第 i 个一级指标对应的第 j 个二级指标。且一级指标 U_i（$i=1, 2, 3, 4$）的权重集为 $A = [a_1, a_2, a_3, a_4]$，各一级指标下的二级指标的权重集分别为 $A_1 = [a_{11}, a_{12}, a_{13}, a_{14}]$，$A_2 = [a_{21},$

a_{22}，a_{23}，a_{24}]，$A_3 = [a_{31}$，a_{32}，a_{33}，$a_{34}]$，$A_4 = [a_{41}$，a_{42}，a_{43}，$a_{44}]$，危机等级为 m（$m = 4$）。

令 r_{im} 为所有评价人员所评价第 i 个一级指标隶属于第 m 个危机等级的程度，则 r_{im} 等于评价人员判断第 i 个一级指标隶属于第 m 个危机等级的人数除以所有参加评价的评价人员的总数。同理，可以得到二级指标隶属于第 m 个危机等级的程度 r_{ijm}，因此得到各一级指标下的二级指标的评价决策

矩阵 R_i（$i = 1$，2，3，4）为 $R_i = (r_{ijm})_{j \times 4} = \begin{bmatrix} r_{i11} & r_{i12} & r_{i13} & r_{i14} \\ r_{i21} & r_{i22} & r_{i23} & r_{i24} \\ \vdots & \vdots & \vdots & \vdots \\ r_{ij1} & r_{ij2} & r_{ij3} & r_{ij4} \end{bmatrix}$，然后用

各一级指标的权重集 A_i 与评价决策矩阵 R_i 合成运算得到 $B_i = A_i \cdot R_i = [b_{i1}$，$b_{i2}$，$b_{i3}$，$b_{i4}]$（$i = 1$，2，3，4）；根据二级指标的模糊综合评判的结

果，得到指标体系中各一级指标的综合评价决策矩阵为 $R = \begin{bmatrix} B_1 \\ B_2 \\ B_3 \\ B_4 \end{bmatrix} = $

$\begin{bmatrix} b_{11} & b_{12} & b_{13} & b_{14} \\ b_{21} & b_{22} & b_{23} & b_{24} \\ b_{31} & b_{32} & b_{33} & b_{34} \\ b_{41} & b_{42} & b_{43} & b_{44} \end{bmatrix}$，最后，再根据一级指标的权重集 A 和综合评价决策

矩阵 R，经过合成运算，可得到该条供应链突发性危机状况的模糊综合评

价结果，即 $B = A \cdot R = [a_1$，a_2，a_3，$a_4] \cdot \begin{bmatrix} B_1 \\ B_2 \\ B_3 \\ B_4 \end{bmatrix} = [b_1$，$b_2$，$b_3$，$b_4]$。取

$[b_1$，b_2，b_3，$b_4]$ 中的最大值，与预警层次划分标准进行对应，所得到状态即为当前供应链突发性危机状态。

4.5　供应链突发危机预警模型应用研究

应用上面构建供应链突发危机预警模型流程及方法，对某制造企业供应链突发危机进行危机等级评估及预警，包括以下几方面。

（1）供应链突发危机预警指标体系建立

①供应链突发危机预警初始指标体系建立。基于模型构建流程及方法提到的四种常用方法中理论分析法，建立初始指标体系。企业供应链突发危机预警是对处于潜伏期突发危机进行预测，使得企业有充分时间规避和应对可能发生的危机，属于事前预警。

供应链突发危机受企业内外部因素影响。外部因素可以用 PEST 法进行分析；而内部因素则可以从供应商、制造商、销售商、零售商、客户这一内部链条和该企业内部运营状况进行分析。PEST 分析法是针对企业所处外部宏观环境构建的一种模型方法，即涉及政治环境、经济环境、社会环境和技术环境。企业所处外部宏观的国家政治环境包括政治制度、体制、法律、法规等，往往在很大程度上影响企业经营行为和未来发展方向；经济环境，包括与企业融资有关利率、进出口有关汇率、税率、与政治环境相关政府补助等，在各个方面影响着企业健康发展；社会环境，主要与消费市场有关，主要对消费者价值观、企业产品消费群体等产生影响；技术，不仅是全球化驱动力，而且是企业提高其竞争力关键因素，技术环境很大程度上决定了企业成本和效率，也关系到企业所生产产品是否具有竞争市场。内部环境中企业所处供应链涉及了供应商、制造商、销售商等各个节点。对供应链危机影响，也从这几个节点出发进行分析，可能对供应链带来的危机综合为三个方面，即供应中断、运营中断和需求中断。任何一个环节出现差错，都将给企业带来挑战。而企业内部运营状况对供应链危机产生的影响，也可以从运营中断这个方面分析得到。

综上所述，通过对供应链突发危机内外部影响因素理论分析，可以得到如表 4-5 供应链突发危机预警初始指标体系，包括四个层次：供应中断、运营中断、需求中断和环境危机，并对每个层次进行详细划分，得到各个层次指标。

表 4 - 5　供应链突发危机预警初始指标体系

层次		指标
供应链突发危机预警初始指标体系	供应 中断 U_1	供应商运营状况
		供应商可靠性
		原材料质量、价格的稳定性
		原材料交货及时性
	运营 中断 U_2	供应商的可选择性
		生产能力的稳定性
		财务管理的可持续性
		员工忠诚度
		行业技术稳定性
		市场预测准确性
		库存的可满足性
		竞争者的稳定性
		信息通畅程度
		合作伙伴的可靠性
	需求 中断 U_3	客户忠诚度
		物流服务水平
		售后服务质量
	环境 危机 U_4	突发性自然灾害
		恐怖袭击或战争
		流行性疾病的发生
		政治政策的稳定性
		经济政策的稳定性

②采用专家问卷调查法，对各层次的初始指标进行筛选。邀请 5 个专家对各层次指标打分，专家权重集为 $V = \{v_1, v_2, v_3, v_4, v_5\} = \{0.19, 0.20, 0.21, 0.19, 0.21\}$，进行加权平均，按照分数高低排序，前 15 个指标留下，作为最终指标。调查问卷表如表 4 - 6 至表 4 - 9 所示。

表 4 – 6　供应中断各指标的问卷

层次一	指标	专家一	专家二	专家三	专家四	专家五	加权平均得分
供应中断	供应商运营状况	90	90	85	78	77	83.94
	供应商可靠性	92	95	75	80	80	84.23
	原材料质量、价格的稳定性	98	90	89	72	74	84.53
	原材料交货及时性	93	90	70	78	78	81.57

表 4 – 7　运营中断各指标的问卷

层次二	指标	专家一	专家二	专家三	专家四	专家五	加权平均得分
运营中断	供应商的可选择性	87	85	72	76	76	79.05
	生产能力的稳定性	93	95	76	80	80	84.63
	财务管理的可持续性	85	75	56	81	80	75.1
	员工忠诚度	88	80	45	85	86	76.38
	行业技术稳定性	80	80	30	80	81	69.71
	市场预测准确性	80	80	67	72	73	74.28
	库存的可满足性	78	85	92	70	71	79.35
	竞争者的稳定性	82	82	80	62	62	73.58
	信息通畅程度	98	97	78	85	87	88.82
	合作伙伴的可靠性	96	90	69	76	78	81.55

表 4 – 8　需求中断各指标的问卷

层次三	指标	专家一	专家二	专家三	专家四	专家五	加权平均得分
需求中断	客户忠诚度	90	85	68	70	72	76.8
	物流服务水平	91	90	91	80	80	86.4
	售后服务质量	95	80	87	85	85	86.32

表 4 – 9　环境危机各指标的问卷

层次四	指标	专家一	专家二	专家三	专家四	专家五	加权平均得分
环境危机	突发性自然灾害	98	90	90	60	60	79.52
	恐怖袭击或战争	99	80	40	40	42	59.63
	流行性疾病的发生	85	85	60	71	75	74.99

续表

层次四	指标	专家一	专家二	专家三	专家四	专家五	加权平均得分
	政治政策的稳定性	90	80	50	50	60	65.7
	经济政策的稳定性	94	80	65	70	70	75.51

通过专家打分，剔除分数等于或低于 75.1 的指标，得到最终的指标体系如表 4 - 10 所示。

表 4 - 10　供应链突发危机预警最终指标体系

	层次	指标
供应链突发性危机预警最终指标体系	供应中断 U_1	供应商运营状况 u_1
		供应商可靠性 u_2
		原材料质量、价格的稳定性 u_3
		原材料交货及时性 u_4
	运营中断 U_2	供应商的可选择性 u_5
		生产能力的稳定性 u_6
		员工忠诚度 u_7
		库存的可满足性 u_8
		信息通畅程度 u_9
		合作伙伴的可靠性 u_{10}
	需求中断 U_3	客户忠诚度 u_{11}
		物流服务水平 u_{12}
		售后服务质量 u_{13}
	环境危机 U_4	突发性自然灾害 u_{14}
		经济政策的稳定性 u_{15}

（2）综合采用模糊熵法和可拓学决策模型，确定最终指标权重

其中模糊熵法以专家打分法为基础，用信息熵法进行权重修订，并将修订后权重与专家打分法所得权重相结合，得到模糊熵法确定权重值。

①专家打分法

根据筛选指标得到专家对各指标的分数，可得到指标矩阵 $s =$

$$\begin{bmatrix} 90, & 90, & 85, & 78, & 77 \\ 92, & 95, & 75, & 80, & 80 \\ 98, & 90, & 89, & 72, & 74 \\ 93, & 90, & 70, & 78, & 78 \\ 87, & 85, & 72, & 76, & 76 \\ 93, & 95, & 76, & 80, & 80 \\ 88, & 80, & 45, & 85, & 86 \\ 78, & 85, & 92, & 70, & 71 \\ 98, & 97, & 78, & 85, & 87 \\ 96, & 90, & 69, & 76, & 78 \\ 90, & 85, & 68, & 70, & 72 \\ 91, & 90, & 91, & 80, & 80 \\ 95, & 80, & 87, & 85, & 85 \\ 98, & 90, & 90, & 60, & 60 \\ 94, & 80, & 65, & 70, & 70 \end{bmatrix}$$，因为专家的权重集为 $V = \{v_1, v_2, v_3, v_4, v_5\} =$

$\{0.19, 0.20, 0.21, 0.19, 0.21\}$，则 $S = s \cdot V^{\mathrm{T}} = \begin{bmatrix} 83.94, & 84.23, & 84.53, \\ 88.82, & 81.55, & 76.8, \end{bmatrix}$

$\begin{matrix} 81.57, & 79.05, & 84.63, & 76.38, & 79.35, \\ 86.4, & 86.32, & 79.52, & 75.51 \end{matrix}$，根据 $f_i = \dfrac{S_i}{\sum\limits_{i=1}^{15} S_i}$，可得到各指标

的专家打分法的权重值，记为 $f = \begin{bmatrix} 0.068322, & 0.068558, & 0.068802, & 0.066393, \\ 0.07394, & 0.066376, & 0.06251, & 0.070324, \end{bmatrix}$

$\begin{matrix} 0.064342, & 0.068883, & 0.062168, & 0.064586, \\ 0.070259, & 0.064724, & 0.06146 \end{matrix}$。

②熵权法

利用信息熵法对各指标的权重值进行修正，计算各指标熵值。根据指标矩阵 s，可求得各个专家对各个指标的权重值为：

$$s' = \begin{bmatrix} 0.06517 & 0.068079 & 0.073785 & 0.068122 & 0.066724 \\ 0.066618 & 0.071861 & 0.065104 & 0.069869 & 0.069324 \\ 0.070963 & 0.068079 & 0.077257 & 0.062882 & 0.064125 \\ 0.067343 & 0.068079 & 0.060764 & 0.068122 & 0.067591 \\ 0.062998 & 0.064297 & 0.0625 & 0.066376 & 0.065858 \\ 0.067343 & 0.071861 & 0.065972 & 0.069869 & 0.069324 \\ 0.063722 & 0.060514 & 0.039063 & 0.074236 & 0.074532 \\ 0.056481 & 0.064297 & 0.079861 & 0.061135 & 0.061525 \\ 0.070963 & 0.073374 & 0.067708 & 0.074236 & 0.07539 \\ 0.069515 & 0.68079 & 0.059896 & 0.066376 & 0.067591 \\ 0.06517 & 0.64297 & 0.059028 & 0.061135 & 0.062392 \\ 0.065894 & 0.68079 & 0.078993 & 0.069869 & 0.069324 \\ 0.068791 & 0.060514 & 0.075521 & 0.074236 & 0.073657 \\ 0.070963 & 0.068079 & 0.078125 & 0.052402 & 0.051993 \\ 0.068067 & 0.060514 & 0.056424 & 0.061135 & 0.060659 \end{bmatrix},$$

利用公式 $H_i = -\frac{1}{3\ln 5} \sum_{j=1}^{5} u_{ij} \ln u_{ij}$ [其中, i ($i = 1, 2, \cdots, 15$) 为第 i 指标, j 为第 j 个专家], 得到各指标的熵值 $H = \begin{bmatrix} -0.07081, & -0.07099, \\ -0.07491, & -0.06865, \end{bmatrix}$ $-0.0711, -0.06874, -0.0667, -0.07132, -0.06463, -0.06696,$ $-0.06462, -0.07294, -0.07305, -0.0666, -0.063542 \end{bmatrix}$,

差异系数 $h_i = 1 - H_i = \begin{bmatrix} 1.07081, & 1.07099, & 1.0711, & 1.06874, & 1.0667, \\ 1.07491, & 1.06865, & 1.06462, & 1.07294, & 1.07305, \end{bmatrix}$ $1.07132, 1.06463, 1.06696, \\ 1.0666, 1.063542 \end{bmatrix}$, 利用公式 $g_i = \dfrac{h_i}{\sum\limits_{j=1}^{k} h_i}$ 得到突发性旅游危机

各指标的熵权集为 $g = [g_1, g_2, \cdots, g_{15}] = \begin{bmatrix} 0.066777, & 0.066789, & 0.066795, \\ 0.066809, & 0.066392, & 0.066537, \\ 0.066391, & 0.06691, & 0.066917, \end{bmatrix}$

$$0.066648, \ 0.066521,$$
$$0.067033, \ 0.066642,$$
$$0.066515, \ 0.066324$$

③模糊熵法

将 f_i 和 g_i 代入 $e_i = \dfrac{f_i \cdot g_i}{\sum\limits_{i=1}^{15} f_i \cdot g_i}$，进而得到模糊熵权集为 $e = [e_1, \ e_2, \ \cdots,$

$$e_{15}] = \begin{bmatrix} 0.068425, \ 0.068673, \ 0.068925, \ 0.066364, \ 0.064191, \\ 0.06902, \ 0.061903, \ 0.064451, \ 0.07268, \ 0.066342, \\ 0.062243, \ 0.07057, \ 0.070512, \ 0.064567, \ 0.061135 \end{bmatrix} \circ$$

④可拓决策模型

根据公式 $R^* = \begin{bmatrix} N \\ c \end{bmatrix} = \begin{bmatrix} N_j & N_1, & N_2, & \cdots, & N_m \\ c_i & v_{1i}, & v_{2i}, & \cdots, & v_{m15} \end{bmatrix}$

$$= \begin{bmatrix} N & N_1, & N_2, & \cdots, & N_m \\ c_1 & (a_{11}, \ b_{11}), & (a_{21}, \ b_{21}), & \cdots, & (a_{m1}, \ b_{m1}) \\ c_2 & (a_{12}, \ b_{12}), & (a_{22}, \ b_{22}), & \cdots, & (a_{m2}, \ b_{m2}) \\ \vdots & \vdots & \vdots & \vdots & \vdots \\ c_{15} & (a_{115}, \ b_{115}), & (a_{215}, \ b_{215}), & \cdots, & (a_{m15}, \ b_{m15}) \end{bmatrix},$$

$$R_p = (N_p, \ c_i, \ v_{pi}) = \begin{bmatrix} N_p, & c_1, & v_{p1} \\ & c_2, & v_{p2} \\ & \vdots & \vdots \\ & c_{15} & v_{p15} \end{bmatrix} = \begin{bmatrix} N_p, & c_1, & (a_{p1}, \ b_{p1}) \\ & c_2, & (a_{p2}, \ b_{p2}) \\ & \vdots & \vdots \\ & c_{15} & (a_{p15}, \ b_{p15}) \end{bmatrix},$$

$$R_0 = (P, \ c_i, \ v_i) = \begin{bmatrix} P, & c_1, & v_1 \\ & c_2, & v_2 \\ & \vdots & \vdots \\ & c_{15}, & v_{15} \end{bmatrix},$$ 建立供应链突发性危机各预

警指标警戒值判断矩阵 R，节域物元矩阵 R_p 以及待评估物元 R_0，分别表示为：

$$
R = \begin{bmatrix}
N & N_1 & N_2 & N_3 & N_4 \\
c_1 & [0,5] & [5,10] & [10,15] & [15,20] \\
c_2 & [0,5] & [5,15] & [15,30] & [30,40] \\
c_3 & [0,10] & [10,20] & [20,35] & [35,40] \\
c_4 & [0,2] & [2,4] & [4,8] & [8,10] \\
c_5 & [0,20] & [20,40] & [40,80] & [80,100] \\
c_6 & [0,15] & [15,30] & [30,45] & [45,55] \\
c_7 & [0,10] & [10,15] & [15,30] & [30,40] \\
c_8 & [85,100] & [75,85] & [65,75] & [60,65] \\
c_9 & [0,30] & [30,50] & [50,80] & [80,100] \\
c_{10} & [0,10] & [10,30] & [30,40] & [40,50] \\
c_{11} & [0,10] & [10,35] & [35,50] & [50,60] \\
c_{12} & [0,3] & [3,7] & [7,12] & [12,15] \\
c_{13} & [0,15] & [15,20] & [20,35] & [35,45] \\
c_{14} & [90,100] & [80,90] & [70,80] & [60,70] \\
c_{15} & [0,2] & [2,5] & [5,7] & [7,9]
\end{bmatrix}
$$

$$
R_p = \begin{bmatrix}
N_p & c_1 & [0,20] \\
 & c_2 & [0,40] \\
 & c_3 & [0,40] \\
 & c_4 & [0,10] \\
 & c_5 & [0,100] \\
 & c_6 & [0,55] \\
 & c_7 & [0,40] \\
 & c_8 & [60,100] \\
 & c_9 & [0,100] \\
 & c_{10} & [0,50] \\
 & c_{11} & [0,60] \\
 & c_{12} & [0,15] \\
 & c_{13} & [0,45] \\
 & c_{14} & [60,100] \\
 & c_{15} & [0,9]
\end{bmatrix}
\quad
R_0 = \begin{bmatrix}
N_0 & c_1 & 8.4 \\
 & c_2 & 32 \\
 & c_3 & 19 \\
 & c_4 & 2.6 \\
 & c_5 & 72 \\
 & c_6 & 46 \\
 & c_7 & 35.3 \\
 & c_8 & 78.2 \\
 & c_9 & 84 \\
 & c_{10} & 44.2 \\
 & c_{11} & 57 \\
 & c_{12} & 10.2 \\
 & c_{13} & 41.5 \\
 & c_{14} & 94.3 \\
 & c_{15} & 6
\end{bmatrix}
$$

根据公式：$r_{ij}(v_i, V_{ij}) = \begin{cases} \dfrac{2(v_i - a_{ij})}{b_{ij} - a_{ij}}, & v_i \leqslant \dfrac{a_{ij} + b_{ij}}{2} \\ \dfrac{2(b_{ij} - v_i)}{b_{ij} - a_{ij}}, & v_i \geqslant \dfrac{a_{ij} + b_{ij}}{2} \end{cases}$,

$$r_i = \begin{cases} j_{\max} \times [1 + r_{ij\max}(v_i, V_{ij})], & r_{ij\max}(v_i, V_{ij}) \geqslant -\dfrac{1}{2} \\ \dfrac{1}{2} j_{\max}, & r_{ij\max}(v_i, V_{ij}) < -\dfrac{1}{2} \end{cases},$$

$$r_i = \begin{cases} (m - j_{\max} + 1) \times [1 + r_{\max}(v_i, V_{ij})], & r_{ij\max}(v_i, V_{ij}) \geqslant -\dfrac{1}{2} \\ \dfrac{1}{2}(m - j_{\max} + 1), & r_{ij\max}(v_i, V_{ij}) < -\dfrac{1}{2} \end{cases},$$

$\beta_i = r_i / \sum\limits_{i=1}^{n} r_i$，得到 $r_{ij}(v_i, V_{ij})$、r_i，如表 4 – 11、表 4 – 12 所示，进而求得各指标的权重 w_i，将上面两种方法得到的权重都集中在表 4 – 12 中，并利用公式 $w_i = \dfrac{\beta_i e_i}{\sum\limits_{i=1}^{15} \beta_i e_i}$ 得到综合权重值。

表 4 – 11　$r_{ij}(v_i, V_{ij})$ 权重值

$r_{ij}(v_i, V_{ij})$	$j = 1$	$j = 2$	$j = 3$	$j = 4$
$i = 1$	3. 36	1. 36	– 0. 64	– 2. 64
$i = 2$	– 10. 8	– 3. 4	– 0. 26667	1. 6
$i = 3$	3. 8	1. 8	– 0. 13333	– 6. 4
$i = 4$	2. 6	0. 6	– 0. 7	– 5. 4
$i = 5$	– 5. 2	– 3. 2	0. 4	2. 8
$i = 6$	– 4. 13333	– 2. 13333	– 0. 13333	1. 8
$i = 7$	– 5. 06	– 8. 12	– 0. 70667	0. 94
$i = 8$	2. 906667	1. 36	– 0. 64	– 5. 28
$i = 9$	– 3. 6	– 3. 4	– 0. 26667	1. 6
$i = 10$	– 6. 84	– 1. 42	– 0. 84	1. 16
$i = 11$	– 9. 4	– 1. 76	– 0. 93333	0. 6
$i = 12$	– 4. 8	– 1. 6	0. 72	3. 2

r_{ij} (v_i, V_{ij})	$j = 1$	$j = 2$	$j = 3$	$j = 4$
$i = 13$	− 3. 53333	− 8. 6	− 0. 86667	0. 7
$i = 14$	0. 86	2. 86	4. 86	6. 86
$i = 15$	− 4	− 0. 66667	1	3

表 4 − 12　不同方法得到的各指标的权重值

预警指标	c_1	c_2	c_3	c_4	c_5	c_6	c_7	c_8
r_i	4. 36	10. 4	4. 8	3. 6	15. 2	11. 2	7. 76	3. 906667
β_i	0. 027646	0. 065945	0. 030436	0. 022827	0. 096381	0. 071018	0. 049205	0. 024772
e_i	0. 068425	0. 068673	0. 068925	0. 066364	0. 064191	0. 06902	0. 061903	0. 064451
w_i	0. 028511	0. 068254	0. 031618	0. 022832	0. 093246	0. 073876	0. 045908	0. 024063

预警指标	c_9	c_{10}	c_{11}	c_{12}	c_{13}	c_{14}	c_{15}	
r_i	10. 4	8. 64	6. 4	16. 8	6. 8	31. 44	16	
β_i	0. 065945	0. 054785	0. 040582	0. 106527	0. 043118	0. 199357	0. 101454	
e_i	0. 07268	0. 066342	0. 062243	0. 07057	0. 070512	0. 064567	0. 061135	
w_i	0. 072237	0. 054779	0. 03807	0. 113303	0. 045823	0. 194001	0. 09348	

　　用 Matlab 将可拓决策模型求得的指标权重 β_i、指标最终权重 w_i 用散点图和走势图表示，如图 4 − 5、图 4 − 6、图 4 − 7、图 4 − 8 所示。供应链突发性危机预警是针对可能发生，但还未发生的危机进行提前预警，它将供应链危机评估与供应链危机预警相结合，可以帮助企业提前预测

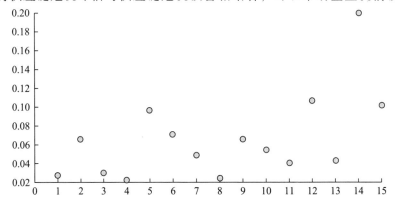

图 4 − 5　可拓决策模型求得指标权重的散点分布

注：横轴 1 ~ 15 代表预警指标 c_1 ~ c_{15}，图 4 − 6 至图 4 − 10 同。

可能发生的重大的突发性危机，从而规避危机，降低供应链成本，提高效率，并能够加强供应链稳定性与安全性。

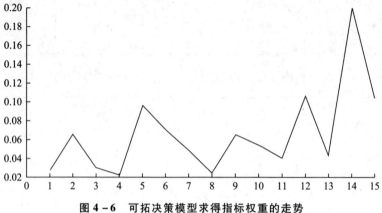

图4-6 可拓决策模型求得指标权重的走势

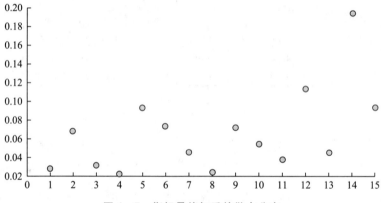

图4-7 指标最终权重的散点分布

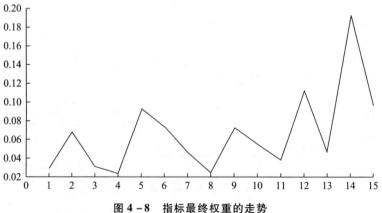

图4-8 指标最终权重的走势

在 Matlab 平台上，综合模糊熵权、可拓决策模型指标权重和指标最终权重进行分析，如图 4-9、图 4-10 所示。

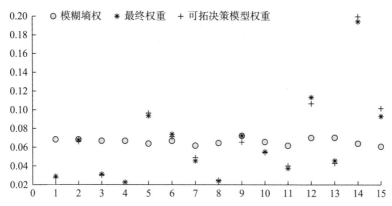

图 4-9　模糊熵权、可拓决策模型指标权重、指标最终权重的散点分布

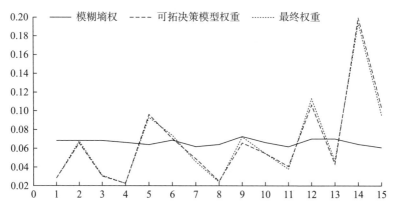

图 4-10　模糊熵权、可拓决策模型指标权重、指标最终权重的走势

为了关联度计算值，利用距的计算公式 $\rho(x,[a,b]) = \left| x - \dfrac{a+b}{2} \right| - \dfrac{b-a}{2}$，得到经典域 $\rho(v_i, V_{ij})$ 和节域 $\rho(v_i, V_{ip})$，得到表 4-13、表 4-14。利用公式：

$$K_j(v_i) = \begin{cases} \dfrac{\rho(v_i, V_{ij})}{\rho(v_i, V_{ip}) - \rho(v_i, V_{ij})}, & \rho(v_i, V_{ip}) \neq \rho(v_i, V_{ij}) \\ -\rho(v_i, V_{ij}) / |V_{ij}|, & \rho(v_i, V_{ip}) = \rho(v_i, V_{ij}) \end{cases}$$

$K_j(R_0) = \sum\limits_{i=1}^{n} w_i K(v_i) K_{j0}(R_0) = \max\limits_{j \in \{1, 2, \cdots, m\}} K_j(R_0)$，最终得到各指标的关联

度，如表 4 – 15 所示。

表 4 – 13 $\rho(v_i, V_{ij})$ 的值

$\rho(v_i, V_{ij})$	$i = 1$	$i = 2$	$i = 3$	$i = 4$	$i = 5$	$i = 6$	$i = 7$	$i = 8$
$j = 1$	3.4	27	9	0.6	52	31	25.3	21.8
$j = 2$	– 1.6	17	– 1	– 0.6	32	16	20.3	6.8
$j = 3$	1.6	2	1	1.4	– 8	1	5.3	13.2
$j = 4$	6.6	– 2	16	5.4	8	– 1	– 4.7	18.2
$\rho(v_i, V_{ij})$	$i = 9$	$i = 10$	$i = 11$	$i = 12$	$i = 13$	$i = 14$	$i = 15$	
$j = 1$	54	34.2	47	7.2	26.5	5.7	4	
$j = 2$	34	14.2	22	3.2	21.5	14.3	1	
$j = 3$	4	4.2	7	– 1.8	6.5	24.3	– 1	
$j = 4$	– 4	– 4.2	– 3	1.8	– 3.5	34.3	1	

表 4 – 14 $\rho(v_i, V_{ip})$ 的值

	$i = 1$	$i = 2$	$i = 3$	$i = 4$	$i = 5$	$i = 6$	$i = 7$	$i = 8$
$\rho(v_i, V_{ip})$	– 8.4	– 8	– 19	– 2.6	– 28	– 9	– 4.7	– 18.2
	$i = 9$	$i = 10$	$i = 11$	$i = 12$	$i = 13$	$i = 14$	$i = 15$	
$\rho(v_i, V_{ip})$	– 16	– 5.8	– 3	– 4.8	– 3.5	– 5.7	– 3	

表 4 – 15 各指标的关联度及综合关联度

预警指标	$k_1 (v_1)$	$k_2 (v_2)$	$k_3 (v_3)$	$k_4 (v_4)$
c_1	– 0.28814	0.235294	– 0.16	– 0.44
c_2	– 0.77143	– 0.68	– 0.2	0.333333
c_3	– 0.32143	0.055556	– 0.05	– 0.45714
c_4	– 0.1875	0.3	– 0.35	– 0.675
c_5	– 0.65	– 0.53333	0.4	– 0.22222
c_6	– 0.775	– 0.64	– 0.1	0.125
c_7	– 0.84333	– 0.812	– 0.53	0.47
c_8	– 0.545	– 0.272	– 0.42038	– 0.5
c_9	– 0.77143	– 0.68	– 0.2	0.333333
c_{10}	– 0.855	– 0.71	– 0.42	2.625
c_{11}	– 0.94	– 0.88	– 0.7	0.3

续表

预警指标	k_1（v_1）	k_2（v_2）	k_3（v_3）	k_4（v_4）
c_{12}	- 0.6	- 0.4	0.6	- 0.27273
c_{13}	- 0.88333	- 0.86	- 0.65	0.35
c_{14}	- 0.5	- 0.715	- 0.81	- 0.8575
c_{15}	- 0.57143	- 0.25	0.5	- 0.25
综合关联度	- 0.6422294	- 0.540257	- 0.168628	- 0.046895

用 Matlab 对各指标在不同等级上的关联度和综合关联度进行仿真，如图 4 - 11、图 4 - 12 所示。

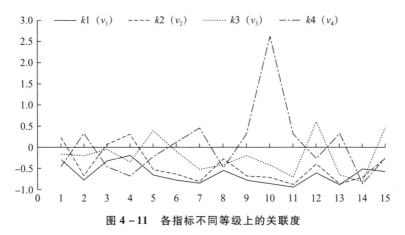

图 4 - 11　各指标不同等级上的关联度

注：横轴 1 ~ 15 代表预警指标 c_1 ~ c_{15}。

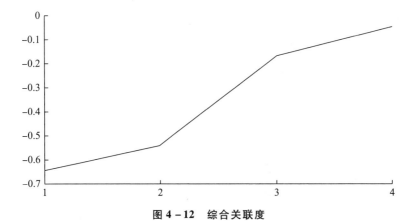

图 4 - 12　综合关联度

如果 K_{j0}（R_0）$= \max\limits_{j \in \{1,2,\cdots,m\}} K_j$（$R_0$），即 K_{40}（R_0）$= - 0.046895$，即

该供应链突发危机等级处于低度状态，表明该供应链稳定性及安全性良好。但必须指出的是，由于突发性危机本身具有不确定性，应时刻关注各指标变化状况，提前做好应急准备，并加以有效防范。

4.6 本章小结

本章基于指标体系方法，构建供应链突发危机预警模型，解决了企业无法提前预测突发性危机而带来损害、增加供应链成本等问题，获得研究成果有以下几个。

（1）采用理论分析法对导致供应链突发危机的企业内外部影响因素进行分析，得到供应链突发危机预警初始指标体系，包括四个层次，供应中断、运营中断、需求中断和环境危机，并对各层次进行详细划分，共得到22个指标。

（2）运用专家调查问卷法，根据每个指标加权平均得分，筛选出加权平均得分较高的15个指标，增加选取指标科学性，最终构建了供应链突发危机预警最终指标体系。

（3）在专家打分法基础上，结合信息熵理论，综合利用熵权和物元分析法，确定各指标最终权重。与层次分析法相比，熵权和物元分析法更能提高指标权重科学性，降低主观因素影响，从而提高预测准确度。

（4）将案例数据应用于该模型，并将结果用 Matlab 软件进行仿真分析，说明该预测模型使用方法具有的客观性。

通过上述分析与模型推导，定性与定量相结合，针对供应链突发事件风险不确定性的特点，结合国内外关于供应链突发事件应急预案研究成果，建立了基于案例推理风险评估与预警系统，并针对供应链突发事件应急预案研究目的，详细阐述了基于案例推理预警系统流程，为企业突发事件预警管理，提供了新的方法和思路。

供应链突发事件应急管理的研究趋势是对复杂网状链接结构进行研究，在动态环境中，实现多企业联合应对供应链突发事件协调控制研究，这是非常有价值和意义的研究内容，也是后续研究重点。

| 5 |

供应链契约相关理论

导致供应链失调主要原因是牛鞭效应。牛鞭效应即订单波动，沿着供应链从零售商到批发商，到制造商，再到供应商，不断加剧。由于供应链不同环节目标相互冲突，信息传递发生延误和扭曲，可能会引起供应链失调。如果供应链每个环节所有者不同，那么不同环节目标就可能发生冲突。因此，每个环节都企图让自身利润最大化，可能会降低供应链总利润。信息在供应链中传递时发生扭曲，因为各环节之间的完整信息没有被共享，这种扭曲由于供应链产品多样化而被放大。供应链出现失调，将造成生产成本增加、库存成本提高、补货提前期延长、运输成本增加、发货和收获劳动力成本增加、降低产品可获性水平，对供应链中各种关系产生影响。

供应链管理实现供应链协调管理措施主要有以下几方面。

（1）使激励与目标一致

在公司内，实现决策协调的关键是保证任一部门用来评估决策目标与公司总目标保持一致。对所有设施、运输和库存决策评估，应该基于它们对利润影响，而不是对总成本甚至是对局部成本影响。实现协调定价，如果制造商批量生产有着较高固定成本，可以使用基于批量的数量折扣契约为商品实现协调。由于需求不确定性，制造商可以使用回购合同、收益共享契约及数量弹性契约，促使零售商提高使供应链利润最大化的产品可获性水平，将销售人员激励依据由购入转变为售出。改变销售人员向零售商强推产品的激励机制，减弱牛鞭效应。如果销售人员激励以滚动周期销售量为依据，那么强推产品动机就会减少。这有助于减少预先购买，并减少订单波动。管理者还可以将销售人员激励与零售商售出量而不是购入量联系起来，这将消除销售人员鼓励预先购买动机，有助于减少订单流动的波动。

（2）提高信息准确度

管理者可以通过提高供应链不同环节可获取信息准确度，实现供应链协调。共享销售点数据，供应链各环节共享销售点（pos）数据，有助于削弱牛鞭效应，牛鞭效应产生的主要原因是供应链每个环节都是通过接收订单数量，预测未来需求。实际上，供应链需满足的唯一需求来自最终顾客。如果零售商与其他供应链环节共享 pos 数据，所有供应链环节都可以满足顾客需求，并且可以预测未来需求。共享 pos 数据有助于削弱牛鞭效应，因为所有环节只对相同顾客需求波动做出反应，共享 pos 数据就足以削弱牛鞭效应，实施协同预测和激活。共享了 pos 数据之后，为了实现完全协调，供应链各环节还必须系统预测和计划，没有协同计划，pos 数据共享不能保证协调。制造商必须知道零售商促销计划，才可以达到协调。保证整条供应链协调的关键是依据共同预测来运作，设计一条由单环节控制整条供应链补货决策供应链，有助于削弱牛鞭效应。牛鞭效应产生的主要原因是供应链每个环节把来自下一环节订单当作它的历史需求，因此，每个环节都认为自己的作用就是满足下一环节订单。实际上，关键补货发生在零售商处，因为那里是最终顾客购买产品的地方，当采用单环节控制整条供应链的补货决策时，多头预测问题就可以消除了，供应链协调就可以实现了。

（3）提高运作绩效

管理者通过提高运作绩效和为短缺情况设计适当的产品分配方案，来减弱牛鞭效应，缩短补货提前期。通过缩短补货提前期，管理者可以减小提前期内需求不确定性，缩短提前期尤其对季节性商品有益，因为它允许在季节内下订单，此时预测精确度会有极大提高。因此，缩短提前期可以减小需求潜在不确定性，从而削弱牛鞭效应，减小批量。通过改进减小批量运作来削弱牛鞭效应，减小批量缩小了波动幅度，从而削弱牛鞭效应。为了减小批量，管理者必须采取措施，减少每批产品订货成本、运输成本及接受成本，基于过去销量进行配给，共享信息，以限制博弈。通过设计配给方案，以阻止零售商在供应短缺情况下，人为扩大订单。

（4）设计定价策略以平滑订单

通过设计定价策略鼓励零售商小批量订购和降低预先购买，来缓解牛鞭效应。将基于批量的数量折扣转变为基于总量的数量折扣。基于批量的数量折扣促使零售商为了获得折扣而增大批量。提供基于总量数量折扣，消除了增大一次批量的激励作用，因为基于总量折扣考虑的是某一段时间内的总购买量，而不是一次批量大小。基于总量折扣带来了小批量，从而减少了供应链中订单波动。基于总量折扣评估有一个固定终止期，接近终止期时，会出现大批量订单。滚动时期销售量的折扣，有助于减弱这种影响，稳定价格。通过取消降价和实施每日低价策略，削弱牛鞭效应。取消促销活动可以消除零售商预先购买，促使零售商订单与顾客需求相匹配。通过在促销期内，为采购数量设置上限，从而减少预先购买。这个限度应该针对具体零售商，与零售商历史销量挂钩。另一种方法是将支付给零售商用于促销的奖励，与零售商售出量而不是购入量挂钩。因此零售商不能从预先购买中获益，只有当卖出更多产品时，才会采购更多，极大地缓解了牛鞭效应，构建战略伙伴关系和信任机制。管理者发现，当供应链内存在信任机制和战略伙伴关系时，上述管理措施可以用来削弱牛鞭效应。共享各环节都信任的准确信息能更好匹配整条供应链中供应与需求，并降低成本。融洽关系也能降低供应链各环节之间交易成本。

5.1 收益共享契约

收益共享契约是指零售商订货时，供应商为鼓励零售商最大限度地订货，以避免产品缺货带来损失，给零售商提供较低批发价格，从而供应商从零售商那里获得部分收入的契约，即供应商以较低的批发价格向零售商提供产品，零售商将其产品收入一部分返还给供应商。Pastermack（2002）研究了单一零售商通过收入共享和批发价格联合契约订购商品决策模型，但是系统协调问题没有进行进一步讨论。Cachon，Lariviere（2005）给出了收入共享契约没有得到广泛应用的两个原因：一是实施成本过高，二是可能会降低零售商销售积极性。Mortimer（2000）针对录像租赁产业进行研究，发现该契约可以提高供应链7%利润。黄宝凤针对一个制造商和 N 个相互竞争零售商情形，给出了收入分配比例系数与批发价，以实现共赢。柳键、马士华（2004）假定了一个上游制造商和 N 个下游供应商的供应链，且销售量是销售价格的线性函数，还将收入共享契约和批发价格契约进行了对比，研究表明，在信息共享情况下，收入共享契约协调性优于批发价格契约，如果供应商增多，批发价格契约协调效果变好，而收入共享契约协调效果变差。陈菊红、郭福利运用 Downside-Risk 约束，假设零售商为风险规避者，供应商为风险中性，对一个两阶段供应链模型进行契约设计与建模。研究表明，在收入共享契约下，风险中性方为风险规避者提供了一定风险保护，使得风险约束得以满足，并且零售商与供应商利润，在该契约下均得到一定提高。

郑琪等（2019）对一个由农民专业合作社与超市组成的两级生鲜农产品供应链系统进行研究，结果表明，改进的收益共享契约能够促使生鲜农产品供应链新鲜度信息共享，使得两者利润达到帕累托最优水平。王彦伟、宋林（2019）在突发事件下，针对制造商履行社会责任，提出了"改进收益共享－责任＆费用分担契约"，以此来协调突发事件闭环供应链。研究结论表明，在第三方回收模式以及"收益共享－责任＆费用分担契约"下，建立 CSR 闭环供应链企业能够在突发事件下实现全面协调。韩正涛、张悟移（2019）研究了收益共享机制在供应链协同创新中，知识转移决策的影响，其中收益共享分为两种模式：其中一种是供应商主导普通收益共享模式；另一种是双方议价条件下收益共享模式。王永龙等（2019）研究了由制造商—分销商—零售商组成的三级供应链协调性问题。研究表明，当产出扰动范围较大，导致供应链最优生产计划发生变动时，修正后收益共享契约具有良好抗突发性。

Moon，Feng 和 Ryu（2015）等发现，当成员在特定预算约束下时，收益共享合同可能无法协调供应链。对此，提出了一种不增加管理成本带有预算约束的收入共享合同。Xiao，Yang 和 Shen（2011）探讨了一个由一个制造商和一个零售商组成的供应链，通过收益共享契约协调，建立的博弈论模型。研究当消费者面对产品质量具有敏感性时，制造商如何协调服务质量和调整零售价格决策。Hou，Wei 和 Li 等（2017）研究了一个由制造商、分销商和零售商组成的三级供应链协调方法。研究发现，收益共享契约不能协调由"领导者–跟随博弈"所建立供应链，但是，可以改善"领导者–跟随博弈"中分散供应链绩效。Pang，Chen 和 Hu（2014）等发现原有收益共享合同，在某些事件导致市场需求发生重大变化并产生额外偏离成本情况下，无法协调供应链中断。为了解决这一问题，本书引入了两种改进的收益共享契约形式：基于数量折扣策略的混合契约形式和具有抗干扰能力的纯契约形式。

假设供应链由一个供应商和一个零售商构成。供应链上只有一种产品，各企业风险中性并且信息对称。设 S，R，L 分别表示供应商、零售商、供应链；零售商以批发价格 w 从供应商处获得产品，并将收益的 $1 - \eta$ 分给供应商，供应商和零售商的单位成本分别为 c_s 和 c_r；产品售价为 p，订购量为 q，供应商的供给量为 u。设外部需求服从 (μ, σ^2) 分布，零售商期望销售量为 $S(q)$，未售出产品量为 $I(q)$，单位产品残值为 h，期望缺货量为 $L(q)$，单位缺货损失为 k。

其中：

$$S(q) = E[\min(q, x)] = \int_0^x (q \wedge x) f(x) \, \mathrm{d}x = q - \int_0^q F(x) \, \mathrm{d}x \qquad (5.1)$$

$$I(q) = q - S(q) = \int_0^q F(x) \, \mathrm{d}x \qquad (5.2)$$

$$L(q) = u - S(q) \qquad (5.3)$$

零售商收益模型为：

$$\pi_R = \eta [pS(q) + hI(q) - kL(q)] - (w_d + c_r)q$$

$$= (\eta p + \eta_1 k - w - c_r) q - \eta (p - h + k) \int_0^q F(x)\,\mathrm{d}x - \eta k u \quad (5.4)$$

供应商收益模型为：

$$\pi_S = (1 - \eta)[pS(q) + hI(q) + kL(q)] + (w - c_s)q \qquad (5.5)$$

供应链整体收益为：

$$\pi_L = pS(q) + hI(q) - kL(q) - (c_r + c_s)q$$

$$= (p + k - c_r - c_s)q - (p - h + k) \int_0^q F(x)\,\mathrm{d}x - ku \qquad (5.6)$$

对（5.6）公式求导，$\dfrac{\mathrm{d}^2 \pi_L}{\mathrm{d}q^2} < 0$，令 $\dfrac{\mathrm{d}\pi_L}{\mathrm{d}q} = 0$ 得：

$$q^* = F^{-1}\left[\frac{p + k - c_r - c_s}{p - h + k}\right] \qquad (5.7)$$

供应链最大利益为 $\pi_L' = \pi_L(q^*)$

最终得到供应链上零售商和供应商收益分别为：

$$\pi_R' = \eta \pi_L' \qquad (5.8)$$

$$\pi_s' = (1 - \eta)\pi_L' \qquad (5.9)$$

由上式表明，收益共享契约可以实现供应链协调。

5.2　回购契约

供应链回购契约是指销售初期，零售商以批发价格从供应商处订购产品，销售季节结束后，供应商以一定的价格将零售商未售完产品收购，给零售商提供一定保护措施，刺激零售商增加订货量。供应商和零售商共同承担由需求不确定产生的风险，以实现供应链协调。Padmanabhan，Png（1997）描述了供应商与零售商之间签订回购契约情况下，整条供应链收益发生的变化。贾涛等（2001）研究了在市场需求随机，并且库存成本为非线性情况下，回购契约是如何来协调供应链的。于辉、陈剑（2007）研究了突发事件的存在，且突发事件对零售商的需求量造成较大影响时，如何通过改进回购契约，来协调供应链应对突发事件。该研究表明，改进回购契约为应对强烈需求变化，具有很强鲁棒性。徐最、朱道立研究了在促销水平影响需求情况下，传统回购契约无法实现供应链协调的原因。Becken，Hughey（2013）研究了供应链在面对战略性消费者时，消费者战略行为如何影响供应链绩效。研究表明，消费者战略行为通常能够协调供应链的回购契约失效。

李锋、魏莹（2019）以一个二级供应链为研究对象，分析了产品供应方，面对病毒式营销引发产品需求不确定性，零售商和制造商以产品回购契约为供应链协调主要机制。研究表明，成员企业只有通过提高产品批发价格，才能实现供应链回购契约有效性。简惠云、许民利（2017）研究了基于 Stackelberg 博弈的供应链回购契约，构建了基于 Stackelberg 博弈的供应链回购契约模型，与风险中性假设下结论相比，风险规避假设在现实经济中，对供应商回购决策行为提供了更合理解释。张一丁、张毅、张爱华等（2018）构建了基于回购契约闭环供应链系统动力学模型，在不同回购契约参数条件下，进行仿真，系统地分析了闭环供应链整体及各节点企业的利润变动情况。代建生、秦开大（2016）在销售商风险规避下，运用 CVaR 方法研究了供应商在直营渠道集中式供应链和分散式供应链下的回购契约设计问题。研究表明，销售商越规避风险，供应商收益越低。王涛等（2017）构建了由一个销售商、一个批发商以及一个生产商组成的三级供应链回购契约模型，以应对策略型消费者购买问题。Zhao，Xia 和 Yu（2018）提出了一个考虑不同风险态度的模糊随机需求回购契约模型。该模型表明，随机需求可能导致原回购合同失效，需要在所提出收益模型基础上，进行动态修改，以保持协调性。通过更新回购契约，该模型能够更公平地分配总收益，保持供应链系统稳定。

假设供应链由一个供应商和一个零售商构成。供应链上只有一种产品，各企业风险中性，并且信息对称。设 S，R 分别表示供应商和零售商；产品售价为 p，订购量为 q，零售商以批发价格 w 从供应商处获得产品，供应商允许零售商全部退货，供应商以价格 ∂w 收购零售商未售出产品，其中 ∂ 为折价参数。设外部需求服从 (μ, σ^2) 分布，零售商期望销

售量为 $S(q)$，未售出产品量为 $I(q)$。

零售商销售量为：

$$S(q) = E[\min(q,x)] = \int_0^x (q \wedge x) f(x)\,\mathrm{d}x = q - \int_0^q F(x)\,\mathrm{d}x \qquad (5.10)$$

未售出产品量为：

$$I(q) = q - S(q) = \int_0^q F(x)\,\mathrm{d}x \qquad (5.11)$$

供应商、零售商和供应链整体的利益分别为：

$$\pi_S = (w - c_s)q - \partial w \int_0^q F(x)\,\mathrm{d}x \qquad (5.12)$$

$$\pi_R = (p - w - c_r)q - (p - \partial w)\int_0^q F(x)\,\mathrm{d}x \qquad (5.13)$$

$$\pi_L = (p - c_r - c_s)q - p\int_0^q F(x)\,\mathrm{d}x \qquad (5.14)$$

对（5.13）求导，得到零售商的最大订货量为：

$$q_R^{'} = F^{-1}\left[\frac{p - w - c_r}{p - \partial w}\right] \qquad (5.15)$$

对（5.14）求导，得到供应链的最大订货量为：

$$q_L^{'} = F^{-1}\left[\frac{p - c_r - c_s}{p}\right] \qquad (5.16)$$

实现供应链协调需要满足 $q_R^{'} = q_L^{'}$，从而得到：

$$w - c_s = \partial w F(q) \qquad (5.17)$$

从而在回购契约下，整个供应链可以实现协调。

5.3 弹性数量契约

数量弹性契约，即生产商允许零售商在观察市场需求之后，可以改变最初订购量协议。通常零售商在销售季节前，向供应商提供一个最初产品订货量，供应商根据这个订购量组织生产，当零售商知道市场实际需求之后，可以根据实际情况，重新调整订购量。在数量弹性契约方式下，供应商有义务满足最高上限采购量，以防止零售商增加订购量导致供应链缺货损失；同时零售商必须采购最低下限产品数量，防止零售商高估需求，导致供应链生产过剩。因此，零售商订货量提高可以使供应链绩效达到最优，减少供应商和零售商双重边际效应造成的影响。数量弹性契约下，供应商和零售商共同承担风险。Tsay（2002）研究了运用弹性数量契约实现供应链系统协调问题。

刘浪等（2016）研究突发事件的发生导致多种因素干扰情景下，数量弹性契约是否能实现二级供应链协调，并寻找供应链协调时的最优订货与定价策略。鲁声威（2019）用期权应对批发价格波动风险，用数量弹性契约来应对市场价格和市场需求随机波动带来的风险，探索双向期权数量弹性契约协调供应链内在规律。史文强、刘崇光、汪明月等（2018）在突发事件导致市场价格随机波动情况下，构建应急数量弹性契约下的三级供应链模型，求解最优定价和订货策略。同时，构建突发事件和市场价格稳定时的供应链模型，探索不同情景下供应链协调状态的变化情况。逄金辉、史文强、吴双胜等（2019）构建生产成本信息不对称时应急供应链的数量弹性契约模型，寻找最优定价及订货策略。研究发现，在生产成本信息不对称情形下突发事件发生时，虽然零售商设计的数量弹性契约可以有效体现真实生产成本，但是对供应链没有协调作用。

假设：零售商向供应商提出数量为 q 的订货，在销售之前供应商生产数量为 Q 的产品给零售商，零售商销售产品之后，按照企业之间约定的契约进行转移支付。

供应商和零售商的单位成本分别为 c_s 和 c_r，$c = c_s + c_r$；产品售价为 p，设外部需求服从 (μ, σ^2) 分布，零售商期望销售量为 $S(q)$，未售出产品量为 $I(q)$，单位产品残值为 h，期望缺货量为 $L(q)$，供应商与零售商的单位缺货损失为 k_s 和 k_r，$k = k_s + k_r$，t 为零售商对供应商的预期转移支付，u 为供应商的供给量。

零售商利益为：

$$
\begin{aligned}
\pi_R &= pS(q) + hI(q) - k_rL(q) - c_rq - t \\
&= (p + k - c_r)q - (p - h + k_r)\int_0^q F(x)\,dx - k_ru - t
\end{aligned}
\tag{5.18}
$$

供应商利益为：

$$
\begin{aligned}
\pi_S &= t - k_sL(q) - c_sq \\
&= -k_s\int_0^q F(x)\,dx - (c_s - k_s)q + k_su + t
\end{aligned}
\tag{5.19}
$$

供应链整体利益为：

$$
\begin{aligned}
\pi_L &= (p - h + k)S(q) - (c - h)q - ku \\
&= (p + k - c)q - (p - h + k)\int_0^q F(x)\,dx - ku
\end{aligned}
\tag{5.20}
$$

对（5.18）求导得零售商最大订购量为：

$$
q_R^* = F^{-1}\left[\frac{p + k - c_r}{p - h + k_r}\right]
\tag{5.21}
$$

对（5.20）求导得供应链最大订购量为：

$$
q_L^* = F^{-1}\left[\frac{p + k - c}{p - h + k}\right]
\tag{5.22}
$$

在数量弹性契约下，供应商产量不必等于零售商订购量，即 Q 不必等于 q，供应商利益可以表示为：

$$
\pi_S^* = t - k_sL(q) - c_sQ
\tag{5.23}
$$

在弹性契约下，零售商可以以全部订货价格退还商品，即在批发价格为 w 时，零售商承诺至少购买数量为 m 产品，并且对其余数量 j 产品有自由选择权利，供应商可以自由选择产量 $m \leqslant Q \leqslant m + j$。零售商和供应商利益函数为：

$$
\begin{aligned}
\pi_R(q, u) &= pS(q) + hI(q) - k_rL(q) - (c_r + w)q \\
&= (p + k - c_r - w)q - (p - h + k_r)\int_0^q F(x)\,dx - k_ru
\end{aligned}
$$

$$
\tag{5.24}
$$

$$\pi_s(q,Q) = t - k_s L(q) - c_s Q - u(Q - q) + wq$$

$$= (w - u + k_s)q - k_s \int_0^q F(x)\,\mathrm{d}x - (c_s - u)Q + k_s u$$

(5.25)

在数量弹性契约下，零售商订购量为 q_R^*，供应商生产量为 $Q_S^* = \arg$
$\max(q_R^*, m, j)$。数量弹性契约使得供应链成员能够积极参与合作和信息共享，实现供应链整体和自身利益最大化。

5.4 批发价格契约

陈敬贤等（2013）以一个制造商和多个零售商供应链系统为研究对象，基于批发价格契约研究了零售商转载下的供应链协调问题。批发价格契约可能会使多个零售商存在转载的供应链实现协调，传统双重边际化效应将会由于制造商和零售商的理性而被弱化。贺超、周莹、冯颖（2017）在 VMCI 模式下，考虑销售努力水平对市场需求影响，研究批发价决策权由供应商转移至零售商的两级供应链效率改进问题。通过建立零售商主导 Stackelberg 博弈模型，证明了集中决策下的最优解和分散决策下的均衡解均存在且唯一，集中决策下的寄售因子大于分散决策下的对应值。

考虑一个由制造商和零售商构成的短生命周期产品供应链。

假设：各企业风险中性，并且信息对称。设 S，R，L 分别表示供应商、零售商、供应链；产品售价为 p，订购量为 q，零售商以批发价格 w 从供应商处获得产品，供应商和零售商的单位成本分别为 c_s 和 c_r，$c = c_s + c_r$，设外部需求服从 (μ, σ^2) 分布，零售商期望销售量为 $S(q)$，未售出产品量为 $I(q)$，单位产品残值为 h，期望缺货量为 $L(q)$，供应商与零售商的单位缺货损失分别为 k_s 和 k_r，$k = k_s + k_r$。

零售商销售量为：

$$S(q) = E[\min(q,x)] = \int_0^x (q \wedge x)f(x)\,\mathrm{d}x = q - \int_0^q F(x)\,\mathrm{d}x \qquad (5.26)$$

未售出产品量为：

$$I(q) = q - S(q) = \int_0^q F(x) \, \mathrm{d}x \qquad (5.27)$$

期望缺货量为：

$$L(q) = u - S(q) \qquad (5.28)$$

供应商、零售商和供应链整体的利益分别为：

$$\pi_S = (w - c_s)q - k_s L(q)$$
$$= (w - c_s + k_s)q - k_s \int_0^q F(x) \, \mathrm{d}x - u k_s \qquad (5.29)$$

$$\pi_R = pS(q) + hI(q) - k_r L(q) - (w + c_r)q$$
$$= (p + k_r - w - c_r)q - (p - h + k_r) \int_0^q F(x) \, \mathrm{d}x - k_r u \quad (5.30)$$

$$\pi_L = pS(q) + hI(q) - kL(q) - cq$$
$$= (p + k - c)q - (p - h + k) \int_0^q F(x) \, \mathrm{d}x - ku \qquad (5.31)$$

对（5.28）求导，得到零售商的最大订货量为：

$$q_R' = F^{-1} \left[\frac{p + k_r - w - c_r}{p - h + k_r} \right] \qquad (5.32)$$

对 $\dfrac{\partial \pi_S \left(q_R' \right)}{\partial w}$ 求导，得到 $w' = \operatorname{argmax} \pi_S \left(q_R' \right)$。

在批发价格契约下，零售商订货量为 q_R'，供应商批发价为 w'。供应链企业可以通过批发价格契约实现供应链协调。

5.5　数量折扣契约

数量折扣契约是指供应商给零售商的价格优惠，商品批发价随零售商订购量的改变而变化。供应商以此方法来最大限度地鼓励零售商大量地提前订购商品，以此降低订购量不确定性对自身造成的不利影响。

考虑一个由制造商和一个零售商构成的短生命周期产品供应链。

假设：各企业风险中性，并且信息对称。设 S，R，L 分别表示供应商、零售商、供应链；产品售价为 p，订购量为 q，零售商以批发价格 w (q) 从供应商处获得产品，供应商和零售商的单位成本分别为 c_s 和 c_r，$c = c_s + c_r$，设外部需求服从 $(\mu，\sigma^2)$ 分布，零售商期望销售量为 S (q)，未售出产品量为 I (q)，单位产品残值为 h，期望缺货量为 L (q)，供应商的供给量为 u，供应商与零售商的单位缺货损失为 k_s 和 k_r，$k = k_s + k_r$。

零售商销售量为：

$$S(q) = E[\min(q,x)] = \int_0^x (q \wedge x)f(x)\,\mathrm{d}x = q - \int_0^q F(x)\,\mathrm{d}x \qquad (5.33)$$

未售出产品量为：

$$I(q) = q - S(q) = \int_0^q F(x)\,\mathrm{d}x \qquad (5.34)$$

期望缺货量为：

$$L(q) = u - S(q) \qquad (5.35)$$

供应商的数量折扣为：

$$w(q,t,\lambda) = \begin{cases} w_S, & q < t \\ (1-\lambda)w_S, & q \geq t \end{cases} \qquad (5.36)$$

零售商利益为：

$$\pi_R = \begin{cases} pS(q) + hI(q) - k_rL(q) - (w_S + c_r)q, & q < t \\ pS(q) + hI(q) - k_rL(q) - [(1-\lambda)w_S + c_r]q, & q \geq t \end{cases} \qquad (5.37)$$

供应商利益为：

$$\pi_S = \begin{cases} (w_S - c_s)q - k_sL(q), & q < t \\ [(1-\lambda)w_S - c_s]q - k_sL(q), & q \geq t \end{cases} \qquad (5.38)$$

供应链整体利益：

$$\pi_L = pS(q) + hI(q) - kL(q) - cq$$

$$= (p + k - c)q - (p - h + k)\int_0^q F(x)\,\mathrm{d}x - ku \qquad (5.39)$$

通过对零售商、供应商和供应链整体利益分析，得到供应链最大订购量为 $q^* = q(t, \lambda)$。

在供应链管理中，除了上述几种契约机制外，还会用到其他契约机制。主要有以下几个。第一，回馈与惩罚契约，即在供应链下游企业向上游企业订货的同时，上游企业给下游企业设定一个产品的销售目标。如果下游企业在产品销售季节结束，超额完成了销售任务，上游企业会对其超额完成目标的每单位产品给予一定数量奖励；如果下游企业没有完成上游企业给定销售任务，那么上游企业会对下游企业没有完成目标的每单位产品进行相应惩罚。第二，价格补贴契约又称为滞销补贴契约，实质上是上游企业对下游企业的一种价格保护策略。在产品整个销售过程中，由于可替代新产品出现，原有产品销售价格下降，或者因为产品实际需求量小于下游企业订货量，在销售季节结束，上游企业为了避免下游企业退还未售出的过时产品，可以根据事先约定，对下游企业未售出产品给予一定数量经济补偿，下游企业则可以根据实际情况，自行处理未销售出的全部产品。从定义可以看出，价格补贴契约实际上是供应链管理中，上游企业主动为下游企业分担过剩库存的一种策略。第三，备货契约是在考虑产品市场需求不确定情况下，制造商在销售季节开始时，交付销售商已订购部分产品，对其剩余部分作为备货保存。如果在产品销售过程中，销售商需要这批备货，那么销售商可以按照原来的批发价格很快拿到；如果销售商不需要这批备货，那么销售商需要按照事先约定，向制造商支付一定罚金。

供应链契约机制通过合同形式，实现供应链整体利益和自身利益最大化，对供应链企业之间的行为进行一定约束，实现供应链整体协调，帮助供应链企业面对供应链管理中的各种风险。

5.6　本章小结

本章重点研究了收益共享契约、回购契约、弹性数量契约、批发价契约和数量折扣契约相关理论和研究成果。依据收益共享契约，分别构建了零售商收益模型、供应商收益模型、供应链整体收益模型，并计算得出供应链最大利益时，零售商和供应商利益，表明收益共享契约可以实现供应链协调；基于回购契约、弹性数量契约、批发价契约和数量折扣契约，分别构建了供应商、零售商和供应链整体利益模型，根据求导结果，分别得出零售商最大订货量和供应链最大订货量，从而在上述契约机制下，实现供应链整体协调。

| 6 |

基于收益共享契约的多级供应链突发
事件应急协调研究

　　近年来，突发事件应急管理已经引起了许多专家、学者和管理者的高度重视，但是从研究文献来看，更多的是从定性角度进行应急控制研究，针对突发事件应急控制已经有学者开始从定量角度进行研究，虽然模型建立和分析起来很困难，但是从定性研究转向定量研究是很重要的突破，本章尝试对供应链应急管理进行定量研究，进行定量研究更具一定客观性。冯花平（2008）研究了一个制造商和一个零售商组成的供应链，应对突发事件扰动应急协调问题，提出了一种新的数量折扣机制，并且实现了供应链总体利润在制造商和零售商之间任意分配问题。

　　许多研究文献从二级供应链拓展到三级供应链，进行突发事件应急控制定量研究，分析了制造商、分销商、零售商和顾客组成的多级供应链在应对突发事件时，以供应链总的利润最大化为原则应急协调问题。当突发事件发生时，市场需求规模和价格敏感系数都发生了变化，研究了供应链在发生上述变化时，供应链协调研究和模型建立，进行了基于收益共享契约的多级供应链未发生突发事件时和发生突发事件后，以供应链总的利润最大化为原则的协调研究并建立模型，通过 Matlab 数值仿真验证了结论，并进行了应急策略分析。

6.1 收益共享契约理论

收益共享契约是指零售商将一定比例的销售收入交付供应商，以获得较低的批发价格，是改进供应链运作绩效的一种协调方式。这一契约最先出现在音像出租行业，取得了极大成功后被推广到其他行业。

Mortimer（2000）从计量经济学角度，详细研究了收益共享契约对音像出租行业影响，他发现收益共享契约，可以将供应链利润提高7%。Dana，Spier（2001）研究了音像出租行业的收益共享，指出收益共享能够协调具有多个完全竞争零售商的供应链。Pastermack（2002）研究了一部分销售商利用收益共享契约订购产品，而剩余部分采用批发价格契约订购的策略。Cachon，Lariviere（2005）研究了用批发价格和共享系数两个参数描述的收益共享契约，并将其同回购、价格折扣和数量折扣等契约进行比较分析，指出收益共享是一种需求风险分担机制，能够建设零售价格和零售商制定价格两种情况下的供应链渠道，这要优于仅能协调单一情况的供应链契约。在国内，郑惠莉、达庆利（2005）以移动彩信业务为背景，对移动互联网供应链的协调机制进行了研究。研究结果表明，在一定的市场需求下，移动网络运营商与服务提供商进行联合，共同决策网络建设规模和产品的销售价格，收益共享契约可以最大化供应链利润，并实现移动互联网供应链协调。叶飞（2006）研究了具有风险规避者加盟的供应链协作收益共享机制，研究表明，供应商采用收益共享机制可使整个供应链得到协调。

6.2 基于收益共享契约的多级供应链 无突发事件协调研究

多级供应链由以下四个实体组成：制造商、分销商、零售商和顾客。多级供应链组成如图6-1所示。

在由一个制造商（m）、分销商（d）、零售商（r）和顾客（c）组成

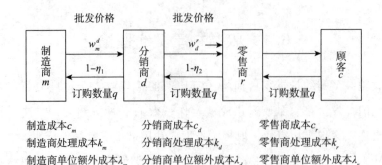

图 6 - 1　多级供应链组成示意

多级供应链中，供应链上游企业向下游提供单一产品，并且供应链成员只与自己的上游或者下游企业发生业务联系。分销商和零售商在销售季节开始之前，只有一次采购机会。供应链未遭受突发事件时，假设有以下几个。

（1）零售商、分销商和制造商都是风险中性和基于完全理性的，供应链成员根据供应链整体利益最大化原则，进行决策。

（2）零售商、分销商和制造商上下游之间信息是完全对称的。

（3）产品市场实际需求为 q（q 指制造的生产数量，批发商、零售商的最优订购量）为零售价格 p 的负指数函数，函数表达如下：

$$q = De^{-\beta p} \tag{6.1}$$

公式中 $D > 0$ 表示市场的最大需求，$\beta > 0$ 为价格敏感系数。

（4）c_m 代表供应链中制造商单位生产成本；c_d 代表分销商因运输或重新包装等单位成本；c_r 代表零售商的单位成本。

（5）w_i^j 供应链上的实体企业 i（$i = m$，d）成员给其下游实体企业 j（$j = c$，d）的批发价格；对于制造商满足不等式 $w_m^d > c_m$；对于分销商满足不等式 $w_d^r > w_m^d + c_d$；对于零售商满足不等式 $c_m + c_r + c_d < p$。

（6）零售商以批发价格 w_d^r 购买产品，以（$1 - \eta_2$）收益比例回报分销商；分销商以批发价格 w_m^d 从制造商处购买产品，以（$1 - \eta_1$）收益比例回报制造商。

（7）假定 $c = c_m + c_d + c_r$，根据公式（6.1），推导出价格公式（6.2）：

$$p = \frac{1}{\beta}\ln\frac{D}{q} \tag{6.2}$$

根据上述假设，此时价格、供应链上零售商、批发商、制造商和供应链总的利润表达式如下：

供应链上，零售商的利润为（不考虑残值）：

$$f_r^c(q) = \eta_2\left(\frac{1}{\beta}\ln\frac{D}{q}\right)q - c_r q - w_d^r q \tag{6.3}$$

分销商的利润为：

$$f_d^c(q) = \eta_1\left[(1-\eta_2)\left(\frac{1}{\beta}\ln\frac{D}{q}\right)q + w_d^r q\right] - c_d q - w_m^d q \tag{6.4}$$

制造商的利润为：

$$f_m^c(q) = (1-\eta_1)\left[(1-\eta_2)\left(\frac{1}{\beta}\ln\frac{D}{q}\right)q + w_d^r q\right] + w_m^d q - c_m q \tag{6.5}$$

供应链的总利润为：

$$f_{sc}^c(q) = f_r^c(q) + f_d^c(q) + f_m^c(q) = \left(\frac{1}{\beta}\ln\frac{D}{q} - c\right)q \tag{6.6}$$

其中 $c = c_m + c_d + c_r$。

对于 $f_{sc}^c(q) = f_r^c(q) + f_d^c(q) + f_m^c(q) = \left(\frac{1}{\beta}\ln\frac{D}{q} - c\right)q$ 求二阶导数，得出结果如下：

$$f_{sc}^{c''}(q) = -\frac{1}{\beta q} < 0 \tag{6.7}$$

所以 $y = f_{sc}^c(q)$ 是严格凹函数，供应链利润函数的一阶导数处一定存在唯一的最优点 q^*，使供应链的利润最大，求解下列公式得出 $f_{sc}^{c'}(q) = 0$。

$$f_{sc}^{c'}(q) = \left[\left(\frac{1}{\beta}\ln\frac{D}{q} - c\right)q\right]' = \frac{1}{\beta}\left(\ln\frac{D}{q} - 1\right) - c = 0 \text{ 推导出公式 (6.8)：}$$

$$\frac{1}{\beta}\left(\ln\frac{D}{q} - 1\right) = c$$

$$\ln\frac{D}{q} - 1 = \beta c \tag{6.8}$$

当最优订货量 q^* 满足 （6.9） 时，得出供应链的利润最大为：

$$q^* = De^{-(1+\beta c)} \qquad (6.9)$$

推导出最优零售价格为公式 （6.10）：

$$p^* = \frac{1}{\beta}\ln\frac{D}{q^*} = \frac{1}{\beta}\ln e^{(1+\beta c)} = \frac{1}{\beta} + c \qquad (6.10)$$

供应链的最大利润为：

$$f_{sc}^{c^*} = (p^* - c)q^* = \frac{1}{\beta}q^* = \frac{1}{\beta}De^{-(1+\beta c)} \qquad (6.11)$$

定理1：$g_s = g_r = 0$。如果 $\phi \in （0,1]$，令 $w_r = \phi c - c_r$，$\Pi_r（q,p）= \phi\Pi（q,p）$，也就是说，收益共享契约能协调供应链。

其中，g_s 指供应商的单位商誉损失成本；g_r 指零售商的单位商誉损失成本。

命题1：当 w_d^r 和 w_m^d 满足下列等式时，收益共享契约能够使多级供应链协调：

$$w_d^r = \eta_2 c - c_r;$$
$$w_m^d = \eta_1 c - \eta_1 c_r - c_d \qquad (6.12)$$

证明：基于收益共享契约的供应链多级协作，一个必要条件就是供应链上每个节点企业的最优订购量与供应链系统总体最优订购量相等，即下列等式成立：

$$f_r^{c'}（q）= f_d^{c'}（q）= f_m^{c'}（q）= f_{sc}^{c'}（q）= 0 \qquad (6.13)$$

$$f_r^{c'}（q）= \frac{\eta_2}{\beta}\left(\ln\frac{D}{q} - 1\right) - c_r - w_d^r = 0 \qquad (6.14)$$

导出：

$$w_d^r = \frac{\eta_2}{\beta}\left(\ln\frac{D}{q} - 1\right) - c_r \qquad (6.15)$$

导出：

$$f_d^{c'}（q）= \frac{\eta_1（1-\eta_2）}{\beta}\left(\ln\frac{D}{q} - 1\right) + \eta_1 w_d^r - c_d - w_m^d = 0 \qquad (6.16)$$

导出：

$$w_m^d = \frac{\eta_1(1-\eta_2)}{\beta}\left(\ln\frac{D}{q}-1\right) + \eta_1 w_d^r - c_d \qquad (6.17)$$

导出：

$$f_m^{c'}(q) = (1-\eta_1)(1-\eta_2)c + (1-\eta_1)w_d^r + w_m^d - c_m = 0 \qquad (6.18)$$

将公式（6.8）代入上述（6.15）和（6.17）中，得出如下公式：

$$w_d^r = \eta_2 c - c_r \qquad (6.19)$$

$$w_m^d = \eta_1 c - \eta_1 c_r - c_d \qquad (6.20)$$

将公式（6.19）和（6.20）分别代入供应链上零售商、分销商和制造商的利润公式中，可得供应链上零售商的利润公式为（不考虑残值）：

$$f_r^c(q) = \eta_2\left(\frac{1}{\beta}\ln\frac{D}{q}\right)q - c_r q - w_d^r q$$

$$= \eta_2\left(\frac{1}{\beta}\ln\frac{D}{q}\right)q - \eta_2 cq = \eta_2 f_{sc}^c(q) \qquad (6.21)$$

分销商的利润为：

$$f_d^c(q) = \eta_1\left[(1-\eta_2)\left(\frac{1}{\beta}\ln\frac{D}{q}\right)q + w_d^r q\right] - c_d q - w_m^d q$$

$$= \eta_1(1-\eta_2)\left(\frac{1}{\beta}\ln\frac{D}{q} - c\right)q$$

$$= \eta_1(1-\eta_2)f_{sc}^c(q) \qquad (6.22)$$

制造商的利润为：

$$f_m^c(q) = (1-\eta_1)\left[(1-\eta_2)\left(\frac{1}{\beta}\ln\frac{D}{q}\right)q + w_d^r q\right] + w_m^d q - c_m q$$

$$= (1-\eta_1)(1-\eta_2)f_{sc}^c(q) \qquad (6.23)$$

从公式（6.21）、（6.22）和（6.23）中可以看出，供应链上零售商、批发商和制造商利润函数分别是供应链利润函数的线性函数。所以上述命题成立，此时收益共享契约能够使多级供应链协调运作，供应链上成员按照上述公式来分配利润。此时，最优的订购量 $q^* = De^{-(1+\beta c)}$；

最优零售价格 $p^* = \dfrac{1}{\beta}\ln\dfrac{D}{q^*} = \dfrac{1}{\beta}\ln e^{(1+\beta c)} = \dfrac{1}{\beta} + c$；供应链的最大利润 $f_{sc}^{c*} =$

$(p^* - c)\ q^* = \dfrac{1}{\beta}q^* = \dfrac{1}{\beta}De^{-(1+\beta c)}$。

从公式（6.12） $w_d^r = \eta_2 c - c_r$； $w_m^d = \eta_1 c - \eta_1 c_r - c_d$，可以看出，在收益共享契约下，多级供应链是协调的。

6.3　基于收益共享契约的多级供应链突发事件后协调研究

对于协调供应链，在销售季节开始之前，供应链上实体企业根据收益共享契约，制订最优订购量和安排相应生产计划。当突发事件发生后，市场产品最大需求规模发生了改变，同时需求函数价格敏感系数也发生了变化，原有生产计划被打乱。例如 2011 年 3 月 11 日，发生在日本福岛的大地震和海啸突发事件，使日本生产汽车和电子类产品的很多企业遭受重创，企业停产。我国从日本进口的汽车、汽车零配件以及很多电子类产品，短时间内无法满足市场需求，基于此类商品短时间内国内缺货的状况，国内这些产品市场价格出现了较大波动，在短时间内需求剧增，价格敏感系数也发生了变化。

突发事件发生，导致供应链出现各种应急情况，例如供应中断或者需求巨大波动，以及供应链结构发生改变等。本章主要研究当突发事件导致需求发生变化时的应急协调问题。分析此类突发事件发生后，市场需求规模和价格敏感系数发生的变化，在追求供应链总的利润最大化原则下，基于收益共享契约的协调研究，建立其模型。进行 Matlab 验证，对在需求规模和价格敏感系数同时发生扰动时，供应链应急协调策略进行研究。

假设：突发事件后，市场需求规模变化量为 ΔD，当 $\Delta D > 0$ 时，表明市场需求规模增大量，$\Delta D < 0$ 时，表明市场需求规模减少量；价格敏感系数变化量为 $\Delta\beta$，当 $\Delta\beta > 0$ 时，表明价格敏感系数增加量，当 $\Delta\beta < 0$ 时，表明价格敏感系数减少量，后续研究基于 $D + \Delta D > 0$，$\beta + \Delta\beta > 0$

进行。

假设：q_1 是突发事件发生后实际需求，p_1 是突发事件发生后产品零售价格。突发事件发生后，市场需求规模和价格敏感系数同时扰动时，需求函数变为公式（6.24）：

$$q_1 = (D + \Delta D)\, e^{-(\beta + \Delta\beta)p_1} \tag{6.24}$$

$\Delta q = q_1 - q^*$ 表明突发事件发生后，实际市场需求 q_1 和制造商原有生产计划 q^* 之差，当 $\Delta q > 0$ 时，表明市场需求增大情况下，制造商需要生产更多产品，来满足市场需求。在这种情况下，由于打破了原来生产计划，λ_m、λ_d、λ_r 分别表示由于市场需求增加，制造商、分销商和零售商多于原生产计划部分单位额外成本；$\Delta q < 0$ 时，表明市场需求减少，产品剩余情况下，必然要处理多余产品，导致制造商、分销商和零售商成本增加，k_m、k_d、k_r 分别表示制造商、分销商、零售商在需求下降时，因少于原生产计划剩余产品单位处理成本。此时零售商利润公式如下：

$$f_r^c(q_1) = \eta_2\left(\frac{1}{\beta + \Delta\beta}\ln\frac{D + \Delta D}{q_1}\right)q_1 - c_r q_1 - w_d^r q_1 - \lambda_r(q_1 - q^*) - k_r(q^* - q_1) \tag{6.25}$$

分销商的利润公式如下：

$$f_d^c(q_1) = \eta_1\left[(1 - \eta_2)\left(\frac{1}{\beta + \Delta\beta}\ln\frac{D + \Delta D}{q_1}\right)q_1 + w_d^r q_1\right] -$$
$$c_d q_1 - w_m^d q_1 - \lambda_d(q_1 - q^*) - k_d(q^* - q_1) \tag{6.26}$$

制造商的利润公式如下：

$$f_m^c(q_1) = (1 - \eta_1)\left[(1 - \eta_2)\left(\frac{1}{\beta + \Delta\beta}\ln\frac{D + \Delta D}{q_1}\right)q_1 + w_d^r q_1\right] + w_m^d q_1 - c_m q_1 -$$
$$\lambda_m(q_1 - q^*) - k_m(q^* - q_1) \tag{6.27}$$

供应链总的利润公式如下：

$$f_{sc}^c(q_1) = f_r^c(q_1) + f_d^c(q_1) + f_m^c(q_1)$$
$$= \left(\frac{1}{\beta + \Delta\beta}\ln\frac{D + \Delta D}{q_1} - c\right)q_1 - (\lambda_m + \lambda_d + \lambda_r)(q_1 - q^*) - (k_m + k_d + k_r)(q^* - q_1)$$

$$= \left(\frac{1}{\beta + \Delta\beta} \ln \frac{D + \Delta D}{q_1} - c \right) q_1 - \lambda(q_1 - q^*) - k(q^* - q_1) \qquad (6.28)$$

其中，$c = c_m + c_d + c_r$；$\lambda = \lambda_m + \lambda_d + \lambda_d$；$k = k_m + k_d + k_r$。

命题 2：当突发事件发生后，造成市场需求规模发生变化，即 $q_1 > q^*$ 或 $q_1 < q^*$ 时，若仍然采用原来的收益共享契约，则无法使多级供应链达到协调。

证明：基于上述描述，构造在突发事件发生后，对于实际产品需求 q_1，考虑需求量和价格敏感系数发生变化时，此时若仍采用原来收益共享契约，当 $q_1 > q^*$ 时，零售商、分销售、制造商和供应链总的利润函数分别为如下公式：

突发事件发生后，供应链上零售商利润为（不考虑残值）：

$$f_r^c(q_1) = \eta_2 \left(\frac{1}{\beta + \Delta\beta} \ln \frac{D + \Delta D}{q_1} \right) q_1 - c_r q_1 - w_d^r q_1 - \lambda_r(q_1 - q^*) \qquad (6.29)$$

将公式（6.19）和（6.20）代入上述公式，得出如下公式：

$$f_r^c(q_1) = \eta_2 \left(\frac{1}{\beta + \Delta\beta} \ln \frac{D + \Delta D}{q_1} \right) q_1 - c_r q_1 - (\eta_2 c - c_r) q_1 - \lambda_r(q_1 - q^*)$$

$$= \eta_2 \left(\frac{1}{\beta + \Delta\beta} \ln \frac{D + \Delta D}{q_1} - c \right) q_1 - \lambda_r(q_1 - q^*) \qquad (6.30)$$

分销商的利润为：

$$f_d^c(q_1) = \eta_1 \left[(1 - \eta_2) \left(\frac{1}{\beta + \Delta\beta} \ln \frac{D + \Delta D}{q_1} \right) q_1 + w_d^r q_1 \right] -$$
$$c_d q_1 - w_m^d q_1 - \lambda_d(q_1 - q^*) \qquad (6.31)$$

将公式（6.19）和（6.20）代入上述公式，得出如下公式：

$$f_d^c(q_1) = \eta_1 \left[(1 - \eta_2) \left(\frac{1}{\beta + \Delta\beta} \ln \frac{D + \Delta D}{q_1} \right) q_1 + (\eta_2 c - c_r) q_1 \right] -$$
$$c_d q_1 - (\eta_1 c - \eta_1 c_r - c_d) q_1 - \lambda_d(q_1 - q^*)$$

$$= \eta_1 (1 - \eta_2) \left(\frac{1}{\beta + \Delta\beta} \ln \frac{D + \Delta D}{q_1} \right) q_1 - \eta_1 c q_1 (1 - \eta_2) - \lambda_d(q_1 - q^*)$$

$$= \eta_1 (1 - \eta_2) \left(\frac{1}{\beta + \Delta\beta} \ln \frac{D + \Delta D}{q_1} - c \right) q_1 - \lambda_d(q_1 - q^*) \qquad (6.32)$$

制造商的利润为：

$$f_m^c(q_1) = (1 - \eta_1)\left[(1 - \eta_2)\left(\frac{1}{\beta + \Delta\beta}\ln\frac{D + \Delta D}{q_1}\right)q_1 + w_d^r q_1\right] +$$
$$w_m^d q_1 - c_m q_1 - \lambda_m(q_1 - q^*) \tag{6.33}$$

将公式（6.19）和（6.20）代入公式，得到如下公式：

$$f_m^c(q_1) = (1 - \eta_1)\left[(1 - \eta_2)\left(\frac{1}{\beta + \Delta\beta}\ln\frac{D + \Delta D}{q_1}\right)q_1 + (\eta_2 c - c_r)q_1\right] +$$
$$(\eta_1 c - \eta_1 c_r - c_d)q_1 - c_m q_1 - \lambda_m(q_1 - q^*)$$
$$= (1 - \eta_1)(1 - \eta_2)\left(\frac{1}{\beta + \Delta\beta}\ln\frac{D + \Delta D}{q_1} - c\right)q_1 - \lambda_m(q_1 - q^*) \tag{6.34}$$

供应链的总利润为：

$$f_{sc}^c(q_1) = f_r^c(q_1) + f_d^c(q_1) + f_m^c(q_1)$$
$$= \left(\frac{1}{\beta + \Delta\beta}\ln\frac{D + \Delta D}{q_1} - c\right)q_1 - (\lambda_m + \lambda_d + \lambda_r)(q_1 - q^*)$$
$$= \left(\frac{1}{\beta + \Delta\beta}\ln\frac{D + \Delta D}{q_1} - c\right)q_1 - \lambda(q_1 - q^*) \tag{6.35}$$

其中，$c = c_m + c_d + c_r$；$\lambda = \lambda_m + \lambda_d + \lambda_d$；$k = k_m + k_d + k_r$。

显然供应链上各企业利润函数已经不再是供应链总体利润函数的线性函数，从定理 1 可以得出，如果仍采用原来收益共享契约，则多级供应链在突发事件发生后，需求产生极大波动时，无法达到协调。所以当 $q_1 > q^*$ 时，原有收益共享契约已经不能使供应链达到协调。

同理可以证明，当 $q_1 < q^*$ 时，零售商、分销商、制造商和供应链总的利润表达式如下。

零售商的利润表达式如下：

$$f_r^c(q_1) = \eta_2\left(\frac{1}{\beta + \Delta\beta}\ln\frac{D + \Delta D}{q_1}\right)q_1 - c_r q_1 - w_d^r q_1 - k_r(q^* - q_1)$$
$$= \eta_2\left(\frac{1}{\beta + \Delta\beta}\ln\frac{D + \Delta D}{q_1} - c\right)q_1 - k_r(q^* - q_1) \tag{6.36}$$

分销商的利润表达式如下：

$$f_d^c(q_1) = \eta_1\left[(1 - \eta_2)\left(\frac{1}{\beta + \Delta\beta}\ln\frac{D + \Delta D}{q_1}\right)q_1 + w_d^r q_1\right] -$$

$$c_d q_1 - w_m^d q_1 - k_d(q^* - q_1)$$

$$= \eta_1(1 - \eta_2)\left(\frac{1}{\beta + \Delta\beta}\ln\frac{D + \Delta D}{q_1} - c\right)q_1 - k_d(q^* - q_1) \qquad (6.37)$$

制造商的利润表达式如下：

$$f_m^c(q_1) = (1 - \eta_1)\left[(1 - \eta_2)\left(\frac{1}{\beta + \Delta\beta}\ln\frac{D + \Delta D}{q_1}\right)q_1 + (\eta_2 c - c_r)q_1\right] +$$

$$(\eta_1 c - \eta_1 c_r - c_d)q_1 - c_m q_1 - k_m(q^* - q_1)$$

$$= (1 - \eta_1)(1 - \eta_2)\left(\frac{1}{\beta + \Delta\beta}\ln\frac{D + \Delta D}{q_1} - c\right)q_1 - k_m(q^* - q_1) \qquad (6.38)$$

供应链的总利润表达式如下：

$$f_{sc}^c(q_1) = f_r^c(q_1) + f_d^c(q_1) + f_m^c(q_1)$$

$$= \left(\frac{1}{\beta + \Delta\beta}\ln\frac{D + \Delta D}{q_1} - c\right)q_1 - (k_m + k_d + k_r)(q^* - q_1)$$

$$= \left(\frac{1}{\beta + \Delta\beta}\ln\frac{D + \Delta D}{q_1} - c\right)q_1 - k(q^* - q_1) \qquad (6.39)$$

其中，$c = c_m + c_d + c_r$；$k = k_m + k_d + k_r$。

此时供应链上各企业利润函数已经不再是供应链总体利润函数的线性函数，从定理 1 可以得出，如果仍采用原来收益共享契约，则多级供应链在突发事件发生后，需求产生极大波动时，则无法达到协调。所以当 $q_1 < q^*$ 时，原有收益共享契约已经不能使供应链达到协调。

命题 3：假设 q_1^* 是供应链总的利润 $f_{sc}^c(q_1)$ 取得最大值时的最优零售量，则存在如下公式：当 $\dfrac{\Delta D + D}{D} \geq e^{\Delta\beta c}$ 时，$q_1^* \geq q^*$；当 $\dfrac{\Delta D + D}{D} \leq e^{\Delta\beta c}$ 时，$q_1^* \leq q^*$。

证明：运用反证法来证明命题，假设当 $\dfrac{\Delta D + D}{D} \geq e^{\Delta\beta c}$ 时，有 $q_1^* < q^*$，则 q_1^* 为公式（6.39）最优解的充要条件，即它是（6.39）的最优解，且仅（6.39）存在的唯一最优解，对（6.39）求一阶导数，并且令其结果等于 0，结果如下：

$$q_1 = (D + \Delta D)e^{-[1 + (c - k)(\beta + \Delta\beta)]}$$

$$= q^* \left(1 + \frac{\Delta D}{D} \right) e^{k(\beta + \Delta\beta) - \Delta\beta c} \tag{6.40}$$

$f_{sc}^c(q_1)$ 在 q_1 处达到最大，因为（6.39）最优解是唯一的，即 $q_1 = q^*$，由已知条件 $\frac{\Delta D + D}{D} \geqslant e^{\Delta\beta c}$，且 $e^{k(\beta + \Delta\beta)} > 1$，所以推导出 $q_1^* \geqslant q^*$，与假设矛盾。因此，当 $\frac{\Delta D + D}{D} \geqslant e^{\Delta\beta c}$ 时，$q_1^* \geqslant q^*$，证明完毕。

同理可以证明，当 $\frac{\Delta D + D}{D} \leqslant e^{\Delta\beta c}$ 时，$q_1^* \leqslant q^*$，证明完毕。

供应链突发事件发生时，根据上面命题 3 的分析，得出如下结论，从而使供应链达到协调。

第一，当市场需求规模 ΔD 增大，价格敏感系数 $\Delta\beta$ 减少时，存在 $q_1^* \geqslant q^*$，所以制造商应增加产量，提高供给。

第二，当市场需求规模 ΔD 减少，价格敏感系数 $\Delta\beta$ 增大时，存在 $q_1^* \leqslant q^*$，所以制造商应降低产量，减少供给。

第三，当市场需求规模 ΔD 和价格敏感系数 $\Delta\beta$ 同时增大或同时减少时，要根据命题 3 中给定具体条件，调整生产计划，满足市场需求。

6.3.1 突发事件导致市场需求规模增大供应链协调分析

在突发事件发生后，原有收益共享契约已经不能使供应链达到协调，应设法调整收益共享参数，使突发事件后发生的供应链重新达到协调，后面分两种情况，即 $\Delta q > 0$ 和 $\Delta q < 0$ 进行讨论。

突发事件发生后导致市场需求规模增大，此时有：

$$(q_1 - q^*)^+ = q_1 - q^*;$$
$$(q^* - q_1)^+ = 0 \tag{6.41}$$

此时供应链总利润函数为：

$$
\begin{aligned}
f_{sc}^c(q_1) &= f_r^c(q_1) + f_d^c(q_1) + f_m^c(q_1) \\
&= \left(\frac{1}{\beta + \Delta\beta} \ln \frac{D + \Delta D}{q_1} - c \right) q_1 - (\lambda_m + \lambda_d + \lambda_r)(q_1 - q^*) \\
&= \left(\frac{1}{\beta + \Delta\beta} \ln \frac{D + \Delta D}{q_1} - c \right) q_1 - \lambda(q_1 - q^*) \tag{6.42}
\end{aligned}
$$

其中，$c = c_m + c_d + c_r$；$\lambda = \lambda_m + \lambda_d + \lambda_d$。

突发事件发生后，市场需求增加，存在公式（6.41）时，对公式（6.29）求解一阶导数，结果如下：

$$f_r^{c'}(q_1) = \left[\eta_2 \left(\frac{1}{\beta + \Delta\beta} \ln \frac{D + \Delta D}{q_1} \right) q_1 - c_r q_1 - w_d^r q_1 - \lambda_r (q_1 - q^*) \right]' = 0$$

求解得出如下公式：

$$w_d^r = \frac{\eta_2}{\beta + \Delta\beta} \left(\ln \frac{D + \Delta D}{q_1} - 1 \right) - c_r - \lambda_r \qquad (6.43)$$

由公式（6.31）求解一阶导数，结果如下：

$$f_d^{c'}(q_1) = \eta_1 \left[(1 - \eta_2) \left(\frac{1}{\beta + \Delta\beta} \ln \frac{D + \Delta D}{q_1} \right) q_1 + w_d^r q_1 \right] -$$
$$c_d q_1 - w_m^d q_1 - \lambda_d (q_1 - q^*) \right]' = 0$$

求解得出如下公式：

$$w_m^d = \frac{\eta_1 (1 - \eta_2)}{\beta + \Delta\beta} \left(\ln \frac{D + \Delta D}{q_1} - 1 \right) + \eta_1 w_d^r - c_d - \lambda_d \qquad (6.44)$$

由公式（6.33）求解一阶导数，结果如下：

$$f_m^{c'}(q_1) = \left[(1 - \eta_1) \left[(1 - \eta_2) \left(\frac{1}{\beta + \Delta\beta} \ln \frac{D + \Delta D}{q_1} \right) q_1 + w_d^r q_1 \right] + w_m^d q_1 - c_m q_1 - \right.$$
$$\lambda_m (q_1 - q^*) \right]' = 0$$
$$\frac{(1 - \eta_1)(1 - \eta_2)}{\beta + \Delta\beta} \left(\ln \frac{D + \Delta D}{q_1} - 1 \right) + (1 - \eta_1) w_d^r + w_m^d - c_m - \lambda_m = 0 \qquad (6.45)$$

市场需求规模和价格敏感系数同时发生了变化，对上述供应链的总利润求解最优值，当 $\Delta q > 0$ 时，供应链的总的利润函数如下：

$$f_{sc}^c(q_1) = f_r^c(q_1) + f_d^c(q_1) + f_m^c(q_1)$$
$$= \left(\frac{1}{\beta + \Delta\beta} \ln \frac{D + \Delta D}{q_1} - c \right) q_1 - (\lambda_m + \lambda_d + \lambda_r)(q_1 - q^*) \qquad (6.46)$$

对该函数求解一阶导数，导出结果如下：

$$f_{sc}^{c'}(q_1) = f_r^{c'}(q_1) + f_d^{c'}(q_1) + f_m^{c'}(q_1)$$

$$= \frac{1}{\beta + \Delta\beta}\left(\ln\frac{D + \Delta D}{q_1} - 1 \right) - c - (\lambda_m + \lambda_d + \lambda_r) = 0。$$

由此推导出 $\dfrac{1}{\beta + \Delta\beta}\left(\ln\dfrac{D + \Delta D}{q_1} - 1 \right) = c + (\lambda_m + \lambda_d + \lambda_r) = c + \lambda$。

令 $\lambda_m + \lambda_d + \lambda_r = \lambda$，有以下公式：

$$q_1^* = (D + \Delta D)e^{-(1 + (c + \lambda)(\beta + \Delta\beta))}$$

$$p_1^* = \frac{1}{\beta + \Delta\beta}\ln\frac{D + \Delta D}{q_1^*} = \frac{1}{\beta + \Delta\beta} + c + \lambda \tag{6.47}$$

$$f_{sc}^c(q_1^*) = \left(\frac{1}{\beta + \Delta\beta}\ln\frac{D + \Delta D}{q_1^*} - c \right)q_1^* - (\lambda_m + \lambda_d + \lambda_r)(q_1^* - q^*)$$

$$= \frac{D + \Delta D}{\beta + \Delta\beta}e^{-(1 + (c + \lambda)(\beta + \Delta\beta))} + \lambda D e^{-(1 + \beta c)} \tag{6.48}$$

将上述结果分别代入（6.43）、（6.44）。得出结果如下：

$$w_d^r = \frac{\eta_2}{\beta + \Delta\beta}\left(\ln\frac{D + \Delta D}{q_1} - 1 \right) - c_r - \lambda_r = \eta_2(c + \lambda) - c_r - \lambda_r \tag{6.49}$$

$$w_m^d = \frac{\eta_1(1 - \eta_2)}{\beta + \Delta\beta}\left(\ln\frac{D + \Delta D}{q_1} - 1 \right) + \eta_1 w_d^r - c_d - \lambda_d$$

$$= \eta_1(c + \lambda) - \eta_1(c_r + \lambda_r) - c_d - \lambda_d \tag{6.50}$$

将（6.49）、（6.50）结果代入（6.30）突发事件后，供应链零售商利润公式，可得如下结果：

$$f_r^c(q_1) = \eta_2\left(\frac{1}{\beta + \Delta\beta}\ln\frac{D + \Delta D}{q_1} \right)q_1 - c_r q_1 -$$

$$[\eta_2(c + \lambda) - c_r - \lambda_r]q_1 - \lambda_r(q_1 - q^*)$$

$$= \eta_2\left(\frac{1}{\beta + \Delta\beta}\ln\frac{D + \Delta D}{q_1} - c - \lambda \right)q_1 + \lambda_r q^* \tag{6.51}$$

将（6.49）、（6.50）结果代入（6.31）突发事件发生后分销商利润公式，可得如下结果：

$$f_d^c(q_1) = \eta_1\left[(1 - \eta_2)\left(\frac{1}{\beta + \Delta\beta}\ln\frac{D + \Delta D}{q_1} \right)q_1 + w_d^r q_1 \right] - c_d q_1 - w_m^d q_1 - \lambda_d(q_1 - q^*)$$

$$= \eta_1\left[(1 - \eta_2)\left(\frac{1}{\beta + \Delta\beta}\ln\frac{D + \Delta D}{q_1} \right)q_1 + (\eta_2(c + \lambda) - c_r - \lambda_r)q_1 \right] - c_d q_1 -$$

$$\left(\eta_1(c+\lambda-c_r-\lambda_r)-c_d-\lambda_d(q_1-q^*)\right)$$

$$=\eta_1(1-\eta_2)\left(\frac{1}{\beta+\Delta\beta}\ln\frac{D+\Delta D}{q_1}-c-\lambda\right)q_1+\lambda_d q^* \tag{6.52}$$

将（6.49）、（6.50）结果代入（6.33）突发事件后制造商利润公式，可得如下结果：

$$f_m^c(q_1)=(1-\eta_1)\left[(1-\eta_2)\left(\frac{1}{\beta+\Delta\beta}\ln\frac{D+\Delta D}{q_1}\right)q_1+w_d^r q_1\right]+w_m^d q_1-c_m q_1-\lambda_m(q_1-q^*)$$

$$=(1-\eta_1)\left[(1-\eta_2)\left(\frac{1}{\beta+\Delta\beta}\ln\frac{D+\Delta D}{q_1}\right)q_1+(\eta_2(c+\lambda)-c_r-\lambda_r)q_1\right]+$$

$$[\eta_1(c+\lambda)-\eta_1(c_r+\lambda_r)-c_d-\lambda_d]q_1-c_m q_1-\lambda_m(q_1-q^*)$$

$$=(1-\eta_1)(1-\eta_2)\left(\frac{1}{\beta+\Delta\beta}\ln\frac{D+\Delta D}{q_1}-c-\lambda\right)q_1+\lambda_m q^* \tag{6.53}$$

供应链的总利润表达式如下：

$$f_{sc}^c(q_1)=f_r^c(q_1)+f_d^c(q_1)+f_m^c(q_1)$$

$$=\left(\frac{1}{\beta+\Delta\beta}\ln\frac{D+\Delta D}{q_1}-c\right)q_1-(\lambda_m+\lambda_d+\lambda_r)(q_1-q^*)$$

$$=\left(\frac{1}{\beta+\Delta\beta}\ln\frac{D+\Delta D}{q_1}-c-\lambda\right)q_1+\lambda q^* \tag{6.54}$$

显然，经过调整之后的收益共享契约中 $w_d^r=\eta_2(c+\lambda)-c_r-\lambda_r$；$w_m^d=\eta_1(c+\lambda)-\eta_1(c_r+\lambda_r)-c_d-\lambda_d$，运用定理1，此时零售商、分销商和制造商达到了协调。经过突发事件，如果调整多级供应链共享契约参数，可以使供应链重新达到协调。

6.3.2 突发事件导致市场规模减少供应链协调分析

突发事件造成市场规模减少，主要有如下结果：

$$(q_1-q^*)^+=0;$$
$$(q^*-q_1)^+=q^*-q_1 \tag{6.55}$$

此时供应链的总利润函数为：

$$f_{sc}^c(q_1)=f_r^c(q_1)+f_d^c(q_1)+f_m^c(q_1)$$

$$=\left(\frac{1}{\beta+\Delta\beta}\ln\frac{D+\Delta D}{q_1}-c\right)q_1-(k_m+k_d+k_r)(q^*-q_1)$$

$$= \left(\frac{1}{\beta + \Delta\beta} \ln \frac{D + \Delta D}{q_1} - c \right) q_1 - k(q^* - q_1) \tag{6.56}$$

由公式（6.25）求解一阶导数，结果如下：

$$f_r^{c'}(q_1) = \left[\eta_2 \left(\frac{1}{\beta + \Delta\beta} \ln \frac{D + \Delta D}{q_1} \right) q_1 - c_r q_1 - w_d^r q_1 - \lambda (q_1 - q^*) - k_r (q^* - q_1) \right]' = 0$$

求解得出如下公式：

$$w_d^r = \frac{\eta_2}{\beta + \Delta\beta} \left(\ln \frac{D + \Delta D}{q_1} - 1 \right) - c_r + k_r \tag{6.57}$$

由公式（6.26）求解一阶导数，结果如下：

$$f_d^{c'}(q_1) = \left\{ \begin{array}{l} \eta_1 \left[(1 - \eta_2) \left(\frac{1}{\beta + \Delta\beta} \ln \frac{D + \Delta D}{q_1} \right) q_1 + w_d^r q_1 \right] - \\ c_d q_1 - w_m^d q_1 - k_d (q^* - q_1) \end{array} \right\}' = 0$$

求解得出如下公式：

$$w_m^d = \frac{\eta_1 (1 - \eta_2)}{\beta + \Delta\beta} \left(\ln \frac{D + \Delta D}{q_1} - 1 \right) + \eta_1 w_d^r - c_d + k_d \tag{6.58}$$

由公式（6.27）求解一阶导数，结果如下：

$$f_m^{c'}(q_1) = \left\{ \begin{array}{l} (1 - \eta_1) \left[(1 - \eta_2) \left(\frac{1}{\beta + \Delta\beta} \ln \frac{D + \Delta D}{q_1} \right) q_1 + w_d^r q_1 \right] + \\ w_m^d q_1 - c_m q_1 - k_m (q^* - q_1) \end{array} \right\}' = 0$$

$$\frac{(1 - \eta_1)(1 - \eta_2)}{\beta + \Delta\beta} \left(\ln \frac{D + \Delta D}{q_1} - 1 \right) + (1 - \eta_1) w_d^r + w_m^d - c_m + k_m = 0 \tag{6.59}$$

市场需求规模和价格敏感系数同时发生了变化，对上述供应链的总利润求解最优值。当 $\Delta q > 0$ 时，供应链的总的利润函数如下：

$$f_{sc}^c(q_1) = f_r^c(q_1) + f_d^c(q_1) + f_m^c(q_1)$$

$$= \left(\frac{1}{\beta + \Delta\beta} \ln \frac{D + \Delta D}{q_1} - c \right) q_1 - (k_m + k_d + k_r)(q^* - q_1)$$

$$= \left(\frac{1}{\beta + \Delta\beta} \ln \frac{D + \Delta D}{q_1} - c + k \right) q_1 - kq^* \tag{6.60}$$

对该函数求解一阶导数，得出结果如下：

$$f_{sc}^{c'}(q_1) = f_r^{c'}(q_1) + f_d^{c'}(q_1) + f_m^{c'}(q_1)$$

$$= \frac{1}{\beta + \Delta\beta}\left(\ln\frac{D + \Delta D}{q_1} - 1\right) - c + (k_m + k_d + k_r) = 0$$

由此推导出 $\dfrac{1}{\beta + \Delta\beta}\left(\ln\dfrac{D + \Delta D}{q_1} - 1\right) = c - (k_m + k_d + k_r) = c - k$。

令 $k_m + k_d + k_r = k$，有以下公式：

$$q_1^* = (D + \Delta D)\,e^{-[1 + (c - k)(\beta + \Delta\beta)]} \qquad (6.61)$$

$$p_1^* = \frac{1}{\beta + \Delta\beta} + c - k$$

$$f_{sc}^c(q_1^*) = (p_1^* - c)q_1^* - k(q^* - q_1^*)$$

$$= \left(\frac{1}{\beta + \Delta\beta} - k\right)q_1^* - k(q^* - q_1^*)$$

$$= \frac{1}{\beta + \Delta\beta}(D + \Delta D)\,e^{-(1 + (c - k)(\beta + \Delta\beta))} - kD\,e^{-(1 + \beta c)} \qquad (6.62)$$

将上述结果分别代入（6.57）、（6.58），得出结果如下：

$$w_d^r = \frac{\eta_2}{\beta + \Delta\beta}\left(\ln\frac{D + \Delta D}{q_1} - 1\right) - c_r + k_r = \eta_2(c - k) - c_r + k_r \qquad (6.63)$$

$$w_m^d = \frac{\eta_1(1 - \eta_2)}{\beta + \Delta\beta}\left(\ln\frac{D + \Delta D}{q_1} - 1\right) + \eta_1 w_d^r - c_d + k_d$$

$$= \eta_1(c - k) - \eta_1(c_r - k_r) - c_d + k_d \qquad (6.64)$$

将（6.63）、（6.64）结果代入（6.25）突发事件后发生零售商利润公式，可得如下结果：

$$f_r^c(q_1) = \eta_2\left(\frac{1}{\beta + \Delta\beta}\ln\frac{D + \Delta D}{q_1}\right)q_1 - c_r q_1 - w_d^r q_1 - \lambda_r(q_1 - q^*) - k_r(q^* - q_1)$$

$$f_r^c(q_1) = \eta_2\left(\frac{1}{\beta + \Delta\beta}\ln\frac{D + \Delta D}{q_1}\right)q_1 - c_r q_1 - [\eta_2(c - k) - c_r + k_r]q_1 - k_r(q^* - q_1)$$

$$= \eta_2\left(\frac{1}{\beta + \Delta\beta}\ln\frac{D + \Delta D}{q_1} - c + k\right)q_1 - k_r q^* \qquad (6.65)$$

将（6.63）、（6.64）结果代入（6.26）突发事件后分销商利润公式，可得如下结果：

$$f_d^c(q_1) = \eta_1\Big[(1-\eta_2)\Big(\frac{1}{\beta+\Delta\beta}\ln\frac{D+\Delta D}{q_1}\Big)q_1 + w_d^r q_1\Big] - c_d q_1 - w_m^d q_1 -$$

$$\lambda_d(q_1-q^*) - k_d(q^*-q_1)$$

$$= \eta_1\Big\{(1-\eta_2)\Big(\frac{1}{\beta+\Delta\beta}\ln\frac{D+\Delta D}{q_1}\Big)q_1 + \big[\eta_2(c-k)-c_r+k_r\big]q_1\Big\} - c_d q_1 -$$

$$\big[\eta_1(c-k)-\eta_1(c_r-k_r)-c_d+k_d\big]q_1 - k_d(q^*-q_1)$$

$$= \eta_1(1-\eta_2)\Big(\frac{1}{\beta+\Delta\beta}\ln\frac{D+\Delta D}{q_1}-c+k\Big)q_1 - k_d q^* \qquad (6.66)$$

将（6.63）、（6.64）结果代入（6.27）突发事件后制造商利润公式，可得如下结果

$$f_m^c(q_1) = (1-\eta_1)\Big[(1-\eta_2)\Big(\frac{1}{\beta+\Delta\beta}\ln\frac{D+\Delta D}{q_1}\Big)q_1 + w_d^r q_1\Big] + w_m^d q_1 - c_m q_1 -$$

$$\lambda_m(q_1-q^*) - k_d(q^*-q_1)$$

$$= (1-\eta_1)\Big\{(1-\eta_2)\Big(\frac{1}{\beta+\Delta\beta}\ln\frac{D+\Delta D}{q_1}\Big)q_1 + \big[\eta_2(c+\lambda)-c_r-\lambda_r\big]q_1\Big\} +$$

$$\big[\eta_1(c+\lambda)-\eta_1(c_r+\lambda_r)-c_d-\lambda_d\big]q_1 - c_m q_1 - k_m(q^*-q_1)$$

$$= (1-\eta_1)(1-\eta_2)\Big(\frac{1}{\beta+\Delta\beta}\ln\frac{D+\Delta D}{q_1}-c+k\Big)q_1 - k_m q^* \qquad (6.67)$$

显然，经过调整之后的收益共享契约中 $w_d^r = \eta_2(c-k)-c_r+k_r$；$w_m^d = \eta_1(c-k)-\eta_1(c_r-k_r)-c_d+k_d$，运用定理 1，此时零售商、分销商和制造商达到了协调。显然，经过突发事件，如果调整多级供应链共享契约可以使供应链重新达到协调。

6.3.3 需求和价格敏感系数同时扰动供应链最优分析

对需求和价格敏感系数同时扰动情况分区间进行讨论，分别讨论当需求变量和价格敏感系数关系式在一定区间内扰动时，最优生产数量、最优零售价格和供应链的最优利润表达式。

情况 1：在 $\frac{\Delta D+D}{D}\ge e^{\Delta\beta c}$ 时，$\Big(1+\frac{\Delta D}{D}\Big)e^{-\Delta\beta c}\ge e^{\lambda(\beta+\Delta\beta)}$ 条件下，从命题 3 可以得出：假设 q_1^* 是供应链总的利润，$f_{sc}^c(q_1)$ 取最大值时的最优零售量。当 $\frac{\Delta D+D}{D}\ge e^{\Delta\beta c}$ 时，$q_1^*\ge q^*$，在此条件下，由公式（6.47）得出公

式 $q_1^* = (D + \Delta D)\,\mathrm{e}^{-[1+(c+\lambda)(\beta+\Delta\beta)]}$，已知：$q^* = D\mathrm{e}^{-(1+\beta c)}$，由 $q_1^* \geqslant q^*$，得出 $(D+\Delta D)\,\mathrm{e}^{-[1+(c+\lambda)(\beta+\Delta\beta)]} \geqslant D\mathrm{e}^{-(1+\beta c)}$，由此推导出条件为：

$$\left(1+\frac{\Delta D}{D}\right)\mathrm{e}^{-\Delta\beta c - \lambda(\beta+\Delta\beta)} \geqslant 1,\ \text{即}\ \left(1+\frac{\Delta D}{D}\right)\mathrm{e}^{-\Delta\beta c} \geqslant \mathrm{e}^{\lambda(\beta+\Delta\beta)} \tag{6.68}$$

供应链 $f_{sc}^c(q_1^*)$ 在最优的情况下的订购数量、价格和供应链总的利润分别是：

$$p_1^* = \frac{1}{\beta+\Delta\beta} + c + \lambda = p^* + \lambda - \frac{\Delta\beta}{\beta(\beta+\Delta\beta)} \tag{6.69}$$

$$q_1^* = (D+\Delta D)\,\mathrm{e}^{-[1+(c+\lambda)(\beta+\Delta\beta)]} \tag{6.70}$$

$$f_{sc}^c(q_1^*) = \left(\frac{1}{\beta+\Delta\beta}\ln\frac{D+\Delta D}{q_1^*} - c\right)q_1^* - (\lambda_m + \lambda_d + \lambda_r)(q_1^* - q^*)$$

$$= \frac{D+\Delta D}{\beta+\Delta\beta}\mathrm{e}^{-[1+(c+\lambda)(\beta+\Delta\beta)]} + \lambda D\mathrm{e}^{-(1+\beta c)} \tag{6.71}$$

情况 2：在 $\dfrac{\Delta D + D}{D} \geqslant \mathrm{e}^{\Delta\beta c}$ 时，$1 \leqslant \left(1+\dfrac{\Delta D}{D}\right)\mathrm{e}^{-\Delta\beta c} \leqslant \mathrm{e}^{\lambda(\beta+\Delta\beta)}$ 条件下，当 $1 \leqslant \left(1+\dfrac{\Delta D}{D}\right)\mathrm{e}^{-\Delta\beta c} \leqslant \mathrm{e}^{\lambda(\beta+\Delta\beta)}$ 时，不满足 $q_1^* \geqslant q^*$ 的约束条件，$f_{sc}^c(q_1)$ 为凹函数的性质可知，在 $[q_1, \infty)$ 内，$f_{sc}^c(q_1)$ 的最大值为 q^*，此时最优的生产数量、零售价格和供应链的最优利润公式如下：

$$q_1^* = q^* = D\mathrm{e}^{-(1+\beta c)}$$

$$q_1^* = q^* = D\mathrm{e}^{-(1+\beta c)} = (D+\Delta D)\,\mathrm{e}^{-(\beta+\Delta\beta)p_1^*} \tag{6.72}$$

推导出以下公式：

$$p_1^* = \frac{1}{\beta+\Delta\beta}\left[1+\beta c+\ln\left(1+\frac{\Delta D}{D}\right)\right]$$

$$p_1^* = \frac{1}{\beta+\Delta\beta}\left[\beta p^* +\ln\left(1+\frac{\Delta D}{D}\right)\right] \tag{6.73}$$

此时，供应链的最优利润表达式如下：

$$f_{sc}^c(q_1^*) = (p_1^* - c)q_1^* - k(q^* - q_1^*) = \left\{\frac{1}{\beta+\Delta\beta}\left[1+\beta c+\ln\left(1+\frac{\Delta D}{D}\right)\right] - c\right\}q^*$$

$$= \left[\frac{1 + \ln\left(1 + \frac{\Delta D}{D} \right) - \Delta\beta c}{\beta + \Delta\beta} \right] De^{-(1+\beta c)} = \frac{De^{-(1+\beta c)}}{\beta + \Delta\beta} \left[1 + \ln\left(1 + \frac{\Delta D}{D} \right) - \Delta\beta c \right]$$

$$(6.74)$$

情况 3：在 $\frac{\Delta D + D}{D} \leqslant e^{\Delta\beta c}$ 时，$e^{-k(\beta + \Delta\beta)} \leqslant \left(1 + \frac{\Delta D}{D} \right) e^{-\Delta\beta c} \leqslant 1$ 条件下，此时不满足 $q_1^* \leqslant q^*$ 的约束条件，$f_{sc}^c(q_1)$ 为凹函数的性质可知，在 $(\infty, q_1]$ 内，$f_{sc}^c(q_1)$ 的最大值为 q^*，此时最优的生产数量、零售价格和供应链的最优利润公式如下：

$$q_1^* = q^* = De^{-(1+\beta c)}$$

$$q_1^* = q^* = De^{-(1+\beta c)} = (D + \Delta D) e^{-(\beta + \Delta\beta) p_1^*} \qquad (6.75)$$

推导出以下公式：

$$p_1^* = \frac{1}{\beta + \Delta\beta} \left[1 + \beta c + \ln\left(1 + \frac{\Delta D}{D} \right) \right]$$

$$p_1^* = \frac{1}{\beta + \Delta\beta} \left[\beta p^* + \ln\left(1 + \frac{\Delta D}{D} \right) \right] \qquad (6.76)$$

此时，供应链的最优利润表达式如下：

$$f_{sc}^c(q^*) = (p_1^* - c) q^* - k(q^* - q_1^*) = \left\{ \frac{1}{\beta + \Delta\beta} \left[1 + \beta c + \ln\left(1 + \frac{\Delta D}{D} \right) \right] - c \right\} q^*$$

$$= \left[\frac{1 + \ln\left(1 + \frac{\Delta D}{D} \right) - \Delta\beta c}{\beta + \Delta\beta} \right] De^{-(1+\beta c)} = \frac{De^{-(1+\beta c)}}{\beta + \Delta\beta} \left[1 + \ln\left(1 + \frac{\Delta D}{D} \right) - \Delta\beta c \right]$$

$$(6.77)$$

情况 4：在 $\frac{\Delta D + D}{D} \leqslant e^{\Delta\beta c}$ 时，$\left(1 + \frac{\Delta D}{D} \right) e^{-\Delta\beta c} \leqslant e^{-k(\beta + \Delta\beta)}$ 条件下，当 $\frac{\Delta D + D}{D} \leqslant e^{\Delta\beta c}$ 时，$q_1^* \leqslant q^*$，此时有如下关系式：

$$q_1^* = (D + \Delta D) e^{-[1 + (c-k)(\beta + \Delta\beta)]}$$

$$q^* = De^{-(1+\beta c)}$$

$$\frac{q_1^*}{q^*} = \frac{(D + \Delta D) e^{-[1 + (c-k)(\beta + \Delta\beta)]}}{De^{-(1+\beta c)}} \leqslant 1,$$

推导出公式如下：

$$\left(1 + \frac{\Delta D}{D}\right) e^{-\Delta \beta c} \leqslant e^{-k(\beta + \Delta \beta)} \tag{6.78}$$

此时最优的生产数量、零售价格和供应链的最优利润公式如下：

$$p_1^* = \frac{1}{\beta + \Delta \beta} + c - k \tag{6.79}$$

$$p_1^* = p^* - k - \frac{\Delta \beta}{\beta(\beta + \Delta \beta)}$$

$$q_1^* = (D + \Delta D) e^{-[1 + (c-k)(\beta + \Delta \beta)]} \tag{6.80}$$

$$f_{sc}^c(q_1^*) = \left(\frac{1}{\beta + \Delta \beta} \ln \frac{D + \Delta D}{q_1^*} - c\right) q_1^* - k(q^* - q_1^*)$$

$$= \frac{D + \Delta D}{\beta + \Delta \beta} e^{-[1 + (c-k)(\beta + \Delta \beta)]} - kD e^{-(1 + \beta c)} \tag{6.81}$$

供应链突发事件发生后，市场规模变化了 ΔD，价格敏感系数变化了 $\Delta \beta$ 的情况下，需求函数变为 $q_1 = (D + \Delta D) e^{-(\beta + \Delta \beta)p_1}$，使供应链在总利润最大化的情况下，最优零售价格、最优生产数量和供应链的最大利润表达式有以下几个。

表 6-1　最优零售价格、最优生产数量和供应链最大利润表达式汇总

序号	公式	
1	$p_1^* = p^* + \lambda - \dfrac{\Delta \beta}{\beta(\beta + \Delta \beta)}$	$\left(1 + \dfrac{\Delta D}{D}\right) e^{-\Delta \beta c} \geqslant e^{\lambda(\beta + \Delta \beta)}$
2	$p_1^* = \dfrac{1}{\beta + \Delta \beta}\left[\beta p^* + \ln\left(1 + \dfrac{\Delta D}{D}\right)\right]$	$1 \leqslant \left(1 + \dfrac{\Delta D}{D}\right) e^{-\Delta \beta c} \leqslant e^{\lambda(\beta + \Delta \beta)}$
3	$p_1^* = \dfrac{1}{\beta + \Delta \beta}\left[\beta p^* + \ln\left(1 + \dfrac{\Delta D}{D}\right)\right]$	$e^{-k(\beta + \Delta \beta)} \leqslant \left(1 + \dfrac{\Delta D}{D}\right) e^{-\Delta \beta c} \leqslant 1$
4	$p_1^* = p^* - k - \dfrac{\Delta \beta}{\beta(\beta + \Delta \beta)}$	$\left(1 + \dfrac{\Delta D}{D}\right) e^{-\Delta \beta c} \leqslant e^{-k(\beta + \Delta \beta)}$
5	$q_1^* = (D + \Delta D) e^{-[1 + (c + \lambda)(\beta + \Delta \beta)]}$	$\left(1 + \dfrac{\Delta D}{D}\right) e^{-\Delta \beta c} \geqslant e^{\lambda(\beta + \Delta \beta)}$
6	$q_1^* = q^* = D e^{-(1 + \beta c)}$	$1 \leqslant \left(1 + \dfrac{\Delta D}{D}\right) e^{-\Delta \beta c} \leqslant e^{\lambda(\beta + \Delta \beta)}$

续表

序号	公式	
7	$q_1^* = q^* = De^{-(1+\beta c)}$	$e^{-k(\beta+\Delta\beta)} \leqslant \left(1 + \dfrac{\Delta D}{D}\right)e^{-\Delta\beta c} \leqslant 1$
8	$q_1^* = (D + \Delta D)e^{-[1+(c-k)(\beta+\Delta\beta)]}$	$\left(1 + \dfrac{\Delta D}{D}\right)e^{-\Delta\beta c} \leqslant e^{-k(\beta+\Delta\beta)}$
9	$f_{sc}^c(q_1^*) = \dfrac{D + \Delta D}{\beta + \Delta\beta}e^{-[1+(c+\lambda)(\beta+\Delta\beta)]} + \lambda De^{-(1+\beta c)}$	$\left(1 + \dfrac{\Delta D}{D}\right)e^{-\Delta\beta c} \geqslant e^{\lambda(\beta+\Delta\beta)}$
10	$f_{sc}^c(q_1^*) = \dfrac{De^{-(1+\beta c)}}{\beta + \Delta\beta}\left[1 + \ln\left(1 + \dfrac{\Delta D}{D}\right) - \Delta\beta c\right]$	$1 \leqslant \left(1 + \dfrac{\Delta D}{D}\right)e^{-\Delta\beta c} \leqslant e^{\lambda(\beta+\Delta\beta)}$
11	$f_{sc}^c(q_1^*) = \dfrac{De^{-(1+\beta c)}}{\beta + \Delta\beta}\left[1 + \ln\left(1 + \dfrac{\Delta D}{D}\right) - \Delta\beta c\right]$	$e^{-k(\beta+\Delta\beta)} \leqslant \left(1 + \dfrac{\Delta D}{D}\right)e^{-\Delta\beta c} \leqslant 1$
12	$f_{sc}^c(q_1^*) = \dfrac{D + \Delta D}{\beta + \Delta\beta}e^{-[1+(c-k)(\beta+\Delta\beta)]} - kDe^{-(1+\beta c)}$	$\left(1 + \dfrac{\Delta D}{D}\right)e^{-\Delta\beta c} \leqslant e^{-k(\beta+\Delta\beta)}$

从上述分析的四种情况来看，以供应链的总利润最大化为根本目标的供应链突发事件应急协调研究，当突发事件发生时，采取最优应对策略有以下几个方面。

（1）当市场需求规模和价格敏感系数同时扰动，且它们之间关系式 $\left(1 + \dfrac{\Delta D}{D}\right)e^{-\Delta\beta c}$ 在较小范围内波动时，此时可以保持原生产计划不变，突发事件的发生对供应链造成的冲击很小。由于在目标函数中，引入了单位额外成本和单位处理成本，所以最优生产数量具有一定鲁棒性，可以通过调整最优零售价格，从而使供应链的总利润达到最优。当需求增加时，应该提高最优零售价格，从而使供应链的总利润最优；当价格敏感系数变大时，应该降低零售价格，从而使供应链的总利润达到最优。

（2）当市场需求规模和价格敏感系数同时扰动，且它们之间关系式 $\left(1 + \dfrac{\Delta D}{D}\right)e^{-\Delta\beta c}$ 在较大范围内波动时，需要同时调整生产数量和最优零售价格。此时，生产数量调整和市场需求变化成正比，即随着市场需求增大而加大生产数量，随着市场需求减少而降低生产数量；生产数量调整和价格敏感系数成反比关系，随着价格敏感系数增加，应该适当降低生产数量，随着价格敏感系数降低，应该加大生产数量；而零售价格调整只与价格敏感系数有关系，与市场需求变化没有关系。此时，零售价格和价格敏感系数成反比关系，零售价格随着价格敏感系数的增加而降低，随着价格敏感系数的减少而提高。

（3）不管市场需求规模和价格敏感系数的关系式在什么范围波动，只要其中一个因素因为突发事件发生扰动，供应链零售价格都需要做出调整。

6.3.4　需求增大时 Matlab 仿真与分析

（1）当突发事件发生后，如果 $\Delta q \geqslant 0$，$q_1 - q^* \geqslant 0$，$\dfrac{\Delta D + D}{D} \mathrm{e}^{-(\beta + \Delta\beta)p^*} \geqslant$

$\mathrm{e}^{-(1 + \beta c)}$，即 $\left(1 + \dfrac{\Delta D}{D}\right) \geqslant \mathrm{e}^{\Delta\beta p^*}$ 时；如果供应链针对突发事件没有采取任何

应急策略，例如没有调整零售价格积极应对，此时，供应链实际需求为
$q_1 = (D + \Delta D)\, \mathrm{e}^{-(\beta + \Delta\beta)p^*}$，此时供应链利润为：

$$
\begin{aligned}
f_{sc}^c(q_1) &= (p^* - c)q_1 - \lambda(q_1 - q^*) \\
&= (p^* - c)(D + \Delta D)\mathrm{e}^{-(\beta + \Delta\beta)p^*} - \lambda\left[(D + \Delta D)\mathrm{e}^{-(\beta + \Delta\beta)p^*} - D\mathrm{e}^{-(1 + \beta c)}\right]
\end{aligned}
$$

$$(6.82)$$

而如果供应链采取了应急措施，调整了零售价格，使供应链重新达到协调，此时供应链的利润为公式（6.48），当满足如下条件，即 $q_1^* \geqslant$ q^*，$(D + \Delta D)\, \mathrm{e}^{-[1 + (c + \lambda)(\beta + \Delta\beta)]} \geqslant D\mathrm{e}^{-(1 + \beta c)}$ 时，经化简，得出如下关系式：

$$\left(1 + \frac{\Delta D}{D}\right)\mathrm{e}^{-\Delta\beta c} \geqslant \mathrm{e}^{\lambda(\beta + \Delta\beta)} \tag{6.83}$$

满足上述条件情况下，供应链采取应急策略和未采取任何策略，供应链总的利润差为如下公式：

$$
\begin{aligned}
f_{sc}^c(q_1^*) &- f_{sc}^c(q_1) \\
&= \frac{D + \Delta D}{\beta + \Delta\beta}\mathrm{e}^{-[1 + (c + \lambda)(\beta + \Delta\beta)]} + \lambda D\mathrm{e}^{-(1 + \beta c)} - (p^* - c)(D + \Delta D)\mathrm{e}^{-(\beta + \Delta\beta)p^*} + \\
&\quad \lambda(D + \Delta D)\mathrm{e}^{-(\beta + \Delta\beta)p^*} - \lambda D\mathrm{e}^{-(1 + \beta c)} \\
&= (D + \Delta D)\left(\frac{\mathrm{e}^{-[1 + (c + \lambda)(\beta + \Delta\beta)]}}{\beta + \Delta\beta} + \frac{\beta\lambda - 1}{\beta}\mathrm{e}^{-(\beta + \Delta\beta)p^*}\right) \tag{6.84}
\end{aligned}
$$

令 $D = 200$，$\beta = 0.3$，$c_m = 3$，$c_r = 1$，$c_d = 2$，$\lambda_m = 0.5$，$\lambda_d = 0.3$，$\lambda_r = 0.1$，通过 Matlab 得出图 6 - 2 市场需求规模的变化量、价格敏感系数的变化量与供应链利润差的关系图。

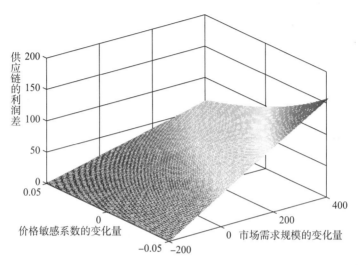

图 6 - 2　市场需求规模的变化量、价格敏感系数的变化量与供应链利润差的关系

从图 6 - 2 中可以看出，供应链在遭受突发事件后，供应链的利润差总是大于零，说明了突发事件发生后，采取应急措施比不采取应急措施的供应链所获的总利润要高。说明当供应链遭受突发事件冲击后，企业一定要采取应急措施，积极应对，会在一定程度上减少突发事件对供应链造成的损失。可以采取调整零售价格和调整产量的方式减少损失，当市场需求规模变化量越来越大时，供应链利润差也越来越大，此时应该采取积极措施应对供应链突发事件，采取措施应对突发事件会比不采取措施供应链所获得的利润高。

当市场需求规模变化量越来越大时，可以采取提高零售价格，供应链总的最优利润会提高；当价格敏感系数变化量越来越大时，应该降低零售价格，从而提高供应链总的最优利润。当 $\Delta q > 0$ 时，可以采取增加产能、提高供给，应对市场需求规模增大，从而提高供应链的总利润。

从图 6 - 3 中可以看出，随着市场需求规模增大，利润差越来越大，此时应尽快采取应急措施，使供应链重新达到协调，此时还应该增加产量和调整零售价格，来应对需求的增大，达到供应链的总利润最优。

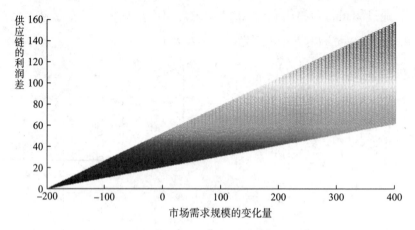

图 6 - 3　市场需求规模与供应链利润差关系二维图

从图 6 - 4 中可以看出，当价格敏感系数变化量增大时，供应链的利润差是一个减小的趋势。生产数量的调整和价格敏感系数成反比，当价格敏感系数变化量增大时，应该适当降低生产数量，此时采取应急措施和未采取措施供应链总的利润差越来越低；零售价格随着价格敏感系数变化量的增大而减少，所以当价格敏感系数的变化量增大时，应该适当降低零售价格，此时应权衡是否采取应急策略，因为启动应急策略也需要成本，需要在其中权衡利弊来决定是否采取策略。

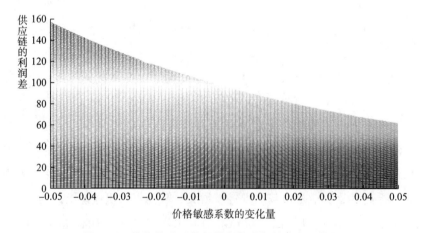

图 6 - 4　价格敏感系数与供应链利润差关系二维图

6.3.5 需求减少时 Matlab 仿真与分析

当 $\Delta q \leqslant 0$，$\dfrac{\Delta D + D}{D} \leqslant e^{\Delta \beta p^{*}}$ 时，

$q_1^{*} \leqslant q^{*}$，$(D + \Delta D)\, e^{-[1+(c+\lambda)(\beta+\Delta\beta)]} \leqslant D e^{-(1+\beta c)}$，经化简，得出如下关系式：

$$1 < \left(1 + \frac{\Delta D}{D}\right) e^{-\Delta\beta c} \leqslant e^{\lambda(\beta+\Delta\beta)} \tag{6.85}$$

如果供应链面对突发事件时，未采取任何应急措施，不调整零售价格，此时供应链的利润公式为：

$$
\begin{aligned}
f_{sc}^{c}(q_1) &= (p^{*}-c)q_1 - k(q^{*}-q_1) \\
&= (p^{*}-c)(D+\Delta D) e^{-(\beta+\Delta\beta)p^{*}} - k\left[D e^{-(1+\beta c)} - (D+\Delta D) e^{-(\beta+\Delta\beta)p^{*}}\right]
\end{aligned}
\tag{6.86}
$$

当满足公式（6.81）条件下，供应链面对突发事件采取积极应对措施，从而使供应链重新达到协调的供应链的总利润和不采取任何应急措施时供应链的利润差公式如下：

$$
\begin{aligned}
&f_{sc}^{c}(q_1^{*}) - f_{sc}^{c}(q_1) \\
&= \left(\frac{D+\Delta D}{\beta+\Delta\beta}\right) e^{-[1+(c-k)(\beta+\Delta\beta)]} - kD e^{-(1+\beta c)} - (p^{*}-c)(D+\Delta D) e^{-(\beta+\Delta\beta)p^{*}} - \\
&\quad k(D+\Delta D) e^{-(\beta+\Delta\beta)p^{*}} + kD e^{-(1+\beta c)} \\
&= \left(\frac{D+\Delta D}{\beta+\Delta\beta}\right) e^{-[1+(c-k)(\beta+\Delta\beta)]} - (D+\Delta D)\left(\frac{1}{\beta}+k\right) e^{-(\beta+\Delta\beta)p^{*}} \\
&= (D+\Delta D)\left[\frac{e^{-[1+(c-k)(\beta+\Delta\beta)]}}{\beta+\Delta\beta} - \left(\frac{1+k\beta}{\beta}\right) e^{-(\beta+\Delta\beta)p^{*}}\right]
\end{aligned}
\tag{6.87}
$$

将数据代入利润差公式中，$D = 200$，$\beta = 0.3$，$c_m = 3$，$c_r = 1$，$c_d = 2$，$\lambda_m = 0.5$，$\lambda_d = 0.3$，$\lambda_r = 0.1$，$k_m = 0.25$，$k_d = 0.15$，$k_r = 0.05$

Matlab 给出如下关系图（见图 6-5、图 6-6、图 6-7）。

从图 6-5 中可以看出，供应链的利润差总是大于零的，说明当供应链遇到突发事件时应该采取积极应对措施，提高供应链的总利润，还可以采取降低产量和调整零售价格等方法，来提高供应链的总利润。

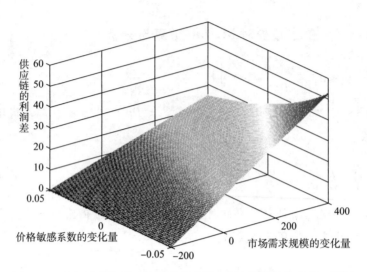

图 6-5　市场需求规模、价格敏感系数、供应链利润差关系三维图

从图 6-6 可以看出，供应链利润差会随着价格敏感系数变化量的增大而减少，说明当价格敏感系数变化量增大时，应该采取降低零售价格来积极应对，此时采取降价应急策略的供应链和未采取任何应急策略的供应链的利润差越来越小。

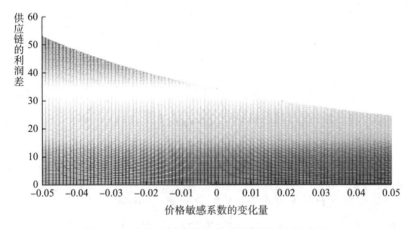

图 6-6　价格敏感系数与供应链利润关系二维图

由图 6-7 可以看出，在发生突发事件后，市场需求变化量增大的情况下，应该加大产量，此时采取应急策略供应链总的利润和未采取措施供应链的利润差，会越拉越大。当价格敏感系数发生变化情况下，一定要积极采取供应链协调措施,使供应链重新达到协调,从而能够取得更大的供应链利润;否则,如果不采取任何措施,供应链的总利润达不到最优。

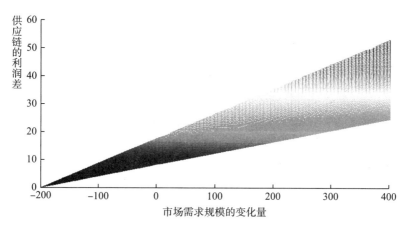

图6-7 市场需求规模与供应链利润关系二维图

6.4 本章小结

本章对基于收益共享契约下的多级供应链突发事件应急协调进行了研究,研究了由制造商、分销商和零售商组成的多级供应链单链结构在收益共享契约下,达到供应链协调时的模型建立;当突发事件发生后,原有契约不能实现供应链协调,通过调整收益共享契约参数,达到新的供应链协调模型建立与研究;供应链突发事件发生后,最大需求规模和价格敏感系数发生了改变,如果不采取应急策略调整供应链整体的利润差,通过 Matlab 数据仿真给出的比较后结果,验证了突发事件发生后,可以通过调整销售价格,从而达到供应链新的协调。

7

基于最小费用流的多级供应链网络
突发事件应急协调研究

    本章从多级供应链网络角度出发，分析了由制造商、分销商、零售商和顾客组成的多级供应链网络中，供应链上游企业向下游企业提供单一产品，应对突发事件时应急协调问题。这里协调是指多级供应链网络总体实现了最优就称该供应链网络是协调的。当突发事件导致市场需求总规模和总供给发生变化时，研究供应链网络在突发事件发生后的应急协调，使供应链网络尽可能满足客户需求，并且在网络总成本最低情况下，调整供应链网络中制造商生产数量、分销商采购数量以及零售商订货数量，建立了基于 Busacker-Gowan 迭代算法（以下简称 BG 迭代算法）的最小费用最大流供应链网络模型，并使用 Matlab 软件进行求解。通过数值仿真，对突发事件前后的供应链网络中制造商的生产数量、分销商采购数量及零售商订购数量进行比较，通过对突发事件后供应链上企业生产或订购数量调整，从而达到突发事件后供应链网络总体最优，旨在为供应链网络应对突发事件紧急调度问题提供理论基础。

    通过供应链网络模型研究，对由突发事件导致的供应链网络供给需求变化前后的供应链网络总成本、最大客户需求量满足度 m、各个分市场占总市场份额、供应链中制造商生产数量、分销商采购数量以及零售商订货数量调整等进行定量研究。该研究取得了如下成果：（1）该研究是基于订单驱动的供应链网络管理模式，在当前追求 JIT 模式下，具有很强的实践意义；（2）追求供应链网络总体的最优化研究，追求供应链网络最大限度地满足客户需求，费用最小化的研究，实现了供应链网络最优化研究的突破；（3）通过该模型研究，在供应链网络最优的情况下，定量分析了制造商生产数量、分销商订购数量和零售商的采购数量，并且进行了当发生突发事件后，供应链网络实现总体最优后，制造商生产数量的调整、分销商和零售商订购数量调整的定量化研究。

7.1 算法的描述

20 世纪 50 年代福特、富克逊建立的"网络流理论"是网络应用的重要组成部分。供应链网络应急协调研究是基于最小费用流的理论知识和 Busacker-Gowan 迭代算法实现的。

7.1.1 最小费用流问题研究

定理 1：给定一个有向图 $D = (V, A)$，对任意的弧 $a \in A$，设 $l(a)$，$c(a)$ 是弧 a 的下、上容量函数，其中 $0 \le l(a) \le c(a)$；$b(a)$ 是弧 a 上单位流量的费用，称为费用函数；对任意的顶点 $v \in V$，称 $a(v)$ 为顶点 v 的供应量或需求量，称为供需函数，且满足 $\sum_{v \in V} a(v) = 0$，以上所得到的网络 $N(V, a, l, c, a, b)$ 称为容量 – 费用网络。

类似于最大流网络，可定义容量 – 费用网络的可行流。

定理 2：设 f：$\{f_{ij}\}$ 是给定的网络 N 上的一个流 f，且满足以下公式：

$$\begin{cases} f^+(v) - f^-(v) = a(v) \\ l_{ij} \le f_{ij} \le c_{ij} \end{cases} \tag{7.1}$$

则称 f 是 N 上的一个可行流，流 f 的总费用可以表示为：

$$b(f) = \sum_{(i,j) \in A} b_{ij} f_{ij} \tag{7.2}$$

最小费用流问题就是在以上网络中寻找总费用最小的可行流。另外，最小费用流问题也可描述成下面一个线性规划问题：

$$\min b(f) = \sum_{(i,j) \in A} b_{ij} f_{ij}$$

$$\overset{s.t}{\sum_j} f_{ij} - \sum_j f_{ji} = a(V_i), \forall V_i \in V \tag{7.3}$$

$$l_{ij} \leqslant f_{ij} \leqslant c_{ij}, \quad \forall \ (i,j) \ \in A$$

不妨设 $N = (V, A, l(a), c(a), a(v), b(a))$ 为容量 - 费用网络。首先给出 $D = (V, A)$ 的一个流是最小费用的判别准则。设 C 是 D 的一个圈,若给 C 规定一个方向,则相对于这个方向 C 上的弧被分为两类,分别记为 C^+,C^-。设 f 是 D 上的一个流,若满足:当 $(i, j) \in C^+$ 时有 $f_{ij} < l_{ij}$,则称 C 是关于 f 的增广圈。值得注意的是,C 是否是增广圈,不仅与 f 有关,而且还与 C 的方向有关。

设 C 是 D 中关于 f 的增广圈,令 $\theta = \min\{\min_{c^+}(c_{ij} - f_{ij}), \min_{c^-}(f_{ij} - l_{ij})\}$,则 $\theta > 0$。下面构造一个新的流:

$$f'_{ij} = \begin{cases} f_{ij} + \theta, v_i v_j \in C^+ \\ f_{ij} - \theta, v_i v_j \in C^- \\ f_{ij}, v_i v_j \in C \end{cases} \tag{7.4}$$

称 f' 是由 f 在圈 C 上做 θ 平移而得到的,记为 $f' = f \underline{C} \theta$。

不难验证,对任意顶点 $v < V$,均有 $f^+(v) - f^-(v) = f'^+(v) - f'^-(v)$,也就是说,这种变化总保持在每一点的"净流出量"不变,且

$f_{ij} < f'_{ij} \leqslant c_{ij}$,对任意 $v_i v_j \in C^+$,

$l_{ij} < f'_{ij} \leqslant c_{ij}$,对任意 $v_i v_j \in C^-$。

显然,若 f 是 N 上的可行流,则 f' 也是 N 上的可行流,现在比较 f 和 f' 费用变化,即有以下公式:

$$b(f') - b(f) = \sum_A b_{ij} f'_{ij} - \sum_A b_{ij} f_{ij} = \theta \left(\sum_{v_i v_j \in C^+} b_{ij} - \sum_{v_i v_j \in C^-} b_{ij} \right) \tag{7.5}$$

称 $\sum_{v_i v_j \in C^+} b_{ij} - \sum_{v_i v_j \in C^-} b_{ij}$ 为圈 C 的费用,记为 $b(C; f)$。显然,若 C 的定向不同,$b(C; f)$ 相差一个符号。由 $b(f') - b(f) = \theta b(C; f)$ 和 $\theta > 0$ 可得,若 f 是最小流,则对任一关于 f 的增广圈 C,有 $b(C; f) \geqslant 0$。

定理 1 可行流 f^* 是最小费用流，当且仅当 N 中不存在关于 f^* 的负费用的增广圈，即对 N 中的任意增广圈 C，都有 b （ C ; f^* ） $\geqslant 0$。

由定理 1 可见，一个流 f 是否是最小费用流，就需验证下述两个条件是否成立。

①行性条件，即满足以下公式：

$$\begin{cases} f^+(v) - f(v) = a(v), v \in V \\ l(a) \leqslant f(a) \leqslant c(a), a \in A \end{cases} \tag{7.6}$$

②最优性条件，即不存在关于 f 的负费用的增广圈。

在许多实际问题中，费用的因素很重要。例如，在运输问题中，人们总希望在完成运输任务的同时，寻求一个使总的运输费用最小的运输方案。这就是下面要介绍的最小费用流问题。在运输网络 $N = (s, t, V, A, U)$ 中，设 c_{ij} 是定义在 A 上的非负函数，且表示通过弧 (i, j) 单位流的费用。所谓最小费用流问题就是从发点到收点怎样以最小费用输送已知量为 $v (f)$ 的总流量。

最小费用流问题可以用如下的线性规划问题描述：

$$\min \sum_{(i,j) \in A} c_{ij} f_{ij}$$

$$s.t \sum_{j:(i,j) \in A} f_{ij} - \sum_{j:(j,i) \in A} f_{ij} = \begin{cases} v(f), i = s \\ -v(f), i \neq t \\ 0, i \neq s, t \end{cases} \tag{7.7}$$

条件满足 $0 \leqslant f_{ij} \leqslant u_{ij}$，$\forall$ (i, j) $\in A$。

设 $f_{\max}$ 为最大流，若 $v (f) = v (f_{\max})$，则就是最小费用最大流问题，$v (f) > v (f_{\max})$，则无解。

7.1.2 Busacker-Gowan 迭代算法

求最小费用流的算法叫作迭代法，它是由 Busacker 和 Gowan 在 1961 年提出的，其主要步骤如下。

设网络 $G = (V, E, F)$，取初始可行流 f 为零流。

（1）构造有向赋权图 $G_f = (V, E_f, F)$，对于任意的 $v_i v_j \in E$，E_f 和 F

的定义如下。

当 $f_{ij} = 0$ 时，$v_i v_j \in E_f$，$F(v_i v_j) = b_{ij}$。

当 $f_{ij} = C_{ij}$ 时，$v_j v_i \in E_f$，$F(v_i v_j) = -b_{ij}$。

当 $0 \leqslant f_{ij} \leqslant C_{ij}$ 时，$v_i v_j \in E_f$，$F(v_i v_j) = b_{ij}$；$v_j v_i \in E_f$，$F(v_i v_j) = -b_{ij}$，转向 (2)。

(2) 求出有向赋权图 $G_f = (V, E_f, F)$ 中发点 v_s 到收点 v_t 的最短路 μ，最短路 μ 存在，则转向 (3)；否则 f 是所求的最小费用最大流，停止。

(3) 增流，与求最大流问题一样处理。令 $\delta_{ij} = \begin{cases} C_{ij} - f_{ij}, & v_i v_j \in v^+ \\ f_{ij}, & v_i v_j \in v^- \end{cases}$，

$\delta = \min\{\delta_{ij} \mid v_i v_j \in v\}$，重新定义流 $f = \{f_{ij}\}$，有以下公式：

$$f_{ij} = \begin{cases} f_{ij} + \delta, v_i v_j \in v^+ \\ f_{ij} - \delta, v_i v_j \in v^- \\ f_{ij}, 其他 \end{cases} \tag{7.8}$$

若所得的最大流量 W_f 大于或等于预定的流量值，则适当减少 δ 值，使 W_f 等于预定的流量值，故 f 就是所求的最小费用流，停止；否则转向 (1)。

通过 Matlab 程序实现供应链网络的优化，可以选择出在最大满足客户需求同时使供应链网络总成本最低的最优值，突发事件后供应链协调研究，对于容量和成本有比较直观的描述，便于为供应链网络上企业决策提供参考。

7.2　供应链网络结构分类

基于分销商和其他分销商下属的零售商之间是否存在供需关系，可将供应链网络结构图分为：有交叉供应链网络（图 7-1）和无交叉供应链网络（图 7-2）。本章从多级供应链网络角度出发，分析由一个制造商、三个分销商、每个分销商下属三个零售商及顾客组成的多级供应链网络，突发事件发生后，为了使供应链网络最大可能满足客户需求并使

总成本达到最低的情况下，进行制造商生产数量的调整、分销商及零售商采购数量的调整，从而使供应链网络重新达到最优。

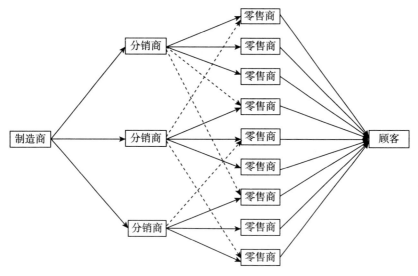

图 7 - 1   有交叉供应链网络

其中无交叉供应链网络可视为有交叉供应链网络的一个特例，即各零售商仅与各自所在地区的分销商有交易行为，即图 7 - 1 中的虚线所示的交易行为不存在，无交叉供应链网络如图 7 - 2 所示。

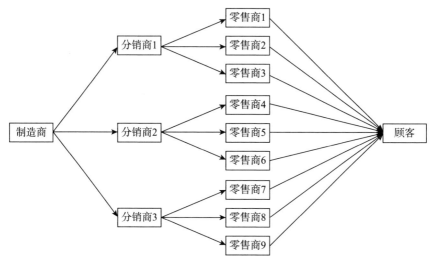

图 7 - 2   无交叉供应链网络图

7.3 无交叉供应链网络突发事件应急协调研究

无交叉供应链网络代表的是分销商和其他分销商下属的零售商之间不存在供需关系，各分销商严格控制所辖地区零售商的交易行为，完全由所在地区的分销商发货，也可视为有交叉供应链网络的一个特例，无交叉网络拓扑图如图 7 - 3 所示。

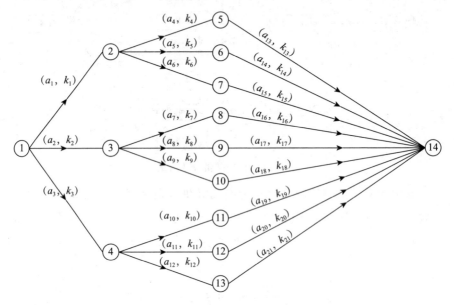

图 7 - 3　无交叉网络拓扑图

其中 a_1，a_2，a_3 是制造商对分销商的最大供给量，a_4，a_5，a_6，a_7，a_8，a_9，a_{10}，a_{11}，a_{12} 是零售商从分销商的最大采购量，a_{13}，a_{14}，a_{15}，a_{16}，a_{17}，a_{18}，a_{19}，a_{20}，a_{21} 是分销商所在区域客户市场潜能。

未发生突发事件时，供应链网络可能满足客户需求最大且使整个供应链网络成本最低，各分销商、零售商的采购量利用 BG 迭代算法，通过 Matlab 程序计算网络最优化时，制造商生产数量、分销商和零售商的订购数量，此时整个网络的需求流量用矩阵表述如图 7 - 4 所示。

其中总供给是指制造商对三个分销商供给量的总和，即 $S = a_1 + a_2 + a_3$，总需求是指各个零售商市场潜能的求和：$D = \sum_{i=13}^{21} a_i$，$i = 13$，14，$\cdots$，

$$\begin{bmatrix} 0, & a_1, & a_2, & a_3, & 0, & 0, & 0, & 0, & 0, & 0, & 0, & 0, & 0, & 0 \\ 0, & 0, & 0, & 0, & a_4, & a_5, & a_6, & 0, & 0, & 0, & 0, & 0, & 0, & 0 \\ 0, & 0, & 0, & 0, & 0, & 0, & 0, & a_7, & a_8, & a_9, & 0, & 0, & 0, & 0 \\ 0, & 0, & 0, & 0, & 0, & 0, & 0, & 0, & 0, & 0, & a_{10}, & a_{11}, & a_{12}, & 0 \\ 0, & 0, & 0, & 0, & 0, & 0, & 0, & 0, & 0, & 0, & 0, & 0, & 0, & a_{13} \\ 0, & 0, & 0, & 0, & 0, & 0, & 0, & 0, & 0, & 0, & 0, & 0, & 0, & a_{14} \\ 0, & 0, & 0, & 0, & 0, & 0, & 0, & 0, & 0, & 0, & 0, & 0, & 0, & a_{15} \\ 0, & 0, & 0, & 0, & 0, & 0, & 0, & 0, & 0, & 0, & 0, & 0, & 0, & a_{16} \\ 0, & 0, & 0, & 0, & 0, & 0, & 0, & 0, & 0, & 0, & 0, & 0, & 0, & a_{17} \\ 0, & 0, & 0, & 0, & 0, & 0, & 0, & 0, & 0, & 0, & 0, & 0, & 0, & a_{18} \\ 0, & 0, & 0, & 0, & 0, & 0, & 0, & 0, & 0, & 0, & 0, & 0, & 0, & a_{19} \\ 0, & 0, & 0, & 0, & 0, & 0, & 0, & 0, & 0, & 0, & 0, & 0, & 0, & a_{20} \\ 0, & 0, & 0, & 0, & 0, & 0, & 0, & 0, & 0, & 0, & 0, & 0, & 0, & a_{21} \\ 0, & 0, & 0, & 0, & 0, & 0, & 0, & 0, & 0, & 0, & 0, & 0, & 0, & 0 \end{bmatrix}$$

图 7 - 4 无交叉供应链网络无突发事件时容量矩阵

21。整个网络的无突发事件费用矩阵如图 7 - 5 所示:

$c =$

$$\begin{bmatrix} 0, & k_1, & k_2, & k_3, & 0, & 0, & 0, & 0, & 0, & 0, & 0, & 0, & 0, & 0 \\ 0, & 0, & 0, & 0, & k_4, & k_5, & k_6, & 0, & 0, & 0, & 0, & 0, & 0, & 0 \\ 0, & 0, & 0, & 0, & 0, & 0, & 0, & k_7, & k_8, & k_9, & 0, & 0, & 0, & 0 \\ 0, & 0, & 0, & 0, & 0, & 0, & 0, & 0, & 0, & 0, & k_{10}, & k_{11}, & k_{12}, & 0 \\ 0, & 0, & 0, & 0, & 0, & 0, & 0, & 0, & 0, & 0, & 0, & 0, & 0, & k_{13} \\ 0, & 0, & 0, & 0, & 0, & 0, & 0, & 0, & 0, & 0, & 0, & 0, & 0, & k_{14} \\ 0, & 0, & 0, & 0, & 0, & 0, & 0, & 0, & 0, & 0, & 0, & 0, & 0, & k_{15} \\ 0, & 0, & 0, & 0, & 0, & 0, & 0, & 0, & 0, & 0, & 0, & 0, & 0, & k_{16} \\ 0, & 0, & 0, & 0, & 0, & 0, & 0, & 0, & 0, & 0, & 0, & 0, & 0, & k_{17} \\ 0, & 0, & 0, & 0, & 0, & 0, & 0, & 0, & 0, & 0, & 0, & 0, & 0, & k_{18} \\ 0, & 0, & 0, & 0, & 0, & 0, & 0, & 0, & 0, & 0, & 0, & 0, & 0, & k_{19} \\ 0, & 0, & 0, & 0, & 0, & 0, & 0, & 0, & 0, & 0, & 0, & 0, & 0, & k_{20} \\ 0, & 0, & 0, & 0, & 0, & 0, & 0, & 0, & 0, & 0, & 0, & 0, & 0, & k_{21} \\ 0, & 0, & 0, & 0, & 0, & 0, & 0, & 0, & 0, & 0, & 0, & 0, & 0, & 0 \end{bmatrix}$$

图 7 - 5 无交叉供应链网络无突发事件时费用矩阵

下面对参数进行赋值如下: $(a_1, k_1) = (31, 9)$, $(a_2, k_2) = (26, 10)$, $(a_3, k_3) = (21, 11)$, $(a_4, k_4) = (13, 7)$, $(a_5, k_5) = (16, 4)$, $(a_6, k_6) = (17, 16)$, $(a_7, k_7) = (9, 5)$, $(a_8, k_8) = (8, 7)$, $(a_9, k_9) = (7, 3)$, $(a_{10}, k_{10}) = (11, 4)$, $(a_{11}, k_{11}) = (13, 5)$, $(a_{12}, k_{12}) = (10, 6)$, $(a_{13}, k_{13}) = (7, 3)$, $(a_{14}, k_{14}) = (9, 2)$, $(a_{15}, k_{15}) = (11, 4)$, $(a_{16}, k_{16}) = (15, 6)$, $(a_{17}, k_{17}) =$

$(19, 8)$，$(a_{18}, k_{18}) = (11, 6)$，$(a_{19}, k_{19}) = (6, 2)$，$(a_{20}, k_{20}) = (8, 3)$，$(a_{21}, k_{21}) = (16, 7)$。

针对 a_i 参数进行赋值后，将相应赋值代入矩阵中，得出赋值后容量矩阵如图 7-6 所示。

$b =$

0	31	26	21	0	0	0	0	0	0	0	0	0	0
0	0	0	0	13	16	17	0	0	0	0	0	0	0
0	0	0	0	0	0	0	9	8	7	0	0	0	0
0	0	0	0	0	0	0	0	0	0	11	13	10	0
0	0	0	0	0	0	0	0	0	0	0	0	0	7
0	0	0	0	0	0	0	0	0	0	0	0	0	9
0	0	0	0	0	0	0	0	0	0	0	0	0	11
0	0	0	0	0	0	0	0	0	0	0	0	0	15
0	0	0	0	0	0	0	0	0	0	0	0	0	19
0	0	0	0	0	0	0	0	0	0	0	0	0	11
0	0	0	0	0	0	0	0	0	0	0	0	0	6
0	0	0	0	0	0	0	0	0	0	0	0	0	8
0	0	0	0	0	0	0	0	0	0	0	0	0	16
0	0	0	0	0	0	0	0	0	0	0	0	0	0

图 7-6　无交叉供应链网络无突发事件时赋值后容量矩阵

针对 k_i 参数进行赋值后，将相应赋值代入矩阵中，得出赋值后费用矩阵如图 7-7 所示。

$c =$

0	9	10	11	0	0	0	0	0	0	0	0	0	0
0	0	0	0	7	4	16	0	0	0	0	0	0	0
0	0	0	0	0	0	0	5	7	3	0	0	0	0
0	0	0	0	0	0	0	0	0	0	4	5	6	0
0	0	0	0	0	0	0	0	0	0	0	0	0	3
0	0	0	0	0	0	0	0	0	0	0	0	0	2
0	0	0	0	0	0	0	0	0	0	0	0	0	4
0	0	0	0	0	0	0	0	0	0	0	0	0	6
0	0	0	0	0	0	0	0	0	0	0	0	0	8
0	0	0	0	0	0	0	0	0	0	0	0	0	6
0	0	0	0	0	0	0	0	0	0	0	0	0	2
0	0	0	0	0	0	0	0	0	0	0	0	0	3
0	0	0	0	0	0	0	0	0	0	0	0	0	7
0	0	0	0	0	0	0	0	0	0	0	0	0	0

图 7-7　无交叉供应链网络无突发事件时赋值后费用矩阵

此时整个供应链网络的需求 D 是 102 单位，供给 $S = a_1 + a_2 + a_3 = 78$

单位，需求 $D = \sum\limits_{i=13}^{21} a_i$，$i = 13$，$14$，$\cdots$，$21 = 102$ 单位，供给 S 小于需求 D，由于产能的限制，同时为满足产供销平衡，需要对供应链网络流量进行调整，从而最大可能满足客户需求，并且供应链网络总成本最小。

Matlab 程序调用 BGf 函数，通过 BG 迭代运算，整个供应链网络进行优化，得到一个 f 矩阵（见图 7-8），以及供应链满足最大客户需求量的值 wf 和满足最大客户需求量前提下整个供应链总成本最低的值 zwf。

（1）通过数值仿真得到：此时满足客户需求量的值 wf 为 72 单位。

（2）最大客户需求量满足度 $m = \dfrac{wf}{D} = \dfrac{72}{102} = 70.5882\%$。

（3）在现有产能情况下最大可能满足客户需求的情况下整个供应链网络总的最低成本 zwf 为 1531。

此时对客户市场的分析，各个市场在整个市场中所占的权重公式：

$\eta_i = \dfrac{a'_i}{S}$，$i = 13$，14，$\cdots$，21。

此时在客户需求量满足度达到 70.5882% 的情况下，各节点企业之间的产品流量如图 7-8 所示，使供应链网络整体达到优化，并且总成本最低。将图 7-8 所得无交叉供应网络无突发事件所求得优化客户量值，标注在网络图上，如图 7-9 所示。

供应链网络遭受突发事件后，会发生以下几种变化：（1）供给不变，需求减少；（2）供给不变，需求增加；（3）需求不变，供给减少；（4）需求不变，供给增加；（5）供给、需求同时发生变化。对于无交叉供应链网络优化研究仅以情况（5）为例，对该网络模型进行优化研究。

（1）供给不变，需求变化

供给不变，需求变化 ΔD 时，此时的容量矩阵 b 中变化函数 a'_i 满足公式：

$$a'_i = a_i + \frac{\Delta D}{\sum\limits_{i=13}^{21} a_i} \times a_i, \quad i = 13, 14, \cdots, 21。$$

$f =$

0	27	24	21	0	0	0	0	0	0	0	0	0	0
0	0	0	0	7	9	11	0	0	0	0	0	0	0
0	0	0	0	0	0	0	9	8	7	0	0	0	0
0	0	0	0	0	0	0	0	0	0	6	8	7	0
0	0	0	0	0	0	0	0	0	0	0	0	0	7
0	0	0	0	0	0	0	0	0	0	0	0	0	9
0	0	0	0	0	0	0	0	0	0	0	0	0	11
0	0	0	0	0	0	0	0	0	0	0	0	0	9
0	0	0	0	0	0	0	0	0	0	0	0	0	8
0	0	0	0	0	0	0	0	0	0	0	0	0	7
0	0	0	0	0	0	0	0	0	0	0	0	0	6
0	0	0	0	0	0	0	0	0	0	0	0	0	8
0	0	0	0	0	0	0	0	0	0	0	0	0	7
0	0	0	0	0	0	0	0	0	0	0	0	0	0

$wf =$

72

$zwf =$

1531

图 7 - 8　无交叉供应网络无突发事件时 f 矩阵

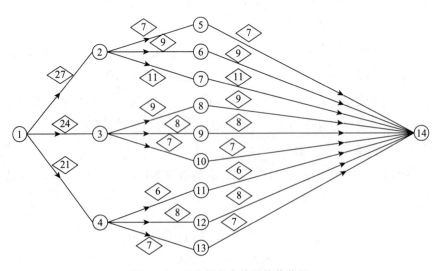

图 7 - 9　无交叉供应链网络优化图

（2）需求不变，供给变化

需求不变，供给变化 ΔS 时，此时的容量矩阵 b 中变化函数 a'_i 满足公式：

$$a'_i = a_i + \frac{\frac{\Delta S}{3}}{\sum\limits_{i=1}^{3} a_i} \times a_i, i = 1, 2, 3。$$

（3）供给和需求同时发生变化

①市场分析及数值仿真

假设突发事件导致市场环境发生变化，出现供给需求同时发生变化。假设供给减少 18 单位，即 $S = 78 - 18 = 60$ 单位；需求增加 31 单位变动即 $D = 102 + 31 = 133$ 单位，采用 Matlab 进行仿真，结果如图 7 - 10 所示。

0	23.8462	20.0000	16.1538	0	0	0	0	0	0	0	0	0	0
0	0	0	0	13.0000	16.0000	17.0000	0	0	0	0	0	0	0
0	0	0	0	0	0	0	9.0000	8.0000	7.0000	0	0	0	0
0	0	0	0	0	0	0	0	0	0	11.0000	13.0000	10.0000	0
0	0	0	0	0	0	0	0	0	0	0	0	0	9.1275
0	0	0	0	0	0	0	0	0	0	0	0	0	11.7353
0	0	0	0	0	0	0	0	0	0	0	0	0	14.3431
0	0	0	0	0	0	0	0	0	0	0	0	0	19.5588
0	0	0	0	0	0	0	0	0	0	0	0	0	24.7745
0	0	0	0	0	0	0	0	0	0	0	0	0	14.3431
0	0	0	0	0	0	0	0	0	0	0	0	0	7.8235
0	0	0	0	0	0	0	0	0	0	0	0	0	10.4314
0	0	0	0	0	0	0	0	0	0	0	0	0	20.8627
0	0	0	0	0	0	0	0	0	0	0	0	0	0

图 7 - 10　无交叉供给减少（18）且需求增加（31）新容量矩阵

Matlab 程序调用编辑的 BGf 函数得到一个 f 矩阵，以及整个供应链网络满足最大客户需求量的值 wf 和满足最大客户需求量前提下整个供应链网络总的最低成本 zwf。

②数值分析

第一，整个供应链满足最大客户需求量的值为：

$$wf' = \sum\limits_{i=13}^{21} a'_i = 60, i = 13, 14, \cdots, 21。$$

供应链网络对于市场需求变化所做的调整量为 $\Delta wf = wf' - wf = 60 - 72 = -12$。

第二，供应链制造商最大供给能力为：

$$S' = a_1 + a_2 + a_3 = 23.8462 + 20.0000 + 16.1538 = 60 \text{ 单位。}$$

$f_1 =$

0	23.8462	20.0000	16.1538	0	0	0	0	0	0	0	0	0	0
0	0	0	0	9.1275	11.7353	2.9834	0	0	0	0	0	0	0
0	0	0	0	0	0	0	9.0000	4.0000	7.0000	0	0	0	0
0	0	0	0	0	0	0	0	0	0	7.8235	8.3303	0	0
0	0	0	0	0	0	0	0	0	0	0	0	0	9.1275
0	0	0	0	0	0	0	0	0	0	0	0	0	11.7353
0	0	0	0	0	0	0	0	0	0	0	0	0	2.9834
0	0	0	0	0	0	0	0	0	0	0	0	0	9.0000
0	0	0	0	0	0	0	0	0	0	0	0	0	4.0000
0	0	0	0	0	0	0	0	0	0	0	0	0	7.0000
0	0	0	0	0	0	0	0	0	0	0	0	0	7.8235
0	0	0	0	0	0	0	0	0	0	0	0	0	8.3303
0	0	0	0	0	0	0	0	0	0	0	0	0	0

$wf =$

60

$zwf =$

1.1492e+003

图 7-11　无交叉供给减少（18）且需求增加（31）时 f 矩阵

第三，最大客户需求量满足度：$m' = \dfrac{wf'}{D'} = \dfrac{60}{133} = 45.1128\%$；

变化值：$\Delta m = m' - m = 45.1128\% - 70.5882\% = -25.4750\%$。

第四，满足最大客户需求量前提下整个供应链网络的最低成本：$zwf' = 1.1492e + 003$。

供应链网络对于市场变化协调后整个网络的成本变化值为：

$$\Delta zwf = zwf' - zwf = (1.1492e + 003) - 1531 = -382.8。$$

突发事件导致供应链供给减少，对于供应链企业来说此时产量远未满足市场需求量，从而导致客户需求量满足程度明显降低，由于供给能力的制约，实现对供应链网络的协调，要在有限的资源下提高产量，增加供给，进一步降低成本，最终实现供应链整体网络的最优化。

③政策建议

通过以上分析，此时供应链网络应对市场需求变化所采取的措施有以下几种。

①制造商总产量和对各分销商供给量的调整

由于突发事件，制造商供给量减少 12 个单位，其中制造商对节点分销商 2 的供给量减少 3.1538 单位，对节点分销商 3 的供给量减少 4.0000 单位，对节点分销商 4 的供给量减少 4.8462 单位。

0	-3.1538	-4.0000	-4.8462	0	0	0	0	0	0	0	0	0
0	0	0	0	2.1275	2.7353	-8.0166	0	0	0	0	0	0
0	0	0	0	0	0	0	-4.0000	0	0	0	0	0
0	0	0	0	0	0	0	0	0	1.8235	0.3303	-7.0000
0	0	0	0	0	0	0	0	0	0	0	0	0
0	0	0	0	0	0	0	0	0	0	0	0	0
0	0	0	0	0	0	0	0	0	0	0	0	0
0	0	0	0	0	0	0	0	0	0	0	0	0
0	0	0	0	0	0	0	0	0	0	0	0	0

图 7-12　无交叉供给减少（18）需求增加（31）优化矩阵图

②分销商对零售商的供给量的调整

节点分销商 2 对节点零售商 5 的供给量 a_4 增加 2.1275 单位，节点分销商 2 对节点零售商 6 的供给量 a_5 增加 2.7353 单位，节点分销商 2 对节点零售商 7 的供给量 a_6 减少 8.0166 单位，节点分销商 3 对节点零售商 9 的供给量 a_8 减少 4.0000 单位，节点分销商 4 对节点零售商 11 的供给量 a_{10} 增加 1.8235，节点分销商 4 对节点零售商 12 的供给量 a_{11} 增加 0.3303 单位，节点分销商 4 对节点零售商 13 的供给量 a_{12} 减少 7.0000 单位，其他的均保持不变，此时供应链在制造商最大供给能力的情况下满足市场需求，调整各个节点企业间的流量使整个供应链总成本达到最优。

7.4　无突发事件有交叉供应链网络协调研究及 Matlab 仿真

在由 1 个制造商、3 个分销商、9 个零售商和顾客组成的多级供应链网络简化模型中，供应链节点企业只提供单一产品。分销商和零售商在销售季节开始之前只有一次采购机会。假设零售商、分销商和制造商都是风险中性和基于完全理性的，供应链的成员根据供应链网络总成本最低的原则进行决策，同时上下游之间的信息是完全对称的。

模型有以下三个假设。

（1）信息是完全的，即制造商、分销商及零售商都知道自己与对方的成本结构及组织所能承受的最大生产分销能力，并据此进行订购，最大可能满足客户需求。

（2）制造商、分销商及零售商都能准确的预测整个市场的需求规模变化及产品供给的变化；同时由于供给需求信息在供应链网络中的快速传递，假定基于外部信息的各项成本基本保持不变。

（3）对于突发事件导致的市场规模的变化在可控预测范围内。

有交叉供应链网络代表的是分销商和其他分销商下属的零售商之间可能存在供需关系，各分销商所辖地区零售商可能和其他分销商有交易行为。如果有交易行为，其他分销商负责供货，这是现实中比较多见的有交叉供应链网络，如图7-13所示。

模型中 a_{18}，a_{19}，a_{20}，…，a_{26} 是分销商所在区域客户的市场潜能，a_4，a_5，…，a_{17} 是零售商基于市场预测从分销商获得的最大采购量，a_1，a_2，…，a_3 是制造商对各分销商的最大供给量。

其中总供给是指制造商对三分销商的供给量的总和：

$$S = a_1 + a_2 + a_3 \tag{7.9}$$

总需求是各个零售商市场潜能的求和：

$$D = \sum_{i=18}^{26} a_i, i = 18,19,\cdots,26 \tag{7.10}$$

图7-13中 k_1，k_2，k_3 代表产品通过内部转换从制造商到分销商的单位成本，k_4，k_5，…，k_{17} 是产品从分销商到零售商单位成本，k_{18}，k_{19}，…，k_{26} 是产品从零售商到所在区域客户的单位成本。

在未发生突发事件时，为了最大可能满足客户需求且使整个供应链网络成本最低，各分销商、零售商的订货量通过 Matlab 程序，调用 BG 迭代算法，通过 Matlab 程序实现供应链网络模拟，寻求供应链网络的最优研究。

此时整个供应链网络的需求量和成本用矩阵表述如图7-14、图7-15所示。

每相邻节点企业之间的量和成本进行数值仿真，代入如下数值：

$(a_1, k_1) = (37, 13)$，$(a_2, k_2) = (43, 19)$，$(a_3, k_3) = (28, 16)$，$(a_4, k_4) = (16, 9)$，$(a_5, k_5) = (12, 7)$，$(a_6, k_6) = (9, 4)$，

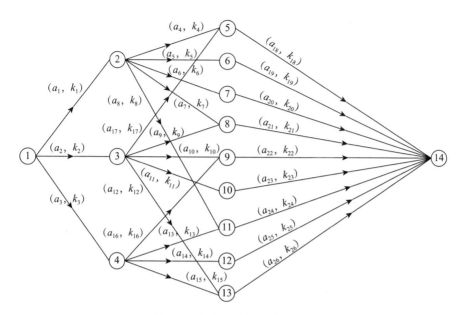

图 7 - 13　有交叉供应链网络拓扑图

$$
\begin{bmatrix}
0, & a_1, & a_2, & a_3, & 0, & 0, & 0, & 0, & 0, & 0, & 0, & 0, & 0, & 0 \\
0, & 0, & 0, & 0, & a_4, & a_5, & a_6, & a_7, & 0, & 0, & a_8, & 0, & 0, & 0 \\
0, & 0, & 0, & 0, & a_{17}, & 0, & 0, & a_9, & a_{10}, & a_{11}, & 0, & 0, & a_{12}, & 0 \\
0, & 0, & 0, & 0, & 0, & 0, & 0, & 0, & a_{16}, & 0, & a_{13}, & a_{14}, & a_{15}, & 0 \\
0, & 0, & 0, & 0, & 0, & 0, & 0, & 0, & 0, & 0, & 0, & 0, & 0, & a_{18} \\
0, & 0, & 0, & 0, & 0, & 0, & 0, & 0, & 0, & 0, & 0, & 0, & 0, & a_{19} \\
0, & 0, & 0, & 0, & 0, & 0, & 0, & 0, & 0, & 0, & 0, & 0, & 0, & a_{20} \\
0, & 0, & 0, & 0, & 0, & 0, & 0, & 0, & 0, & 0, & 0, & 0, & 0, & a_{21} \\
0, & 0, & 0, & 0, & 0, & 0, & 0, & 0, & 0, & 0, & 0, & 0, & 0, & a_{22} \\
0, & 0, & 0, & 0, & 0, & 0, & 0, & 0, & 0, & 0, & 0, & 0, & 0, & a_{23} \\
0, & 0, & 0, & 0, & 0, & 0, & 0, & 0, & 0, & 0, & 0, & 0, & 0, & a_{24} \\
0, & 0, & 0, & 0, & 0, & 0, & 0, & 0, & 0, & 0, & 0, & 0, & 0, & a_{25} \\
0, & 0, & 0, & 0, & 0, & 0, & 0, & 0, & 0, & 0, & 0, & 0, & 0, & a_{26} \\
0, & 0, & 0, & 0, & 0, & 0, & 0, & 0, & 0, & 0, & 0, & 0, & 0, & 0
\end{bmatrix}
$$

图 7 - 14　有交叉供应网络容量矩阵

$(a_7, k_7) = (8, 3)$，$(a_8, k_8) = (11, 7)$，$(a_9, k_9) = (15, 8)$，$(a_{10}, k_{10}) = (17, 11)$，$(a_{11}, k_{11}) = (11, 5)$，$(a_{12}, k_{12}) = (7, 2)$，$(a_{13}, k_{13}) = (8, 2)$，$(a_{14}, k_{14}) = (11, 5)$，$(a_{15}, k_{15}) = (6, 3)$，$(a_{16}, k_{16}) = (9, 3)$，$(a_{17}, k_{17}) = (9, 4)$，$(a_{18}, k_{18}) = (12, 4)$，

$$[0, k_1, k_2, k_3, 0, 0, 0, 0, 0, 0, 0, 0, 0, 0]$$
$$[0, 0, 0, 0, k_4, k_5, k_6, , 0, 0, k_8, 0, 0, 0]$$
$$[0, 0, 0, 0, k_{17}, 0, 0, k_9, k_{10}, k_{11}, 0, 0, k_{12}, 0]$$
$$[0, 0, 0, 0, 0, 0, 0, 0, k_{16}, 0, k_{13}, k_{14}, k_{15}, 0]$$
$$[0, 0, 0, 0, 0, 0, 0, 0, 0, 0, 0, 0, 0, k_{18}]$$
$$[0, 0, 0, 0, 0, 0, 0, 0, 0, 0, 0, 0, 0, k_{19}]$$
$$[0, 0, 0, 0, 0, 0, 0, 0, 0, 0, 0, 0, 0, k_{20}]$$
$$[0, 0, 0, 0, 0, 0, 0, 0, 0, 0, 0, 0, 0, k_{21}]$$
$$[0, 0, 0, 0, 0, 0, 0, 0, 0, 0, 0, 0, 0, k_{22}]$$
$$[0, 0, 0, 0, 0, 0, 0, 0, 0, 0, 0, 0, 0, k_{23}]$$
$$[0, 0, 0, 0, 0, 0, 0, 0, 0, 0, 0, 0, 0, k_{24}]$$
$$[0, 0, 0, 0, 0, 0, 0, 0, 0, 0, 0, 0, 0, k_{25}]$$
$$[0, 0, 0, 0, 0, 0, 0, 0, 0, 0, 0, 0, 0, k_{26}]$$
$$[0, 0, 0, 0, 0, 0, 0, 0, 0, 0, 0, 0, 0, 0]$$

图 7-15　有交叉供应网络成本矩阵

$(a_{19}, k_{19}) = (15, 3)$，$(a_{20}, k_{20}) = (14, 4)$，$(a_{21}, k_{21}) = (9, 2)$，$(a_{22}, k_{22}) = (18, 7)$，$(a_{23}, k_{23}) = (11, 6)$，$(a_{24}, k_{24}) = (17, 8)$，$(a_{25}, k_{25}) = (6, 1)$，$(a_{26}, k_{26}) = (11, 2)$，此时通过 Matlab 程序实现整个网络的需求流量和费用矩阵形式表述见 7-16 所示。

$b =$

0	37	43	28	0	0	0	0	0	0	0	0	0	0
0	0	0	0	16	12	9	8	0	0	11	0	0	0
0	0	0	0	9	0	0	15	17	11	0	0	7	0
0	0	0	0	0	0	0	0	9	0	8	11	6	0
0	0	0	0	0	0	0	0	0	0	0	0	0	12
0	0	0	0	0	0	0	0	0	0	0	0	0	15
0	0	0	0	0	0	0	0	0	0	0	0	0	14
0	0	0	0	0	0	0	0	0	0	0	0	0	9
0	0	0	0	0	0	0	0	0	0	0	0	0	18
0	0	0	0	0	0	0	0	0	0	0	0	0	11
0	0	0	0	0	0	0	0	0	0	0	0	0	17
0	0	0	0	0	0	0	0	0	0	0	0	0	6
0	0	0	0	0	0	0	0	0	0	0	0	0	11
0	0	0	0	0	0	0	0	0	0	0	0	0	0

图 7-16　有交叉供应网络无突发事件赋值后容量矩阵

此时整个供应链网络的最大需求量 $D = 12 + 15 + 14 + 9 + 18 + 11 + 17 + 6 + 11 = 113$ 单位，制造商最大供给能力 $S = 37 + 43 + 28 = 108$ 单位，

供给 S 小于需求 D，为满足产供销平衡，需要对供应链网络中生产数量或订购数量进行调整，从而使整个供应链网络最大可能满足客户需求的情况下，供应链网络总的成本最小。

$c =$

```
0   13  19  16  0   0   0   0   0   0   0   0   0   0
0   0   0   0   9   7   4   3   0   0   7   0   0   0
0   0   0   0   4   0   0   8   11  5   0   0   2   0
0   0   0   0   0   0   0   0   3   0   2   5   3   0
0   0   0   0   0   0   0   0   0   0   0   0   0   4
0   0   0   0   0   0   0   0   0   0   0   0   0   3
0   0   0   0   0   0   0   0   0   0   0   0   0   4
0   0   0   0   0   0   0   0   0   0   0   0   0   2
0   0   0   0   0   0   0   0   0   0   0   0   0   7
0   0   0   0   0   0   0   0   0   0   0   0   0   6
0   0   0   0   0   0   0   0   0   0   0   0   0   8
0   0   0   0   0   0   0   0   0   0   0   0   0   1
0   0   0   0   0   0   0   0   0   0   0   0   0   2
0   0   0   0   0   0   0   0   0   0   0   0   0   0
```

图 7 - 17　有交叉供应网络无突发事件赋值后费用矩阵

Matlab 程序调用 BGf 函数，实现对整个供应链网络优化研究，得到未发生突发事件时有交叉网络的 f 矩阵，此时整个供应链满足最大客户需求量的值 wf 和满足最大客户需求量前提下的整个供应链总的最低成本 zwf。

（1）通过数值仿真得到此时满足客户需求量的值 wf 为 105 单位，制造商减少 3 单位产品供给量。

（2）最大客户需求量满足度 $m = \dfrac{wf}{D} = \dfrac{105}{113} = 92.92\%$。

（3）在最大可能满足客户需求的情况下整个供应链所耗成本最低的费用 zwf 为 2735。

此时对客户市场的分析，各个市场在整个市场中所占的权重通过以下公式：

$$\eta_i = \frac{a'_i}{S}, i = 18, 19, \cdots, 26 \tag{7.11}$$

此时在客户需求量满足度达到 92.92% 的情况下，各节点企业之间的产品流量如图 7 - 19 所示，使供应链网络整体达到优化，并且网络总成本最低。

$f =$

0	37	40	28	0	0	0	0	0	0	0	0	0	0
0	0	0	0	3	12	9	4	0	0	9	0	0	0
0	0	0	0	9	0	0	5	9	11	0	0	6	0
0	0	0	0	0	0	0	0	9	0	8	6	5	0
0	0	0	0	0	0	0	0	0	0	0	0	0	12
0	0	0	0	0	0	0	0	0	0	0	0	0	12
0	0	0	0	0	0	0	0	0	0	0	0	0	9
0	0	0	0	0	0	0	0	0	0	0	0	0	9
0	0	0	0	0	0	0	0	0	0	0	0	0	18
0	0	0	0	0	0	0	0	0	0	0	0	0	11
0	0	0	0	0	0	0	0	0	0	0	0	0	17
0	0	0	0	0	0	0	0	0	0	0	0	0	6
0	0	0	0	0	0	0	0	0	0	0	0	0	11
0	0	0	0	0	0	0	0	0	0	0	0	0	0

$wf =$

105

$zwf =$

2735

图 7－18　有交叉网络无突发事件时 f 矩阵

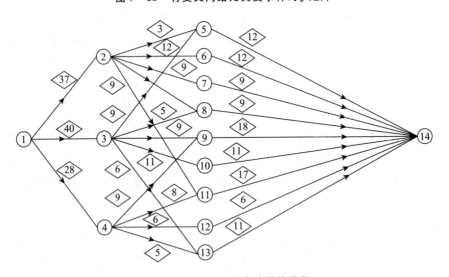

图 7－19　有交叉供应链网络优化

7.5 突发事件后有交叉供应链网络协调研究及 Matlab 仿真

突发事件是不可预测的,将使零售商面对的市场需求发生变化以及制造商市场供应量发生变化。下面将从三个方面对于突发事件导致市场变化进行模型讨论:(1)有交叉网络供给不变,需求变化模型;(2)有交叉网络需求不变,供给变化模型;(3)有交叉网络供给、需求同时变化模型。分别通过 Matlab 仿真,实现供应网络在突发事件后的应急协调研究,使供应链网络最大可能满足客户需求,同时使供应链网络总成本最低。

7.5.1 供给不变需求变化后协调研究及 Matlab 仿真

(1)市场分析

假设突发事件导致市场环境发生变化,供给不变,需求发生变化,由于供应链节点企业和客户都是风险中性和基于完全理性的,各个市场的需求量变化值将同比与市场的总需求变动。若供给不变,需求变化 ΔD 时,此时的容量矩阵 b 中代表各个市场顾客最大需求量的变化函数 a'_i 表示如下:

$$a'_i = a_i + \frac{a_i}{\sum\limits_{i=18}^{26} a_i} \times \Delta D,\ i = 18,19,\cdots,26 \qquad (7.12)$$

(2)数值仿真

此处以需求增加,供给不变为研究对象,对模型进行仿真,当模型中市场需求量的变化值 ΔD 相对于无突发事件时增加 32 单位,即 $D = 145$,通过式(7.12)得到新的需求容量矩阵如图 7-20 所示。

Matlab 程序调用 BGf 函数得到一个有交叉供应链网络需求增加(32)时的 f 矩阵,得到图 7-21 所示的整个供应链网络满足最大客户需求量的值 wf 和满足最大客户需求量前提下,整个供应链网络总的最低成本 zwf。

```
0   37.0000  43.0000  28.0000   0        0        0        0        0        0        0        0        0        0        0
0    0        0        0       16.0000  12.0000   9.0000   8.0000   0       11.0000   0        0        0        0        0
0    0        0        9.0000   0        0       15.0000  17.0000  11.0000   0        0        7.0000   0        0
0    0        0        0        0        0        0        9.0000   0        8.0000  11.0000   6.0000   0        0
0    0        0        0        0        0        0        0        0        0        0        0        0       15.3982
0    0        0        0        0        0        0        0        0        0        0        0        0       19.2478
0    0        0        0        0        0        0        0        0        0        0        0        0       17.9646
0    0        0        0        0        0        0        0        0        0        0        0        0       11.5487
0    0        0        0        0        0        0        0        0        0        0        0        0       23.0973
0    0        0        0        0        0        0        0        0        0        0        0        0       14.1150
0    0        0        0        0        0        0        0        0        0        0        0        0       21.8142
0    0        0        0        0        0        0        0        0        0        0        0        0        7.6991
0    0        0        0        0        0        0        0        0        0        0        0        0       14.1150
0    0        0        0        0        0        0        0        0        0        0        0        0        0
```

图 7 - 20　有交叉需求增加（32）时新容量矩阵

$f =$

```
0   37.0000  43.0000  28.0000   0        0        0        0        0        0        0        0        0        0
0    0        0        0        6.3982  12.0000   9.0000   8.0000   0        1.6018   0        0        0        0
0    0        0        9.0000   0        0        3.5487  12.4513  11.0000   0        0        7.0000   0        0
0    0        0        0        0        0        0        9.0000   0        5.3009   7.6991   6.0000   0        0
0    0        0        0        0        0        0        0        0        0        0        0        0       15.3982
0    0        0        0        0        0        0        0        0        0        0        0        0       12.0000
0    0        0        0        0        0        0        0        0        0        0        0        0        9.0000
0    0        0        0        0        0        0        0        0        0        0        0        0       11.5487
0    0        0        0        0        0        0        0        0        0        0        0        0       21.4513
0    0        0        0        0        0        0        0        0        0        0        0        0       11.0000
0    0        0        0        0        0        0        0        0        0        0        0        0        6.9027
0    0        0        0        0        0        0        0        0        0        0        0        0        7.6991
0    0        0        0        0        0        0        0        0        0        0        0        0       13.0000
0    0        0        0        0        0        0        0        0        0        0        0        0        0
```

$wf =$

108

$zwf =$

2.7850e+003

图 7 - 21　有交叉供应链需求增加（32）时的 f 矩阵

（3）数值分析

①整个供应链满足最大客户需求量的值为：

$$wf' = \sum_{i=18}^{26} a'_i = 108, \ i = 18,19,\cdots,26 \qquad (7.13)$$

供应链网络对于市场需求变化所做的调整量 $\Delta wf = wf' - wf = 108 - 105 = 3$。

②供应链中制造商最大供给能力 $S' = a_1 + a_2 + a_3 = 37 + 43 + 28 = 108$ 单位。

③最大客户需求量满足度 $m' = \dfrac{wf'}{D'} = \dfrac{108}{145} = 74.4828\%$，变化值 $\Delta m =$

$m' - m = 74.4828\% - 92.92\% = -18.4372\%$。

④满足最大客户需求量前提下的整个供应链所耗成本最低的费用 $zwf' = 2.7850e + 003$。

供应链网络对于市场变化协调后整个网络的成本变化量 $\Delta zwf = zwf' - zwf = (2.7850e + 003) - 2735 = 50$。

突发事件导致市场需求的变化，对于供应链网络来说产供销均达到最大，变化比较明显的是客户需求量满足程度，供给能力的制约，导致最大客户满足度下降。此时，应当适当加大制造商产量，加大供给，从而提高最大客户满足度。对供应链网络进行上述供给不变，需求变化的动态优化研究，在有限的资源下达到成本最低，最终实现供应链整体网络的收益最优。

（4）政策建议

第一，供应链节点企业量的调整

在此种情况下，调整制造商生产量、分销商和零售商的订货量、市场销售量矩阵如图 7 - 22 所示。

```
0      0    3.0000    0      0       0      0        0       0     0        0        0
0      0      0       0    3.3982    0      0      4.0000    0     0     -7.3982     0        0
0      0      0       0      0       0    -1.4513  3.4513    0     0        0     1.0000
0      0      0       0      0       0      0        0       0   -2.6991  1.6991  1.0000
0      0      0       0      0       0      0        0       0     0        0        0
0      0      0       0      0       0      0        0       0     0        0        0
0      0      0       0      0       0      0        0       0     0        0        0
0      0      0       0      0       0      0        0       0     0        0        0
0      0      0       0      0       0      0        0       0     0        0        0
0      0      0       0      0       0      0        0       0     0        0        0
0      0      0       0      0       0      0        0       0     0        0        0
0      0      0       0      0       0      0        0       0     0        0        0
```

图 7 - 22　有交叉供应链需求增加（32）时的优化

通过以上分析，此时供应链网络应对市场需求变化所采取的措施有以下几个。

①制造商总产量和对各分销商供给量的调整

制造商供给量增加 3 个单位，达到最大供给能力，其中对于节点分销商 2、4 的供给不变，对节点分销商 3 的供给量增加 3 单位，变为 43。

②节点分销商对零售商的供给量的调整

节点分销商 2 对节点零售商 5 的供给量 a_4 增加 3.3982 单位，节点分销商 2 对节点零售商 8 的供给量 a_7 增加 4.0000 单位，节点分销商 2 对节点零售商 11 的供给量 a_8 减少 7.3982 单位。

节点分销商 3 对节点零售商 8 的供给量 a_9 减少 1.4513 单位，节点分销商 3 对节点零售商 9 的供给量 a_{10} 增加 3.4513 单位，节点分销商 3 对节点零售商 8 的供给量 a_{13} 增加 1.0000 单位。

节点分销商 4 对节点零售商 11 的供给量 a_{13} 减少 2.6991 单位，节点分销商 4 对节点零售商 12 的供给量 a_{14} 增加 1.6991，节点分销商 4 对节点零售商 13 的供给量 a_{15} 增加 1.0000 单位，其他的均保持不变，此时供应链在制造商最大供给能力的情况下满足市场需求，同时使整个供应链的成本达到最优。

第二，供应链应对突发事件的约束条件

我们可以看到，此时供应链应对突发事件的约束条件是供应链中制造企业供给能力的不足，供应链决策者需要对网络中的供给能力进行优化改造，提高制造商生产能力，以应对突发事件后的需求增大。

7.5.2 需求不变供给变化后协调研究及 Matlab 仿真

（1）市场分析

假设突发事件导致供应链中供给规模发生变化，而需求对于市场存在滞后性，由此假定需求不变。由于供应链节点企业和客户都是风险中性和基于完全理性的，供应链中制造商对各个分销商的供给将与市场的总供给同时变动，假设突发事件导致市场环境发生变化，出现需求不变，供给变化 ΔS 时，此时的容量矩阵 b 中表示制造商对各个分销商的最大供给量的变化函数 a'_i 为：

$$a'_i = a_i + \frac{a_i}{\sum\limits_{i=1}^{3} a_i} \times \Delta S, \, i = 1, 2, 3$$

（2）数值仿真

此处以供给减少，需求不变这一情况为研究对象，对供应链网络结构进行模拟，当制造商最大供给量变化量 ΔS 减少 21 单位时，即得到 $S' = 108 -$

21 = 87 单位新需求容量矩阵如图 7 - 23 所示，市场总需求量 $D' = 113$ 单位。

```
0   29.8056  34.6389  22.5556   0        0        0        0        0        0        0        0        0        0
0    0        0        0       16.0000  12.0000   9.0000   8.0000   0        0       11.0000   0        0        0
0    0        0        0        9.0000   0        0       15.0000  17.0000  11.0000   0        0        7.0000   0
0    0        0        0        0        0        0        9.0000   0        8.0000  11.0000   6.0000   0
0    0        0        0        0        0        0        0        0        0        0        0       12.0000
0    0        0        0        0        0        0        0        0        0        0        0       15.0000
0    0        0        0        0        0        0        0        0        0        0        0       14.0000
0    0        0        0        0        0        0        0        0        0        0        0        9.0000
0    0        0        0        0        0        0        0        0        0        0        0       18.0000
0    0        0        0        0        0        0        0        0        0        0        0       11.0000
0    0        0        0        0        0        0        0        0        0        0        0       17.0000
0    0        0        0        0        0        0        0        0        0        0        0        6.0000
0    0        0        0        0        0        0        0        0        0        0        0       11.0000
```

图 7 - 23　有交叉供应链供给减少 21 单位时新容量矩阵

Matlab 程序调用 BGf 函数，得到一个有交叉供应链供给减少 21 单位时的 f 矩阵，以及整个供应链满足最大客户需求量的值 wf 和满足最大客户需求量前提下的使整个供应链网络总的最低的成本 zwf。

$f_2 =$

```
0   29.8056  34.6389  22.5556   0        0        0        0        0        0        0        0        0        0
0    0        0        0        0.8056  12.0000   9.0000   8.0000   0        0        0        0        0        0
0    0        0        0        9.0000   0        0        1.0000   6.6389  11.0000   0        0        7.0000   0
0    0        0        0        0        0        0        9.0000   0        3.5556   6.0000   4.0000   0
0    0        0        0        0        0        0        0        0        0        0        0        9.8056
0    0        0        0        0        0        0        0        0        0        0        0       12.0000
0    0        0        0        0        0        0        0        0        0        0        0        9.0000
0    0        0        0        0        0        0        0        0        0        0        0        9.0000
0    0        0        0        0        0        0        0        0        0        0        0       15.6389
0    0        0        0        0        0        0        0        0        0        0        0       11.0000
0    0        0        0        0        0        0        0        0        0        0        0        3.5556
0    0        0        0        0        0        0        0        0        0        0        0        6.0000
0    0        0        0        0        0        0        0        0        0        0        0       11.0000
0    0        0        0        0        0        0        0        0        0        0        0        0
```

$wf =$

　87

$zwf =$

2.1810e+003

图 7 - 24　有交叉供应链供给减少 21 单位时的 f 矩阵

（3）数值分析

①整个供应链满足最大客户需求量的值满足以下公式：

$$wf' = \sum_{i=18}^{26} a'_i = 87,\ i = 18,19,\cdots,26 。$$

供应链网络对于市场需求变化所做的调整量 $\Delta wf = wf' - wf = 87 - 105 = -18$。

②供应链制造商最大供给能力为：

$$S' = a_1 + a_2 + a_3 = 29.8056 + 34.6389 + 22.5556 = 87 \text{ 单位。}$$

③最大客户需求量满足度 $m' = \dfrac{wf'}{D'} = \dfrac{87}{113} = 76.9912\%$，变化值 $\Delta m = m' - m = 76.9912\% - 92.92\% = -15.9290\%$。

④满足客户最大需求量前提下的使整个供应链网络最低的费用 $zwf' = 2.1810\mathrm{e}+003$，供应链网络对于市场变化协调后整个网络的成本变化值 $\Delta zwf = zwf' - zwf = (2.1810\mathrm{e}+003) - 2735 = -554$。

突发事件导致供应链供给有较大幅度变化，对于供应链上制造企业来说此时产量远未满足市场需求量，导致客户需求量满足程度明显降低，所以此时应加大制造商产量，增加供给，最大限度满足客户需求。由于供给能力的制约，供应链网络的协调分析，在有限的资源下达到成本最低，最终实现供应链整体网络的收益最优。

（4）政策建议

在此种情况下分销商和零售商采购量数量调整为图 7 - 25 所示。

```
0  -7.1944  -5.3611  -5.4444        0        0        0        0        0        0        0        0
0        0        0        0  -2.1944        0        0   4.0000        0  -9.0000        0        0
0        0        0        0        0        0  -4.0000  -2.3611        0        0        0   1.0000
0        0        0        0        0        0        0        0        0  -4.4444        0  -1.0000
0        0        0        0        0        0        0        0        0        0        0        0
0        0        0        0        0        0        0        0        0        0        0        0
0        0        0        0        0        0        0        0        0        0        0        0
0        0        0        0        0        0        0        0        0        0        0        0
0        0        0        0        0        0        0        0        0        0        0        0
0        0        0        0        0        0        0        0        0        0        0        0
0        0        0        0        0        0        0        0        0        0        0        0
0        0        0        0        0        0        0        0        0        0        0        0
0        0        0        0        0        0        0        0        0        0        0        0
```

图 7 - 25　有交叉供应链供给减少 21 单位时的供应链优化矩阵

通过以上分析，此时供应链网络应对市场需求变化所采取的措施有以下几点。

①制造商总产量和对各分销商供给量的调整

由于突发事件制造商供给量减少 18 单位，其中制造商对节点分销商 2 的供给量减少 7.1944 单位，对节点分销商 3 的供给量减少 5.3611 单位，对节点分销商 4 的供给量减少 5.4444 单位。

②节点分销商对零售商的供给量的调整

节点分销商 2 对节点零售商 5 的供给量 a_4 减少 2.1944 单位，节点分销商 2 对节点零售商 8 的供给量 a_9 增加 4.0000 单位，节点分销商 2 对节点零售商 11 的供给量 a_8 减少 9.0000 单位。

节点分销商 3 对节点零售商 8 的供给量 a_9 减少 4.0000 单位，节点分销商 3 对节点零售商 9 的供给量 a_{10} 减少 2.3611 单位，节点分销商 3 对节点零售商 13 的供给量 a_{12} 增加 1.0000 单位。

节点分销商 4 对节点零售商 11 的供给量 a_{13} 减少 4.4444 单位，节点分销商 4 对节点零售商 13 的供给量 a_{15} 减少 1.0000 单位，其他的均保持不变，此时供应链在制造商最大供给能力的情况下满足市场需求，调整各个节点企业间的流量使整个供应链的成本达到最优。

从最大客户需求满足程度来看，下降幅度反映到供应链上的效果是显著的，突发事件导致供给变化对于供应链影响是显著的，供应链企业决策者应重点对制造商进行生产数量协调控制，以期提高产量，最大限度满足客户需求。

7.5.3　供给需求同时变化后协调研究及 Matlab 仿真

（1）市场分析及数值仿真

假设突发事件导致市场环境发生变化，出现供给需求同时发生变化。此处以供给减少 21 单位即 $S = 108 - 21 = 87$；需求增加 32 单位变动即 $D = 113 + 32 = 145$，通过 Matalb 仿真结果如图 7 - 26 所示。

0	29.8056	34.6389	22.5556	0	0	0	0	0	0	0	0	0
0	0	0	0	16.0000	12.0000	9.0000	8.0000	0	0	11.0000	0	0	0
0	0	0	0	9.0000	0	0	15.0000	17.0000	11.0000	0	0	7.0000	0
0	0	0	0	0	0	0	0	9.0000	0	8.0000	11.0000	6.0000	0
0	0	0	0	0	0	0	0	0	0	0	0	0	15.3982
0	0	0	0	0	0	0	0	0	0	0	0	0	19.2478
0	0	0	0	0	0	0	0	0	0	0	0	0	17.9646
0	0	0	0	0	0	0	0	0	0	0	0	0	11.5487
0	0	0	0	0	0	0	0	0	0	0	0	0	23.0973
0	0	0	0	0	0	0	0	0	0	0	0	0	14.1150
0	0	0	0	0	0	0	0	0	0	0	0	0	21.8142
0	0	0	0	0	0	0	0	0	0	0	0	0	7.6991
0	0	0	0	0	0	0	0	0	0	0	0	0	14.1150
0	0	0	0	0	0	0	0	0	0	0	0	0	0

图 7 - 26　有交叉供给减少（21）且需求增加（32）时的新容量矩阵

调用 Matlab 程序编辑的 BGf 函数得到一个有交叉供给减少（21）且需求增加（32）时的 f 矩阵见图 7 - 27，以及整个供应链满足最大客户需求量

的值 wf 和满足最大客户需求量前提下的使整个供应链所耗成本最低的费用 zwf。

f_3 =

0	29.8056	34.6389	22.5556	0	0	0	0	0	0	0	0	0	0
0	0	0	0	0.8056	12.0000	9.0000	8.0000	0	0	0	0	0	0
0	0	0	0	9.0000	0	0	3.5487	4.0902	11.0000	0	0	7.0000	0
0	0	0	0	0	0	0	0	8.8564	0	0	7.6991	6.0000	0
0	0	0	0	0	0	0	0	0	0	0	0	0	9.8056
0	0	0	0	0	0	0	0	0	0	0	0	0	12.0000
0	0	0	0	0	0	0	0	0	0	0	0	0	9.0000
0	0	0	0	0	0	0	0	0	0	0	0	0	11.5487
0	0	0	0	0	0	0	0	0	0	0	0	0	12.9467
0	0	0	0	0	0	0	0	0	0	0	0	0	11.0000
0	0	0	0	0	0	0	0	0	0	0	0	0	0
0	0	0	0	0	0	0	0	0	0	0	0	0	7.6991
0	0	0	0	0	0	0	0	0	0	0	0	0	13.0000
0	0	0	0	0	0	0	0	0	0	0	0	0	0

wf =

87

zwf =

2.1438e+003

图 7-27　有交叉供给减少（21）且需求增加（32）时的 f 矩阵

（2）数值分析

①整个供应链满足最大客户需求量的值为：

$$wf' = \sum_{i=19}^{27} a'_i = 87, i = 18, 19, \cdots, 26。$$

供应链网络对于市场需求变化所做的调整量为 $\Delta wf = wf' - wf = 87 - 105 = -18$。

②供应链制造商最大供给能力为：

$$S' = a_1 + a_2 + a_3 = 29.8056 + 34.6389 + 22.5556 = 87 \text{ 单位。}$$

③最大客户需求量满足度 $m' = \dfrac{wf'}{D'} = \dfrac{87}{145} = 60\%$，变化值 $\Delta m = m' - m = 60\% - 92.92\% = -32.92\%$。

④满足最大客户需求量前提下的使整个供应链网络最低的费用为 $zwf' = 2.1438e+003$。

供应链网络对于市场变化协调后整个网络的成本变化值为 $\Delta zwf = zwf' - zwf =$（2.1438e+003）$-2735 = -591.2$。

突发事件导致供应链中供给和需求发生较大幅度变化，对于供应链上制造企业来说，此时产量远未满足市场需求量，导致客户需求量满足程度明显降低，此时应加大制造商生产数量供给，提高最大客户需求满足度，从而使供应链网络达到最优；由于客户需求量只能满足 87 单位，缺口巨大，所以要考虑从其他供应商处进行采购，加大供给，提高客户满足度。由于供给能力的制约，对供应链网络进行协调研究分析主要是在有限的资源下达到供应链网络总成本最低，最终实现供应链整体网络的收益最优。

（3）政策建议

在此种情况下分销商和零售商采购量调整如图 7 - 28 所示。

```
0   -7.1944  -5.3611  -5.4444      0      0       0        0       0        0       0       0
0        0        0        0  -2.1944      0  4.0000        0       0  -9.0000       0       0
0        0        0        0      0      0       0  -1.4513  -4.9098       0       0  1.0000
0        0        0        0      0      0       0  -0.1436       0  -8.0000  1.6991  1.0000
0        0        0        0      0      0       0        0       0        0       0       0
0        0        0        0      0      0       0        0       0        0       0       0
0        0        0        0      0      0       0        0       0        0       0       0
0        0        0        0      0      0       0        0       0        0       0       0
0        0        0        0      0      0       0        0       0        0       0       0
0        0        0        0      0      0       0        0       0        0       0       0
0        0        0        0      0      0       0        0       0        0       0       0
0        0        0        0      0      0       0        0       0        0       0       0
```

图 7 - 28 有交叉供给减少（21）需求增加（32）优化矩阵

通过 Matlab 数据仿真结果，此时供应链网络应对市场需求变化所采取的措施有以下几个。

①制造商总产量和对各分销商供给量的调整

由于突发事件制造商供给量减少 18 单位，其中制造商对节点分销商 2 的供给量减少 7.1944 单位，对节点分销商 3 的供给量减少 5.3611 单位，对节点分销商 4 的供给量减少 5.4444 单位。

②分销商对零售商的供给量的调整

节点分销商 2 对节点零售商 5 的供给量 a_4 减少 2.1944 单位，节点分销商 2 对节点零售商 8 的供给量 a_7 增加 4.0000 单位，节点分销商 2 对节点零售商 11 的供给量 a_8 减少 9.0000 单位。

节点分销商 3 对节点零售商 8 的供给量 a_9 减少 1.4513，节点分销商 3 对节点零售商 9 的供给量 a_{10} 减少 4.9098 单位，节点分销商 3 对节点零售商 13 的供给量 a_{12} 增加 1.0000 单位。

节点分销商 4 对节点零售商 9 的供给量 a_{16} 减少 0.1436 单位，节点分销商 4 对节点零售商 11 的供给量 a_{13} 减少 8.0000 单位，节点分销商 4 对节点零售商 12 的供给量 a_{14} 增加 1.6991 单位，节点分销商 4 对节点零售商 13 的供给量 a_{15} 增加 1.0000 单位。其他的均保持不变，此时供应链在制造商最大供给能力的情况下满足市场需求，调整各个节点企业间的流量使整个供应链的成本达到最优。

7.6 有交叉供应链网络节点失效协调研究及 Matlab 仿真

当供应链网络受突发事件的影响造成其中某个节点完全失效时，供应链所处的外部环境对突发事件反映存在滞后效应，在此假定除失效节点分销商外，其他分销商、零售商和客户需求量不发生变化。

此时节点分销商 3 受突发事件影响造成完全失效后，由于节点零售商 10 和其他分销商之间不存在供销关系，节点零售商 10 所在的客户需求仍存在，同时由于节点分销商 3 的失效，制造商基于理性对于节点分销商的供给将自动减少为 0。此时供应链网络图如 7 - 29 所示。

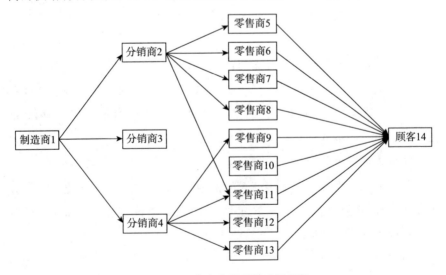

图 7 - 29　节点失效后供应链网络

通过 Matlab 程序实现整个节点失效后供应链网络的需求流量和费用矩阵如图 7-30 和图 7-31 所示。

```
0   37  28  0   0   0   0   0   0   0   0   0
0   0   0   16  12  9   8   0   11  0   0   0
0   0   0   0   0   0   0   9   8   11  6   0
0   0   0   0   0   0   0   0   0   0   0   12
0   0   0   0   0   0   0   0   0   0   0   15
0   0   0   0   0   0   0   0   0   0   0   14
0   0   0   0   0   0   0   0   0   0   0   9
0   0   0   0   0   0   0   0   0   0   0   18
0   0   0   0   0   0   0   0   0   0   0   17
0   0   0   0   0   0   0   0   0   0   0   6
0   0   0   0   0   0   0   0   0   0   0   11
0   0   0   0   0   0   0   0   0   0   0   0
```

图 7-30　节点失效后供应链网络容量矩阵

此时整个供应链网络的最大需求量 D 是 113 单位，其中包括节点零售商 10 所在市场的客户需求 11 单位，制造商通过节点分销商 2、4 的最大供给能力 S 是 65 单位，供给 S 小于需求 D，为满足产供销平衡，需要对供应链网络中采购数量进行微调，从而最大可能满足客户需求，同时使供应链网络整体成本最小。

```
0   13  16  0   0   0   0   0   0   0   0   0
0   0   0   9   7   4   3   0   7   0   0   0
0   0   0   0   0   0   0   3   2   5   3   0
0   0   0   0   0   0   0   0   0   0   0   4
0   0   0   0   0   0   0   0   0   0   0   3
0   0   0   0   0   0   0   0   0   0   0   4
0   0   0   0   0   0   0   0   0   0   0   2
0   0   0   0   0   0   0   0   0   0   0   7
0   0   0   0   0   0   0   0   0   0   0   8
0   0   0   0   0   0   0   0   0   0   0   1
0   0   0   0   0   0   0   0   0   0   0   2
0   0   0   0   0   0   0   0   0   0   0   0
```

图 7-31　节点失效后供应链网络费用矩阵

Matlab 程序调用 BGf 函数，对整个供应链网络进行优化，得到节点失效后供应链网络的 f 矩阵（见图 7-32），此时整个供应链满足最大客户需求量的值 wf 和满足最大客户需求量前提下的使整个供应链总的最低的成本 zwf。

$$f =$$

0	37	28	0	0	0	0	0	0	0	0	0
0	0	0	8	12	9	8	0	0	0	0	0
0	0	0	0	0	0	0	9	7	6	6	0
0	0	0	0	0	0	0	0	0	0	0	8
0	0	0	0	0	0	0	0	0	0	0	12
0	0	0	0	0	0	0	0	0	0	0	9
0	0	0	0	0	0	0	0	0	0	0	8
0	0	0	0	0	0	0	0	0	0	0	9
0	0	0	0	0	0	0	0	0	0	0	7
0	0	0	0	0	0	0	0	0	0	0	6
0	0	0	0	0	0	0	0	0	0	0	6
0	0	0	0	0	0	0	0	0	0	0	0

$$wf =$$

65

$$zwf =$$

1491

图 7 - 32　节点失效后供应链网络 f 矩阵

（1）通过数值仿真得到此时满足客户需求量的值 wf 为 65 单位，制造商减少了 40 单位产品供给量。

（2）最大客户需求量满足度 $m = \dfrac{wf}{D} = \dfrac{65}{113} = 57.5221\%$，最大客户需求量满足度变化值 $\Delta m = m' - m = 57.5221\% - 92.92\% = -35.3980\%$。

（3）在最大可能满足客户需求的情况下整个供应链所耗成本最低的费用 zwf 为 1491。

此时在客户需求量满足度达到 57.5221% 的情况下，各节点企业之间的产品流量如图 7 - 32 所示，供应链网络整体达到最优，并且使整个网络成本最低。突发事件导致供应链节点失效，最大客户需求量满足度减小了 35.3980%，如果产品是客户生活所必需的，那么仅仅依靠供应链企业来协调是不能满足市场需求的，所以需要外部组织或者政府提供帮助。

突发事件导致节点失效问题尤其要引起供应链管理者的注意，因为一旦发生，对供应链影响和冲击是最大的，客户满足度下降最大，此时应该积极应对，采取措施。可以采用从其他供应商进行采购，或者采用从其他分销商处采购等方式来满足市场最大需求，降低突发事件对供应链的冲击和造成的损失。

7.7 程序代码

```
function [ f wf zwf] = BGf(C,b)
% function [ f wf zwf] = BGf(C,b)
% 计算给定供应链的最小费用最大可能的满足客户需求量
% C;% 分销商的最大可能订购量、零售商的最大订购量及客户的最大需求量
% b;% 弧上单位商品流通所产生的费用
% f 供应链最小费用及最大话商品流矩阵,wf 最大化客户需求量 zwf 为整个供应链的最小费用
n = size(C,2);
wf = 0;wf0 = Inf;% wf 表示最大可能的满足客户需求量,wf0 表示预定的需求量值
f = zeros(n,n);% 取初始可行需求流通 f 为零
while(1)
        a = ones(n,n) * inf;
        for(i =1:n)
                a(i,i) =0;
        end% 构造有向赋权图
        for(i =1:n)
                for(j =1:n)
                        if(C(i,j) >0&f(i,j) ==0)
                                a(i,j) =b(i,j);
                        elseif(C(i,j) >0&f(i,j) ==C(i,j))
                                a(j,i) =-b(i,j);
                        elseif(C(i,j) >0)a(i,j) =b(i,j);
```

```
                                    a(j,i) = -b(i,j);
                      end
                end
        end
        for(i =2:n)
                p(i) = Inf;s(i) = i;
        end % 用 Ford 算法求最短路，赋初值
        for(k =1:n)
                pd =1; % 求有向赋权图中 vs 到 vt 的最短路
                for(i =2:n)
                        for(j =1:n)
                              if(p(i) >p(j) +a(j,i))
                               p(i) =p(j) +a(j,i);s(i) =j;pd =0;
                                end
                        end
                end
                if(pd)
                        break;
                end
        end % 求最短路的 Ford 算法结束
        if(p(n) == Inf)
                break;
        end % 不存在 vs 到 vt 的最短路，算法终止。注意在求最小费
用最大流时构造有向赋权图中不会含负权回路，所以不会出现 k = n
        dvt = Inf;t = n; % 进入调整过程，dvt 表示调整量
    while(1) % 计算调整量
        if(a(s(t),t) >0)
                dvtt =C(s(t),t) -f(s(t),t); % 前向弧调整量
        elseif(a(s(t),t) <0)
                dvtt =f(t,s(t));
```

```
        end % 后向弧调整量
        if(dvt>dvtt)
                dvt=dvtt;
        end
        if(s(t)==1)
                break;
        end % 当 t 的标号为 vs 时,终止计算调整量
        t=s(t);
end % 继续调整前一段弧上的流 f
pd=0;
if(wf+dvt>=wf0)
        dvt=wf0-wf;pd=1;
end% 如果最大流量大于或等于预定的流量值
t=n;
while(1) % 调整过程
        if(a(s(t),t)>0)
                f(s(t),t)=f(s(t),t)+dvt; % 前向弧调整
        elseif(a(s(t),t)<0)
                f(t,s(t))=f(t,s(t))-dvt;
        end % 后向弧调整
        if(s(t)==1)
                break;
        end % 当 t 的标号为 vs 时,终止调整过程
        t=s(t);end
        if(pd)
                break;
        end% 如果最大流量达到预定的流量值
wf=0;
for(j=1:n)
        wf=wf+f(1,j);
```

```
        end
end % 计算最大流量
zwf = 0 ;
for( i = 1:n)
        for( j = 1:n)
                zwf = zwf + b( i,j) * f( i,j);
        end
end% 计算最小费用
f ; % 供应链最低费用及最大化的满足客户需求
```

7.8 本章小结

本章从供应链角度出发，研究了由制造商、分销商、零售商和顾客组成的多级供应链网络应对突发事件的应急协调问题。建立了基于 Bus-acker-Gowan 迭代算法的最小费用流供应链网络模型，使用 Matlab 数据进行仿真。当突发事件导致市场需求规模和供给发生变化时，供应链网络在有限的生产能力、最大满足客户需求情况下，且供应链网络总成本最低时，对突发事件前后的生产数量和订购数量进行比较；分析突发事件后，供应链网络重新达到最优情况下，制造商生产数量的调整、分销商和零售商订购数量的调整，客户最大需求满足度值和供应链网络总的最低成本值，为决策者提供决策服务；同时分析了供应链网络模型的两种特殊情况：供应链节点失效模型和无交叉网络模型。上述研究为决策者应对突发事件的应急调度提供了定量的决策依据。

| 8 |
基于援助机制的多级供应链突发事件
应急协调研究

突发事件一旦发生，对供应链正常运作会产生巨大不利影响，这种影响会在供应链上不断扩散，使得相关企业受到牵连，严重时会导致整条供应链瘫痪。建立供应链应急管理协调机制是十分必要的，在突发事件发生后，供应链上各企业协同合作，使供应链尽快恢复运行，减少整条供应链损失。协调供应链上的不同企业，使得供应链整体利益最优。例如，2000 年，Nokia 一个重要供应商因一场事故，生产能力几乎为零，Nokia 难以找到替代供应商，Nokia 不得不向该供应商提供了紧急援助，帮助其恢复了生产能力。2008 年 5 月，汶川地震导致震区汽车零部件供应商遭受重创，为了保证汽车供应链持续运行，神龙汽车等制造商纷纷对其供应商采取援助措施，帮助其渡过难关。这些案例充分显示了援助策略在企业应对突发事件中的应用，说明供应链企业之间相互援助，已经成为供应链应对突发事件的重要方法。

供应链由多个企业构成，包括供应商、制造商、分销商、零售商等。受到突发事件直接影响的企业，会从自身利益最大化角度出发，考虑恢复生产运营，但是供应链上一个企业遭受突发事件影响而无法正常运营时，其他企业也会受到牵连。从供应链管理角度，供应链上各企业更应该从供应链整体利益最大化角度出发，考虑恢复生产。建立协调机制，使单个企业决策恰好符合供应链整体决策，使得供应链上不同企业决策和供应链整体决策相同，从而实现供应链整体协调。于辉、陈剑（2007）分析了突发事件下启动应急预案问题，得出两个企业在分散决策下，启动应急预案会造成时间扭曲，建议建立援助机制，协调突发事件下的启动预案行为。盛方正、季建华（2007）研究由一个供应商和一个零售商组成二级供应链在突发事件下，零售商为供应商提供援助的协调机制，建立了时间顺序的两阶段模型，证明了援助机制有效性，并解释零售商援助数量与零售商订单拖欠成本和供应商出事预防措施之间关系。谢志坚、陈庆彬（2008）研究电力企业面临自然灾害等突发事件时，援助企业提供援助的难点，指出双指挥模式在电力企业援助机制中的应用，需要不断完善被援助企业的应急管理。于辉（2011）研究了在供应商损失不确定情况下，供应链企业之间援助行为，运用极小极大后悔法研究零售商的最优援助额，运用动机公平博弈理论，分析供应商"投桃报李"特征对援助效果的影响。

本章结合供应链突发事件扩散机制，研究援助机制对突发事件供应链协调作用。通过分析由供应商、制造商、零售商构成的三级供应链中，供应商遭受突发事件援助机制、制造商遭受突发事件援助机制以及零售商遭受突发事件援助机制，分析援助机制在突发事件应急管理中的协调作用。

8.1　突发事件在供应链上的扩散机制

供应链是由供应商、制造商、分销商、零售商组成的围绕核心企业进行的实物流、资金流和信息流交换统一体。在供应链范畴中，包含物流、资金流和信息流。突发事件对供应链影响无非是对这三个方面产生影响，因为在供应链中不管是实物、资金还是信息，总是不断流动的，当突发事件在供应链上发生时，必然因为这些资源流动将影响带给其他企业。

下面分别从供应链上供应商、制造商、零售商受到突发事件的影响，分析突发事件在供应链上的扩散规律。当供应商受到突发事件影响时，如图 8 - 1 所示，供应商无法对制造商供应原材料，导致制造商间接遭受损失，产生额外成本。额外成本主要包括损失的商誉商品不足造成的缺货损失。因为突发事件不仅破坏性大而且持续时间长，在一定时间内，必然由于实物流的中断，导致零售商无法从制造商处获得商品，从而随着时间推移，零售商也会受到突发事件影响。但是，因为资源在供应链中传播需要时间，所以，如果突发事件持续时间过长，整条供应链上企业都会受到影响，在供应链上遭受突发事件，企业是最早受到突发事件影响的，对于制造商和零售商会间接受到突发事件影响。因为供应商原材料是直接流向制造商的，所以，制造商要比零售商更早受到影响，同时遭受损失也比零售商大。因为零售商在这段延迟时间里，可以为自己找到可替代的制造商或调整自己销售策略，以减少损失。从上述分析得出结论，当供应商遭受突发事件后，突发事件影响会沿着供应链向下游企业扩散，下游企业依次受到突发事件影响。对于各企业所受影响程度的大小，由企业在供应链上位置和突发事件扩散速度有关，当然与各企业自身管理能力也有关，如产品可替代性和生产转变能力、抗风险能力等。

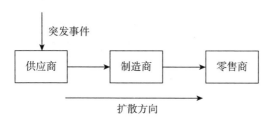

图 8 - 1 供应商受损扩散机制

同理当制造商遭受突发风险时，制造商生产能力遭到破坏，零售商无法从制造商处获得商品，而产生额外成本，无法满足顾客对此产品需求而失去顾客，并遭受商誉损失，同时处于上游的供应商因为制造商取消订单，造成供应商货物积压，产生处理成本，选择其他途径销售原材料而产生损失。在供应链中，零售商和供应商都会受到突发事件影响，而两者所受影响大小是由制造商对零售商和供应商重要程度而决定的，可以通过零售商和供应商所产生的额外成本来衡量，如图 8 - 2 所示。

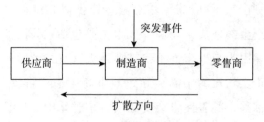

图 8 - 2   制造商受损扩散机制

当零售商遭受突发事件时，突发事件影响将沿着供应链向上游扩散，其原理与供应商遭受突发事件的原理相同，最先受到影响的是制造商，其次是供应商，如图 8 - 3 所示。

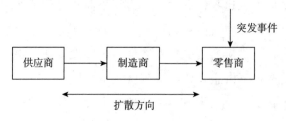

图 8 - 3   零售商受损扩散机制

本章以供应商、制造商、零售商构成的三级供应链为研究对象，为了使问题简单化，假设供应链中产品没有替代品，各企业也很难在短时间内找到可替代供应商、制造商和零售商，供应链上各企业依赖性比较强。一旦有企业遭受损失，其他企业必然会受到影响。前面已经分析了，当供应商受到损失后，制造商和零售商也会受到影响。本章将分析供应链上各企业所受影响大小，并分析确定各企业提供给受损企业的最优援助额，使供应链遭受最小损失，尽快实现供应链协调。

假设：正常情况下，供应商批发价格为 w_s，制造商批发价格为 w_m，零售商批发价格为 p，供应商单位边际生产成本为 c_s，制造商边际制造成本为 c_m，零售商单位边际成本为 c_r，设订货量为 $Q(p) = a - bp$，其中 $(a > 0, b > 0)$。

8.1.1   供应链上无突发事件模型

供应链上各个企业分散决策时，各企业都是从自身利益最大化角度出发确定供应链订货量和批发价格。用 Stackelberg 主从博弈理论来解释，处于供应链上游企业处于主导地位。零售商从自身利益最大化确定供应链订货量，制造商和供应商依次根据订货量，从自身利益最大化角度确定批发价格。假设零售商、制造商和供应商利润分别为 π_r、π_m、π_s。

零售商利润模型为：

$$\begin{aligned}\pi_r &= (p - w_m - c_r)Q \\ &= (p - w_m - c_r)(a - bp)\end{aligned} \tag{8.1}$$

对（8.1）求导 $\dfrac{d\pi_r}{dp} = 0$，得出 $p = \dfrac{a + bw_m + bc_r}{2b}$，从而得到供应链上的最优订货量为 $Q = \dfrac{a - bw_m - bc_r}{2}$。

制造商利润模型为：

$$\begin{aligned}\pi_m &= (w_m - c_m - w_s)Q \\ &= (w_m - c_m - w_s)\cdot\dfrac{a - bw_m - bc_r}{2}\end{aligned} \tag{8.2}$$

对（8.2）求导 $\dfrac{d\pi_m}{dw_m} = 0$，得出 $w_m = \dfrac{a + b(w_s + c_m - c_r)}{2b}$。

供应商利润模型为：

$$\begin{aligned}\pi_s &= (w_s - c_s)Q \\ &= (w_s - c_s)\cdot\dfrac{a - b(w_s + c_m + c_r)}{2}\end{aligned} \tag{8.3}$$

对（8.3）求导 $\dfrac{d\pi_s}{dw_s} = 0$，得出 $w_s = \dfrac{a - b(c_m + c_r - c_s)}{2b}$，将 w_s 代入 w_m，p 和 Q 得：

$$p' = \dfrac{7a + b(c_m + c_s + c_r)}{8b} \tag{8.4}$$

$$w_m' = \dfrac{3a + b(c_m + c_s - 3c_r)}{4b} \tag{8.5}$$

$$w_s' = \dfrac{a - b(c_m + c_r - c_s)}{2b} \tag{8.6}$$

$$Q' = \frac{a - b(c_m + c_s + c_r)}{8} \tag{8.7}$$

分散决策下供应链上供应商、制造商、零售商和供应链整体的利润为：

$$\pi'_s = \frac{[a - b(c_m + c_s + c_r)]^2}{16b} \tag{8.8}$$

$$\pi'_m = \frac{[a - b(c_m + c_s + c_r)]^2}{32b} \tag{8.9}$$

$$\pi'_r = \frac{[a - b(c_m + c_s + c_r)]^2}{64b} \tag{8.10}$$

$$\pi'_l = \frac{7[a - b(c_m + c_s + c_r)]^2}{64b} \tag{8.11}$$

供应链企业进行集中决策时，把供应商、制造商和零售商看成一个整体，从供应链整体利益最优的角度，确定供应链订货量和零售价格。

供应链整体的利润为：

$$\begin{aligned} \pi_l &= (p - c_m - c_s - c_r)Q \\ &= (p - c_m - c_s - c_r)(a - bp) \end{aligned} \tag{8.12}$$

对（8.12）求导 $\frac{\mathrm{d}\pi_l}{\mathrm{d}p} = 0$，得：

$$p'' = \frac{a + b(c_m + c_s + c_r)}{2b} \tag{8.13}$$

从而得到集中决策下，供应链整体的最大订购量为：

$$Q'' = \frac{a - b(c_m + c_s + c_r)}{2} \tag{8.14}$$

集中决策下供应链整体的利润为：

$$\pi''_l = \frac{[a - b(c_m + c_s + c_r)]^2}{4b} \tag{8.15}$$

比较（8.7）与（8.14）可知，集中决策下供应链订货量多于分散决策下供应链订货量；比较（8.11）与（8.15）可知，集中决策下供应链整体利益优于分散决策下供应链整体利益，因此供应链集中决策可以实现供应链上整体协调。

8.1.2 供应链遭受突发事件模型

假设供应商受到突发事件影响，导致供应商生产能力下降，平均单位生产边际成本增加，假设增加边际生产成本为 Δc_s，从而供应商成本由 c_s 变为 $c_s^* = c_s + \Delta c_s$。在分散决策下，由公式（8.4）、（8.5）、（8.6）、（8.7）得知，在突发事件发生时，零售商零售价格、制造商批发价格、供应商批发价格、供应链订购量变化量分别为：

$$\Delta p = p(c_s^*) - p(c_s) = \frac{\Delta c_s}{8} \tag{8.16}$$

$$\Delta w_m = w_m(c_s^*) - w_m(c_s) = \frac{\Delta c_s}{4} \tag{8.17}$$

$$\Delta w_s = w_s(c_s^*) - w_s(c_s) = \frac{\Delta c_s}{2} \tag{8.18}$$

$$\Delta Q = Q(c_s^*) - Q(c_s) = -\frac{\Delta c_s}{8} \tag{8.19}$$

由公式（8.8）、（8.9）、（8.10）、（8.11）可知，供应商、制造商、零售商及供应链整体因突发事件造成的利润变化量分别为：

$$\Delta \pi_s = \pi_s^{'}(c_s^*) - \pi_s^{'}(c_s) = -\frac{\left[a - b\left(c_m + c_s + c_r + \frac{\Delta c_s}{2}\right)\right]\Delta c_s}{8} \tag{8.20}$$

$$\Delta \pi_m = \pi_m^{'}(c_s^*) - \pi_m^{'}(c_s) = -\frac{\left[a - b\left(c_m + c_s + c_r + \frac{\Delta c_s}{2}\right)\right]\Delta c_s}{16} \tag{8.21}$$

$$\Delta \pi_r = \pi_r^{'}(c_s^*) - \pi_r^{'}(c_s) = -\frac{\left[a - b\left(c_m + c_s + c_r + \frac{\Delta c_s}{2}\right)\right]\Delta c_s}{32} \tag{8.22}$$

$$\Delta \pi_l = \pi_l^{'}(c_s^*) - \pi_l^{'}(c_s) = -\frac{7\left[a - b\left(c_m + c_s + c_r + \frac{\Delta c_s}{2}\right)\right]\Delta c_s}{32} \tag{8.23}$$

由公式（8.16）、（8.17）、（8.18）、（8.19）可知，当供应商遭受突发事件时，零售商零售价格提高量依次小于制造商批发价格提高量，制造商批发价格提高量小于供应商批发价格提高量，供应链整体订购量比未遭受突发事件时减少。由公式（8.20）、（8.21）、（8.22）、（8.23）可知，供应链上供应商、制造商和零售商利益都受到影响，利润都有不同程度减少。供应商遭受损失最大，依次是制造商、零售商。可以看到，供应链上各企业损失会沿着供应链由上游向下游依次降低，对批发价格的影响也依次降低。

供应商受到突发事件后，生产能力降低，利润损失严重。供应商为了自身利益，可能中断对下游制造商供货，以减少自身损失，或通过提高批发价格来降低损失，这样必然会给供应链下游制造商和零售商带来损失。为了让供应商尽快恢复生产，以降低由于供应商遭受突发事件而给制造商和零售商造成的损失，制造商和零售商可以采取向供应商提供援助的方式，实现供应链整体协调。同时从定量角度分析，供应商发生突发事件条件下，供应链订货量为 $Q'(c_s^*) = \dfrac{a - b(c_m + c_s + c_r)}{8} - \dfrac{b\Delta c_s}{8}$，而供应链最优订货量为 $Q''(c_s^*) = \dfrac{a - b(c_m + c_s + c_r)}{2} - \dfrac{b\Delta c_s}{2}$，显然在制造商和零售商不采取协调措施情况下，供应链无法达到最优。

8.2　供应链应急管理援助模型

供应链上的一个企业遭受突发事件时，供应链上下游的企业也会有利益损失，为了将供应链整体损失降到最低，可以通过供应链上其他企业向直接遭受突发事件企业提供援助的方式，实现供应链协调。

假设供应链由供应商、制造商和零售商构成，供应链上只有一种产品，各企业风险中性，并且信息对称。设供应商因遭受突发事件，生产能力全部丧失，假设制造商和零售商对供应商的援助都为资金援助，且供应商将所得援助资金全部用于恢复生产。因为在供应商遭受突发事件时，供应链上下游企业都会受到影响，为了保证供应链整体实现协调，供应链上其他企业都参与对受损企业的援助，设供应商恢复时间为 t，供应商恢复成本为 $c_s(t)$，制造商单位时间拖欠成本为 g_m，制造商对供应商援助为 h_m，零售商单位时间拖欠成本为 g_r，零售商对供应商援助为 h_r。其中，供应商恢复成本 $c_s(t) = \lambda t^2 + \beta t + \theta$，$(\lambda > 0)$，$\dfrac{\beta}{\lambda}$ 反映了供应商恢复水平，供应商恢复成本随着恢复时间减小不断增大，随着恢复时间缩短，供应商恢复成本增加速度不断加大。

（1）供应链集中决策下，供应链整体的成本为：

$$c_l(t) = c_s(t) + g_m t + g_r t$$
$$= \lambda t^2 + (\beta + g_m + g_r)t + \theta \tag{8.24}$$

对（8.24）一阶求导、二阶求导，得：

$$\frac{dc_l(t)}{dt} = 2\lambda t + (\beta + g_m + g_r) \tag{8.25}$$

$$\frac{d^2 c_l(t)}{dt^2} = 2\lambda > 0 \tag{8.26}$$

令 $\dfrac{dc_l(t)}{dt} = 0$ 得：

$$t^* = -\frac{\beta + g_m + g_r}{2\lambda} \tag{8.27}$$

（2）供应链在分散决策及无援助情况下供应商成本为：

$$c_{s1}(t) = \lambda t^2 + \beta t + \theta \tag{8.28}$$

对（8.28）求导，得：

$$\frac{dc_{s1}(t)}{dt} = 2\lambda t + \beta \tag{8.29}$$

令 $\dfrac{dc_{s1}(t)}{dt} = 0$，得：

$$t_{s1} = -\frac{\beta}{2\lambda} \tag{8.30}$$

比较公式（8.27）与（8.30），可得到：

$$t_{s1} > t^* \qquad (8.31)$$

从上述分析得出，在无援助情况下，供应链恢复时间长于集中决策下供应链恢复时间，在制造商和零售商不向供应商提供援助情况下，无法实现供应链协调。

（3）只有制造商向供应商提供援助的情况下，供应商和制造商成本为：

$$c_1 = c_s(t) + g_m t$$
$$= \lambda t^2 + (\beta + g_m)t + \theta \qquad (8.32)$$

对（8.32）求导，令 $\dfrac{dc_1(t)}{dt} = 0$，得：

$$t_1 = -\frac{\beta + g_m}{2\lambda} \qquad (8.33)$$

只有制造商参与援助时，恢复时间为 t_1，比较（8.27）与（8.33）可知 $t_1 > t^*$。

制造商向供应商提供的援助为 $h_{m1}(t)$，供应商成本为：

$$c_{s2}(t) = \lambda t^2 + \beta t + \theta - h_{m1}(t) \qquad (8.34)$$

对（8.32）求导，令 $\dfrac{dc_{s2}(t)}{dt} = 0$ 得：

$$2\lambda t + \beta - \frac{dh_{m1}(t)}{dt} = 0 \qquad (8.35)$$

从而得到：

$$\frac{dh_{m1}(t)}{dt} = 2\lambda t + \beta \qquad (8.36)$$

供应链在 t_1 时间内恢复时，制造商向供应商提供的援助为：

$$h_{m1} = (2\lambda t_1 + \beta)t_1 + u_m$$
$$= \frac{(\beta + g_m)g_m}{2\lambda} + u_m \qquad (8.37)$$

其中 u_m 为制造商最大容忍损失，一旦制造商援助后的损失超过最大容忍损失，制造商将拒绝向供应商提供援助。

供应链中只有制造商给予供应商援助时，制造商可以通过向供应商提供援助额为 h_{m1} 的援助，帮助供应链在 t_1 时间恢复正常运行，但 $t_1 > t^*$，所以这种情况无法实现三级供应链整体最优。

要实现供应链整体协调，需要满足只有制造商援助下，供应链恢复时间与集中决策下最优恢复时间相等，即 $t_{s2} = t^*$，从而得到制造商的最优援助量为：

$$h_{m2} = \frac{(\beta + g_m + g_r)(g_m + g_r)}{2\lambda} + u_m \tag{8.38}$$

由以上分析可知，在只有制造商向供应商提供援助情况下，制造商需要向供应商提供援助额为 h_{m2} 的援助，供应链才能在最短时间内，实现供应链正常运行。同理，只有零售商援助时，零售商向供应商提供援助额也为 h_{m2}。

供应链中制造商和零售商都向供应商提供援助的情况，供应商成本为：

$$c_{s3}(t) = \lambda t^2 + \beta t + \theta - h_m(t) - h_r(t) \tag{8.39}$$

对 (8.39) 求导，令 $\dfrac{\mathrm{d}c_{s3}(t)}{\mathrm{d}t} = 0$，得出以下公式：

$$\frac{\mathrm{d}[h_m(t) + h_r(t)]}{\mathrm{d}t} = 2\lambda t + \beta \tag{8.40}$$

令 $t_{s3} = t^*$，得出以下公式：

$$\begin{aligned} h_m(t) + h_r(t) &= (2\lambda t^* + \beta)t^* + u \\ &= \frac{(\beta + g_m + g_r)(g_m + g_r)}{2\lambda} + u \end{aligned} \tag{8.41}$$

制造商成本为：

$$c_m(t) = g_m t + h_m(t) \tag{8.42}$$

对 (8.42) 求导，令 $\dfrac{\mathrm{d}c_m(t)}{\mathrm{d}t} = 0$，得出以下公式：

$$\frac{\mathrm{d}h_m(t)}{\mathrm{d}t} = -g_m \tag{8.43}$$

零售商成本为：

$$c_r(t) = g_r t + h_r(t) \tag{8.44}$$

对（8.44）求导，令 $\dfrac{\mathrm{d}c_r(t)}{\mathrm{d}t} = 0$，得出以下公式：

$$\frac{\mathrm{d}h_r(t)}{\mathrm{d}t} = -g_r \tag{8.45}$$

从而得到下列公式：

$$h_m = -g_m t^* + u_m$$
$$= \frac{(\beta + g_m + g_r)g_m}{2\lambda} + u_m \tag{8.46}$$

$$h_r = -g_r t^* + u_r$$
$$= \frac{(\beta + g_m + g_r)g_r}{2\lambda} + u_r \tag{8.47}$$

供应链中供应商遭受突发事件时，制造商和零售商同时向供应商提供援助，供应链才可以实现整体协调，制造商最优援助额为 h_m，零售商最优援助额为 h_r，制造商与零售商援助额由自身订单拖欠成本和自身最大容忍损失决定。

制造商与零售商订单拖欠成本由供应链中订购量和商誉损失决定，最大容忍损失由企业建立新的供应链所需成本决定，往往是一个确定量。本书在研究订单拖欠成本时，暂不考虑商誉损失。

假设：供应商遭受突发事件，使得供应商原材料价格上涨，从而造成供应链供货量减少，供应链上企业遭受损失，由8.1.2的假设为例，由公式（8.21）、（8.22）可知，供应商成本上涨，造成制造商和零售商的利润损失分别为：

$$\Delta\pi_m = \frac{\left[a - b\left(c_m + c_s + c_r + \dfrac{\Delta c_s}{2}\right)\right]\Delta c_s}{16} \tag{8.48}$$

$$\Delta \pi_r = \frac{\left[a - b \left(c_m + c_s + c_r + \frac{\Delta c_s}{2} \right) \right] \Delta c_s}{32} \tag{8.49}$$

从而制造商和零售商的单位时间损失成本可以表示为：

$$g_m = \frac{\left[a - b \left(c_m + c_s + c_r + \frac{\Delta c_s}{2} \right) \right] \Delta c_s}{16} \tag{8.50}$$

$$g_r = \frac{\left[a - b \left(c_m + c_s + c_r + \frac{\Delta c_s}{2} \right) \right] \Delta c_s}{32} \tag{8.51}$$

制造商和零售商单位时间损失成本，可以根据不同性质突发事件造成的损失进行定量分析。

下面针对制造商和零售商最大容忍损失进行确定。当供应链中无援助措施，供应商将依据自身最大化原则进行决策，此时供应链最优恢复时间为 $t_{s1} = -\frac{\beta}{2\lambda}$，制造商和零售商成本分别为：

$$c_m^{'} = g_m t_{s1}$$
$$= -\frac{g_m \beta}{2\lambda} \tag{8.52}$$

$$c_r^{'} = g_r t_{s1}$$
$$= -\frac{g_r \beta}{2\lambda} \tag{8.53}$$

设制造商和零售商最大损失为 $c_m^{'}$、$c_r^{'}$，供应链以时间 t^* 恢复运营时，制造商和零售商拖欠成本最小，制造商和零售商最小拖欠成本分别为：

$$c_m^* = g_m t^*$$
$$= -\frac{(\beta + g_m + g_r) g_m}{2\lambda} \tag{8.54}$$

$$c_r^* = g_r t^*$$
$$= -\frac{(\beta + g_m + g_r) g_r}{2\lambda} \tag{8.55}$$

设制造商和零售商寻找新的供应商成本分别为 c_{m0}、c_{r0}，从而确定制造商和零售商最大容忍损失分别为：

$$-\frac{(\beta + g_m + g_r)g_m}{2\lambda} \leq u_m \leq \min\left(-\frac{g_m\beta}{2\lambda}, c_{m0}\right) \tag{8.56}$$

$$-\frac{(\beta + g_m + g_r)g_r}{2\lambda} \leq u_r \leq \min\left(-\frac{g_r\beta}{2\lambda}, c_{r0}\right) \tag{8.57}$$

8.3 算例分析

假设：供应链中的供应商成本 $c_s = 1$，制造商成本 $c_m = 2$，零售商成本 $c_r = 2$，商品售价为 p，供应链订购量 $100 - 2p$，供应链中供应商遭受突发事件，导致供应商成本增加量 $\Delta c_s = 0.4$，供应商恢复成本 $c_s(t) = t^2 - 20t + 30$，制造商的最大容忍损失 $u_m = 10$，零售商最大容忍损失 $u_r = 5$。

供应商成本增加时，导致供应链中制造商单位时间损失为：

$$g_m = \frac{\left[a - b\left(c_m + c_s + c_r + \frac{\Delta c_s}{2}\right)\right]\Delta c_s}{16}$$

$$= \frac{[100 - 2 \times (1 + 2 + 2 + 0.2)] \times 0.4}{16}$$

$$= 2.24$$

零售商的单位损失为：

$$g_r = \frac{\left[a - b\left(c_m + c_s + c_r + \frac{\Delta c_s}{2}\right)\right]\Delta c_s}{32}$$

$$= \frac{[100 - 2 \times (1 + 2 + 2 + 0.2)] \times 0.4}{32}$$

$$= 1.12$$

（1）集中决策下，供应链整体成本为：

$$c_l(t) = t^2 - 10t + 30 + 2.24t + 1.12t$$

$$= t^2 - 6.64t + 30$$

供应链最优恢复时间为：

$$t^* = 3.32$$

集中决策下，供应链整体成本为 $c_l = 18.98$，制造商拖欠成本为 $c_m^* = 7.44$，零售商拖欠成本为 $c_r^* = 3.72$。

（2）分散决策下，无援助措施时，供应商成本为：

$$c_{s1}(t) = t^2 - 10t + 30$$

供应链恢复时间为：

$$t_{s1} = 5$$

制造商拖欠成本为 $c_m' = 11.2$，$c_r' = 5.6$。

无援助措施时，供应链恢复时间长于集中决策下供应链恢复时间，无援助措施时，供应链无法实现整体协调。

（3）只有制造商对供应商进行援助时，供应链恢复时间为：

$$t_1 = -\frac{\beta + g_m}{2\lambda} = 3.88$$

制造商提供的援助额为：

$$h_{m1} = \frac{(\beta + g_m)g_m}{2\lambda} + u_m$$
$$= -3.88 \times 2.24 + 10$$
$$= 1.3088$$
$$\approx 1.3$$

（4）制造商与零售商同时向供应商提供援助时，恢复时间为 $t^* = 3.32$，制造商提供援助额为：

$$h_m = \frac{(\beta + g_m + g_r)g_m}{2\lambda} + u_m$$
$$= -2.24 \times 3.32 + 10$$
$$= 2.5632$$
$$\approx 2.56$$

零售商提供援助额为：

$$h_r = \frac{(\beta + g_m + g_r)g_r}{2\lambda} + u_r$$

$$= -1.12 \times 3.32 + 5$$

$$= -8.71184$$

$$\approx 1.28$$

供应链上企业遭受突发事件时，通过供应链上其他企业援助，可以实现供应链协调。所参与企业越多，供应链恢复时间越短，给供应链整体带来损失越小；供应链企业提供援助额与供应链拖欠成本、企业最大容忍损失及受损企业恢复水平有关；供应链上各企业拖欠成本可以依据突发事件对企业造成的损失，进行量化分析。

8.4　本章小结

本章通过分析供应链突发事件在供应链上的扩散机理，以三级供应链为例，分别分析供应商、制造商和零售商遭受突发风险时造成的损失，从受损企业开始，沿着供应链向上下游企业依次扩散。供应链上单个企业遭受突发风险时，整体供应链上的企业都会受到影响，这成为供应链上其余企业向受损企业提供援助的依据。从供应链成本角度分析供应链最优恢复时间，依据各企业单位拖欠成本，确定最终援助额。在供应商原材料价格上升影响下，其余企业单位拖欠成本可以由各企业利润损失确定。供应链援助机制可以作为供应链应急管理恢复机制的有效措施之一。

| 9 |

供应链突发事件应急管理机制及
应急策略研究

供应链突发事件应急管理是将供应链管理、风险管理、应急管理、信息管理结合起来进行研究，对供应链突发事件实时地进行管理，以降低其对供应链系统的冲击和影响，提高突发事件后供应链系统总体的协调性能。供应链突发事件应急管理是针对突发事件的一个动态管理过程，可以分为四个阶段：（1）监测预防阶段；（2）识别评价阶段；（3）应急控制阶段；（4）善后管理阶段。

本章从应急管理政策和组织机构建立，以及应急管理过程进行了相应研究，建立了完善的管理机制；针对供应链突发事件特征，供应链上企业之间面对突发事件时，如何应急防范进行相应对策研究；企业内部如何进行应急防范做了相应策略研究，为企业管理者和相关研究者提供参考和借鉴。

9.1 供应链突发事件应急管理政策和
组织结构研究

供应链突发事件影响巨大，从目前调研企业来看，大部分企业没有完善的应急管理机制，没有科学管理方法应对突发事件，不能提供相应借鉴和参考。为从容应对供应链突发事件，把对供应链影响降到最低，需要根据供应链突发事件特性，建立相应突发事件应急管理机制。突发事件应急管理机制是由应急管理政策、突发事件管理机构和突发事件管理流程组成的整体，是应急管理中一项很重要的资源。

（1）应急管理政策

任何企业作为供应链上的一个节点，都要站在整条供应链利益角度考虑问题，因为未来企业之间竞争，实际上是供应链与供应链之间竞争，任何企业不能只考虑自身利益。如果只顾自身利益，当整条供应链受到冲击时，每个节点企业都会受到波及，日本地震造成世界整体汽车行业预计减产30%就是一个活生生的例子。企业最高管理者在制定供应链战略时，要考虑到企业自身在供应链中节点位置和所起作用，充分估计供应链可能遇到的各种突发事件风险，并以此为基础，制定企业应急管理政策。企业应急管理政策包括企业组织目标、应急管理机构建立、应急管理机构职权、应急管理资源储备、相关信息传播方式和应急控制措施等。高层管理者要确定突发事件发生时，优先要达到或满足的目标，组建应急管理小组，并且规定企业各业务部门要如何配合应急管理小组工作，给予必要人、才、物的大力支持。突发事件发生时，信息收集和传播方式非常重要，对于企业自身来说，指的是突发事件现场的信息收集、分析、共享和由此做出的决策等；对供应链上其他企业来说，就是受突发事件影响的供应链上下游企业、政府、顾客如何得到突发事件信息，以消除突发事件对整个供应链及其他企业的不利影响，这时信息共享尤其重要。这些政策研究与制定对供应链突发事件应急管理机制起到挽救企业自身和整条供应链的作用非常重大。

（2）应急管理机构

任何企业无论大小，都应该重视供应链突发事件对企业以及所在整条供应链的影响。应该组建供应链突发事件应急管理机构，这应该是一个常设机构，而不是一个临时组织。大多数企业遇到突发事件时，习惯事后补救，这样非常不利于对突发事件处理，不能及时有效处理各类突发事件。应急管理机构有以下两项任务。

①在突发事件发生前，负责应急管理机制建立、相应应急预案制定

和应急资源配置，并且建立高效、共享信息系统，能够迅速收集突发事件信息；培训和提高高层管理者和企业员工各种应急反应能力。

②在突发事件发生后，负责突发事件应急处理和突发事件后的善后处理。突发事件应急管理涉及领域很广，涉及很多部门、人员、资源等，需要由应急管理机构统一来协调和指挥。应急管理机构管理者是企业领导核心，是应急管理组织者和指挥者，负责整个应急管理工作。

9.2 供应链突发事件应急管理过程研究

目前，很多企业针对供应链应急管理，缺少供应链突发事件应急管理完善过程，为了供应链上各个企业更好应对突发事件，使其应急管理工作标准化、高效化，本章分析了从监测预防阶段、识别评价阶段、应急控制阶段和善后管理四个阶段的供应链突发事件应急管理过程。

（1）监测预防阶段

供应链突发事件监测预防阶段是应急管理过程第一个阶段，它的重要职能是在供应链突发事件发生前，采取风险监控和预防措施，达到预防事件发生和预警目的。这一阶段管理工作的质量，直接决定了后续阶段供应链突发事件应急控制和善后管理阶段研究质量，这个阶段需要信息技术强有力支持，需要建立功能强大的预警信息系统，同时针对供应链突发事件特点，建立完善的预案库。在供应链上实现各个企业之间信息共享，把突发事件争取做到事前管理，建立和完善应急预案和启动研究，是将突发事件对供应链冲击降到最低的非常有效控制措施和手段。

（2）识别评价阶段

供应链突发事件应急管理中的识别评价是对已经发生或者不可避免发生的突发事件，进行总体风险识别和风险评估的活动。风险评估主要研究三个方面内容：（1）供应链在什么节点位置容易受到威胁且容易遭受攻击；（2）突发事件发生的可能性有多大；（3）突发事件影响范围有多大。这一阶段研究主要目的是，在突发事件发生后找出突发事件发生原因、性质及事件类型，评估事件所涉及范围和影响程度，为开展应急控制和善后管理，提供理论研究依据。

（3）应急控制阶段

当供应链突发事件发生以后，应急管理机构首先要进行初步风险识别与评价，研究是否启动应急预案。因为应急预案启动也会增加相应成本，所以，企业在启动应急预案前，要针对具体突发事件进行具体分析。如需必要，立即启用应急预案，积极应对，对供应链突发事件采取紧急控制。应急控制阶段是供应链突发事件应急管理中非常重要阶段，应急控制阶段处理及时得当，直接决定了突发事件对供应链造成的冲击和损失。如果应急控制阶段措施得力、及时和有效，就会缩小和减少突发事件发生后持续影响时间、影响范围和直接损失程度，甚至决定了整条供应链是否中断与存亡。

（4）善后管理阶段

供应链突发事件应急控制后，进入善后管理阶段，这个阶段是应急管理恢复阶段。这个阶段主要工作是尽快恢复出事节点功能，以保证供应链业务持续性和连续性为根本目的。供应链出事节点恢复工作主要由业务部门来完成，这时应急管理小组要不断收集信息，评价节点功能恢复状态，以便高层管理者做出正确决策，同时，应急管理小组要总结经验教训，形成新的应对方案和程序，给未来应对突发事件提供参考。在供应链恢复阶段，对高层管理者来说，是具有非常重要作用的改革契机：①是否重新设计供应链，是否投入新产品和服务到供应链上，是否需要将产品和服务加入新供应链上；②管理契机，在突发事件应对过程中，供应链管理可能会暴露许多问题，高层管理者可以因势利导，进行组织机构和管理变革，进而增强供应链抵御突发事件风险能力。

供应链突发事件应急管理四个阶段研究内容，确立了供应链突发事件应急管理四个阶段主要研究内容、应急管理职责和所需要的支撑条件。但是，针对供应链突发事件应急管理防范措施，需要根据供应链类型、特点以及突发事件的不同类型，分别制定应急预案、应急控制措施。

9.3　供应链突发事件企业间应急防范策略研究

Faisal，Banwet 等（2006）列出了几种风险缓解措施，包括信息共享、供应链的敏捷性和协作关系。他们断言，协作关系、信息共享和供应链合作伙伴之间信任是减轻风险的主要驱动力。Tomlin（2005）认为灵活性是决定公司应急管理重要因素。供应链灵活性可以缓解突发事件风险和体现中断后迅速和有效地响应突发事件的价值。Ritchie，Brindley（2007）提供了风险管理例子，包括信息共享、关系开发和联合审查风险管理。

Craighead，Blackhurst 从供应链设计特征——密度和复杂性，两个减灾能力进行了定义。第一个减灾能力是恢复能力，定义为供应链实体之间的相互作用和供应链资源协调；第二个减灾能力是指预警能力，指相互作用和协调供应链资源，来检测供应链上发生突发事件的可能性。确定一组关键驱动因素，包括灵活性、响应能力等。

通过对企业调研，供应链突发事件企业之间应急防范措施应集中在以下几点。

（1）加强供应商管理

建立供应商管理团队，建立健全供应商选择机制和标准，定期监控所有关键供应商可能存在的风险；要求关键供应商定期提供详细的突发事件应急计划和业务连续性计划；定期对关键供应商经营情况进行评价并跟踪，定期对关键供应商客户满意度、交货协议执行情况、质量控制、物流配送等关键环节进行调查和考核，所有这些考核活动都是建立在供应链上企业充分信任和合作基础上才能完成的。与关键供应商经常进行电话会议，确定可能中断日常正常运作的事件和采取的策略，以尽量减少他们损失；建立后备供应商选择标准和名单库，一旦关键供应商出现供应中断情况，选择后备供应商签订合同，保证继续供货，维护供应链正常运作；如果选用全球供应商，要考虑到国际法律、政治面貌、进口关税和税款复杂情况影响，以及因为中断所产生的运输成本等各种成本也会相应增加。

（2）加强供应链上各个实体之间协调与合作，建立成员之间充分信任机制

只有在供应链上各实体之间充分信任基础上，各实体才能充分协调与合作，实现信息共享，加强沟通和理解，发挥合作竞争优势。共同面对风险，相互协作，真正发挥供应链核心竞争优势。采取措施优化供应商合作伙伴的选择方式，加强合作伙伴沟通、理解和协作。将供应链看成一个有机整体，而不是单独由采购、生产、分销、零售构成相互分离的环节，一方面要充分发挥供应链上各个企业各自优势和效用，另一方面要考察合作伙伴合作成本与敏捷性，制订供应链合作伙伴沟通与协调计划，并及时有效地执行。只有这样，才能充分发挥供应链整体的成本、效益和效率优势，共同面对供应链突发事件风险，降低风险对供应链的冲击和造成的损失。

供应链上各企业应共同制订风险防范计划和应急预案，共同管理供应链日常风险和突发事件。因为供应链是一个集成化的综合系统，供应链上任何一个环节出现问题，都可能会波及整条供应链的每个环节。供应链上下游企业共同制订风险防范计划，相互督促，进行供应链风险识别、评估与管理，以达到整条供应链平稳、有效地连续运行，风险共担。因此，应从整体上系统地把握供应链风险管理，尤其是突发事件风险管理，供应链上下游企业应共同制订风险防范计划，共同去管理供应链风险，降低突发事件对供应链冲击。

（3）加强供应链上各个企业之间信息共享，增加供应链整体透明度

供应链上各个企业之间缺乏信息共享，必然会导致供应和需求预测不准确，供应链上各个企业库存量会增加。供应链上各个企业如果获取不到准确信息，成员之间就不能很好地协调和运作。随着信息技术高速发展，可以通过如下手段实现信息共享，如 VMI、Internet、RFID、GPS、GIS 等信息技术，以此来提高供应链整体信息透明度，从而降低整条供应链库存量和库存成本。在突发事件发生时，供应链上企业可以根据产品准确在途信息、供应链上合作伙伴库存情况及运作情况，对环境和市场需求变化准确做出反应，有效地减少突发事件带来的冲击和影响。

（4）建立健全供应链上各企业之间激励机制，使用各种契约机制，实现供应链上各企业之间利润分享和风险分担

建立健全供应链上各企业之间激励机制，使用各种契约机制，使供应链上各节点企业结合更为紧密，应对突发事件更为迅速和高效。供应链上各个节点企业出现的物流、信息流、资金流运行不畅，很大程度上取决于供应链上企业之间相互不信任、企业监督机制不完善、道德风险问题普遍存在。因此，如何激励各个不同节点企业，使他们更主动地参与合作，建立起比较稳固的安全供应链，就成为解决道德风险、规范企业行为的首要问题。供应链上各企业高层管理者应在协商和互利互惠原则下，设立一套有效的供应链激励机制，使整条供应链优化所产生的效益，在供应链上各个企业之间进行合理分配。只有供应链上各节点企业都从供应链集中管理中受益，企业才可能去维护整条供应链利益，供应链才会更加稳固，加强对供应链上各企业合作激励和利益共享。戴尔公司提高供应链效率和效益后，供应链上各节点企业一起进行利益分配，实现了真正利益共享，提高了供应链合作企业凝聚力，减少风险。

（5）设计、构建供应链时，要充分考虑突发事件风险问题

在最初设计和构建供应链时，应充分认识到供应链可能遭受的各种突发事件风险，并且根据突发事件风险来源、特征、结构特点、环境特点等方面进行识别；在设计供应链时，要注重弹性设计。在合同设计中互相增加柔性，可以部分消除突发事件造成的供应和需求变化影响，传递真实供给和需求信息。供应链弹性设计是消除突发事件对供应链冲击和影响的一种重要手段，使供应链在遭受突发事件时，能够积极、灵活、高效处理。成立突发事件应急管理小组，针对供应链上脆弱环节可能遭受突发事件情况，进行定期或不定期演练，测试供应链承受力，寻找供应链关键弱点。

（6）备用运输计划

备用运输计划制订和实施可以使供应链在遭受突发事件时，保证正常物流运输，使突发事件对供应链造成冲击降到最低。美国"9·11"事件导致美国货物进出口运输，都受到了极大影响。由于没有备用运输计

划，福特公司只好关闭了在美国的五家工厂，因此公司第四季度产量比原计划降低了13%。而克莱斯勒公司发现供应链受到突发事件影响后，决定启用备用运输计划，改用卡车运输，将延迟运输造成的损失降到最低。上述事实表明，供应链上各企业应制订备用运输计划，以应对突发事件。虽然采用备用运输计划，在短时间内成本会增加，生产跨度拉长，库存增加，但是，为了维持供应链正常运作，付出一些额外成本而保证供应链运作，是必要和值得的。所以，企业为了应对突发事件对供应链影响，应积极制订备用运输计划，从而使供应链受到突发事件冲击时，损失降到最低。

（7）对供应链上整体的流程进行重组，消除冗余环节，使整条供应链更加敏捷和高效

对供应链上各个企业流程进行重组，对供应链从采购、制造、营销和物流等环节采取跨职能部门平行管理，将冗余流程进行重组和简化，将供应和需求方面不确定性和延误可能性，降到最低；对供应链上产品从生产、包装和物流配送，进行全面质量管理；对生产设备和运输工具进行管理和定期维护，降低故障率；对分销网络和物流配送路线进行优化，采用专用运输工具并优化路线；积极采用和试点第三方物流，将包装和运输服务外包给专业物流公司，要安排充足运输提前期，保证货物准时到达，加强物流配送过程中，信息系统实时跟踪控制和及时信息反馈。通过这些方式，保证物流配送安全、可靠、高效率和高效益运行。

9.4　供应链突发事件企业内部应急防范策略研究

针对供应链突发事件，企业内部应该制订应急防范策略有以下几个。

（1）制订应急预案

所有公司都必须制订应急预案，以帮助在不可预测情况下，发生突发事件时，企业如何面对和处理。为了进行全面应急预案制订，企业必须保持大量库存，制造商必须学会在安全库存及其他库存与运输成本之间取得平衡。启动应急预案需要成本，应急预案启动时间问题研究也是

企业高层管理者值得重视的问题,如果时间掌握不好,可能导致损失更大。

在制订应急预案时,还要考虑罢工、设备故障等出自内部的威胁,要制订详细应急预案,保证企业正常生产进行,关键是要确保与企业的供应商保持良好协调与沟通。无论内部或外部威胁,制造商都需要注意供应链中断会对客户产生重大影响。实质上,制造商选择一个供应商,注重其制订和实施应急计划或更改计划能力,以确保其具有较高水平服务质量。

(2)管理信息系统的开发和应用

在供应链中,要积极开发和建立高效的供应链管理系统。建立异常检测和早期预警系统,收集供应链情报和监控关键位置运作。通过使用实时数据库,来提高整个系统可见性和智能性,实现信息共享。拓展系统功能,包括智能搜索代理和动态风险指数预测性分析。开发决策支持工具,使公司能够重新配置实时供应链。建立供应链事件管理系统,能够跟踪重要事件、警报和消息发送到相应管理人员,采取纠正行动。射频识别技术可以提高库存盘点准确性,并提供订单状态和实时信息,这对缓解信息失真具有重要作用。

(3)影响顾客选择

当戴尔电脑公司发现某种零部件库存很少时,公司网站或销售人员就会向顾客推荐另一种类似产品,并告诉顾客该产品性价比更高,以此来吸引顾客购买库存充足的电脑配件。这种影响顾客选择的方法,在零配件供应发生突发事件时,确保能够维持正常经营,以期满足顾客需求。

(4)定期培训员工,强化应急风险意识,定期进行应急演练

经常培训员工,提高组织管理者实时决策能力,使其在遇到突发事件时,知道如何进行应急处理和积极应对,提高应急响应速度,将企业损失降到最低。

(5)提高需求预测准确性

当企业不做动态调整,忽视背景因素,忽略组织外部情况等,都可能导致预测不准确。积极采用各种信息手段,正确使用信息系统,提高

预测准确性，来应对应急风险，降低损失。

（6）应用延迟技术

采用延迟技术的供应链基本思路是，通过对产品构造差异化分析，将产品构成单元分成不变即通用部分和为实现差异化即定制部分，应用生产延迟策略延迟产品差异点部分的生产。应用物流延迟策略，延迟在制品向第二阶段转移和配送，直到获得市场足够需求信息，才向下游移动，通过加工制造形成产品。通过运用延迟策略，进行产品最后生产和集中装配，将定制产品生产问题完全转化或部分转化为批量生产问题。所以，采用延迟技术计划，可以在供应链受到突发事件冲击时，敏捷高效地减少供应链整体损失。

（7）战略应急库存的设置

尤西·谢菲教授于2001年，提出了"双库存"理论。所谓"双库存"，指用战略应急库存，来应对供应链突发事件。战略应急库存是指在供应链采购、制造、分销、配送等环节的某一个或某几个地点（仓库、物流配送中心、维修中心等），对某些关键零部件或成品，进行一定数量储备。战略应急库存与安全库存作用不同，战略应急库存是针对特定类型突发事件，为多个供应链合作伙伴或某一区域供应链上多个企业所共享。

（8）选用备用供应商

现代供应链管理强调单源供应，便于供应链合作，降低供应链成本等特点，确实提高了供应链整体效益。但是当遇到突发事件时，供应链受到冲击非常大，如果不积极选用备用供应链，就会造成供应短缺，正常运作中止，给供应链带来非常大损失。备用供应商对于降低突发事件造成的供应短缺，具有积极作用。随着经济全球化发展，越来越多企业在全球范围内寻求合作伙伴，把越来越多非核心竞争力业务外包，将业务集中到资源成本相对较低国家和地区，这种业务外包方式在全球范围内被广泛采用，由此造成供应链上企业相互依存度越拉越高。所以，企业应建立完备的备用供应商考核标准和数据库，一旦关键供应商发生任何问题，紧急选用备用供应商，将供应链损失降到最低。企业在选用备用供应商时，应充分考虑地域。比如世界500强的许多大型制造企业，把一部分非核心业务外包到第三世界国家后，在本国还是会保留一部分国内供应商，在海外供应商受到突发事件冲击影响正常供货时，能够保持供应链持续正常运作。

（9）制订完备供应链突发事件预案，完善应急措施和风险防范策略

在供应链突发事件应急管理中，应积极制订应急预案，同时建立功能强大的应急预案库，争取把突发事件风险控制做到事前管理，尽可能消除各种风险隐患，减少突发事件风险发生。积极建立完善应急措施，保证供应链遭受突发事件时，能够积极应对和控制，采取有力的控制措施和控制手段，把风险降到最低。积极进行应急风险防范措施建立和实施，争取把突发事件风险管理纳入常规管理中。

（10）增强运作系统能力的冗余度，来应对供应链突发事件风险

提高系统能力的冗余是为降低突发事件对系统造成的冲击和影响，增强运作系统能力的冗余度不需要新增投资，不需要购买新的运营设备，可以采用以下两种方式来实现。

①系统能力冗余设计

大型运作系统在设计之初，要充分考虑突发事件风险发生可能性和严重后果，采取有效措施预防，比如可以增加系统额外备用能力，这样一旦发生突发事件风险，运作能力受损后，额外备用能力就可以投入使用。系统能力冗余设计主要是针对运营设备和设施，比如通信企业的大型交换机、发电厂发电机组以及汽车生产线等，均要在事前采用系统能力的冗余设计，以应对突发事件风险。

②系统内部能力调整

突发事件后，对企业现存能力调整可以提高系统运作能力，增强企业应对风险能力。比如可以停止生产一些利润率较低产品，将生产线用于高利润产品生产；通过增加生产班次，对系统能力进行扩容；同时启用闲置运营设备进行生产，提高系统能力。

（11）模拟突发事件攻击和建立完善报告制度

突发事件由于其自身特点，很多时候无法准确预计它发生类型、特

点以及影响和波及范围。供应链上各企业可以聘请内部管理人员以及外部专家，对供应链脆弱性模拟进行攻击，以期发现供应链应急管理中存在问题并及时制订应急预案。突发事件发生后的内部报告制度是非常重要的，在报告中应详细描述突发事件发生性质、特点和损失程度，采取应急管理控制措施进行详细分析与描述，将应急控制后的效果进行分析，以便为后续突发事件发生和管理提供充分依据，积极寻求改善措施，增强客户支持和理解。

（12）能力应急管理方案库

在很多情况下，突发事件发生之后，要求管理者从实际情况出发快速做出正确有效决策是几乎不可能的。而实际做法是，管理者通常会根据之前应对经验，来做出快速判定，案例推理（Case-based Reasoning, CBR）正是基于对源案例追溯和修改，来对当前新问题进行方案寻优。当企业存在类似案例时，能够大大降低管理者在应对突发事件过程中出现的焦虑、急躁情绪，从而保证了应急期间决策质量和效率。而基于案例推理的应急方案库建立和优化，显然能够提高应急期间运作系统应急效率和效果。

（13）购买商业保险等多种手段提高应急能力

当企业遭遇到应急风险，可以通过商业保险来提供资金保障，积极应对，降低风险。实现供应多元化，设置可替换的生产能力等方法，来转移或降低供应链应急风险。

（14）采用标准化系统开发和产品生产原则

信息系统在开发和设计过程中，要遵循标准化设计原则，便于系统扩展和升级，提高系统通用性。在产品设计中引入标准化，使用通用部件，不但能提高生产灵活性，而且能保证零部件供应。

（15）转变观念

一些管理者认为，发生风险是小概率事件。这种侥幸心理使得公司疏于防范。由于缺乏应对风险心理准备，缺乏防范风险的事前准备，风险一旦发生，往往会对企业造成很大损失。另外，一些管理者盲目热衷于提高效率和降低成本，使整个管理系统缺乏灵活性。为了实现真正供应链风险管理，企业必须纠正以上两种错误心理，即侥幸心理和盲目追求效率心理。管理者不仅要树立风险防范意识，而且要把这种思想灌输给员工，注入公司每日运营和决策中。

9.5 本章小结

本章在供应链突发事件应急管理定量研究基础上，针对理论研究和数据仿真结果建立了供应链突发事件应急管理机制，对供应链上企业应对突发事件风险防范策略进行了研究。

为了更好应对突发事件，本章分析了供应链突发事件应急管理政策和组织机构；详细阐述了监测预防阶段、识别评价阶段、应急控制阶段和善后管理四个阶段的供应链突发事件应急管理过程；提出了企业之间的供应链突发事件应急防范策略有七个方面：（1）加强供应商管理；（2）加强供应链上各个实体之间协调与合作，建立成员之间充分信任机制；（3）加强供应链上各企业之间信息共享，增加供应链整体透明度；（4）建立健全供应链上各企业之间激励机制，使用各种契约机制，实现供应链上各企业之间利润分享和风险分担；（5）设计、构建供应链时，要充分考虑突发事件风险问题；（6）备用运输技术；（7）对供应链上整体的流程进行重组，消除冗余环节，使整条供应链更加敏捷和高效。

本章最后针对企业内部应对突发事件提出应急防范策略如下：（1）制订应急预案；（2）管理信息系统的开发与应用；（3）影响顾客选择；（4）定期培训员工，强化风险意识，定期进行应急演练；（5）提高需求预测准确性；（6）应用延迟技术；（7）战略应急库存的设置；（8）选用备用供应商。上述策略建议，为企业应对应急风险，为企业经营者和研究者提供参考和借鉴。

| 10 |
旅游供应链应急管理研究背景及意义

前面几个核心章节围绕制造企业核心供应链进行详细应急管理研究。随着我国市场经济飞速发展，居民收入有了很大提高，我国旅游业呈现蓬勃发展趋势。伴随旅游业日益发展与壮大，机遇与挑战同时存在。越来越多旅游危机事件频繁发生，对经济发展、旅游市场以及国家方面都产生了巨大影响。旅游业危机事件带来严重后果，以及如何建立有效保障措施，尽可能将损失降到最低，已经引起政府、管理者、旅游相关人员、学者等重视和高度关注。

随着旅游业公共危机事件对旅游供应链上各个节点企业影响越来越大，损失越来越多。国外、国内许多专家学者已经开始对其进行理论性和实践性研究，并取得了一定成果，但是公共危机事件有其特性，导致研究具有很大困难。同时，公共危机对环境影响较大，不易预测和预警，容易产生严重后果，必须引起足够重视。

旅游公共危机研究，国外专家和学者从定性角度已经取得一定研究成果，但国情差别、文化背景、信息建设、管理制度等因素，导致本书不能完全照搬国外成果；而国内这方面研究相对迟缓，还处于起步阶段，尽管理论研究取得了一定成果，但是真正具有可操作性强、指导体系完善的研究内容较少。因此，旅游供应链对突发事件研究具有重要意义。

10.1 研究意义

目前我国旅游业正处于飞速发展阶段，产业规模不断扩大，旅游业已成为我国国民经济战略性支柱产业。我国旅游业占国民经济的份额已经超过4%，同时，我国拥有居世界第一位国内旅游市场和居世界第四位入境旅游人数接待规模，旅游业在我国经济发展、文化交流与社会和谐中，扮演着越来越重要角色。然而机遇与风险并存，随着制约旅游业发展的国际、国内风险因素不断增多，经济危机、自然灾害、恐怖事件、文化冲突等任何事件都有可能影响旅游业持续与稳定发展。

因此，迫切需要研究旅游危机事件一般特征和规律，构建适应我国社会、经济和旅游业发展的旅游危机事件保障体系及对策研究，以提高旅游业抵御危机事件能力，为游客提供完善保障体系。因此，分析旅游危机事件特点和危害性，建立系统的公共危机下保障体系及对策研究，是促进我国旅游业繁荣发展必备条件。因此，旅游危机保障体系及对策研究，无论是在理论上还是在实践上，都有其重大研究价值及意义。

10.2 研究内容及目标

本书以我国旅游业公共危机下保障体系研究为主要内容，从我国旅游业公共危机管理具体现状出发，首先对我国旅游业面临的公共危机进行分类研究，分析各种类型公共危机特点、危害性以及相应保障体系现状；采用定量和定性相结合研究方法，结合信息系统应用，建立完善的旅游业危机保障体系和相应对策研究；结合国内外研究现状，对旅游公共危机预警系统和应急预案系统也做了相关研究。

后续几章以旅游危机中公共危机为研究对象，拟解决以下几个关键问题。

（1）我国旅游业公共危机预警系统研究与应急预案系统研究。

（2）信息处理平台构建研究。

（3）结合国内外旅游公共危机研究，完善旅游公共危机保障体系、提高对策研究的有效性，从根本上解决公共危机事件引起的对国家、社会、游客、旅游企业本身及其相关行业冲击。

本书研究目标主要包括下列四个方面。

（1）将公共危机管理、旅游管理、风险管理、供应链管理、管理信息系统知识结合起来，整合应用到旅游业公共危机保障体系研究，做出重要尝试，争取做出突破。

所谓公共危机管理，也称为政府危机管理，是指政府针对公共危机事件的管理，是解决政府对外交往和对内管理中处于危险和困难境地的问题的管理，即政府在公共危机事件产生和发展过程中，为减少、消除危机危害，根据危机管理计划和程序，而对危机直接采取的对策及管理活动。旅游业的特殊性，使得旅游危机的公共危机管理难度增大。旅游危机管理主体不仅仅涉及政府部门，还涉及社会各个部门的援助管理，如旅游目的地、旅行社等。

旅游管理是指对旅游活动整个过程管理，涉及主体、媒介、客体，表现为客流、信息流、物流的统一，实际上就是对旅游服务供应链上各个节点、各个过程管理，是一种整体服务系统。

风险管理是指在一个有风险环境里，如何做才能把风险降到最低的管理过程，通过风险识别、风险估测、风险评价等环节，并在此基础上，选择各种风险管理技术，对风险进行有效控制，并妥善处理风险所致损失后果，从而以最小成本获得最大安全保障。

风险管理过程包括对风险量度、评估和应变策略。对各种风险进行有效的管理具有非常重要意义，主要有以下几点。

①有利于企业做出正确决策。

②有利于保护企业资产的安全和完整。

③有利于实现企业正常经营活动目标。

对旅游业而言，进行风险管理，可以降低各种旅游危机发生概率，能够提前预防可控制危机，对不可控制危机可以提前做好防护措施，降低损失，对已经发生的危机进行最大限度补救。

（2）建立我国旅游业公共危机下完善保障体系研究，使其系统化、规范化、标准化，便于实施。

各级政府积极进行相应旅游业公共危机下保障体系和政策研究，提高应对公共危机能力和响应性，减少危机带来损失，为其提供方针和政策指导。

危机管理保障体系是指个人或组织为了预防危机发生，减轻危机发生所造成的损害，尽早从危机中恢复过来，而针对可能发生危机和已经发生危机采取管理行为。

（3）对完善旅游业公共危机下对策进行研究。通过完善旅游公共危机下对策研究，加强旅游企业抵御公共危机能力，争取把旅游企业损失降到最低，提高企业抵御风险能力，为城市建设和发展献计献策。旅游业公共危机对策需要社会各方面配合，在政府、旅游企业甚至旅行社主导下，使旅游过程顺利安全进行，及时对潜在危机或将要发生的危机进行预警和应急管理，旅客也应该配合疏导工作，不能自乱阵脚；同时，其他非直接相关人员，也应该及时提供有用信息，共同为应对旅游危机贡献自己力量。

（4）为旅游者提供更加完善和安全的旅游环境。提供安全旅游环境，可以增强旅游从业人员和旅游者信心，旅行社可以更好地为旅游者服务，可见其意义重大。旅游者对于旅游目的地怀有信心，是扩大旅游市场需求所必需的，只有提供全面旅游信息，提供一个安全旅游环境，才能促进旅游业不断发展，促进国家经济发展和社会繁荣。

10.3　研究方法

本书将立足国内外现有研究成果，将旅游业公共危机下保障体系研究理论与实践结合起来，探索建立一套完善保障体系，减少公共危机对我国旅游业影响和冲击，将损失降到最低，同时为政府部门应对旅游业公共危机政策制定提供参考；为研究机构进行旅游供应链公共危机保障体系研究和建立提供方法和思路；为旅游供应链上各企业应对公共危机，提供策略和指导。

本书特点有以下几点。

（1）采用理论和实践相结合研究方法，运用知识管理、应急管理、旅游管理、供应链管理和信息管理知识相结合方法，采用知识管理相应理念、方法和技术进行研究。

知识管理（Knowledge Management, KM）为企业实现知识共享提供新的途径。它是利用集体的智慧，通过获得、创造、分享、整合、记录、存取、更新、创新等过程，形成永不间断的累积个人与组织知识、组织智慧的循环，从而提高企业应变和创新能力。主要包括四个方面内容：建立知识库，促进员工知识交流，建立尊重知识内部环境，把知识作为资产来管理。

应急管理是为了应对特重大事故灾害的危险问题提出来的。应急管理是指政府及其他公共机构在突发事件的事前预防、事发应对、事中处置和善后恢复过程中，通过建立必要应对机制，采取一系列必要措施，应用科学、技术、规划与管理等手段，保障公众生命、健康和财产安全，促进社会和谐健康发展的有关活动。事故应急管理内涵，包括预防、准备、响应和恢复四个阶段。尽管在实际情况中，这些阶段往往是重叠的，但他们中的每一部分都有自己单独目标，并且成为下个阶段内容一部分。旅游危机应急系统涉及社会各个层面人群，每个人都应该有危机意识。同时，政府、企业等相关机构要切实加强旅游景区危机应急管理，不断提高管理水平，将危机负面影响降至最低，全面提升旅游环境、旅游安全、旅游观念、旅游服务，促进我国旅游景区健康发展。

（2）采用实地调研方法，针对国内多家旅游企业进行实地调研，对获得的公共危机信息进行统计分析；采用定量和定性结合研究方法；建立基于知识管理应急管理信息平台。

（3）针对旅游业公共危机下应急预案启动采取定量研究方法，在充分计算预案启动成本和损失前提下进行研究，使研究成果更加科学和有效。

（4）进行旅游业公共危机识别研究，将旅游业公共危机根据特性进行分类；建立相应预警机制。

（5）根据上述旅游业公共危机分类建立完善的保障体系。建立完善的政府层面政策研究、旅游救援体系建立、旅游保险完善、应急信息处理平台建立等保障体系。

（6）制定旅游企业公共危机下的应急管理对策，为旅游企业和政府部门应对旅游公共危机，提供必要理论和政策支持。

本书在分析与研究国外和国内现有文献研究成果基础上，对我国旅游业公共危机进行了详细分析与研究。主要采用理论分析与数值分析相结合研究方式进行，运用知识管理、危机管理、风险管理、信息管理、旅游管理、供应链管理等理论与方法进行研究。

采取的研究思路是，首先针对旅游公共危机进行分类研究，制订相应公共危机预警系统及应急预案，同时运用定量研究方法，进行应急预案启动时间研究等；其次建立国内齐全的旅游业公共危机应急管理平台，进行公共危机控制；最后进行我国旅游业公共危机保障体系及对策研究。

10.4　旅游危机研究综述

所谓旅游危机，世界旅游组织阐述为"影响旅行者对一个目的地的信心和扰乱继续正常经营的非预期性事件"。旅游危机发生，使得旅游企业经营活动过程与外部环境发生了变化，不仅破坏了旅游设施，严重危害了旅游目的地形象，而且可能导致人们预期和行为发生重大变化，影响游客旅游愿望和出游行为，甚至会给游客带来财产和潜在的人身危害。

本章主要对旅游危机进行了分类，分析了旅游危机特征及造成的影响，针对国内、国外旅游危机研究文献进行了详细综述。

10.4.1　旅游危机分类

旅游危机可以分为以下几类。

（1）安全性危机

①自然灾害：主要包括旅游景点景区暴雨、洪水、积雪、冰雹、台

风、地震、山体崩塌、滑坡、泥石流、森林火灾等重大灾害。比如 2018 年日本台风，使世界各地很多游客取消了赴日本旅游计划。

②旅游事故：包括旅游安全事故、旅游犯罪、旅游意外等，具体包括公路、水运、铁路、民航等旅游交通事故；影响或中断城市正常供水、供电、供油、供气等城市事故；通信、信息网络、特种设备等安全事故；重大环境污染和生态破坏事故等，其影响力一般具有局部性和短期性特点，但不排除影响跨区域扩散可能，如千岛湖事件。

③疾病疫情：主要包括突然发生造成或可能造成游客健康严重损害的重大传染病（如鼠疫、霍乱、血吸虫、肺炭疽、传染性非典型肺炎等）、群体性不明原因疾病、重大食物中毒、重大动物疫情以及其他严重影响游客健康的疾病。这类危机影响面较大，容易危及游客生命，如泰国近年频发的禽流感、登革热等疾病疫情，对泰国旅游业造成很大损失。

④恐怖活动：容易对游客造成身心的双重影响，对旅游态势破坏性大，如"9·11"事件和埃及沙姆沙伊赫爆炸事件后，国际旅游线路图发生了较大变更，许多旅游胜地无人问津。

⑤军事冲突：比如伊拉克、叙利亚、黎巴嫩等国家，根据世界旅游业理事会（WTTC）的估算，战争给世界旅游业带来近 300 亿美元损失。

（2）经济性危机

①经济危机：经济危机的发生，影响了旅游者消费能力，也影响了旅游地的社会稳定。

②金融危机：如亚洲金融危机对亚洲旅游业的影响。此外，我国货币升值将使入境旅游者旅游成本提高，影响我国旅游业竞争力。

（3）社会文化危机

①消费潮流改变：消费者旅游品位和兴趣改变，导致旅游地发生产品危机或品牌危机，影响区域旅游业的竞争地位。

②文化冲突：包括宗教冲突、信仰冲突、价值观冲突、文化理念冲突等冲突类型，任何冲突发生都会影响特定的旅游消费者，使其对旅游地形成心理屏蔽。

③信息误导：旅游信息传播的误导将使旅游者形成旅游定位屏蔽，从而改变其对旅游地的消费选择，比如"三峡告别"游对三峡旅游业的重大影响。

④质量危机：旅游地设施、服务和资源发生质量问题时，将影响旅游地细分市场，使高质量旅游者对旅游地形成品质屏蔽，并影响旅游地的可持续发展。

（4）政治性危机

①政治封锁：政治封锁往往带来经济封锁，从而形成区域旅游发展屏障。

②政治事件：包括政变、重大政策改变、首脑个人安全等都会影响旅游者对事件发生国的信心，其影响一般具有短期性，比如泰国政变对其旅游产业的影响。

10.4.2 旅游危机特征

旅游危机与其他危机一样，都是一种非常态的社会情境。尽管旅游危机产生原因多种多样，影响范围和持续时间长短也各不相同，但旅游危机也有一些共同特征：突发性、危害性、紧迫性和双重性。

（1）突发性

旅游业是一种高度敏感行业，引发旅游危机诱因很多，比如，自然、经济、社会环境中出现的非常规状态，都可能引发旅游危机。因此，旅游危机往往具有突发性，是在人们完全没有想到、没有做好充分准备情况下发生的。相较于常规性状况而言，旅游危机是一种没有预兆的、超常规突发事件，其破坏性更严重，表现为在短时间内给旅游业及其相关行业造成一系列破坏，甚至使它们陷入严重混乱状态。

（2）危害性

旅游危机危害性是指旅游危机会在短时间内，对旅游业及其相关行业造成严重破坏，对经济社会带来很大影响。换句话说，旅游危机具有波及效应，一种危机发生常常会引发其他不同类型危机，最终导致该危机危害性被一步步放大和延续。

（3）紧迫性

旅游危机发生后，危机影响传播速度惊人，并会导致一系列后续问题产生，如游客救助与转移问题、旅游目的地环境恢复问题、各种相关信息传播问题等，再加上新闻媒体夸张报道，常常会导致受到冲击的旅游企业，因为反应速度跟不上，而面临被动决策压力。若在旅游危机发生时，旅游企业决策者不能在较短时间内做出正确决策，就会扩大旅游危机消极影响，丧失解决危机最佳机会，造成重大损失。

（4）双重性

任何事物都有两面性，危机也不例外。危机两面性即损失和机会并存。旅游危机在对旅游业及相关行业造成直接或间接各种损失同时，也蕴含着潜在发展机遇。比如地震后的"灾害旅游"，作为重要历史事件发生地的滑铁卢，已经成为知名旅游胜地。因此，当旅游危机发生时，作为管理主体，不仅要看到不利方面，尽量减少损失，而且应高瞻远瞩，发现危机下的机遇，把握机会，在逆境中取得突破。

10.4.3 旅游危机影响

旅游危机对旅游业影响主要表现为对游客影响、对旅行社影响、对旅游目的地和旅游产业影响。

（1）旅游危机对游客影响

游客作为旅游活动主体，对旅游危机造成的损害有最客观评价，其反应也是最直接、最敏感的。旅游危机对游客影响主要表现为打击游客对旅游信心，导致旅游需求量下降；同时，由于旅游危机发生，可能对游客正常生活产生影响，迫使游客改变原计划旅游行为，或推迟停止旅游活动，或寻求替代性旅游地等。不过，危机起源往往是不可控性的，因此危机产生的影响具有暂时性，当旅游危机结束、景点恢复后，会很快出现新的旅游机遇。

（2）旅游危机对旅行社影响

旅行社是旅游目的地（客体）和游客（主体）之间联系的桥梁，起到媒介作用。旅游危机对旅行社影响主要表现为，旅行社由于外出旅游者数量减少，而出现营业下降或停顿，导致旅行社面临较大经营困难。

（3）旅游危机对旅游目的地影响

旅游危机发生会使目的地形象或声誉受到影响，导致该旅游目的地吸引力和旅游人数下降、竞争力削弱，并在一定程度上影响旅游目的地的经济、社会、生活等各个方面；同时，危机发生后，如果处置不当，将对旅游目的地产生长远的负面影响。旅游危机发生时，游客可能会对旅游目的地持观望态度，甚至怀疑态度。由于旅游产品存在"生产和消费的同时性"这一特殊性，如果游客对旅游目的地的安全性不信任，就不会轻易做出购买决定，而转向其他选择。因此，即便该旅游目的地从危机中恢复过来，也有可能被置于次要选择地位，往往很难获得与其他领域相同的能够激活市场的资源。

（4）旅游危机对旅游产业影响

旅游业是一个关联度很高的产业。旅游危机发生不仅直接造成旅游市场经济严重下滑，而且使得旅游地在一段持续的时间中处于低靡状态，也会波及影响相关行业和产业的经济效益和社会效益，对我国经济发展也将产生较大负面影响。旅游企业是旅游产品和旅游服务提供者，如果旅游危机持续较长时间都没有得到有效解决，并且也没有政府政策扶持，旅游企业很可能面临生存危机，最终导致以该旅游企业为中心的旅游供应链中断，影响整个旅游产业生产运作。

10.4.4　国内旅游危机研究综述

由于旅游危机具有高敏感性及高关联性，其对旅游行业及其相关行业造成了重大影响，在旅游管理中，旅游危机管理已经成为重要一环。尽管我国旅游业起步较晚，发展也相对不成熟，但是国内对旅游危机不同方面研究还是给予了足够重视，取得了一定研究成果。

国内旅游危机管理方面有如下研究。柴寿升、曹艳梅等（2011）在《国内旅游危机管理研究综述》中，通过对知网上检索到的关于旅游危机相关文献，利用汇总、分类、比较分析等研究方法，对相关文献进行了分析，认为我国旅游危机管理，无论是在研究深度、广度还是在实际应用价值方面，都暴露了严重不足，需要提高理论研究实际应用价值，提高危机管理研究预见性，使得旅游危机预警机制能够真正应用到危机管理中，从而降低损失，给旅游企业带来福音。王新建、郑向敏（2011）在《国内旅游危机研究述评》中，以中国期刊网为数据来源，对国内旅游危机研究文献进行了初步梳理，总结了国内旅游危机研究内容和研究方法，了解旅游危机研究动态，并且分析了存在的问题；同时，针对旅游危机产生的诱因也进行了分析，并提出了预警体系和评估系统等，为应对旅游危机提供了对策；其不足之处在于，原创性基础理论知识比较少，一些研究成果仅是对现象的一般性描述，实证性研究成果较少；同时，旅游危机预警机制和评估体系定量方法还需要进一步研究，提高其科学性和准确性。陈国元（2011）在《旅游企业危机管理探析》中分析了旅游业进行危机管理的必要性，提出了实施危机管理对策与措施，从而有效避免和控制危机发生频率。

关于旅游危机定性研究相关文献有以下几个。王敏（2012）在《关于我国旅游企业危机管理的思考》中，在对我国旅游企业危机类型进行分析基础上，提出了应对旅游危机建议，并指出旅游危机的发生严重影响游客选择，进一步影响旅游市场供需平衡，最终阻碍旅游业发展。因此，推进和实施旅游危机管理迫在眉睫。陈景翘、姜春红（2010）在《中国旅游业危机管理对策分析》中，通过对新加坡、泰国旅游危机管理实践进行分析，印证了旅游危机强烈冲击着旅游业发展，并针对此种情况，指出了我国旅游业应该建立行之有效的旅游危机管理体系和应对危机管理对策，促进我国旅游业健康快速发展。张华（2013）在《我国入境旅游发展策略研究》中，对我国入境旅游进行了深入研究，指出入境旅游发展中存在的主要问题，以及应对策略。窦开龙（2013）在《国外典型旅游危机管理模式及对我国民族旅游发展的启示》中，对国外典型旅游危机管理模式进行分析，并选取美国模式、印度尼西亚模式、澳大利亚模式做解读，分析我国民族旅游发展旅游危机管理中存在的不足。他在文章中借鉴国外经验，构建了区域性危机应对体系，使我国民族地区旅游经济能够保持可持续发展状态。孙建华（2011）在《旅游危机管理中舆论控制的策略研究》中，着重从舆论角度出发对旅游危机管理影响进行研究，介绍了旅游管理中舆论控制内涵及作用，并探讨了旅游业中对舆论控制采取措施，增强旅游业应对突发性危机事件有效性，从而将危机造成损失降至最低，并能间接迫使旅游业、旅游者群体或旅游者个人约束各自行为，遵守相关规范。

随着旅游活动不断开展，旅游业越来越离不开旅游公共服务支持，同时，游客对于旅游公共服务质量要求也越来越高。如何构建一个完善的旅游公共服务机制，对于满足大众化旅游需求是至关重要的。很多文献是从不同角度论述旅游服务或旅游危机。王佳欣（2012）在其硕士论文《基于多中心视角的旅游公共服务供给机制研究》中，在对旅游公共服务相关研究进行全面分析基础上，对我国旅游公共服务发展历程进行梳理，从如何使旅游公共服务供给实现效率和公平兼顾，以提高旅游公共服务供给水平作为研究出发点，并基于多中心视角来讨论旅游公共服务供给机制，通过 IPA 分析法、数据包络分析法（DEA）等定量方法，分析了游客满意程度及需求，并对我国旅游公共服务供给机制进行了绩效分析，借助 SSP 范式，对旅游公共服务政府供给、市场供给、志愿供给效率进行了深入分析。但该文局限性在于，旅游公共服务多中心设计运行机制不健全，需要进一步研究；文中仅是从理论上分析了多元供给主体协同合作多中心供给机制的供给优势，并未对旅游公共服务多中心供给机制、供给效率和运作效果进行定量验证；由于地域差异，需要建立差异化绩效评价指标体系，并且需要对旅游公共服务多中心机制中绩效评估指标体系进一步研究；文章对于旅游公共服务多中心供给机制的研究侧重于理论层面的分析和探讨，缺乏必要的现实案例材料加以辅证。吴红卫、邵书荣（2013）在《论知识管理视角下的企业危机管理》中，从知识管理角度，对企业危机管理进行了研究，探讨了知识管理与企业危机管理之间关系，指出知识管理是企业发展必然选择。尽管文章并没有谈到旅游业。但是，通过现阶段对知识管理研究，可以看出知识管理在企业管理包括在旅游企业的地位。因此，将知识管理应用于危机管理，必然会产生事半功倍效果。

以案例为基础进行研究的相关文献有以下几个。肖红（2011）在其硕士论文《历史文化村镇旅游公共关系发展研究——以岳阳张谷英村为例》中，以历史文化村——张谷英村为例，对历史文化村镇旅游公共关系发展现状进行了深入调研，主要采用问卷抽样调查、焦点小组法和剪报及文献分析方法，从各个层面较为全面分析了历史文化村镇旅游中存在问题和矛盾，并对其现状进行了深入剖析，提出了历史文化村镇旅游开发中各种关系对象整合策略。张忠磊、由亚男（2013）在《新疆旅游目的地危机管理应对策略研究》中，以新疆旅游目的地为核心点，对新疆旅游业进行描述分析，总结出新疆旅游业在受到了很多突发事件及不可抗力冲击后，对其旅游发展产生了很大负面影响，进而提出了扭转新疆旅游目的地负面形象、控制潜在游客危机感知重要性相关策略，增加游客对旅游目的地信心，促进新疆旅游业蓬勃发展。

"后危机阶段"是危机管理生命周期一部分，此阶段会持续影响潜在旅游者对目的地形象判断。如果旅游危机发生后，旅游业各方面能够及时采取措施，弥补损失，尽快恢复旅游地的形象，对于促进旅游业发展也是有积极意义的。但是，学术界对"后危机阶段"研究关注很少，相关研究成果有以下几个。赵蕊（2012）在《后危机阶段遗产旅游目的地形象的塑造——以四川遗产旅游目的地为例》中，以四川遗产旅游目的地为例，从2008年汶川地震，该遗产旅游目的地遭受严重毁损，到2012年共计四年时间，对该旅游目的地发展恢复状况提出其在"后危机阶段"形象塑造策略，旨在消除旅游者对该地安全性担忧，促进四川遗产旅游目的地持续健康发展。

旅游业涉及相关环节很多，每一个环节，如旅游目的地、游客、旅行社、酒店、政府等，都应该重视旅游危机管理。近年来，旅游危机管理对旅游及其相关行业影响研究，以旅游目的地为研究对象风险管理文献有以下几个。詹丽等（2013）在《旅游目的地风险管理研究综述》中，对近30年国内外旅游目的地风险管理研究内容进行了概述和梳理，指出了目前旅游地风险研究中存在的不足，并提出了应对策略，旨在提高旅游风险研究成果针对性和应用价值。同时指出了目前旅游危机研究是一种"被动式"研究，尽管也取得了一定成果，但仍然有待于进一步深入研究。刘霞（2011）在《旅游目的地危机防范体系构建——基于混沌理论》中，以混沌理论为立足点，对旅游目的地危机管理进行研究，总结出旅游危机对旅游目的地的影响机制，并从旅游危机预警和危机应对两个层面，构建旅游目的地危机防范体系，最终建立旅游目的地危机防范模型。当前，混沌理论在旅游领域应用还不够深入，未来对该理论的进一步研究，将为旅游业危机管理带来巨大应用价值。邹永广、郑向敏（2012）在《旅游目的地游客安全感的影响因素实证研究——以福建泉州为例》中，从游客角度，通过对福州、泉州游客进行问卷调查，采用案例分析、在线网络点评数据挖掘以及因子分析法，归纳出游客安全感影响因素。还进一步应用 K-means 均值聚类法快速将游客分类，便于研究游客安全感影响因素对游客决策影响。同时，采用多元回归分析验证了游客安全感影响因子与安全期望相关关系，其研究实证结果对于加强旅游目的地危机管理，提高游客安全感，具有一定理论和现实意义。

以游客危机感知为研究视角的危机管理文献有以下几个。王九玲（2012）在其硕士论文《基于旅游者危机感知的旅游目的地危机管理研究——以新疆旅游区为例》中，从旅游者危机感知角度出发，以新疆旅游区为例，在对国内外旅游危机研究基础上，通过相关基础理论和实地调查，对旅游者旅游危机认知现状进行研究，建立危机传导机制，并探讨了游客和旅游目的地关系，进而提出了新疆旅游区旅游危机管理策略。但研究不足之处在于，旅游目的地和客源不同，对于旅游危机管理和旅游危机认知都会产生不同影响，文章并没有对其进行实证研究，仅是针对新疆旅游危机进行研究；对于旅游者危机感知，缺乏定量模型和科学预警体系。周蓓（2010）在《基于旅游者认知的旅游危机信息管理模型研究》中，从信息论角度，对作为危机信息受众和旅游主体的旅游者旅游危机信息认知进行分析，剖析了传统旅游危机信息管理机制缺陷，提出构建基于旅游者认知的旅游危机信息传播模型和基于旅游者认知的旅游危机信息管理模型。张钟元（2011）在其硕士论文《滨海旅游地游客安全期望与感知的比较研究——以厦门为例》中，通过文献研究法，借鉴游客安全期望与感知相关理论和定性分析基础上，进行实地问卷调研定量研究，采用数理统计分析法、无结构式访谈法和案例研究法等方法，构建了滨海旅游地游客安全期望与感知测评指标体系，进一步了解游客安全需求，提出了对旅游地游客安全期望与感知的对策与建议，指导滨海旅游地游客安全管理工作，提高游客满意度。该文研究创新点在于，从游客安全期望和感知角度出发，研究旅游安全性问题，加强旅游地可持续发展；以厦门为例，对滨海旅游地游客安全期望与感知水平进行比较，对加强安全管理具有较强实践意义。该文局限性在于，游客安全期望与感知角度进行分析的研究文献较少，文中构建测评指标体系只是根据专家访谈及相关文献总结得出，具有一定缺陷；由于仅以厦门为例，得到的结论不具有普适性，需要进一步论证和检验；调研对象较单一；没有研究以往游客旅游后的满意度。任奕阳（2010）在其硕士论文《边疆民族地区旅游危机和旅游者购买意愿的关系研究》中，集中探讨边疆民族地区旅游危机和旅游者购买意愿关系。在此基础上，通过定性及定量相结合研究方法，如文献分析法、Delphi 法、问卷调查法和数理统计分析法等，详细深入分析了特定旅游危机对旅游者消费决策影响机制，构建了结构方程模型，并进行了方差分析和假设验证，从潜在旅游者感知风险角度，研究危机事件对其购买决策影响。但是文章在研究中也存在一定局限，如对旅游危机事件维度划分和变量测量方面，主要通过专家自选和反复测验进行确定，缺乏完整性和独立性；调研对象和调研数量方面存在局限，样本有限，使得方差分析得到的分布状态不具有代表性，这部分结论只是在现实状况和相关文献研究基础上推测；研究条件限制，没有深入对该研究相关人员进行沟通；文章需要改进地方主要在以下几点：进一步丰富研究变量体系，调节变量分析和检验，研究对象和内容还需进一步完善。

由于旅游危机对旅游业影响，相关行业，如旅游酒店、旅游社等也被间接影响，杨丽娟（2012）在《酒店企业危机管理的应急处理研究》中，对酒店企业危机管理进行分析，指出建立危机预防、控制和应急处理系统必要性，提高抵御危机的应急能力，加强企业危机管理，尽量减少相关行业对其造成影响。

在旅游危机中，自然灾害对旅游业造成危害是最难以预料的，相应地，对突发性旅游危机研究也比较少。侯俊东、李铭泽（2013）在《自然灾害应急管理研究综述与展望》中，介绍了自然灾害相关基础内容，从宏观和微观两个方面对自然灾害进行了评述，并阐述了自然灾害应急管理重要意义。同时，也指出了目前研究成果中的不足，从社会系统、经济系统和生态系统三个方面展望了未来对于自然灾害应急管理研究重点和方向。由于这方面研究成果比较少，涉及领域又比较多，因此，未来值得研究内容很多，随着研究进一步深化，将对旅游业突发性危机管理产生重要作用。勾佳（2012）在其硕士论文《突发性自然灾害对目的地旅游业的影响研究——以汶川地震为例》中，在突发性自然灾害对旅游目的地影响状况及影响机制分析基础上，以四川汶川大地震为例，结合国内外有关研究成果及多种相关理论知识，采用文献归纳法、比较分析法、案例分析研究法等，探求自然灾害后旅游目的地发展策略，并提出对策。文中不足之处在于，研究思路和研究深度上仍然有很多地方需要进一步拓展，研究方法比较单一，以定性研究为主，定量研究不够深入，收集的数据存在偏差等。杨洋、李蔚等（2011）在《严重自然灾害危机对旅游意愿的影响因素探析》中，通过文献分析和因子分析，发现自然灾害危机影响旅游意愿有五大主要因素；通过聚类分析，将游客划分为不同类型，并详细讨论了这五大主要因素在不同游客中差异，并针对不同游客制定了不同旅游意愿恢复措施；通过回归分析进一步讨论了各因素对旅游意愿影响，并分析出现这种结果原因。本文局限性有以下几点：一是样本局限，仅调查从成都出发或转乘游客对汶川旅游评价和意愿；二是旅游目的地局限，仅以汶川旅游为调查背景；三是时间局限，以现在视角来评判汶川大地震带来影响；四是导向局限，只是分析了负向影响旅游意愿因素，没有考虑灾难旅游吸引游客因素。未来研究方向在于以下三方面；一是恢复措施制定与验证，二是关注灾难旅游，三是自然灾害影响旅游意愿的因素与旅游意愿关系模式仍需探讨。

10.4.5　国外旅游危机文献综述

国外专家和学者针对旅游危机进行了大量研究，他们的旅游危机研究文献主要有以下几个。

应用不同方法对旅游危机进行管理文献。Speakman，Sharpley（2012）在 *A chaos theory perspective on destination crisis management：Evidence from Mexico* 中，提出由于各种形式危机或灾难对旅游目的地影响，产生了很多旅游危机管理模型。然而这些模型在结构、线性或者逻辑性等方面存在局限性。该文提出了一种替代方法，即基于混沌理论危机管理方法，提供了混沌理论对旅游危机管理一个可行框架，并以墨西哥甲型 H1N1 流感危机为例，采用混沌相关性理论对旅游危机应用价值，同时也对当前旅游危机管理模型进行分析，指出传统模型和混沌理论并不是相互排斥，其共同目的是让旅游目的地能够及时地对各种危机进行回应。Ghaderi，Som 和 Henderson（2012）在 *Tourism crises and island destinations：Experiences in Penang，Malaysia* 中，以马来西亚著名旅游目的地槟城出现区域和全球脆弱旅游危机事件作为触发点，采用定性研究方法，半结构化方式制定应对旅游危机策略，以及旅游目的地如何从危机中恢复过来，并且提出公共部门应该设计制订良好的旅游危机管理计划，来减轻危机带来的损害。旅游危机频繁发生暴露了旅游业脆弱性，引起了很多学者对于危机策略和旅游目的地，旅游组织对于危机准备、抑制和损失限度、危机恢复和经验学习做法研究。Paraskevas，Altinay（2013）在 *Signal detection as the first line of defence in tourism crisis management* 中，提出了一种包括信号扫描、捕捉和传输危机反映危机信号检测三阶段概念框架，以该框架为基础，为了探讨信号检测在危机管理实践中的重要意义和这三个阶段中每一个阶段面对的挑战，国际旅游组织 16 个企业高管接受采访，研究结果为进一步研究危机管理机制和开放区设计提供了参考。Becken，Hughey（2013）在 *Linking tourism into emergency management structures to enhance disaster risk reduction* 中，将旅游业和减少并管理灾害风险创造一个连接，这个连接存在于容易发生自然灾害的旅游区。以新西兰北部地区作为案例研究，探讨旅游灾害管理者对目前和未来旅游灾害风险管理活动。整个研究结果表明，北部地区旅游业目前很少关注现存灾害管理计划，并且近年来，针对自然灾害已经能够在识别、准备、应对和恢复四个过程中减少差距和问题。在此基础上，结合当地人建筑结构特点，提出并填充了旅游灾害管理模板。由北部地区旅游产业集群提出旅游行动计划，为旅游业提供指导方针，从而提升了灾害管理价值。考虑到系统灾害管理可能存在缺陷，本书也会关注其他旅游目的地和他们能够长期可持续发展愿望。

分析影响旅游业发展因素的文献。Goh（2012）在 *Exploring impact of climate on tourism demand* 一书中，对旅游需求和旅游动机两种框架进行分析，提出了一个综合性框架，说明在经济和社会心理学理论下，旅游市场需求影响因素，可能来源于目的地选择理论和市场需求理论，指出气候是一种重要的影响旅游需求社会心理变量，在旅游需求分析误差修正模型中起重要作用。文章指出未来研究方向要选择适当影响因素，尤其是那些随着时间推移，而不断变化变量，对于比较稳定变量在分析时可以适当忽略；建立相关指标体系；采用科学合理数据收集方法。Cohen，Cohen（2012）在 *Current sociological theries and issues in tourism* 中，以旅游业中当前存在社会理论问题为出发点，叙述了现代旅游和社会学制度主义性质变化，研究了广泛社会趋势和具体历史事件，讨论了旅游社会学调查焦点影响旅游的理论方法，反映了一个更大元理论对当代哲学和社会学重新定位。Ivanov，Webster（2012）在 *Tourism's impact on growth：The role of globalisation* 一书中研究目的是，找到确定证据表明全球化对旅游业影响，一方面，全球化促进入境旅游，增加了国家国内生产总值；另一方面，对不开放国家而言，入境旅游可能是有限制的，受政府控制。因此，全球化水平对旅游业影响是两个对立面。危机管理和旅游业作为一个产业实践和主体，吸引了越来越多学者研究和关注，尤其是近年来，东南亚遭受旅游危机，给东南亚旅游业带来了极坏影响。

随着旅游危机数量迅速增长，危机知识管理逐渐成为旅游领域研究一个兴趣点，Paraskevas，Altinay et al.（2013）在 *Crisis knowledge in tourism: types, flows and governance* 中，借鉴了文献识别知识管理战略和流程，为危机管理提供了实证研究，对旅游管理知识和知识流动进行组织，指出有效危机知识管理提高了旅游组织和旅游目的地的管理灵活性，加强了他们防御机制，减少了潜在损失，并让他们恢复了正常发展速度。同时，进一步识别出两个不同流程危机知识管理：制度化流程和紧急流程。结合 21 位旅游主管对关键事件的观点，来确定危机知识类型以及危机知识管理流程和组织，结合现有相关文献，构建了对旅游危机知识管理框架。Jia，Shi 等（2012）在 *A framework of knowledge management systems for tourism crisis management* 中，提出了旅游危机管理知识管理系统理论框架，该知识管理框架是一个独立软件系统，在危机所有阶段中，能够对知识提取和传播进行协作。人工智能和网络组合技术在框架中应用，使得该框架可以收集、分类、存储、共享整个组织信息，这个框架包括扮演三种角色组件：知识获取、知识服务和知识经理。在本书中也对框架功能和应用进行了探讨，同时也对一些策略进行了研究。

有关游客危机意识的文献。Rittichainuwat（2013）在 *Tourists' and tourism suppliers' perceptions toward crisis management on Tsunami* 中，描述了对于不同类型住宿场所的游客对其旅游安全措施重要性的不同态度，比较了在正常时间和灾害发生后六个月这种安全措施前、后变化，这种比较有助于游客获得大多数海滩安全感。该文章的研究采用问卷调查、访谈以及观察等方法，以前往泰国海滩入境游客为目标人群。结果发现，在 2011 年 3 月日本海啸发生后六个月内参与调查的受访者比那些在印度洋海啸发生六年后的参与者更注重海啸安全措施，住宾馆客人要比住高档酒店客人更关注安全措施。更重要的是，游客对海滩安全看法取决于海啸疏散系统可用性和危机管理计划可行性。该文局限性在于，旅游供应商拒绝参与调查海啸事件中的危机管理，有几家酒店出于对他们酒店形象的关注，大多数酒店认为这样调查会吸引游客关注。该文章只关注危机管理中海啸危机实例，不涉及其他，导致独立变量都是相关的。未来研究对这方面可能成本高，花费时间长，更多海滩上安全因素被添加，作为独立变量也可能用来缓解灾难发生和潜在灾难发生造成的损失，以便读者能够通过该文章研究加深对海啸风险感知。文章还提出未来对海啸研究方向应该是尽快恢复旅游目的地形象，缓解国际游客对安全担忧。

有关旅游危机影响的文献。Raza，Jawaid（2013）在 *Terrorism and tourism*：*A conjunction and ramification in Pakistan* 中，研究了 1980～2010 年，巴基斯坦恐怖主义活动对旅游业影响数据，结果表明，恐怖主义对旅游业长期和短期发展都有重大负面影响。滚动窗估计法表明具有负面效应恐怖主义在整个样本期都存在。动态普通最小二乘法结果表明，未来将会与现在相同。格兰杰因果关系检验结果表明，恐怖主义和旅游业之间是单向因果关系，从恐怖主义到旅游是因果关系。Chen（2011）在 *The response of hotel performance to international tourism development and crisis events* 中，采用面板回归来检验面对旅游业发展与危机事件时台湾酒店绩效，酒店绩效依据收入、资产回报和股本回报率稳定性以及股票性能来衡量，这样危机包括 1999 年 9 月 21 日地震、2001 年 9 月 11 日发生在美国恐怖袭击和 2003 年 4 月 22 日 SARS 流行病。该文章的四大贡献有以下内容。一是测试结果证实，国际旅游发展对酒店销售和稳定性比平常更能影响酒店股票绩效。二是本研究证实，由于随时间变化，贴现率所造成投资者对持有股票期望对酒店未来现金流改变，使得以前研究中国国际旅游发展和酒店股票收益之间纽带消失了。三是新证据表明，"9·21"地震和"9·11"恐怖袭击事件导致酒店销售收入减少，以及 SARS 发生不仅对酒店股票收益率产生影响，而且使其折价更严重。四是本研究是第一次探讨国际旅游发展对酒店股票收益是否取决于经济状况，并得出结论，认为酒店股票绩效在商业周期缩短和扩张时是有差异的。此外，尽管在商业周期扩张时，国际旅游发展对酒店股票绩效影响仍是不相关的，但是国际旅游发展可以在收缩时期显著提高股票收益率。旅游危机对旅游业及国民经济都会产生很严重影响，但是研究遭受危机侵害的旅游目的地恢复问题也是必要的。Ali，Alhammad Fawwaz Ali（2010）在 *A conceptual framework for crisis planning and management in the jordanian tourism industry* 中，通过深度访谈，建立了丰富描述性个案研究方法来解释危机对旅游业影响，描述了管理人员和政策制定者是如何理解和解释危机影响的，并基于对危机理解与对危机管理的解释，提出了危机规划战略方针和危机管理。

Boukas，Ziakas（2013）研究了全球经济危机对塞浦路斯旅游业影响和采取的政策措施。认为经济危机对塞浦路斯旅游业产生以下影响：缺乏竞争力、减少旅游人数和旅游收入、旅游产品质量不达标和价格提升，并提出建立全面旅游危机管理整体框架：构建应急机制、吸引国外投资、旅游产品升级和质量改进。

Avraham（2013）分析了中东地区应对旅游危机所采取的营销活动、媒体策略、公共关系危机技术、广告活动，认为中东市场旅游营销人员通过来源、信息、观众等三种策略实现旅游地形象恢复。

有学者从经济学角度，对旅游危机管理策略效应进行了量化评估与研究。Eugenio-Martin，Campos-Soria（2014）研究了经济危机对旅游业影响，从区域变量和家庭经济变量角度，分析经济危机对旅游开支的减少有决定作用，提出游客对旅游开支减少依赖于目的地气候条件、GDP 及 GDP 增长速度的观点。Alegre，Mateo 和 Pou（2013）使用微数据，分析经济危机对西班牙家庭旅游支出影响，认为失业率影响家庭旅游支出。

有关从旅游心理学角度，研究旅游者危机感知和旅游决策的文献。Liliana（2011）认为世界范围内威胁和危险频繁出现，游客越来越意识到安全目的地必要性。国家形象取决于旅游目的地旅游产品质量，包括自然和文化遗产或经济环境、社会和政治气候、国家秩序和公民安全。良好的国家安全旅游环境可以作为竞争优势，吸引不同领域来建设国际旅游市场。Cahyanto，Pennington-Gray 和 Thapa（2014）基于有限理性决策理论，研究旅游危机管理中飓风疏散决策。分析了个人受教育情况、游客数量、游客风险信念、飓风经验等因素对飓风疏散决策影响，提出应加强游客的飓风安全教育。

10.4.6　旅游公共危机研究综述

随着全球经济迅速发展，以及国内外形势复杂多变给公共危机管理带来了前所未有挑战，公共危机特点及社会脆弱性，使公共危机管理成为一个全球性问题。

国内对于公共危机管理研究已经有很长历史了，在此过程中，对于一些基本理论问题也存在理解上差异，在实践中也暴露了一些问题。2002年十六大召开后，"我国旅游公共服务"作为一个明确问题被提起。徐菊凤（2012）在《旅游公共服务：理论与实践的若干问题》中，根据各地区对于旅游公共服务体系建设及在理论上认识，详细分析了旅游公共建设内部存在的一些问题，并提出存在问题原因。冯希莹（2012）在《当前我国公共危机管理面临的挑战及应对》中，对我国当前公共危机现状进行了分析，从不同方面指出了我国在公共危机管理上面临的问题，并有针对性地提出问题，对公共危机管理的加强进行了反思，提出了具体应对思路。汪菁（2013）在《我国公共危机管理存在的问题、原因及解决对策》中，表明我国公共危机管理存在很多问题，严重影响了我国在危机事件处理中的效果和效率，并剖析了存在这样缺陷的原因，相应地提出了解决对策，这些对策的实行是需要社会各个层次相互协助。该文不足之处在于，所提出对策仅仅是文献性的，没有涉及实证性措施。因此，对于公共危机管理理论、事件改革和建设仍然需要进一步探讨。薛泉（2013）在《对公共危机管理若干重要问题的思考》中，从务实角度重新界定公共危机内涵，并指出了对公共危机预警方面认识存在的误区，指出目前在实践层面上我国公共危机管理中存在的问题，并提出了完善我国现在公共危机管理体制几点建议。韩慧、杨文健在（2013）《政府公共危机管理的困境及其出路探究——基于非均衡环境的视角》中，基于非均衡环境背景下，分析政府公共危机管理态势，并提出政府公共管理危机困境并进行原因分析，结合国外政府公共危机管理经验，对我国政府公共危机管理方法进行探寻，提出了树立正确危机意识、构建政府公共危机管理协调机制、完善危机管理制度体系等建议。

关于公共危机管理模式相关文献。黄微、辛丽艳等（2012）在《面向政府危机决策的公共危机信息管理模式研究》中，详细分析了公共危机信息管理各种机制，包括收集机制、处理机制、沟通机制以及反馈机制，并在此基础上以云计算为技术支撑，构建了面向政府危机决策的三阶段公共危机信息管理模式，并对三阶段模式公共危机信息管理模式重点进行了分析，利用分析成果最大限度支持政府危机决策，提高政府公共危机管理水平，增强政府公共服务能力和公信力。王丽、李文禹（2013）在《突发公共卫生事件的危机管理体系建构》中，对突发性公共卫生事件进行了理论性描述，指出了突发性公共卫生事件对人民和国家的影响，并结合国外对公共卫生事件处理对策，总结了我国在处理突发性公共卫生事件时策略，建立突发性公共卫生应急管理体系，提高应急反应能力，从而保障突发公共卫生事件能够快速、及时、安全解决。

有关公共危机其他方面研究的文献。张一文（2012）在其博士毕业论文《突发性公共危机事件与网络舆情作用机制研究》中，基于信息网络环境，分别从基础理论层、宏观层面、中观层面和微观层面进行研究，对突发性公共危机事件网络舆情作用过程进行探析，确定网络舆情态势演化规律，从动力学角度分析了突发性公共危机事件与网络舆情作用机制，通过网络舆情热度对突发性公共危机事件预警机制研究，建立了基于贝叶斯网络的突发性公共危机事件网络舆情态势评估模型，以及对突发性公共危机事件内外源动力耦合机制研究等。通过对上述机制剖析，为管理者进行突发性公共危机管理提供了科学依据，将危机带来的负面影响与次生事件产生可能性降到最低。该文局限性在于，在探讨突发性公共危机网络舆情时，涉及网络媒介中没有涉及的社交网站，而社交网站在现在网络传播过程中作用不容小视；实证研究中样本数量有限，影响研究结果准确性和可靠性；数据质量还可以进一步提高；研究具有时效性；没有重点对突发性公共危机决策和应对中存在风险进行研究。

10.4.7 我国旅游公共服务体系构建研究综述

鉴于我国旅游公共服务中存在各种各样问题，构建旅游公共服务体系迫在眉睫。而近年来，我国旅游公共服务体系构建研究引起了很多学者关注，同时也取得了很大实质性进展，但是与实际状况之间，还存在很大差距。

下面以实例分别介绍我国不同省区市旅游公共服务体系构建研究成

果、陈丹红、赵榕（2010）在《辽宁省旅游公共服务的系统构建与保障机制研究》中，以辽宁省旅游公共服务为例，从系统工程角度，提出了包括旅游信息服务体系、旅游基础设施体系、旅游交通服务体系、旅游接待服务体系、旅游安全服务体系、旅游志愿者服务体系、旅游质监服务体系和旅游宣传服务体系等八大服务体系在内的旅游公共服务体系构建，并提出了发展辽宁省旅游公共服务体系配套措施。构建旅游公共服务体系和保障机制，对于推动旅游业和城市化进程具有重要意义。李敏、冯淑华（2013）在《江西省旅游公共服务体系现状研究》中，采用实地调研方法，对江西省旅游公共服务体系基本状况进行研究获得了第一手资料，并对其进行了详尽描述，运用定性和定量相结合方法，对江西省旅游公共服务水平做出了评价，并对其提出了可行性的建议。李晓（2012）在《苏州旅游公共服务体系构建实证研究——基于游客满意度视角》中，以苏州旅游公共服务为例，采用问卷调查法对其基本情况进行收集，提出苏州旅游公共服务存在的问题，并对其完善和加强城市旅游公共服务体系构建，提出了对策与建议。李辉、牛艳霞（2013）在《西安旅游公共服务供给现状与路径优化研究》中，以西安旅游公共服务为例，通过实地调查，对西安市旅游公共服务供给现状及存在问题进行了分析，并提出了一些建议，对该地旅游公共服务供给路径进行了优化。匡敏、曲玲玲（2012）在《构建乐山市旅游公共服务供给体系研究》以乐山市旅游公共服务为例，对旅游公共服务供给体系现状进行了分析，并对其供给体系中存在问题进行了阐述，对构建乐山市旅游公共服务供给体系，提出了合理化建议，保证了有效旅游供给，满足旅客需求。吴露岚、黄燕玲（2011）在《桂林旅游公共信息服务体系研究》中，以桂林为例，通过实证调查，对桂林旅游公共信息服务体系进行研究，并利用 SPSS 16.0 软件对调查数据进行统计分析，发现桂林服务体系存在的问题，并对其发展提出了一些建议。乔海燕 a（2012）在《低碳旅游视角下浙江省旅游公共服务体系的构建》中，以浙江省为例，从低碳旅游视角，结合国内外对旅游公共服务体系研究成果以及浙江省旅游公共服务体系现状调查问卷结果，提出优化浙江省旅游公共服务体系措施。在构建其公共服务体系框架基础上，加强区域旅游公共服务一体化，为公众提供高效旅游公共服务。旅游目的地公共服务功能提升，对我国旅游业发展起着非常重要作用，尤其是中小城市旅游业发展。孙小红、钱燕云（2012）在《城市旅游目的地综合服务功能提升的研究——以温州市鹿城区为例》中，以温州市鹿城区为例，借鉴旅游服务研究理论及方法等，将问卷调查法与访谈法相结合，对城市旅游目的地综合服务功能提升中存在问题进行分析诊断，采用信度分析与效度分析相结合方法，评价旅游目的地综合服务功能，并探讨如何构建有效的旅游公共服务框架。

为了促进旅游业发展，顺应旅游发展新形势，旅游公共服务体系建设已备受关注，李爽、甘巧林等（2010）在《旅游公共服务体系：一个理论框架的构建》中，结合国内外旅游公共服务相关研究，在科学把握旅游公共服务体系内涵基础上，从多个方面构建了旅游公共服务体系，并通过回归分析，检验了所选择因子正确性，提高了研究准确性。何池康（2011）在其博士毕业论文《旅游公共服务体系建设研究》中，以系统论、公共管理学和公共政策等相关理论为基础，借鉴国内外研究成果，结合在云南旅游局实践工作经验，采用文献研究法、调查法和实证研究法等方法，以云南省旅游公共服务体系为例，探索构建我国旅游公共服务建设的理论体系并为其他地区提供实践借鉴。该文章创新之处在于，理论创新、观念创新和实践创新等，并试图弥补当时学术界对旅游公共服务体系研究过程中不足，为我国旅游公共服务体系构建提供了理论和实践依据。张晨（2013）在《城市旅游公共服务体系建设与完善措施》中，以城市旅游公共服务体系为例，探讨了如何构建我国城市旅游公共服务体系，结合国内外主要城市旅游公共服务体系实践，提出了我国在构建城市旅游公共服务措施。李炳义、梅亮（2013）在《城市旅游公共服务体系的构建》中，借鉴国内外关于旅游公共服务各种经验，提出了构建城市旅游公共服务体系基本思路，希望能够为旅游业快速发展，营造健康环境，推动旅游信息系统建设，使旅游业成为城市经济发展支柱性产业，促进城市经济发展。邹永广、谢朝武（2011）在《基于技术嵌入的乡村旅游服务体系研究》中，从技术嵌入角度出发，指出乡村旅游服务体系在技术方面存在问题，需要不断创新、不断探索，不断对乡村旅游地服务体系进行优化升级，基于技术嵌入乡村旅游服务体系研究，对于提升乡村旅游地的形象，促进乡村旅游服务体系升级，具有重要现实意义。

随着我国旅游业发展，关于旅游公共服务体系中存在的问题越来越明显，传统旅游公共服务体系是建立在以政府为中心的模式上，随着研究深度与宽度增加，越来越多学者从不同角度，对旅游公共服务体系进行完善，这已经成为学术界关注重点。刘露（2012）在《多中心治理视角下的旅游公共服务模式探究》中，在多中心治理视角下，对我国旅游公共服务模式进行研究，提出目前我国旅游公共服务中存在主要问题是旅游公共服务在供给方面的问题，构建了以政府、市场和社会三者为节点构成的三维框架下具有中国特色多中心治理体系。随着经济发展和生活节奏加快，旅游成为人们释放压力首选，出游人数增长也给旅游目的地公共服务体系构建提出了更高要求。陈玉（2012）在《大众旅游新阶段的目的地旅游公共服务体系建设》中，介绍了旅游公共服务体系内容，提出了我国现阶段旅游目的地公共服务体系建设存在问题，并研究了旅游公共服务体系建设策略，指出构建旅游服务体系、提升旅游服务质量对于我国旅游业发展具有重要意义。除了前面介绍的技术水平提高对旅游业有影响之外，泛旅游时代到来，也对旅游公共服务体系建设产生了重要影响。李娟、王红林（2013）的《泛旅游背景下旅游公共服务体系建设思考》，在泛旅游时代背景下，国内外研究成果回顾基础上，对旅游公共服务内涵进行了再分析，指出了旅游公共服务建设特点，提出了建设旅游公共服务体系对策。

随着物联网、云计算等高科技发展，以及智能手机、电脑等多种服务终端出现，旅游业出现了一个新名词——智慧旅游。金卫东（2012）在《智慧旅游与旅游公共服务体系建设》中，详细介绍了智慧旅游对构建旅游公共服务体系重要意义。具体表现在以下三个方面：智慧旅游系统是解决并满足民众个性化旅游需求必然选择；是能为广大民众提供旅游公共产品和服务的主要渠道；是旅游产业转型升级重要举措。智慧旅游对于旅游公共信息服务要求更加严格。因此，完善旅游公共信息服务，对于促进智慧旅游发展是很重要的。张国丽（2012）在《智慧旅游背景下旅游公共信息服务的建设——以浙江为例》中，以浙江省为例在智慧旅游背景下，利用其带来的先进技术和手段，构建旅游公共信息服务体系，并将公共信息服务作为旅游公共服务体系建设突破口，不仅提升了旅游公共信息服务体系水平，而且对未来我国旅游业实现智慧旅游，提供了科学依据。乔海燕c（2012）在《关于构建旅游公共信息服务系统的思考——基于智慧旅游视角》中，基于智慧旅游视角，对构建旅游公共信息服务进行了思考，指出旅游公共信心服务现状以及存在问题，并用定性方法分析了构建旅游公共信息服务系统内容，包括四个子系统，通过旅游公共信息服务系统，可以满足游客对于旅游信息个性化选择与需求。

在构建旅游公共服务体系过程中，政府发挥着不可或缺作用。阚如良、詹丽等（2012）在《论政府主导与旅游公共服务》中，以旅游业公共属性为出发点，分析了新时期旅游业综合功能，并规范了旅游公共服务领域，提出了政府主导旅游公共服务对策，从而实现政府职能从"管理型"向"服务型"方向转变。随着旅游业发展以及政府职能转变，旅游公共服务供给模式受到越来越大的挑战。李爽、黄福才等（2012）在《旅游公共服务多元化供给：政府职能定位与模式选择研究》中，以公共经济学和公共管理学为理论基础，借鉴国内外旅游公共服务实践经验，将政府职能定位于提供旅游公共服务多元化供给，并构建了我国旅游公共服务多种供给模式，不同供给模式受各因素影响不同，旅游公共服务供给模式选择，能够保证公共服务有效供给，对于新时期我国旅游体制转变和政府职能转变有重大意义。旅游行政改革和政府职能转变，推动旅游公共服务市场化进程。李爽、黄福才（2011）在《旅游公共服务市场化与政府的作用研究》中，对旅游公共服务市场化内涵、可行性、条件以及效率进行分析基础上，借鉴旅游公共服务实践经验，提出了旅游公共服务市场化路径选择，并探讨了在旅游公共服务市场化过程中政府发挥的作用。对于旅游公共服务市场化中政府作用，熊元斌、常文娟

（2013）在《旅游公共服务市场化中的政府作为研究》中，也进行了相关研究，他们从"公平"与"效率"均衡角度出发，详细分析了旅游公共服务市场化内涵以及政府在市场化过程中作用，并在此基础上探索了旅游公共服务市场化路径问题。杨静慧（2013）在《公共危机治理中的政府角色定位与重塑》中，针对目前我国政府公共危机管理中存在问题，对政府在应对公共危机中扮演角色进行分类描述，分析了公共危机治理过程中政府角色错位原因，对其角色重新进行塑造，同时对公共危机治理过程中，政府角色塑造对策进行思考，使政府成为公共危机管理主体。

旅游公共服务体系是研究公共服务基础，其体系构建需要迎合实际应用需求，对于体系构建有很多不同方法，每种体系都各有优劣。因此，对于旅游公共服务体系评价也是至关重要的。乔海燕 b（2012）在《基于 AHP 法的旅游公共服务评价指标体系研究》中，运用层次分析法，选取 13 个指标构建旅游公共服务指标体系评价模型，并通过判断矩阵和一次性检验，确定各指标权重。相对于一些定性研究而言，定量研究较少，该文能够应用定量方法，构建评价模型也算是一个突破。层次分析法并不是一个纯粹定性方法，它是定性与定量方法结合体，叶全良、荣浩（2011）在《基于层次分析法的旅游公共服务评价研究》中，也采用了层次分析法这种定量与定性相结合方法，文中以顾客价值理论为中心，逐层对旅游公共服务内涵进行分析，构建了旅游公共服务评价体系，并对特定地区旅游公共服务质量进行评价。根据评价结果对该地区服务体系提出了针对性建议。该文未来研究方向在于，样本选择数量需要进一步拓展，并尝试使用完全纯粹定量方法，构建一个旅游公共服务评价模型。肖婷婷、黄燕玲等（2011）在《基于因子分析的旅游公共服务游客满意度研究——以桂林国家旅游综合改革试验区为例》中，采用了定量因子分析法进行研究，其研究方向是旅游公共服务游客满意度，也是以游客为中心进行研究，并以桂林国家旅游综合改革实验区为例，构建了共计 14 项指标的桂林旅游公共服务游客满意度综合评价模型，并指出运用该模型，进行游客满意度量化测评科学性。平衡计分卡（BSC）是从财务、客户、内部运营、学习与成长四个角度，将组织战略落实为可操作衡量指标和目标值的一种新型绩效管理体系，是加强企业战略执行力的最有效战略管理工具。张俊霞、段文军（2011）在《综合绩效评价指标体系构建分析——基于平衡计分卡的旅游公共服务》中，通过平衡计分卡 4 个角度，创新性地运用平衡计分卡法，从战略视角出发，构建了旅游公共服务综合绩效评价指标体系，将旅游公共服务各类指标很好且有效地结合在一起，提高了旅游公共服务整体管理水平。该文不足在于，没有详细介绍该评价体系中各指标权重分配方法，绩效评价模型建构以及评价数据来源问题，同时也没有对该评价模型进行实证研究，这也是未来需要进一步研究的方向。王永桂（2011）在《旅游公共服务水平评价研究——基于模糊综合评价方法分析》中，对旅游公共服务水平评价体系构建，基于对评价因素模糊性分析，采用模糊综合评价法，建立了旅游公共服务水平模糊综合评价模型，并进行实证分析，对于衡量旅游公共服务水平具有重要意义。

其他有关旅游公共服务体系构建方面研究文献。熊元斌、蒋昕（2010）在《区域旅游公共营销的生成与模式建构》中，以区域旅游为研究对象，并针对区域旅游构建了公共营销模式，该公共营销模式包括 3 个子系统，总体上能够提升区域旅游价值，促进旅游可持续发展。胡洪彬（2013）在《基于游客感知视角的旅游公共服务改进策略研究——以浙江省为例》中，以浙江省为例，从游客感知角度，对旅游公共服务各个方面进行了分析，并对旅游公共服务策略进行改进研究，同时也指出转变旅游治理模式是必然要求。叶全良、荣浩（2012）在《旅游公共服务供给制度变迁的路径依赖与创新选择》中，以我国旅游公共服务供给制度变迁轨迹和路径依赖理论，分析旅游公共供给制度变迁路径依赖与创新选择问题，指出路径选择重要性，并通过路径创新来突破制度变迁约束。随着旅游业发展越来越迅猛，旅游危机带来的旅游者安全问题也成为旅游服务供应链上各个节点所关注焦点，同时也是我国旅游产业能够持续稳定发展基础。目前，旅游者安全问题仍然是目前学术界研究重点，也是我国旅游保障工作巨大挑战，谢朝武、周沛（2011）在《面向旅游者安全的公共服务体系研究》中，通过 2006～2008 年数据统计分析，对我国旅游者安全公共服务体系进行研究，并总结了旅游过程中出现突发事件特征，并据此提出建立旅游安全保障服务对旅游业以及我国整体经济发展重要意义。任何行业突发危机，都将给该行业造成很大影响，但由于危机突发性特点，让人们很难对其有一个准确把握。因此，在学术界相对于常规性危机研究要比突发性危机研究要多。姜科（2010）在《非常规突发事件背景下旅游城市形象及旅游者行为研究》中，能够在非常规突发事件背景下，针对旅游城市形象及旅游者行为两方面进行研究，通过游客对旅游城市形象感知和出游规律挖掘，运用 IPA 分析、结构方程模型等主要定量分析方法，对旅游城市形象及旅游者行为进行了全面分析，为旅游城市发展战略提供了科学依据，同时也丰富了危机管理理论。朱孔山、高秀英（2010）在《旅游目的地公共营销组织整合与构建》中，提到旅游目的地公共营销主体很多，其中政府在多主体系统中处于主导地位，并以山东省与国外旅游公共营销模式比较结果为例，说明构建多元化旅游公共营销组织重要性。同时制定营销规范，建立旅游公共营销绩效评估体系。李淼（2010）在《论旅游公共服务及依法监管》中，从旅游公共服务与依法监管方面，分析了我国旅游法制建设现状，并对依法监管旅游服务问题提出了建设性建议。

旅游危机保障措施包括旅游危机预警、旅游危机救援和旅游保险等措施。很多学者文章分析了我国旅游保障体系存在的问题，探讨建立系统、科学旅游危机保障体系。王汉斌、李晓峰（2012）分析了旅游危机影响因素，选取旅游危机预警指标，运用 BP 神经网络技术，结合相关样本数据，建立了基于 BP 神经网络的旅游危机预警模型，采用 trainlm 函数训练，提高仿真预测准确性。该模型具有普适性，为旅游危机预警提供了科学方法，但该方法面临样本量较少等问题。

从近几年对我国发生重大突发事件分析可知，我国旅游安全救援体系还存在很大问题，缺乏应急救助系统方案和相关技术和人力支持。李炳义、梅亮（2013）认为，我国旅游救援缺乏旅游事故预防机制，缺乏事故发生后应急救助系统方案，缺乏系统救助机构和组织。还提出了加强对旅游目的地工作人员救援知识培训，组建专业救援队伍，推动民间救援组织发展，采取自助旅游者救援体系等旅游救援措施。

有的学者利用经济学模型，分析国内保险业发展面临的困境，试图建立包括保险营销策略和保险业合作计划的旅游保险发展框架。郑晓玲（2012）运用计量经济模型，对海南省保险业和旅游业相关经济数据进行回归分析，认为海南省旅游保险业发展与旅游收入之间是正相关关系，提出了建立旅游业与保险业合作工作机制、建立评估指标体系以及旅游保险客户数据库等促进旅游保险业发展策略。

10.5 本章小结

本书主要围绕服务业典型供应链——旅游供应链应急管理进行研究，本章主要研究了旅游供应链应急管理研究背景和意义。旅游危机保障体系及对策研究，无论是在理论上还是在实践上，都有其重要研究价值及意义。

本章围绕研究意义、研究内容和目标、研究方法展开了详细分析；针对旅游危机进行了分类，分析了旅游危机特征、旅游危机影响；对国内、国外旅游危机研究文献进行综述，虽然国内旅游危机取得了一定研究成果，但是定性研究成果较多，定量研究成果较少，尤其针对旅游突发事件研究成果更少。

11

旅游公共危机应急预案研究

当今，旅游公共危机发生越来越频繁，应对危机事件最好办法和最有效手段是制订应急预案。所谓应急预案是指，在日常经营活动过程中，某些事件突然发生，造成严重社会危害，并且需要及时采取应急措施来应对，包括自然灾害、意外事故、公共卫生事件和社会安全事件等整体应急预案系统。应急预案主要任务是对从不同来源收集信息，进行分析和识别，对环境进行检测，并利用预警模型对可能发生的危机做出判断，通过预警报告来判断危机级别。应急预案制定机关应该由社会上各行各业不同人员组成，并能够定期对潜在风险征兆进行分析和研究，事先考虑危机后果，提前制订一些科学而周密的危机应变计划，建立一套规范、全面的风险解决方案，同时根据实际需要和情势变化，适时修订应急预案。当突发事件发生时，应及时启动应急预案，将风险降到最低。

公共危机应急预案体系构建，是一件刻不容缓事情，关系到国家全局经济社会发展和人民群众生命财产安全，是全面落实科学发展观、构建社会主义和谐社会重要内容，是各级政府坚持以人为本、执政为民、全面履行政府职能重要体现。危机事件发生前的预防是危机管理的重点，预防是危机管理中最简便、成本最低方法。通过构建应急预案体系，可以有效觉察潜伏危机，对危机采取果断措施，为突发事件处理赢得主动，从而预防和减少自然灾害、事故灾难、公共卫生和社会安全事件等突发事件发生及其造成损失，保障国家安全、人民群众生命财产安全，维护社会稳定发展。

11.1 国内公共危机应急管理研究综述

关于旅游公共危机应急管理相关研究无论在国内还是国外都比较少，其可操作性及定量方面也存在一定缺陷，毕竟旅游行业动态性很强，很多因素不能被很好控制和把握，而与危机应急管理研究相比旅游危机应急管理研究要多一些，因此，可以从其他相关研究中寻求启发，创建我国旅游公共危机应急管理体系。

地质灾害属于旅游公共危机中自然灾害，在旅游活动过程中，对游客和旅游目的地等危害程度不言而喻，比如泥石流等地质灾害发生，严重威胁人们生命财产安全。因此，地质灾害应急管理研究对构建旅游公共危机应急管理有重要作用。肖进（2013）在《地质灾害应急管理集成系统研究与开发》中，基于 GIS 数据管理与分析决策能力，对地质灾害应急管理系统开发进行研究，从系统需求出发进行总体设计，设计了防灾预案体系、群测群防体系模块、气象预警模块、会商系统模块、应急指挥平台模块、应急资源调度模块和通信平台模块，共计七大模块综合平台，使得应急管理部门能够迅速对灾害做出回应，并使得地质灾害防治更科学、高效。随着技术水平提高，人们对海上油田开发逐渐变得不再陌生。然而，由于海上油田开发工作本身一些特性，一旦发生爆炸、泄漏等事故，必然产生很严重经济损失、环境污染及人员伤亡。郝杰、朱鹏等（2013）在《基于 VR 与 GIS 技术的海上油田设施应急管理信息系统的设计与实现》中，以 Director 软件为平台，结合 VR、GIS、3DMAX、FLASH 等软件，建立海上油田设施应急管理信息系统，该系统综合了油田设施各种应急资源信息，包括各种子系统，能够将纸质版应急预案电子化和三维化，具有很强可操作性和应用价值。当然，该系统在实际应用中还需要根据海上油田具体情况进一步优化，使其结构和功能更加完善。

构建完善危机应急预案与管理重要前提，不仅要对危机发生区域脆弱性进行分析，而且要对各种应急管理机制有一个综合性评价，邹清明、肖东生（2013）在《基于模糊综合评价的城市社区应急管理脆弱性分析》中，采用定性因素和定量模糊综合评价方法，结合相关专家经验与技术，分别从人口社会特征、政治与经济、地理与环境、公共管理四个方面，探讨了影响城市社区应急管理脆弱性因子，并以实例证实这种评价方法有效性，为制订有效应急预案提供参考。该研究不足之处在于，模糊综合评判方法本身涉及人主观判断，使得各因素权重确定存在主观性。因此，为了提高评价客观性与准确性，可以采用多级（层次）模糊综合评价方法。现阶段，随着危机应急管理研究深入，应急预案也逐渐在危机发生中实施。然而，应急预案实施效果如何，能否满足人们预期仍然是个未知数。因此，应急预案实施效果评价显得尤为重要。吴志丹（2013）在《基于区域协作的突发生态危机应急管理机制探析》中，基于区域协作分析了应急管理机制中存在问题，根据应急管理 4R（缩减、预备、反应、恢复）模型，从联合监测预警、统筹物资储备、协作决策援助和联合评估恢复这 4 个方面，构建区域协作突发生态危机应急管理机制，提高区域协作应急管理时效性，为确保区域经济可持续发展提供参考和借鉴。

现有的应急预案评价主要集中于突发事件发生之前，或者发生过程中，对应急预案实施效果进行事后评价研究还很少。而事后评价不仅能够准确得知该预案是否可行，而且可以避免不成功预案重复使用，并可对预案中存在问题进行不断完善。余纳新、韩传峰（2013）在《基于层次分析法的城市灾害应急管理指标分析》中，详细分析了我国当前城市应急管理基本要素，结合德尔菲法和层次分析法，构建各级指标判断矩阵，对各指标进行综合评价，针对当前城市灾害应急管理工作中应急预案制订、应急管理与协调等要素，提出了相应建议，并对结论进行了实证验证。侯洪凤、史原等（2013）在《应急管理信息系统评价指标体系构建和评价方法研究》中，提出了应急管理信息系统评价指标选取原则。根据这些原则，将理论研究和实证研究相结合，并借鉴关键成功因素法，从实际出发探讨了应急管理信息系统评价问题，构建应急管理信息系统指标体系，并通过模糊综合评价模型对应急管理信息系统实例进行评价，验证了评价指标体系合理性和科学性。张英菊（2012）在《基于灰色多层次评价方法的应急预案实施效果评价模型研究》中，对应急预案实施效果进行了定量事后评价，综合运用灰色系统理论和多层次分析法，建立了基于灰色多层次评价应急预案实施效果评价模型。以危化品泄漏事故为例，为应急预案实施效果评价提供了一种可行、量化计算方法，并通过算例说明了该方法实用性，为预案修正提供参考建议。樊自甫、魏晶莹等（2012）在《基于层次分析法与模糊综合评价的突发事件应急预案有效性评估》中，采用层次分析法和模糊综合评价法，构建了应急预案有效评价指标体系，并应用层次分析法确定各指标权重。针对突发事件部分因素的不确定性或难以量化特点，提出了新的思路，提高了应急效率，对我国制订科学有效应急预案，提供了参考。该文不足之处在于，影响应急预案有效性因素有很多，文章提出因素有遗漏地方，有待于进一步细致分析和定量化研究。突发事件原生、次生、衍生和耦合性灾害，不仅给各个行业带来了很大干扰，而且给城市灾害应急管理带来了重大挑战。于辉、江智慧（2011）在《突发事件下分阶段启动应急预案模型研究》中，分析企业完全没有信息情况前提下，以企业何时启动应急预案问题为研究对象，利用局内决策理论与方法，构建了企业何时启动前期处置方案和应急预案分阶段启动模型，并能保证该模型有效性。通过模型研究和数值分析，探讨了如何分阶段启动应急预案问题，强调了分阶段启动应急预案在成本控制和可操作性上重要意义，但是文章仅研究了突发事件持续时间为离散情形下分阶段应对方案，并未考虑突发事件持续时间为连续型时该方案的可行性，这也是未来的研究方向。

11.2 国外公共危机应急管理研究综述

国外关于危机管理文献。学者在构建了完善应急预案体系后，关注应急预案启动。现阶段，应急预案制订主要以应对公共突发事件为导向，然而应急预案应该是整体应用启动还是分阶段启动呢？这是一个重要研究问题。Stahura，Henthorne 等（2012）在 *Emergency planning and recovery*

for terror situations：an analysis with special reference to tourism 中，采用相关
文献法，即 Meta 分析方法，以恐怖主义和灾害管理为例，介绍应急预案
和恢复研究，即采用什么样管理模型或方法能够使应急预案和恢复产生
最大效果。并以"9·11"事件为例，介绍了计划和事前应急、应急过程
中和事后应急及恢复，如何选取管理方法使得灾区能够快速恢复，降低
其脆弱性；同时，可以应对一些紧急状况，将刚性反应学说应用于微计
划和即时反应中。据调查，公共旅游目的地是各种形式危机和灾害地方
频发地带，很多研究已经提出了多种模型，然而，这些模型总是在结构、
线性和逻辑上被批评，指出其在实际应用中难以预料的演化。因此 Speak-
man，Sharpley（2012）在 *A chaos theory perspective on destination crisis man-
agement：Evidence from Mexico* 中，首先识别了当前各种模型的局限性，从
旅游目的地危机管理角度，提出了一种替代方法，介绍了混沌理论，在
墨西哥甲型 H1N1 流感危机背景下，该研究不仅揭示了这场危机发展遵循
许多混沌理论原理，而且还提供了一个基于混沌理论的旅游危机管理可
行框架。事实上，当旅游危机发生时，很多情况下是需要自救的，然而，
我国自救意识还很薄弱，所以，如何进行应急培训教育，也是当今研究
一大热点。Bird，Gisladottir 等（2010）在 *Volcanic Risk and Tourism in
Southern Iceland：Implications for Hazard，Risk and Emergency Response Educa-
tion and Training* 中，探讨了冰岛南部火山爆发与旅游业之间关系，提出
火山风险应急管理应对策略重要性，并指出早期火山风险预警体系及响
应程序并没有完全消除风险，仅是从环境方面着手，并没有考虑人的因
素。为了解决这一问题，该篇文章采用问卷调查方式调查了游客及工作
人员对于危害认识与风险认知，结果表明，游客缺乏风险知识及自救措
施等相关知识，在文章最后提出了一些有价值建议，建设增强人们的危
机认识，同时旅游工作人员应该参加应急训练和疏散演习，确保在危机
面前不仅能自保，而且还可以帮助游客逃生。GIS 技术也应用在实时洪水
系统中。Alsabhan，Love（2011）利用 GIS 技术，对实时洪水进行数据分
析，将移动应用程序——地理信息系统（GIS）应用于实时水文模型中，
用于检测洪水并进行预测预警，该实证研究表明 GIS 在该模型应用中的

可靠性，以及在未来灾害监测管理领域中重要作用。

11.3 旅游公共危机应急预案流程分析

危机发生之前，每个行业都有一定应急预案，也有自己处理特殊危机一套方法。公共危机应急管理并不是以风险结束为目标，而是利用现有人力、物力、财力等资源对突发事件进行预警，使得损失降到最低。为了实现这个目标，对旅游公共危机应急预案流程分析至关重要。

事实上，危机事件发生原因是多方面的，无论是自然因素还是人为因素引起的，任何事情发生、变化都遵循着量变与质变转化规律。风险产生总是有一个变化过程：萌芽期—成长期—爆发期。换句话说，任何风险发生之前都有一定预兆，如果企业能够平时积累各种信息，并对其进行分析整理，及时发现问题，及时预警，采取措施防止危机事件发生，就有可能最大限度减少损失。在突发风险发生之前，很少有企业会关注一些信息，因为获得这些信息需要一定成本，而企业为了降低成本，获得最大利润，会刻意回避。但是这些信息极有可能就是预防风险发生关键。因此，如果企业能够发现对潜在风险进行预防风险好处，就会发现构建预警系统、分析预警流程是十分合理和必要的。在此，笔者将介绍关于公共危机应急预案一般流程。

首先，要随时收集来自各个信息源信息，比如天气预报危机信息采集、公共交通危机信息采集、公共政治危机信息采集、公共流行疾病信息采集以及其他危机事件信息采集，这样可以避免出现一些明显危机，从而也可以预先对未知危机进行防备。其次，将收集的信息进行整理、分类，筛选出有用信息；利用筛选整理得到信息，进而对公共危机影响因素进行分析；利用各信息对公共危机因素影响，评估危机等级，并将消息及时发布。最后，要对危机进行分析，并将该危机与系统预案库里预案进行一一比对，检验是否有相似案例可供部分或全部使用。若有，则从系统里调出该预案，按照一般顺序，进行简单修改，通常这样危机不是第一次发生。因此，可以借鉴以前的部分或完全应用到当前危机中，若没有，则需要紧急召集各领域专家，重新制订应急预案，以便能够对旅游公共危机有比较清晰认识。制订一个完善应急预案后，就可以利用该应急预案来处理旅游公共危机。图 11 - 1 是旅游公共危机应急预案流程，在实际应用过程中要复杂很多，现实是一个动态系统，充满太多变数，只能在一个比较理想环境下，绘制流程示意图。

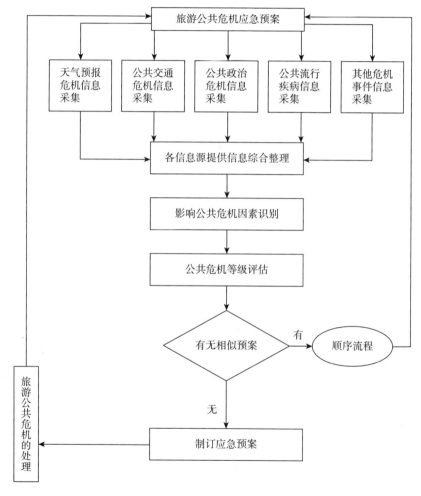

图 11 - 1　旅游公共危机应急预案流程示意

11.4 旅游公共危机应急预案启动研究

近年来，旅游危机频繁出现对处在上升发展时期的旅游业造成了很大损失。因此，学术界也在努力寻找应对方法。目前来看，应对旅游危机普遍方法是制订完善应急预案，并选择最恰当时间启动预案，从而帮助旅游景区降低损失。

11.4.1 应急预案研究文献综述

有关启动应急预案方面相关研究文献。盛方正、季建华等（2008）在《基于供应链管理的应急预案启动时间研究》中，从供应链角度，分别从企业单独决策和供应链整体决策这两种情况，建立数学模型，通过一定协调手段，使企业在单独决策和供应链整体决策时，达到决策一致，即选择一个单独决策和整体决策结果都是最小损失启动预案时间点。本章主要通过对不启动预案和启动预案损失与成本比较，判断何时启动预案。但是损失或成本没有一个具体量化过程。余昇、徐寅峰等（2011）在《基于在线方法的蓝藻危机应急预案启动策略》中，以太湖蓝藻危机为研究背景，利用在线理论方法，分别从启动预案后损失立即停止和损失逐渐减少两种情况考虑，对不确定突发事件预案启动阈值和解决方案进行分析。然而，该文只考虑了危机单位时间增长率因素，并没有考虑实际情况中其他合理影响因素。姚珣、唐小我等（2011）在《基于新消费者行为理论的供应链应急预案研究》中，从消费者行为理论出发，利用应急管理中分级思想和新消费者函数，计算出供应链应急损失值，并比较该值和应急预案阀值，从而确定供应链应急预案启动时间。该文优点是，研究方法很直观，可操作性比较强。文章不足在于，供应链企业应对策略的提出是在应急品假设是"正常品"条件下，并没有考虑到应急品是"坏"的情况。王光辉、陈安（2012）在《突发事件应急启动机制的设计研究》中，将突发事件应急启动机制设计分为启动类型选择、启动等级划分和启动时间确定三大部分，并从承载体损失和应急成本角度出发，对单一突发事件和链式突发事件时间启动进行分析。于辉、唐林（2012）在《基于多专家评估应急预案启动的 RCVaR 模型》中，基于多专家评估，提出一套应急预案启动方法，将多专家评估和 RCVaR 模型结合在一起，将问题转变为一个多元凸规划问题，以突发事件总体损失最小为目标，从而求解出启动应急预案最佳时间。然而，文章研究中的很多假设都是不现实的。

当危机发生时，旅游相关企业要么立即启动应急预案，要么观察一段时间后启动应急预案，要么不启动应急预案，让危机自然结束。图 11 - 2 是启动应急预案、构建预案启动模型流程图。根据现阶段绝大部分文献采用的方法，判断是否启动应急预案以及何时启动应急预案。本文认为，启动应急预案后，危机并不是马上解除，而是会存在一定滞留时间，这样更符合实际情况。

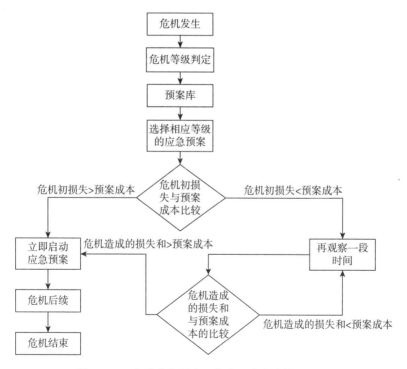

图 11 - 2　启动应急预案、构建预案启动模型流程

11.4.2 应急预案启动模型构建

针对应急预案启动模型构建，分析有以下几方面。

（1）模型假设与变量

假设突发事件发生，记为时刻 0，为旅游景点带来损失是确定的，记为 C_0；在危机发生之前，旅游景点已经制订了不同等级应急预案，其相应成本记为 M_0；启动应急预案时间记为 t^*；从危机产生到危机结束，对旅游景点造成总损失成本记为 C；危机最长持续时间一定小于 $\min \{ c_1^{-1}(0), c_2^{-1}(0) \}$。

假设危机发生后，总损失曲线为 "S" 形曲线，借用王光辉、陈安（2012）在《突发事件应急启动机制的设计研究》中，对承灾体损失和应急成本损失，如图 11-3 所示，可得到总损失变化率为从小逐渐变大，达到最大值后，又逐渐变小。本文假设单位时间损失为变量，为了将复杂问题简化，t 代表时间，t^* 代表应急预案启动时间，不启动应急预案单位损失为 $c_1(t)$，启动应急预案单位损失为 $c_2(t)$，对 $c_1(t)$ 在 $t=0$ 点附近进行泰勒级数展开，得 $c_1(t) = \dfrac{c_1^{''}(0)}{2!}t^2 + \dfrac{c_1{'}(0)}{1!}t + c_1(0) = A_1 t^2 + B_1 t + D_1$，其中 $c_1^{(n)}(0) = 0$，$n \geq 3$；启动应急预案时，单位时间损本为 $c_2(t) = A_2 t^2 + A_1(t^*)^2 - A_2(t^*)^2 + B_1 t^* + D_1$，其中 $t \geq 0$，A_1，$A_2 < 0$，$B_1 > 0$，$D_1 > 0$。

$$\text{赫威兹系数 } \alpha = \frac{C_{好}}{C_{坏}} \in (0, 1), \quad \frac{\displaystyle\int_{t^*}^{t_{中}} c_2(t)\,dt}{M_0 + \displaystyle\int_{t^*}^{t_{中}} c_2(t)\,dt} = \theta \in (0,1)$$

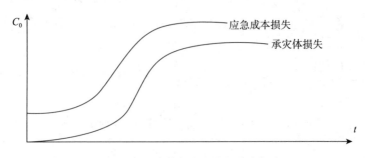

图 11-3 承灾体损失和应急成本损失

（2）预案启动和持续时间的判断依据

当危机发生时，应急预案是否启动，在何时启动，可以分为以下情况来判断。

①当 $C_0 > M_0$ 时，立即启动应急预案，即 $t^* = 0$。

②当 $C_0 \leqslant M_0$ 时，不会立即启动预案，即在危机持续一段时间后再启动预案，启动预案的时间满足 $C_0 + c_1 t^* = M_0$。此种情形分为三种情况讨论，可得到四种结论。

由于危机不确定性，当启动预案后，危机持续时间也是不确定的，利用运筹学不确定型决策分析方法中乐观主义准则、悲观主义准则和折中主义准则来分析危机的持续时间。

①乐观主义准则。不启动危机应急预案时，危机在最短时间内解除；启动危机预案后，危机立即解除，这是企业最期待理想结果，实际生活中，这样结果几乎不会出现。

②悲观主义准则。启动危机预案后，危机造成单位损失逐渐降低，此时有最长危机持续时间 $t_{坏}$，这是最坏一种打算，此时造成损失是最大的，但是，跟乐观主义准则一样，这样情况在实际生活中出现概率也是很低的。

③折中主义准则。选定一个赫威兹系数 $\alpha(0 < \alpha < 1)$，并根据以下价值作为决策准则：$\alpha \times$ 最好结果 $+ (1 - \alpha) \times$ 最坏结果。当 $\alpha = 0$ 时，符合悲观主义准则，当 $\alpha = 1$ 时，符合乐观主义准则。

（3）模型构建

本文利用运筹学中不确定型决策模型，根据三大准则，对启动应急预案后，危机最可能持续时间进行判断。

①当 $C_0 > M_0$ 时

根据是否启动应急预案判断依据，当 $C_0 > M_0$ 时，马上启动应急预案，即 $t^* = 0$，启动应急预案的过程如图 11-4 所示。

$$\underset{C_0 + M_0}{0} \xrightarrow[\text{单位损失为} c_2]{\text{启动预案}} t \xrightarrow{\text{正常}}$$

图 11-4 启动应急预案的过程简化

第一，乐观主义准则

按照该准则，一启动预案危机立即解除，此时危机持续时间为 $t_{好} = t^* = 0$，损失为危机发生造成的损失与预案本身成本，即 $C_{好} = C_0 + M_0$。

第二，悲观主义准则

按照该准则，启动预案后直到危机解除，此时有最长危机持续时间 $t_{坏}$，此时，该危机造成损失有三部分，分别是危机初始带来损失、启动应急预案本身成本以及最坏危机持续时间内发生损失，即 $C_{坏} = C_0 + M_0 + \int_{t^*}^{t_{坏}} c_2(t)\,\mathrm{d}t = C_0 + M_0 + \int_0^{t_{坏}} c_2(t)\,\mathrm{d}t$。

第三，折中主义准则

该准则下，危机持续时间 $t_{中} = \alpha t_{好} + (1-\alpha) t_{坏} = (1-\alpha) t_{坏}$，$C_{中} = C_0 + M_0 + \int_{t^*}^{t_{中}} c_2(t)\,\mathrm{d}t = C_0 + M_0 + \int_0^{t_{中}} c_2(t)\,\mathrm{d}t$。

②当 $C_0 \leq M_0$ 时

根据是否启动应急预案的判断依据，当 $C_0 \leq M_0$ 时，待损失达到 M_0 时启动应急预案，根据 $C_0 + \int_0^{t^*} c_1(t)\,\mathrm{d}t = M_0$，得到启动应急预案的临界点 $t^* > 0$。

启动应急预案的过程为：

$$
\begin{array}{c}
0 \xrightarrow[\text{单位损失为} c_1]{\text{不启动预案}} t^* \xrightarrow[\text{单位损失为} c_2]{\text{启动预案}} t \xrightarrow{\text{正常}} \\
C_0 \qquad\qquad\qquad M_0
\end{array}
$$

第一，当危机持续的最大时间 $t_{坏} < t^*$ 时，此时 $t_{好} = t_{坏} = t_{中}$，故有 $C_{好} = C_0 + \int_0^{t_{好}} c_1(t)\,\mathrm{d}t$，$C_{坏} = C_0 + \int_0^{t_{坏}} c_1(t)\,\mathrm{d}t$，$C_{中} = C_0 + \int_0^{t_{中}} c_1(t)\,\mathrm{d}t$，即 $C_{好} = C_{坏} = C_{中}$。

第二，当危机持续的最大时间 $t_{坏} \geq t^* \geq t_{好}$ 时，乐观主义准则认为，当危机发生一段时间后还没有达到启动应急预案时间点，危机就结束了，即 $C_{好} = C_0 + \int_0^{t_{好}} c_1(t)\,\mathrm{d}t$。

悲观主义准则认为，经过 t^* 的时间启动预案后，直到危机解除最长

危机持续时间 $t_{坏}$，即 $C_{坏} = C_0 + \int_0^{t^*} c_1(t)\,\mathrm{d}t + M_0 + \int_{t^*}^{t_{坏}} c_2(t)\,\mathrm{d}t$。

折中主义准则认为，危机持续时间 $t_{中} = \alpha t_{好} + (1-\alpha)t_{坏} = \alpha t^* + (1-\alpha)t_{坏}$，分以下两种情况。

当 $t_{中} < t^*$ 时，$C_{中} = C_0 + \int_0^{t_{中}} c_1(t)\,\mathrm{d}t$

当 $t_{中} \geq t^*$ 时，$C_{中} = C_0 + \int_0^{t^*} c_1(t)\,\mathrm{d}t + M_0 + \int_{t^*}^{t_{中}} c_2(t)\,\mathrm{d}t$。

第三，当危机持续最大时间 $t_{坏} \geq t_{好} = t^*$ 时，乐观主义准则认为，当危机发生一段时间后启动应急预案，且启动预案后，危机立即解除，此时启动应急预案的时间为 t^*，危机持续时间为 $t_{好} = t^*$，总损失为危机发生造成初始损失、启动应急预案前一段损失以及预案本身成本，即 $C_{好} = C_0 + \int_0^{t^*} c_1(t)\,\mathrm{d}t + M_0 = 2M_0$。

悲观主义准则认为，按照该准则，经过 t^* 的时间启动预案后，直到危机解除最长危机持续时间 $t_{坏}$，此时，由于该危机造成损失有四部分，分别是危机初始带来损失、启动应急预案前 t^* 时间过程中造成损失、启动应急预案本身成本以及最坏危机持续时间内发生的损失，即 $C_{坏} = C_0 + \int_0^{t^*} c_1(t)\,\mathrm{d}t + M_0 + \int_{t^*}^{t_{坏}} c_2(t)\,\mathrm{d}t$。

折中主义准则认为，该准则下，危机持续时间 $t_{中} = \alpha t_{好} + (1-\alpha)t_{坏} = \alpha t^* + (1-\alpha)t_{坏}$，$C_{中} = C_0 + \int_0^{t^*} c_1(t)\,\mathrm{d}t + M_0 + \int_{t^*}^{t_{中}} c_2(t)\,\mathrm{d}t$。

（4）定理

定理：危机事件发生后，按照本书方法启动应急预案，得到最可能损失 $C_{中}$ 总是最优损失 $C_{好}$ 的 $\max\left\{\dfrac{2-\theta}{2(1-\theta)}, \dfrac{1-\theta}{\alpha \cdot (2-\theta)}\right\} C_{好}$ 倍。当 $\dfrac{1-\theta}{\alpha \cdot (2-\theta)} < \dfrac{2(1-\theta)}{2-\theta}$ 时，$r = \dfrac{2(1-\theta)}{2-\theta}$；当 $\dfrac{1-\theta}{\alpha \cdot (2-\theta)} \geq \dfrac{2(1-\theta)}{2-\theta}$ 时，$r = \dfrac{1-\theta}{\alpha \cdot (2-\theta)}$。

证明如下：

因为 $\theta = \dfrac{\displaystyle\int_{t^*}^{t_{\text{中}}} c_2(t)\,\mathrm{d}t}{M_0 + \displaystyle\int_{t^*}^{t_{\text{中}}} c_2(t)\,\mathrm{d}t} \in (0,1)$ ，所以有 $\displaystyle\int_{t^*}^{t_{\text{中}}} c_2(t)\,\mathrm{d}t = \dfrac{\theta M_0}{1-\theta}$ 。

①当 $C_0 > M_0$ 时，$t^* = 0$

因为 $C_{\text{好}} = C_0 + M_0$，$C_{\text{坏}} = C_0 + M_0 + \displaystyle\int_0^{t_{\text{坏}}} c_2(t)\,\mathrm{d}t$，$C_{\text{中}} = C_0 + M_0 +$

$\displaystyle\int_0^{t_{\text{中}}} c_2(t)\,\mathrm{d}t$，

所以 $\dfrac{C_{\text{中}}}{C_{\text{好}}} = \dfrac{C_0 + M_0 + \displaystyle\int_{t^*}^{t_{\text{中}}} c_2(t)\,\mathrm{d}t}{C_0 + M_0} = 1 + \dfrac{\dfrac{\theta M_0}{1-\theta}}{C_0 + M_0} \leqslant \dfrac{2-\theta}{2(1-\theta)}$ 。

②当 $C_0 \leqslant M_0$ 时，$C_0 + \displaystyle\int_0^{t^*} c_1(t)\,\mathrm{d}t = M_0$ 。

当危机持续最大时间 $t_{\text{坏}} \leqslant t^*$ 时，$C_{\text{好}} = C_{\text{坏}} = C_{\text{中}}$，所以 $\dfrac{C_{\text{中}}}{C_{\text{好}}} = 1$ 。

当危机持续最大时间 $t_{\text{坏}} \geqslant t^* \geqslant t_{\text{好}}$ 时，$C_{\text{好}} = C_0 + \displaystyle\int_0^{t_{\text{好}}} c_1(t)\,\mathrm{d}t$，$C_{\text{坏}} = C_0 +$

$\displaystyle\int_0^{t^*} c_1(t)\,\mathrm{d}t + M_0 + \int_{t^*}^{t_{\text{坏}}} c_2(t)\,\mathrm{d}t$，$\alpha = \dfrac{C_{\text{好}}}{C_{\text{坏}}} = \dfrac{C_{\text{好}}}{2M_0 + \displaystyle\int_{t^*}^{t_{\text{坏}}} c_2(t)\,\mathrm{d}t}$ ，可得 $\displaystyle\int_{t^*}^{t_{\text{坏}}} c_2(t)\,\mathrm{d}t =$

$\dfrac{C_{\text{好}}}{\alpha} - 2M_0 > \displaystyle\int_{t^*}^{t_{\text{中}}} c_2(t)\,\mathrm{d}t$ ，即 $C_{\text{好}} > \alpha \cdot \left(\dfrac{\theta M_0}{1-\theta} + 2M_0 \right)$ 。

当 $t_{\text{中}} = \alpha t_{\text{好}} + (1-\alpha) t_{\text{坏}} < t^*$ 时，$C_{\text{中}} = C_0 + \displaystyle\int_0^{t_{\text{中}}} c_1(t)\,\mathrm{d}t$ 又因为 $t_{\text{中}} < t^*$，

所以 $\dfrac{C_{\text{中}}}{C_{\text{好}}} = \dfrac{C_0 + \displaystyle\int_0^{t_{\text{中}}} c_1(t)\,\mathrm{d}t}{C_{\text{好}}} < \dfrac{1-\theta}{\alpha \cdot (2-\theta)}$；当 $t_{\text{中}} = \alpha t_{\text{好}} + (1-\alpha) t_{\text{坏}} \geqslant t^*$ 时，

$C_{\text{中}} = C_0 + \displaystyle\int_0^{t^*} c_1(t)\,\mathrm{d}t + M_0 + \int_{t^*}^{t_{\text{中}}} c_2(t)\,\mathrm{d}t$ ，所以 $\dfrac{C_{\text{中}}}{C_{\text{好}}} = \dfrac{2M_0 + \displaystyle\int_{t^*}^{t_{\text{中}}} c_2(t)\,\mathrm{d}t}{C_{\text{好}}} \geqslant$

$\dfrac{2-\theta}{2(1-\theta)}$ 。

当危机持续的最大时间 $t_{\text{坏}} \geqslant t_{\text{好}} = t^*$ 时，$C_{\text{好}} = C_0 + \displaystyle\int_0^{t^*} c_1(t)\,\mathrm{d}t + M_0 =$

$2M_0$，$C_坏 = C_0 + \int_0^{t^*} c_1(t)\mathrm{d}t + M_0 + \int_{t^*}^{t_坏} c_2(t)\mathrm{d}t$，$C_中 = C_0 + \int_0^{t^*} c_1(t)\mathrm{d}t + M_0 +$

$\int_{t^*}^{t_中} c_2(t)\mathrm{d}t$，$\dfrac{C_中}{C_坏} = \alpha \cdot \dfrac{C_中}{C_好} < 1$，所以 $\dfrac{C_中}{C_好} = \dfrac{2M_0 + \int_{t^*}^{t_中} c_2(t)\mathrm{d}t}{2M_0} = \dfrac{2-\theta}{2(1-\theta)}$。

综上所有的情形，$C_中 \leqslant \max\left\{\dfrac{2-\theta}{2(1-\theta)}, \dfrac{1-\theta}{\alpha \cdot (2-\theta)}\right\} C_好$。

（5）数值分析

令 $A_1 = -1$，$B_1 = 8$，$D_1 = 9$，$A_2 = -1$，则有 $c_1(t) = -t^2 + 8t + 9$，

$c_2(t) = -t^2 + 8t^* + 9$，此时 $c_1^{-1}(0) = 9$，$\theta = \dfrac{\int_{t^*}^{t_中} c_2(t)\mathrm{d}t}{M_0 + \int_{t^*}^{t_中} c_2(t)\mathrm{d}t} \in (0,1)$

①当 $C_0 > M_0$ 时，$t_好 = t^* = 0$，$c_1(t) = -t^2 + 8t + 9$，$c_2(t) = -t^2 + 9$，$c_2^{-1}(0) = 3$，所以 $t_坏 \leqslant 3$。

令 $C_0 = 2$，$M_0 = 1$，得 $C_好 = C_0 + M_0 = 3$，$C_坏 = C_0 + M_0 + \int_0^{t_坏} c_2(t)\mathrm{d}t =$

$3 - \dfrac{1}{3} t_坏^3 + 9t_坏$，则 $\alpha = \dfrac{C_好}{C_坏} = \dfrac{3}{3 - \dfrac{1}{3} t_坏^3 + 9t_坏}$，$t_中 = \alpha t_好 + (1-\alpha) t_坏$

$= \dfrac{-t_坏^4 + 27t_坏^2}{9 - t_坏^3 + 27t_坏}$。

而 $\theta = \dfrac{\int_{t^*}^{t_中} c_2(t)\mathrm{d}t}{M_0 + \int_{t^*}^{t_中} c_2(t)\mathrm{d}t} = \dfrac{-t_中^3 + 27t_中}{3 - t_中^3 + 27t_中}$，则 $\dfrac{C_中}{C_好} = 1 + \dfrac{\dfrac{\theta M_0}{1-\theta}}{C_0 + M_0} = 1 - \dfrac{t_中^3}{9} +$

$3t_中$，$\dfrac{2-\theta}{2(1-\theta)} = \dfrac{6 - t_中^3 + 27t_中}{6} = 1 - \dfrac{t_中^3}{6} + \dfrac{9t_中}{2}$，$\dfrac{1-\theta}{\alpha \cdot (2-\theta)} =$

$\dfrac{9 - t_坏^3 + 27t_坏}{3(6 - t_中^3 + 27t_中)}$。

从图 11-5 可以看出，当 $t_好 = 0$ 时，$t_中$ 与 $t_坏$ 是正相关关系；从图 11-6 可以看出 $\dfrac{1-\theta}{\alpha \cdot (2-\theta)} < \dfrac{C_中}{C_好} < \dfrac{2-\theta}{2(1-\theta)}$。

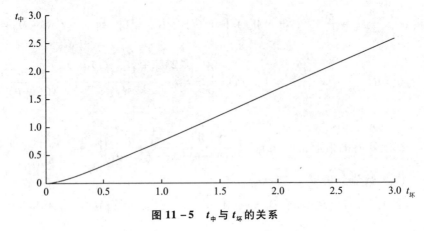

图 11-5　$t_{中}$ 与 $t_{坏}$ 的关系

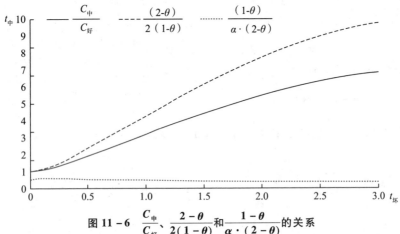

图 11-6　$\dfrac{C_{中}}{C_{好}}$、$\dfrac{2-\theta}{2(1-\theta)}$ 和 $\dfrac{1-\theta}{\alpha\cdot(2-\theta)}$ 的关系

②当 $C_0 \le M_0$ 时，令 $C_0 = 6$，$M_0 = 60$，因为 $C_0 + \int_0^{t^*} c_1(t)\,\mathrm{d}t = M_0$，Z 则

$-\dfrac{1}{3}(t^*)^3 + 4(t^*)^2 + 9(t^*) - 54 = 0$，得 $t^* = 3$，所以 $c_1(t) = -t^2 + 8t + 9$，

$c_2(t) = -t^2 + 33$，$c_2^{-1}(0) = \sqrt{33}$，所以 $t_{坏} \le \sqrt{33}$。$\theta = \dfrac{\displaystyle\int_{t^*}^{t_{中}} c_2(t)\,\mathrm{d}t}{M_0 + \displaystyle\int_{t^*}^{t_{中}} c_2(t)\,\mathrm{d}t} =$

$\dfrac{\displaystyle\int_3^{t_{中}}(-t^2 + 33)\,\mathrm{d}t}{60 + \displaystyle\int_3^{t_{中}}(-t^2 + 33)\,\mathrm{d}t} = \dfrac{-\dfrac{1}{3}t_{中}^3 + 33t_{中} - 90}{-\dfrac{1}{3}t_{中}^3 + 33t_{中} - 30}$，$\dfrac{2-\theta}{2(1-\theta)} = -\dfrac{1}{360}t_{中}^3 + \dfrac{11}{40}t_{中} +$

$\dfrac{1}{4}$。

第一，当危机持续的最大时间 $t_{坏} \geq t^*$ 时，$C_{好} = C_{坏} = C_{中}$，所以 $\dfrac{C_{中}}{C_{好}} = 1$。

第二，当危机持续的最大时间 $t_{坏} \geq t^* \geq t_{好}$ 时，$C_{好} = C_0 + \displaystyle\int_0^{t_{好}} c_1(t)\,\mathrm{d}t = 6 - \dfrac{1}{3}t_{好}^3 + 4t_{好}^2 + 9t_{好}$，$C_{坏} = C_0 + \displaystyle\int_0^{t^*} c_1(t)\,\mathrm{d}t + M_0 + \displaystyle\int_{t^*}^{t_{坏}} c_2(t)\,\mathrm{d}t = 30 - \dfrac{1}{3}t_{坏}^3 + 33t_{坏}$，$\alpha = \dfrac{C_{好}}{C_{坏}} = \dfrac{18 - t_{好}^3 + 12t_{好}^2 + 27t_{好}}{90 - t_{坏}^3 + 99t_{坏}}$，$\dfrac{1 - \theta}{\alpha \cdot (2 - \theta)} = \dfrac{60(90 - t_{坏}^3 + 99t_{坏})}{(18 - t_{好}^3 + 12t_{好}^2 + 27t_{好}) \cdot \left(-\dfrac{1}{3}t_{中}^3 + 33t_{中} + 30\right)} t_{中} = \alpha t_{好} + (1 - \alpha) t_{坏} = \dfrac{18t_{好} - t_{好}^4 + 12t_{好}^3 + 27t_{好}^2 + 72t_{坏} - t_{坏}^4 + t_{好}^3 t_{坏} - 12t_{好}^2 t_{坏} - 27t_{好} t_{坏} + 99t_{坏}^2}{90 - t_{坏}^3 + 99t_{坏}}$。

从图 11 - 7 可以看出，存在 $\delta \in (3, 3.5)$，$t_{好} \in (0, 3)$，当 $t_{坏} < \delta$ 时，$t_{中} < t^*$；当 $t_{坏} \geq \delta$ 时，$t_{中} \geq t^*$。会出现以下两种情况。

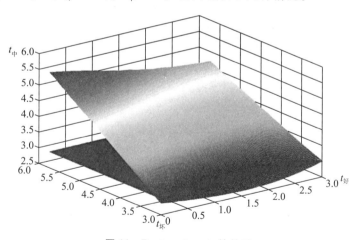

图 11 - 7 $t_{中}$、$t_{坏}$、$t_{好}$的关系

第一种情况，当 $t_{中} = \alpha t_{好} + (1 - \alpha) t_{坏} < 3$ 时，即 $t_{中} = \alpha t_{好} + (1 - \alpha) t_{坏} < 3$。$C_{中} = 6 + \displaystyle\int_0^{t_{中}} (-t^2 + 8t + 9)\,\mathrm{d}t = 6 - \dfrac{1}{3}t_{中}^3 + 4t_{中}^2 + 9t_{中}$，$\dfrac{C_{中}}{C_{好}} =$

$$\dfrac{6 - \dfrac{1}{3} t_{\text{中}}{}^{3} + 4 t_{\text{中}}{}^{2} + 9 t_{\text{中}}}{6 - \dfrac{1}{3} t_{\text{好}}{}^{3} + 4 t_{\text{好}}{}^{2} + 9 t_{\text{好}}}。$$

从图 11-8 可以看出，当 $t_{\text{坏}} \in (3, \delta)$ 时，存在 $\varepsilon \in (1.5, 2)$，当 $t_{\text{好}} < \varepsilon$ 时，$\dfrac{C_{\text{中}}}{C_{\text{好}}} < \dfrac{2-\theta}{2(1-\theta)} < \dfrac{1}{\alpha}$；当 $t_{\text{好}} \geqslant \varepsilon$ 时，$\dfrac{C_{\text{中}}}{C_{\text{好}}} < \dfrac{1}{\alpha} \leqslant \dfrac{2-\theta}{2(1-\theta)}$。

在图 11-8 中也可以得到 $\dfrac{C_{\text{中}}}{C_{\text{好}}} < \min\left(\dfrac{2-\theta}{2(1-\theta)}, \dfrac{1}{\alpha}\right) \leqslant \max\left(\dfrac{2-\theta}{2(1-\theta)}, \dfrac{1}{\alpha}\right)$。

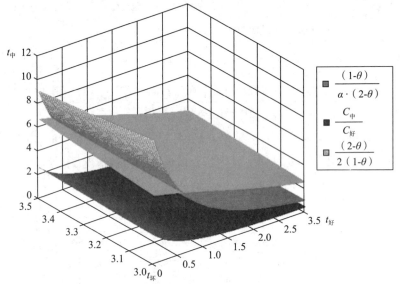

图 11-8　$\dfrac{C_{\text{中}}}{C_{\text{好}}}$、$\dfrac{2-\theta}{2(1-\theta)}$ 和 $\dfrac{1-\theta}{\alpha \cdot (2-\theta)}$ 的关系

第二种情况，当 $t_{\text{中}} = \alpha t_{\text{好}} + (1-\alpha) t_{\text{坏}} \geqslant 3$ 时，$C_{\text{中}} = C_0 + \displaystyle\int_0^{t^*} c_1(t)\, \mathrm{d}t +$

$M_0 + \displaystyle\int_{t^*}^{t_{\text{中}}} c_2(t)\, \mathrm{d}t = 30 - \dfrac{1}{3} t_{\text{中}}{}^{3} + 33 t_{\text{中}}$，所以 $\dfrac{C_{\text{中}}}{C_{\text{好}}} = \dfrac{30 - \dfrac{1}{3} t_{\text{中}}{}^{3} + 33 t_{\text{中}}}{6 - \dfrac{1}{3} t_{\text{好}}{}^{3} + 4 t_{\text{好}}{}^{2} + 9 t_{\text{好}}}$。

从图 11-9 可以看出，当 $t_{\text{坏}} \in (\delta, \sqrt{33})$ 时，存在 $\nu \in (1.8, 2)$，当 $t_{\text{好}} < \nu$ 时，$\dfrac{2-\theta}{2(1-\theta)} < \dfrac{C_{\text{中}}}{C_{\text{好}}} < \dfrac{1}{\alpha}$；当 $t_{\text{好}} \geqslant \nu$ 时，$\dfrac{C_{\text{中}}}{C_{\text{好}}} < \dfrac{1}{\alpha} \leqslant \dfrac{2-\theta}{2(1-\theta)}$，所

以 $\dfrac{C_{中}}{C_{好}} < \dfrac{1}{\alpha}$。

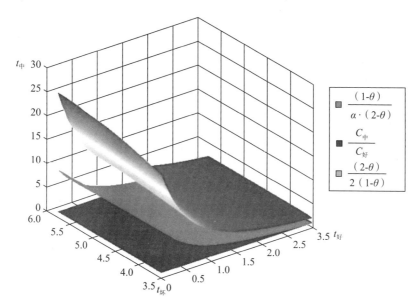

图 11 - 9 　$\dfrac{C_{中}}{C_{好}}$、$\dfrac{2-\theta}{2(1-\theta)}$ 和 $\dfrac{1-\theta}{\alpha \cdot (2-\theta)}$ 的关系

第三，当危机持续的最大时间 $t_{坏} \geqslant t_{好} = t^{*}$ 时，$C_{好} = C_0 + \displaystyle\int_0^{t^{*}} c_1(t)\,\mathrm{d}t +$

$M_0 = 120, C_{坏} = C_0 + \displaystyle\int_0^{t^{*}} c_1(t)\,\mathrm{d}t + M_0 + \int_{t^{*}}^{t_{坏}} c_2(t)\,\mathrm{d}t = 30 - \dfrac{1}{3}t_{坏}^{\,3} + 33t_{坏}$，$\alpha =$

$\dfrac{C_{好}}{C_{坏}} = \dfrac{360}{90 - t_{坏}^{\,3} + 99t_{坏}}$，$\dfrac{1-\theta}{\alpha \cdot (2-\theta)} = \dfrac{90 - t_{坏}^{\,3} + 99t_{坏}}{6\left(-\dfrac{1}{3}t_{中}^{\,3} + 33t_{中} + 30\right)}$，$t_{中} = \alpha t_{好} +$

$(1-\alpha)t_{坏} = \dfrac{1080 - t_{坏}^{\,4} + 99t_{坏}^{\,2} - 270t_{坏}}{90 - t_{坏}^{\,3} + 99t_{坏}}$，$C_{中} = C_0 + \displaystyle\int_0^3 c_1(t)\,\mathrm{d}t + M_0 +$

$\displaystyle\int_3^{t_{中}} c_2(t)\,\mathrm{d}t = 30 - \dfrac{1}{3}t_{中}^{\,3} + 33t_{中}$，所以 $\dfrac{C_{中}}{C_{好}} = \dfrac{30 - \dfrac{1}{3}t_{中}^{\,3} + 33t_{中}}{120} = \dfrac{1}{4} - \dfrac{1}{360}t_{中}^{\,3} +$

$\dfrac{33}{120}t_{中}$。

从图 11 - 10 可以看出，当 $t_{好} = t^{*} = 3$ 时，$t_{中}$ 与 $t_{坏}$ 是正相关关系，且

$t_{\text{中}} \geqslant t^*$;从图 $11-11$ 可以看出,$\dfrac{C_{\text{中}}}{C_{\text{好}}} = \dfrac{2-\theta}{2(1-\theta)} > \dfrac{1-\theta}{\alpha \cdot (2-\theta)}$。

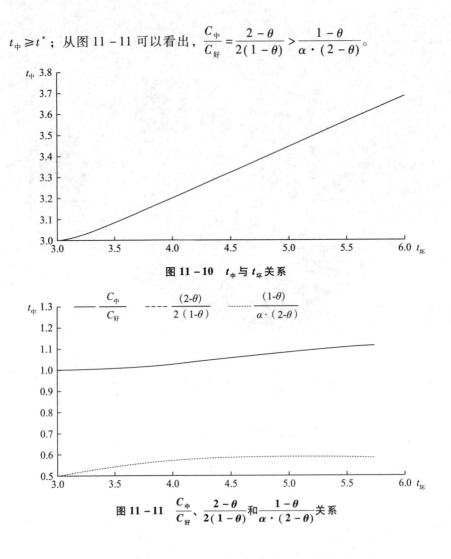

图 11 – 10　$t_{\text{中}}$ 与 $t_{\text{坏}}$ 关系

图 11 – 11　$\dfrac{C_{\text{中}}}{C_{\text{好}}}$、$\dfrac{2-\theta}{2(1-\theta)}$ 和 $\dfrac{1-\theta}{\alpha \cdot (2-\theta)}$ 关系

11.5　旅游公共危机应急信息处理平台

我国旅游业公共危机应急信息处理平台研究,是针对我国旅游业公共危机建立的功能齐全的应急信息处理平台,能够提高应对公共危机能力;建立基于知识管理的旅游公共危机应急信息处理平台,需要各级旅游部门根据各地实际情况,先建成信息采集和监测平台,逐步投入使用电子地图、定位导航与移动智能终端技术等,建立有机结合的旅游地理

信息系统，方便游客旅途中使用；建设景区视频监控系统和景区流量实时监测系统，配合假日旅游预报，对主要景区的游客流量、来源等信息进行实时统计分析，以制订流量调配方案，提出应急处理建议。

旅游危机应急信息处理平台是指在日常旅游活动过程中，对潜在危机分析、发现、消灭的过程和对危机发生之后处理工作进行管理。旅游危机应急管理平台应该由社会各个行业各个部门人员组成，并能够定期对企业面临潜在危机进行分析和研究，提出解决方案和指挥救援。

结合旅游应急管理工作流程，我国旅游危机应急管理系统平台分为四部分：信息共享系统、预警系统、应急处理系统、救援系统，如图 11 - 12 所示。

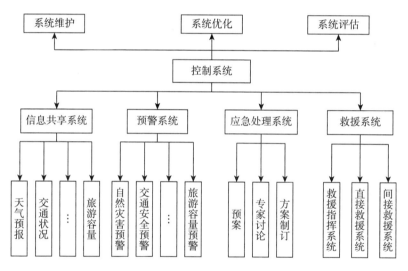

图 11 - 12　旅游危机应急管理系统平台结构

信息共享系统。该系统主要任务为采集所有有关旅游危机征兆信息，比如天气状况、交通状况、旅游地游客承载量等，并保持所收集到的信息具有全面性、真实性和完整性，所有信息要对公众透明，保持信息共享性。由于这些信息是具有共享功能的，每个人都可以通过一定渠道共享该系统中信息，使得游客出行之前对一些可以把控状况能够充分了解，也可以及时调整自己出行计划。该信息系统技术支撑主要采用 4S 技术（地理信息系统 GIS、全球地位系统 GPS、三维可视化 3DV 和专家系统

ES），其中 GIS 是系统集成的基础平台，完成信息的输入、存储、查询、运算、分析，通过对数据及其地理空间位置进行各种分析处理，研究各种空间实体相互关系；GPS 对地面情况进行实时监测，提供目标及其环境相关信息，并加以分析处理；VS 则将结果由"不可视"变成"可视"，直观、形象将信息显示出来。GIS 所需数据可以从 GPS 实时监测的数据库中提取出来，决策信息的生成则由 ES 辅助完成。

预警系统。包括自然灾害预警、交通安全预警、旅游容量预警等。其中，自然灾害预警包括环境污染是否超标，各种自然灾害是否有发生可能以及影响程度等；交通安全预警是指对游客从出发地到目的地过程中，是否发生堵车，是否出现交通事故等突发状况的预警；游客容量预警是指某一时间段的游客数量是否超出了旅游目的地的最大承载人数或者达不到旅游目的地的最小成本量等方面预警。该系统主要任务是对信息系统输入各种信息进行相应分析识别，对环境进行检测，利用预警模型对可能发生的危机做出判断，并通过预警报告来判断危机级别。预警等级根据我国预警发布部门官方网站信息进行划分，把国内旅游危机分为红（不要前往）、橙（重新考虑）、黄（高度关注）、蓝（关注）四个等级。

应急处理系统。该系统主要任务就是进行宏观应急处理。包括危机预案、决策和反馈，争取在最短时间内制定出应急处理措施，为一切可能出现的后果做好充分准备，否则会给整个旅游服务供应链带来严重影响。

救援系统。该系统主要包括三大子系统，分别是救援指挥系统、直接救援系统和间接救援系统。其中救援指挥系统是对救援过程的整体调控，一般是由权威机构负责；直接救援系统包括游客、旅游目的地、旅行社、医院、消防等；间接救援系统是指由与该旅游活动无直接关系的，却与救援息息相关的群体或机构，包括志愿者、协会、媒体等。这里救援系统不仅包括即时救援，而且包括一些事后或事前"救援"。

控制系统。该系统在整个旅游危机应急管理系统中，起着协调纽带作用。它与以上四个系统都有密切相关，包括系统维护、系统优化以及对该系统评估。

随着大数据的建设，智慧旅游建设推进，通过与政府合作推动、开展旅游大数据项目，吸引旅游相关企业和相应政府职能部门，积极参与智慧旅游建设，加快建立旅游信息库。旅游部门与其他部门协同搭建硬件平台，建立数据采集和更新渠道，综合北京市旅游行政部门官网、旅游咨询投诉系统、通信运营商、航空进出港等众多数据，建设资源共享、信息兼容的游客信息服务系统，积极推进旅游智慧营销、智慧管理和智慧服务三大体系建设，为旅游公共信息服务、旅游企业监管、旅游市场秩序整治、旅游投诉、旅游目的地警示等提供了强大的数据分析基础。同时，政府还应采取有效措施，推行旅游便利化，包括加强旅游公共服务设施标准化建设、推出"联动售票、异地换乘"服务、探索建立统一的区域统计指标体系等，完善假日旅游预报制度和旅游警示信息发布制度。

11.6　本章小结

本章围绕国内、国外公共危机应急管理研究进行详细综述，从文献综述来看，国内研究旅游应急管理文献定量研究偏少，应急预案定量研究更少。本章针对旅游公共危机应急预案流程进行了分析，绘制了预案启动模型流程图，构建了应急预案启动体系。从定量角度，利用运筹学中不确定型决策模型，根据三大原则，对启动应急预案后，危机最可能持续时间进行判断。运用 Matlab 数值分析，绘制了应急预案启动时间关系图，为决策者应急预案启动提供决策参考。同时，围绕我国旅游危机应急管理系统平台展开研究。

12

旅游突发事件应急响应研究——
应用粗糙集理论[*]

旅游安全问题以及旅游突发事件发生后迅速响应研究，是研究当前保障旅游业快速发展重要内容，已引起国内外越来越多学者关注。旅游突发事件发生后，积极、快速、正确地处理应急响应，对减少伤害、开展应急救援、处理善后工作和快速恢复旅游业，具有非常重要意义。随着研究不断深入，国内外学者运用定性与定量研究方法，取得了一定研究成果。粗糙集理论是一种依据集合分类概念，处理不完整、不精确信息，并找到信息间关联的数学工具。将粗糙集理论应用到旅游突发事件应急响应中，可以根据历史信息，找出信息间的潜在关联，快速确定响应级别，并减少决策时间，对旅游应急响应与决策管理，均具有重要意义。

12.1 理论基础和文献梳理

Bird，Gisladottir 等（2010）讨论了冰岛南部旅游业存在的风险，与应急管理人员所要制定的有效缓解风险策略间关系。通过问卷调查，分析游客与员工危机知识、风险感知、应急响应等，并提出未来响应能力

　＊ 黎枫、刘欣然：《粗糙集理论在旅游突发事件应急响应中的应用》，《技术经济》2019 年第 3 期，第 78 – 87 页。

提升建议。Jallat，Shultz（2011）纵向分析了黎巴嫩政治和商业环境，强调跨国企业对旅游业繁荣、社会意识形态改变等方面的重要作用，通过对一级和二级数据分析，提出解决突发事件处理方式。但黎巴嫩的处理方式有自身特殊性，对整个中东国家不具有完全适用性。Ghaderi，Som和Henderson等（2012）以马来西亚具体目的地管理与危机管理相结合作为研究基础，阐述了良好的规划和严谨的旅游突发事件管理，对公共部门面临危机的意义，揭示了远距离国家发生突发事件是如何影响其他旅游地区。Jia，Shi和Jia等（2012）对知识管理框架设计和旅游危机管理进行开发，为突发事件处理知识整合提供新的思路。Paraskeyas，Altinay（2013）将突发事件危机处理过程分为危机准备、限制危机破坏、危机恢复和后期学习四个阶段，并提出危机信息检测方法，捕捉和传达危机信号，为旅游突发事件危机管理进一步研究，提供有力保障。文章从高层管理者角度，进行危机信号检测的制定及设计，并没有从组织中其他层面的从业人员角度，对危机信息检测、讨论与设计。Becken，Hughey（2013）认为，对依赖旅游业并且极易发生自然灾害的国家来讲，建立旅游危机和灾害风险管理的关联性非常重要。以美国为例，指出这种关联建立的途径方法，强化旅游业与灾害管理的知识整合。

Claeys，Cauberghe（2014）探讨危机参与和信息框架，对危机反应策略和组织的危机态度影响的调节作用。研究表明，该调节对组织危机态度的影响，取决于危机应对策略匹配的危机类型。文章进一步对危机策略的有效性，以及多种不同组织类型进行研究。Aramǎ，Pascu和Lehr（2017）运用粗糙集理论，探讨水生环境中污染物浓度波的预测问题，特别是早期污染风险预警问题。在设计污染扩散模型时，考虑地表水体的特征。基于实验和专家观察评估，粗糙集理论能够消除任何模型参数引入的不确定性。该文章对粗糙集理论应用到环境领域中做出了重要尝试。Fargji Sabokbar，Ayashi，Hosseini，et al.（2016）研究了基于模糊集和优势粗糙集的旅游系统风险评估，该研究目的是识别风险。基于旅游业系统方法，将风险因素分为两个维度：内部风险和外部风险。七个标准包括政治、经济、文化-社会、技术、环境-健康、功能性和安全性。通过模糊推理系统和优势粗糙集方法，构建预测风险评估系统。该研究是旅游风险领域的一种创新方法，依靠知识库实现风险降低，创建模糊专家系统设计模型，为管理者和研究者提供参考和借鉴。Amirudin，Nawawi 和 Salin（2017）研究了旅游业风险管理实践——度假村管理案例。这项研究选择了一个度假胜地作为案例研究，目的是确定影响度假村运作的风险。环境风险、商业风险和人力资源风险是影响度假村可持续发展的最重要风险。尽管监测这些风险非常困难，但通过风险管理技术和手段，能够降低这些风险，减少损失。

Becken，Hughey（2013）针对案例进行分析，探讨目前和未来旅游灾害风险管理活动。研究结果表明，调研地区旅游业目前很少关注现存灾害管理计划的制订，分析了自然灾害在降低、准备、应对和恢复四个过程中存在的问题。结合当地建筑结构特点，提出了旅游灾害管理方案。考虑到灾害系统管理可能存在缺陷，该篇文章表达了研究未来会关注其他旅游目的地和可持续发展愿望。Paraskevas，Aitinay，Mclean，et al.（2013）对旅游管理知识和知识流动进行分析，指出有效的危机知识管理，提高了旅游组织和旅游目的地管理灵活性，加强了他们防御机制，减少了潜在损失。进一步识别出两个不同流程危机知识管理：制度化流程和紧急流程。结合 21 个旅游主管对关键事件观点，确定危机知识类型、知识管理流程和组织，构建了旅游危机知识管理框架。Avraham（2013）分析了中东地区，应对旅游危机所采取的营销活动、媒体策略、公共关系危机技术、广告活动，提出中东市场旅游营销人员可以通过来源、信息、观众三种策略实现旅游地形象恢复。Cahyanto，Penningtor-Gray 和 Thapa（2014）采用有限理性决策理论，研究旅游危机管理中飓风疏散决策。分析了个人受教育情况、游客数量、游客风险信念、飓风经验等因素，对飓风疏散决策影响，建议应加强对游客飓风安全教育。

骆公志、李震、黄卫东（2015）为更好地解决不完备偏好信息的多属性决策问题，提出了一种基于加权先验概率优势关系的粗糙集决策分析模型，通过网络舆情评价实际案例的分析，证明了该模型在研究多属性问题决策时的有效性。郭庆、吴磊（2016）将多粒度粗糙集应用于多专家综合决策系统。从多粒度角度，研究了直觉模糊信息系统，定义了优势关系，提出了乐观和悲观的两种模型，研究了其性质和单粒度模型的联系与区别，表明了决策规则的置信度因子及其决策规则的获取方法，表明了多粒度直觉模糊决策系统的属性重要性。通过实例验证了该方法的正确性与有效性。杨博翔（2016）利用优势粗糙集理论，进行证券投资决策研究。提出了基于优势关系的属性重要度约简算法，构建了基于优势粗糙集的证券投资分析模型，并对算法有效性进行了分析，提高了决策价值。徐婕、郭明（2015）分析了属性的细化能力与属性重要性的相关性，在此基础上验证了属性约简算法 REDA 能够解决启发式算法中未考虑的数据中噪音问题。

鞠恒荣等（2015）针对单调性问题，提出了量化粗糙集模型中，下近似单调约简的启发式方法。这种下近似单调约简算法，能够增加由域表示的确定性，降低边界域的不确定性。张艳琼、蒋勋、徐绪堪（2018）研究了基于层次粗糙集的突发事件检索模型。根据突发事件类型，提取突发事件属性特征，分析突发事件特征属性，构建突发事件属性概念层次树，建立各个属性值的空间结构关系；采用层次粗糙集技术，构建突发事件多粒度检索模型，证明其在应急响应决策中发挥的重要作用。仲秋雁、王然、曲毅（2018）基于粗糙集理论，提出了一种适用突发事件数据特征的属性约简方法，将不完备信息系统引入突发事件的属性约简，解决了突发事件冗余属性剔除问题，简化了信息表，提高了知识清晰度，提高了应急决策能力。运用实例验证了该方法可行性与有效性。该研究存在一定局限性，数据预处理中的离散化，会造成部分信息丢失，可能会影响到约简结果的准确性。朱永国等（2018）研究了基于粗糙集和信息熵的技术成熟度关键技术要素量化识别方法。首先，利用属性重要度对关键技术要素的重要程度进行评价；其次，引入信息熵对评价结果进行修正，用修正后的技术要素重要度，量化评价结果；最后，根据重要度量化指标，筛选出产品研制中的关键技术要素。通过实例，验证了该方法有效性。施振佺、陈世平（2018）在粗糙集理论的基础上，结合知识粒度理论，计算特征权重，提出了基于粗糙集和知识粒度的权重确定方法。通过算例，验证了该方法可行性、有效性和适用性。

朱莉、丁家兰、马铮（2018）研究了突发事件后，应急救援体系中的应急运输路径优化模型。从伤员救援、物资调配和灾民疏散三种典型运输活动之间的协同影响，构建集成模式下各类车型充分协同的异构应急运输路径优化模型；设计蚁群算法对所构模型求解，主要应用了安徽宣城暴雨案例。该研究中，没有针对所构模型各参数实施敏感性分析，找出影响协同应急决策的关键因素。陈刚、付江月（2018）在突发事件发生时，供小于求的情况下，构建了以总加权嫉妒值最小为公平目标，以总物流成本最小为效率目标，以比例公平为约束条件的多目标数学优化模型。在考虑偏好设置的情况下，基于决策者对公平损失和效率损失忍受程度权衡做出多目标决策。该研究模型偏于理想化，应考虑更为复杂的现实因素。黄锦静等（2017）将粗糙集的属性约简算法，应用到肺癌诊断中。将医疗系统中关于肺癌诊断的部分数据，建立了基于属性依赖改进的可分辨矩阵属性约简的 C 4.5 算法，运用随机森林进行算法改进。该研究针对肺癌诊断场景进行了仿真实验，针对肺癌数据进行分类训练，而针对其他情况无法给出结论。万荣、阎瑞霞（2018）构建了粗糙集和模糊层次分析法的集成方法，对粗糙集求得的客户需求权重进行修正，提高了客户需求权重确定的准确性。通过实例，验证了该方法的有效性和适用性，从而节约资源配置、缩短生产周期和提高客户满意度。赵奥、郭景福、武春友（2017）从社会经济、资源利用、生态承载和生活福祉四个维度，构建了绿色增长评价指标体系。运用粗糙集约简方法，筛选出 19 个关键指标，运用突变级数模型和 TOPSIS 集成方法，针对 2002～2015 年中国绿色增长水平进行了测度与分析，并提出了对策建议。刘明亮等（2017）分析应急预案体系构成三类要素，并按照现实要素间的关联关系，建立了网络连边，构建了一个三层应急预案体系超网络模型。以汶川地震为例，验证了该模型。马书明、戴友榆、陈晓红（2017）通过文献研究，提出了应急响应组织结构、应急响应队伍、应急预案和信息安全文化正向影响应急响应效果的研究假设。充分进行了数据调研，对假设进行了验证。研究表明，企业的应急响应组织结构越高效，应急响应效果越好；应急预案和信息安全文化对应急响应效果具有显著的正向影响；应急响应队伍的专业知识和技能对应急响应效果具有显著的正向影响。

国外研究学者多从旅游风险影响因素、旅游目的地、应急管理流程等方面对旅游危机管理、危机处理过程、应急响应系统等进行研究，其中定性研究较多，定量研究较少。国内研究学者主要针对粗糙集理论及应用进行定量研究，一部分学者针对突发事件的物流系统优化、物资分配、应急恢复等方面进行了定量研究；还有一部分学者针对应急机制、流程、应急响应等问题进行了定性研究。从文献数量来看，目前针对旅游突发事件应急响应研究，虽然取得一定进展，但定量研究成果仍然相对较少。

本书将应用粗糙集理论，在旅游突发事件应急响应中，寻找突发事件信息与应急响应级别之间的潜在关联，构建应急响应模型。利用 Python 语言编程为旅游管理部门应急响应工作服务，提供实践依据，提高应急响应速度和效率，降低损失，保障人民生命财产安全。

12.2 问题描述及方案提出

12.2.1 问题描述

应急响应是突发事件发生后的首要环节。接警部门机构得到突发事件报警信息后，在确定响应级别、响应部门、指挥管辖权等方面，做出快速应急响应处置；同时，针对救援工作开展、救援力量分配的决策提供参考，对减少人财物损失也起到非常重要的作用。根据国家旅游局 2005 年 7 月发布的《旅游突发公共事件应急预案》对应急响应的定义，本书将传统突发事件应急响应流程总结如图 12 - 1 所示。

旅游突发事件发生后，首先是 110、119、120、122 等部门收到信息，其将信息整理、反馈到应急管理部门处；应急管理部门对信息进行初步判断后，向某一级别的管理机构汇报事件信息；该级别行政管理部门对信息了解后，继续判断是否需要向上级汇报，判断标准为是否能够处理

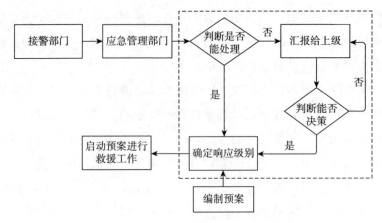

图 12 - 1　传统突发事件应急响应流程

该突发事件。如不具备处理条件，则继续上报；如具备处理条件，则成立相应等级的应急组织，启动预案开展救援工作。

现有应急响应机制是采用分级响应、层层上报的应急响应机制。应急响应时效性、准确性是保证损失降到最小的重要基础。所以，应从决策层面对响应流程进行优化。针对目前应急响应流程分析，其存在问题有以下几点。

（1）层层上报的应急响应机制，在时间上限制了响应效率，缺乏时效性。

（2）在决策判断中，判断标准多依靠决策主体主观经验，具有强烈主观性。

当面对突发事件时，判断主体得出最终判断前，影响其判断因素有很多。由于突发性等特征，人为准确判断事件情况存在很大难度。过多依靠判断主体的主观经验，可能会导致结果主观性，容易产生偏差，造成判断失误。

12.2.2　解决方案

突发事件发生后，参与应急响应的成员主要包括各级旅游企事业单位、各级人民政府、社会团体等。明确各成员任务，有助于高效进行危机事件决策及救援工作开展。根据《旅游突发公共事件应急预案》的内容，旅游突发事件应急响应组织机构有以下几个。

（1）国家旅游局设立旅游突发事件应急协调领导小组，下设领导小组办公室负责具体工作。

（2）市级以上旅游行政管理部门设立旅游突发事件应急领导小组。领导小组下设办公室，具体负责本地区旅游突发事件的应急指挥和相关的协调处理工作。

明确上述组织机构后，本文提出解决方案，即将粗糙集理论应用到旅游突发事件应急响应中，建立响应模型。在相关部门接到信息后，将信息输入计算机模型中进行计算，快速准确得出响应级别。随着信息技术发展，信息处理能力提升，通过计算机语言实现响应模型的构建，再通过对突发事件信息的学习和判断，能够有效提高响应及处理效率。

根据《突发事件应急管理》，对应急信息系统的描述及定义，从数据处理角度，对应急响应流程进行优化，如图 12-2 所示。

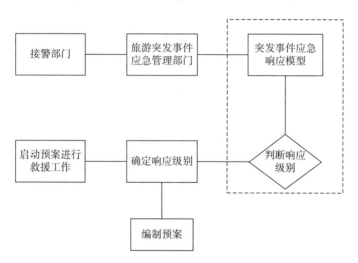

图 12-2　优化后的突发事件应急响应流程

突发事件发生后，110、119、120、122 等部门收到信息后，将信息整理反馈到应急响应系统中，系统对数据信息进行分析，判断应急响应级别并启动预案进行救援工作。国家级响应则由国家旅游局设立的国家领导小组及其办公室履行职责并负责具体事宜。省级响应则由省级旅游行政管理部门进行应急响应，由省级领导小组及其办公室履行职责负责具体事宜。优化后的响应流程，能够有效避免决策主观性造成的失误，能够减少人力资源及时间资源消耗；保证了数据处理的客观性与科学性，提高应急响应决策效率，使得事件发生后，能够快速确定领导核心，启动预案，开展应急救援工作。

12.3 基于粗糙集的旅游突发事件应急响应模型建立

12.3.1 粗糙集理论基本概念

粗糙集理论通过对数据分类处理，找出数据中潜在关联规律。模糊集、证据论等理论也能够处理不精确信息，但粗糙集理论明显优势在于，直接对已知历史数据进行处理，不需要验证数据。遵循从原始数据中找到最小关联集合，去掉多余分类，抽取核心规则。

粗糙集理论将知识理解为对已知对象的分类能力，知识表达的一般形式为 $S = (U, A, V, F)$，其中，U 为论域，是对所有研究对象集合的统称；A 为属性集，即所有条件属性集和决策属性集的集合；V 为属性值集合，Vx 表示属性 $x \in A$ 的所有取值的集合；F 为用于确定属性值的函数关系。

定义 1：设 R 为论域 U 的等价关系族，P 是 R 的非空子集，$IND(P)$ 为 P 中所有等价关系的交集，记作 $[x]_{IND(P)} = \bigcap_{r \in p} [x]_r$，$U/IND(P)$ 即为论域中的基本知识。

定义 2：设 R 为 U 的等价关系，对任意 U 中的子集 X，$\underline{R}(X) = \{x \in U: [x]_R \subseteq X\}$ 称为 X 的下近似集；$\overline{R}(X) = \{x \in U: [x]_R \cap X \neq \phi\}$ 称为 X 的上近似集。

定义 3：设 P 是 R 中的一个等价关系族，关系 r 是 P 中任意子集。若 $IND(P) = IND(P-r)$，则称 r 是 P 中可省的关系，若 $IND(P) \neq IND(P-r)$，则称 r 为 P 中不可省的关系。若每个 r 均不可省，则 P 独立，否则 P 就是非独立。所有不可省的关系的集合称为核，记为 $TC = CORE(P)$。

定义 4：Pawlak 重要度的计算公式为 $sig\ (TC,\ C_i)=$
$\dfrac{|POS_{|C_6,C_7,Ci|}|-|POS_{TC}\ (D)|}{U}$，其中 TC 为核，C、D 为属性集。

定义 5：$S=(U,\ A\cup\{d\})$，$\{d\}\cap A\neq\varPhi$ 称为决策系统，其中 A 称为
条件属性集合，$\{d\}$ 为决策属性，则 $POS_A(d)=\underset{Yi\in U/\{d\}}{\cup}(POS_A(Y_i))$。

12.3.2　粗糙集理论属性约简步骤

根据 12.3.1 中定义，约简有以下几个步骤。

（1）确定信息指标，根据语义定义取值，并将其确定划分为条件
属性。

（2）确定决策属性，即需要根据上述信息得出相应结论。

（3）建立论域，根据历史数据对所有条件属性及决策属性赋值，形
成属性取值表。

（4）按顺序去掉条件属性，将余下属性和指定决策属性分别划分论
域，依次判断条件属性对决策的必要性。

（5）将必要属性作为约简核心集，计算非必需属性的重要度，取最
大重要度的属性加入核心集中。判断正域是否相等，相等则得出条件属
性与决策的最小关联，不相等则重复计算至正域相等为止。

（6）根据得出的最小关联属性，得出决策表，根据决策表中的关联
做出判断。

根据上述模型运算步骤，在绘制信息完整条件下，应急响应模型运
算步骤，如图 12-3 所示。

12.3.3　基于粗糙集的应急响应模型应用

应急管理部门为确保该类旅游突发性事件发生后，能够迅速做出响
应，启动应急预案，以减少各方面损失。需要在危机发生后，准确得到
事件相关信息，并根据信息分析结果，做出应急救援决策。所需信息包
括时间、地点、天气、事件类型、伤亡情况、中毒情况、危机波及范围、
财产损失情况等。在旅游突发事件发生后，将第一时间能够获得的信息

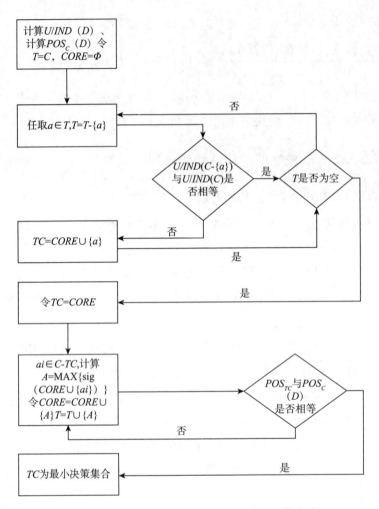

图 12-3 信息完整条件下应急响应模型运算步骤

分类,见表 12-1。

表 12-1 突发事件信息分类

	C_1	C_2	C_3	C_4	C_5	C_6	C_7
信息名称	时间	天气	危机区域范围	事件类型	受伤情况	死亡情况	食物中毒情况

根据应急响应中信息需求,以及《旅游突发公共事件应急预案》中对组织结构、工作职责、救援机制定义,为信息内容分类并赋值,见表 12-2 所示。

表 12 - 2　旅游突发事件分类信息赋值

信息 ＼ 信息取值	0	1	2	3
时间 C_1	假日	工作日		
天气 C_2	晴朗	恶劣	一般	
危机区域范围 C_3	国内	国外		
事件类型 C_4	自然灾害	事故灾害	公共卫生	社会安全
受伤情况 C_5	无	有		
死亡情况 C_6	无	有		
食物中毒情况 C_7	无	有		

决策取值，即响应级别取值为 $D = \{$国家级应急响应，省级应急响应$\} = \{0, 1\}$。

针对表 12 - 2 中关键取值有以下描述、解释。

（1）天气

天气晴朗：指常见的晴天、阴天，但无下雨、雪、雾的天气。

天气恶劣：指发生突然的具有较大破坏力的天气，或者因天气因素路面湿滑，引发交通事故的天气。

（2）事件类型

根据旅游突发性事件发生的原因和机制不同，将其分为自然灾害、事故灾害、公共卫生、社会安全四类。

自然灾害：是指因自然因素引发的旅游者伤亡事件，如暴雨、风雪冰冻、沙尘暴、火灾、高温等。

事故灾难：是指在旅游活动中，意外的故障导致游客伤亡事件，如交通事故、公共环境破坏、公共设施损毁等。

公共卫生：是指突发的、可能的或已经严重影响旅游者健康，从而阻碍旅游活动继续进行的突发事件。

社会安全：是指受危及社会安全的重大事件影响，而不能正常进行的突发事件，包括在大型旅游节庆活动中，由于人群过度拥挤、建筑物倒塌等造成人员伤亡的突发事件。

按照 12.3.2 中所述约简步骤，首先划分成条件属性和决策属性，将表 12-2 中所列信息划分为条件属性，决策属性为应急响应级别，取值为 $D = \{0, 1\} = \{$国家级应急响应，省级应急响应$\}$。

根据国家旅游局政府信息公开告知书〔2015〕第 6 号文件中，信息为"西藏'8·9'事故。2014 年 8 月 9 日，西藏自治区尼木县发生一起特别重大道路交通事故，西藏飞翔旅行社一辆旅游大巴与一辆越野车、一辆皮卡货车相撞，事故共造成 44 人死亡、11 人受伤"。提取事件信息赋值为 $\{0, 2, 0, 1, 1, 1, 0\}$，即表 12-3 中论域 5。表 12-3 中的事件信息赋值，全部是根据国家旅游局政府信息公开告知书〔2015〕第 6 号文件中，所列出 2009~2014 年旅游突发事件信息，提取相关属性信息并为事件赋值。去掉重复信息后，得到表 12-3。

表 12-3　旅游突发事件历史信息

论域	条件属性							决策属性
	C_1	C_2	C_3	C_4	C_5	C_6	C_7	D
1	0	0	1	1	1	1	0	1
2	1	1	0	1	1	1	0	0
3	0	1	0	1	1	1	0	0
4	1	2	0	1	1	1	0	0
5	0	2	0	1	1	1	0	0
6	1	1	1	0	1	1	0	0
7	1	2	1	3	0	0	0	0
8	1	2	1	0	0	1	0	0
9	1	2	1	0	1	1	0	0
10	1	1	0	3	1	1	0	1
11	0	2	0	2	0	0	1	0
12	0	0	0	3	1	1	0	0
13	0	1	0	0	1	1	0	1
14	1	2	0	1	1	0	0	1

针对信息取值表进行约简计算，有以下过程步骤。

判断是否需要国家级响应应急决策，其决策过程有以下几个。

（1）按照条件属性和决策属性 D 划分论域

U/IND (D) = $\{$ $\{1, 10, 13, 14\}$, $\{2, 3, 4, 5, 6, 7, 8, 9, 11, 12\}$ $\}$。

U/IND (C) = $\{$ $\{1\}$, $\{2\}$, $\{3\}$, $\{4\}$, $\{5\}$, $\{6\}$, $\{7\}$, $\{8\}$, $\{9\}$, $\{10\}$, $\{11\}$, $\{12\}$, $\{13\}$, $\{14\}$ $\}$。

（2）计算约简核心集

U/IND $(C - C_1)$ = $\{$ $\{1\}$, $\{2, 3\}$, $\{4, 5\}$, $\{6\}$, $\{8\}$, $\{13\}$, $\{7\}$, $\{9\}$, $\{14\}$, $\{10\}$, $\{12\}$, $\{11\}$ $\}$。

正域 $U/INDC - C_1$ (D) 与 $U/INDC$ (D) 不相容，因此，C_1 对于决策 D 不是必需的，以此类推。

U/IND $(C - C_2)$ = $\{$ $\{1\}$, $\{13\}$, $\{2, 4\}$, $\{11\}$, $\{10\}$, $\{12\}$, $\{3, 5\}$, $\{2\}$, $\{8\}$, $\{6, 9\}$, $\{14\}$, $\{7\}$ $\}$，U/IND $(C - C_3)$ = $\{$ $\{7\}$, $\{4\}$, $\{11\}$, $\{13\}$, $\{8\}$, $\{5\}$, $\{10\}$, $\{14\}$, $\{6\}$, $\{7\}$, $\{2\}$, $\{1\}$, $\{9\}$, $\{12\}$, $\{3\}$ $\}$。

U/IND $(C - C_5)$ = $\{$ $\{7\}$, $\{4\}$, $\{14\}$, $\{11\}$, $\{13\}$, $\{6\}$, $\{1\}$, $\{8, 9\}$, $\{12\}$, $\{5\}$, $\{2\}$, $\{3\}$, $\{10\}$ $\}$。

U/IND $(C - C_7)$ = $\{$ $\{6\}$, $\{14\}$, $\{4\}$, $\{12\}$, $\{10\}$, $\{3\}$, $\{9\}$, $\{13\}$, $\{1\}$, $\{2\}$, $\{7\}$, $\{5\}$, $\{11\}$, $\{8\}$ $\}$，故属性 C_2、C_3、C_5、C_7 对于决策 D 均为不必需的。

U/IND $(C - C_4)$ = $\{$ $\{7\}$, $\{12\}$, $\{11\}$, $\{4\}$, $\{6\}$, $\{1\}$, $\{3, 13\}$, $\{14\}$, $\{2, 10\}$, $\{5\}$, $\{8\}$, $\{9\}$ $\}$。

U/IND $\{C - C_4\}$ (D) 与 $U/INDC$ (D) 相容。U/IND $(C - C_6)$ = $\{$ $\{7\}$, $\{5\}$, $\{4, 14\}$, $\{11\}$, $\{3\}$, $\{6\}$, $\{9\}$, $\{10\}$, $\{8\}$, $\{2\}$, $\{13\}$, $\{1\}$, $\{12\}$ $\}$，U/IND $\{C - C_6\}$ (D) 与 $U/INDC$ (D) 相容。

因此，C_4、C_6 对于决策 D 是必需的，$CORED$ (C) = $\{C_4, C_6\}$。

（3）计算重要度

将重要度最大的属性加入核心集中，判断正域是否相等。

令 $TC = CORED$ (C) = $\{C_4, C_6\}$，$POSTC$ (D) = $\{7, 11, 14\}$，分别将 C_1、C_2、C_3、C_5、C_7 加入集合 TC 中，利用公式（12.1）：

$$sig(TC, C_i) = \frac{|POS_{|c_4,c_6,c_i|}| - |POS_{TC}(D)|}{U} \quad (i=1,2,3,4,5,8,9) \quad (12.1)$$

计算重要度，有以下数值结果。

$POS \{C_4, C_6, C_1\}$ $(D) = \{2, 4, 6, 8, 9, 10, 11, 12, 13, 14\}$，$sig (TC, C_1) = 0.57$。

$POS \{C_4, C_6, C_2\}$ $(D) = \{1, 2, 3, 4, 5, 7, 8, 9, 10, 11, 12, 14\}$，$sig (TC, C_2) = 0.64$。

$POS \{C_4, C_6, C_3\}$ $(D) = \{1, 2, 3, 4, 5, 7, 8, 9, 10, 11, 13, 14\}$，$sig (TC, C_3) = 0.63$。

$POS \{C_4, C_6, C_5\}$ $(D) = \{7, 8, 11, 14\}$，$sig (TC, C_5) = 0.07$。

$POS \{C_4, C_6, C_7\}$ $(D) = \{7, 11, 14\}$，$sig (TC, C_7) = 0.00$。

取重要度最大的 C_2 加入核心集中，即 $TC = \{C_2, C_4, C_6\}$。

$POSTC (D) \neq POSC (D)$

故 $TC = \{C_2, C_4, C_6\}$ 并不是此决策下的最小约简，要继续将不必要属性添加到核心集中。根据公式（12.2）计算重要度。

$$sig(TC, C_i) = \frac{|POS_{|c_4,c_6,c_2,c_i|}| - |POS_{TC}(D)|}{U} \quad (12.2)$$

$POS \{C_4, C_6, C_2, C_1\}$ $(D) = \{1, 2, 3, 4, 5, 6, 7, 8, 9, 10, 11, 12, 13, 14\}$，$sig (TC, C_1) = 0.14$。

$POS \{C_4, C_6, C_2, C_3\}$ $(D) = \{1, 2, 3, 4, 5, 7, 8, 9, 10, 11, 12, 13, 14\}$，$sig (TC, C_3) = 0.13$。

$POS \{C_4, C_6, C_2, C_5\}$ $(D) = \{1, 2, 3, 4, 5, 7, 8, 9, 10, 11, 12, 14\}$，$sig (TC, C_5) = 0.00$。

$POS \{C_4, C_6, C_2, C_7\}$ $(D) = \{1, 2, 3, 4, 5, 7, 8, 9, 10, 11, 12, 14\}$，$sig (TC, C_7) = 0.00$。

因此，将 C_1 加入 TC 中，即 $TC = \{C_1, C_2, C_4, C_6\}$。$POSTC (D) = POSC (D)$，故 $TC = \{C_1, C_2, C_4, C_6\}$ 为相对决策 D 的最小约简，即最小决策集合。

通过约简过程，得到最终约简结果。去掉重复结果后，得到表 12 - 4

最小决策表。

表 12 – 4 最小决策

条件属性				决策属性
C_1	C_2	C_4	C_6	D
0	0	1	1	1
1	1	1	1	0
0	1	1	1	0
1	2	1	1	0
0	2	1	1	0
1	1	0	1	0
1	2	3	0	0
1	2	0	1	0
1	1	3	1	1
0	2	2	0	0
0	0	3	1	0
0	1	0	1	1
1	2	1	0	1

由表 12 – 4 可知，影响最终判断响应级别的因素为时间、天气、事件类型、死亡情况。将决策表数据信息转换成事件信息，见表 12 – 5 最小决策信息表。

表 12 – 5 最小决策信息

条件属性				决策属性
时间	天气	事件类型	死亡情况	响应部门级别
假日	晴朗	灾难事故	有	省级响应
工作日	恶劣	灾难事故	有	国家级响应
假日	恶劣	灾难事故	有	国家级响应
工作日	一般	灾难事故	有	国家级响应
假日	一般	灾难事故	有	国家级响应

条件属性				决策属性
时间	天气	事件类型	死亡情况	响应部门级别
工作日	恶劣	自然灾害	有	国家级响应
工作日	一般	社会安全	无	国家级响应
工作日	一般	自然灾害	有	国家级响应
工作日	恶劣	社会安全	有	省级响应
假日	一般	公共卫生事件	无	国家级响应
假日	晴朗	社会安全	有	国家级响应
假日	恶劣	自然灾害	有	省级响应
工作日	一般	灾难事故	无	省级响应

（1）由决策表 12 - 5 可知，旅游突发事件发生后，根据时间、天气、事件类型、死亡情况，可确定应急响应部门级别。

该决策表即代表旅游突发事件信息与响应级别之间关系。例如，相关部门得到突发事件信息为 $\{1, 1, 0, 1, 1, 1, 0\}$，决策 D 为 0。在天气条件恶劣、假日、危机区域范围为国内的灾难事故，人员有受伤、无中毒现象并且有死亡情况发生条件下，应启动国家级响应。

相关部门得到突发事件信息为 $\{1, 2, 0, 1, 1, 0, 0\}$，决策 D 为 1。在天气条件一般、工作日、危机区域范围为国内条件下，由灾难事故引发的旅游突发事件中没有人员死亡或中毒现象，但出现受伤情况时，应启动省级响应。

（2）由粗糙集理论属性约简思想，对旅游突发事件信息完整条件下，处理结果具有可行性。

条件属性由原本的 $\{C_1, C_2, C_3, C_4, C_5, C_6, C_7\}$ 减少成 $\{C_1, C_2, C_4, C_6\}$，即在响应级别判断时，不必准确知道去掉的 $\{C_3, C_5, C_7\}$ 属性信息，即可快速判断。随着突发事件信息作为已知数据不断补充，发现最小决策属性有可能会发生变化，也有可能不发生变化。

（3）由决策表可知，启动应急响应的级别是根据时间、天气、事件类型、死亡情况做出的判断。

由事件描述可知，假日中出现的旅游突发事件时，伤亡人数比工作日时多，天气恶劣导致事件严重程度更大，而旅游突发事件不同类型，也能够对旅客伤亡人数判定提供一定依据。由时间、天气、事件类型、死亡情况四类信息，可得出旅游突发事件应急响应级别判断，即由此四类信息对事件严重程度的判断。该结果也符合常规工作中对此类事件的认知。

事件发生后，应急响应模型能够在不同条件下触发不同等级应急响应，快速做出应急判断，启动应急预案，为应急救援工作争取更多时间。应急响应模型对事件类型界定，以及伤亡情况准确把握，正确应急响应，起到非常关键作用。在时间紧迫、信息不精确、技术设备失灵等意外情况下，进行事件情况准确判断，也对接警员在信息判断、当地情况熟悉程度等方面提出较高要求。

12.4 旅游突发事件应急响应模型的计算机实现

Python 语言相对于 Matlab 等其他编程语言来说，具有易阅读、易编写、易运行等特点，故本书选用 Python 语言进行编译，实现应急响应模型。

旅游突发事件响应模型的计算机实现包括两个部分：一是计算机对已有的旅游突发事件数据信息学习，将已经掌握突发事件数据输入数据库中，做上述约简；二是新的突发事件发生后，对输入数据信息进行处理，快速判断响应级别，并且迅速输出结果。

12.4.1 旅游突发事件应急响应模型计算机算法实现

根据粗糙集理论思想，将上述约简过程转换为计算机语言伪代码，编写出计算机算法为：

```
core = {}
for c = c1 to cn
if posC - {c} ! = posC
    core = coreU{c}
```

```
TC = core
while posTC ! = posC
max_sig = 0
max_sig_cond = None
for c in (C - TC)
    sig(c,TC) = ( |posTC∪{c}| - |posTC| ) / |U|
    if sig(c,TC) > max_sig
        max_sig = sig(c,TC)
            max_sig_cond = c
TC = TC∪{c}
output TC
```

算法首先初始化一个空的核心集，然后对条件属性进行遍历。如果当前遍历条件属性去掉后，导致正域变化（posC - {c} ! = posC），那么就将当前遍历条件属性加入核心集，在完成所有条件属性遍历后，得到最终核心集（Core）。假如最终核心集正域和原始正域不相等，那么将对非核心集条件属性依次进行重要度计算。将具有最大重要度非核心集条件属性加入核心集后，判断当前核心集正域是否等于原始正域，不相等就重复此步骤直到相等，最终输出最小约简。

12.4.2 旅游突发事件应急响应模型数据学习

利用 Python 语言编写响应模型，将基于旅游突发事件历史数据信息属性取值，输入计算机中。首先运用计算机对数据进行学习训练，完成 3.3 节步骤内容。输出结果，见图 12 - 4 和图 12 - 5。

（1）确定最小约简属性集，最终结果见图 12 - 4。

$$\text{最小决策集合}$$
$$POS\{C_1, C_2, C_4, C_6\} (D) = POS\{C\} \{D\}$$
最小约简：$\{C_1, C_2, C_4, C_6\}$

图 12 - 4 最小约简属性集

（2）最终得出应急响应决策表，见图 12 - 5。

```
==============决策表==============
C1        C2        C4        C6        D
0         0         1         1         1
1         1         1         1         0
0         1         1         1         0
1         2         1         1         0
0         2         1         1         0
1         1         0         1         0
1         2         3         0         0
1         2         0         1         0
1         1         3         1         1
0         2         2         0         0
0         0         3         1         0
0         1         0         1         1
1         2         1         0         1
```

图 12 - 5　应急响应决策

12.4.3　旅游突发事件应急响应模型数据处理

新的突发事件发生后，110、119、120、122 等部门将数据信息输入后，得到最终处理结果，见图 12 - 6 和图 12 - 7。

（1）决策表中出现的旅游突发事件数据判断结果

例如，由决策表可知，输入集合 {0, 1, 1, 0, 1, 1, 1, 0, 1}，该数据信息出现在决策表中，决策判断为 0，即为国家级响应；输入集合 {1, 1, 0, 0, 1, 1, 0, 1, 0}，该数据信息出现在决策表中，决策判断为 1，即为省级响应，结果如图 12 - 6 所示。

```
==============应急响应决策==============
以数字信息形式输入旅游突发事件信息：
1 1 1 0 1 1 0
决策为：0-- 文化和旅游部应急响应

==============应急响应决策==============
以数字信息形式输入旅游突发事件信息：
0 1 0 0 1 1 0
决策为：1-- 省级旅游行政管理部门应急响应
```

图 12 - 6　决策表已知事件响应级别判断结果

（2）决策表中未出现的旅游突发事件数据判断结果

例如，由决策表可知，输入集合 {1, 1, 1, 0, 3, 1, 1, 0, 1}，由决策表可知，在决策表中没有该数据信息，意味着该突发事件以前没有发生过，此时应本着"就高不就低"的应急响应原则，由文化和旅游部进行应急响应，判断结果见图 12 - 7。

=============应急响应决策=============
以数字信息形式输入旅游突发事件信息：
0 1 1 0 1 0 0
给定条件未出现在决策表中，本着就高不就低的响应原则，建议文化和旅游部应急响应

图 12 - 7　决策表未知事件响应级别判断结果

12.5　结论与展望

12.5.1　研究结论

本章研究结论主要有以下三个方面。

（1）基于数据处理角度，优化应急响应流程

从数据处理角度，针对原有应急响应流程进行优化，提高了流程响应效率，为应急响应模型计算机实现奠定了基础。

（2）运用粗糙集理论，构建信息完整应急响应模型，归纳运算步骤

采用粗糙集理论约简方法，对旅游突发事件发生后第一时间得到的所有信息进行知识整合，完成应急响应模型所需信息收集。运用约简方法，针对文化和旅游部通报的突发事件信息构建约简决策表，并建立数据信息与响应级别之间关联。对已有数据进行分析，得出结论，即应急响应级别判定的最小决策因素是时间、天气、事件类型、死亡情况。在新的突发事件发生后，利用已知决策表得出响应级别，迅速组织开展救援工作，减少人财物损失。

（3）运用 Python 语言编程，实现应急响应模型

运用 Python 语言编程，对数据进行学习训练及分析处理，得出最终约简结果。突发事件发生后，输入事件信息，快速计算并判断响应级别，触发相应级别应急响应，实现响应迅速化、准确化。该程序功能模块具有可移植性和可拓展性，为旅游突发事件应急管理决策支持系统，提供部分功能模块实现方法。

12.5.2 理论贡献及管理启示

针对我国旅游突发事件应急响应研究现状，采用粗糙集理论方法，进行旅游突发事件应急响应研究，笔者看来具有非常重要的理论意义，主要体现在以下五个方面。

（1）将粗糙集理论应用到旅游领域，针对旅游突发事件应急响应进行定量研究。目前针对旅游突发事件更多的是定性研究，定量研究文献较少。利用粗糙集理论，进行旅游突发事件应急响应定量研究，更是首次运用。由于突发事件信息具有不确定性、动态性，易受主观影响，应用粗糙集理论处理不精确数据信息，能够减少事件信息模糊程度，加强信息处理和数据分析客观性、全面性。

（2）构建及实现应急响应模型。在历史数据完整情况下，对历史数据进行模型构建、数据训练和分析处理，保证数据分析合理性、完整性与科学性。为信息不完整条件下数据处理提供解决方法。

（3）建立了突发事件与应急响应级别之间联系，提供决策支持。根据旅游突发事件历史信息，利用粗糙集理论分析去掉冗余属性，找出事件信息与响应级别之间关联，将事件信息与决策判断量化处理。在新的突发事件发生后，通过决策关联，得出新的突发事件应急响应级别，为相关部门判断突发事件严重程度，以及迅速应急响应提供决策支持。

（4）利用计算机 Python 语言，实现响应模型。利用计算机 Python 语言实现响应模型，可以提高模型计算速度和准确率，减少由于计算时间长和误差引起的隐性损失。模型完成数据训练后，可以输入新的突发事件信息，快速确定响应级别。运用计算机智能算法，实现数据分析及快速处理，最大限度上减少响应时间，为后续应急救援争取宝贵时间，减少人财物损失。

（5）应急响应模型具有可移植性和可拓展性，为决策支持系统提供支持。利用计算机语言编写的应急响应模型，具有可移植性。可将其功能模块，应用到旅游突发事件应急管理决策支持系统中，为旅游突发事件应急管理决策支持系统，提供功能支持及研究思路。该模型具有可扩展性，将决策属性替换为其他旅游突发事件决策内容，如应急预警、应急救援、应急恢复等，也可采用相应模型方法进行数据处理。

综上所述，该研究内容具有重要理论意义，在管理方面具有一定实践意义，主要体现在以下几点。

（1）旅游突发事件发生后，将数据输入计算机，计算机系统会在不同条件下，触发不同等级的应急响应，以便各级政府及相关企业快速做出应急反应，启动应急预案，积极救援，提高应急救援的时效性，最大限度降低人财物损失，保障人民生命财产安全。

（2）由过去人为判断应急响应级别，改为由计算机直接给出，让应急响应更加准确、客观、更具时效性，还可以提高决策的准确性，实现信息处理和决策判断快速化、准确化，第一时间启动应急救援。为各级政府及相关企业正确进行应急管理，提供系统、科学的方法。

（3）基于计算机应急决策功能模块，可以移植到大数据应急管理决策支持系统中，可将其功能模块继续进行拓展研究，实现应急预警、应急救援、应急恢复的完全信息化处理，提高处理应急救援时效性和有效性，为及时化解危机提供了充分保障。

12.5.3　研究展望

上述研究内容，是基于粗糙集的旅游突发事件应急响应研究，在信息完整条件下，模型建立与实现取得一定进展。未来可以从以下四个方面进行研究。

（1）大多研究应急响应模型的文献，是基于历史数据信息完整条件下，进行分析处理的，具有一定的局限性。未来应进一步研究信息不完整条件下，应急响应模型存在缺省值情况的数据分析处理及模型构建。

（2）信息完整条件下，应急响应模型得出的决策表信息完整，但不具有动态性。未来可进一步研究信息不完整条件下，决策表缺省值信息，还可以研究在不同时刻对信息进行单调递增的补充时，决策表发生的变化研究。可以在约简精度上以及数据不同变化情况下，针对应急响应模型进行深入研究，这对不完整数据约简，具有重要意义。

（3）随着旅游突发事件样本数据不断增加，其中条件属性与决策属性组合改变，关联也随之改变，为得到更加合理精确的关联结果，需要选择和找到合适约简方法及精度。合理利用计算机技术，优化应急响应流程。这对快速、准确地数据分析处理，争取第一时间开展救援工作，具有重要意义。

（4）运用计算机技术，实现了应急响应模型，并取得了一定研究成果。未来对计算机程序深化研究，应结合应急预警、应急救援、应急恢复等应急管理内容，持续加大系统功能和大数据管理功能，实现大数据的应急管理决策支持系统为应急管理服务。

12.6　本章小结

本章主要运用粗糙集理论方法，研究旅游突发事件应急响应。结合国内外关于旅游突发事件应急响应的研究成果，研究了旅游突发事件应急响应模型。建立了信息处理决策表，通过对条件属性的约简，确定突发事件发生后，第一时间得到的信息与响应级别之间的潜在关联，得出应急响应所需要的最小信息条件集合。最终通过计算机 Python 语言编程，实现响应模型，根据不同条件计算响应级别，从而触发不同级别应急部门的响应。为第一时间正确响应提供决策支持。

上述旅游突发事件应急响应模型的建立，为旅游管理部门应急响应工作，提供实践依据。为启动应急预案进行救援工作，争取宝贵时间，直接和间接降低了旅游突发事件造成的人员伤亡等各方面损失。上述研究内容，对于旅游突发事件的应急响应，具有极其重要的研究意义。

13

旅游公共危机对策研究

本章主要针对目前我国旅游业公共危机下存在的问题，进行了详细分析，经过调研，提出了相应对策。我国旅游业公共危机保障体系从应急预案研究、预警启动、应急信息处理平台建设以及应急对策研究，形成了完整的旅游业公共危机保障体系并进行了对策研究。本章主要围绕旅游公共危机政策法规制定、旅游赔偿制度与保险、救援体系、应急合作联盟建立等方面进行了对策研究。分析所有可能被采用并会提升旅游安全的措施，借鉴国内外管理危机经验教训，构建旅游安全保障体系。通过尽可能隐蔽且不妨碍旅游者到来方式，为其提供安全旅游环境和应对措施，包括对航空交通、地面交通、宾馆饭店、餐馆、购物区和所有旅游景点在内的整个"旅游链"进行评估，确保所有旅游者到达旅游目的地的安全性。

13.1 公共危机应急管理存在问题分析

伴随应急管理工作发展，我国应急管理中的不足逐渐显露出来。要想构建一个完善的旅游公共危机应急管理体系，不仅需要了解旅游公共危机应急预案一般流程，而且需要找出现阶段我国旅游公共危机应急管理存在的不足，从而完善我国应急管理体系。

现阶段，我国应急管理体系存在不足，主要有以下几点。

（1）公众危机意识淡薄

尽管改革开放以来，我国物质生活水平有了很大提高，但是公共危机事件宣传教育相对薄弱，导致公众面对危机时手忙脚乱，其防范和应对危机能力都有待提高。很多时候，危机发生前都会出现征兆，但是由于人们并未意识到这一点，导致原本可以防范的危机有机会随意蔓延，甚至发展到不可控制地步。人们也许会侥幸逃过一劫，这种侥幸心理一产生，就会变得不重视各种灾前预兆，当危机再次发生时，便会出现极度恐慌，这种恐慌会增加危机破坏性。

（2）公共危机应急预案形式大于内容

应急预案是应对危机的手段，因此，应急预案的有效性、可靠性和可操作性都必须有保障。很多应急预案在编制过程中，没有严格控制，缺乏权威性和系统性，并且相关部门工作也没有做到位，分工不明确，出现很多重要专业人员没能参与应急预案编制工作的情况。同时，应急预案编制完成后，缺乏评审工作。上述情况出现，导致很多应急预案仅仅是一种形式，具体应用于实践中便会出现很多问题。

（3）公共危机应急管理体系存在法制不规范问题

公共危机管理无论对个人、企业还是国家，都起到很重要的作用。法律体系问题不仅仅涉及政府管理问题，也涉及法制规范问题。在公共危机应急管理体系制定过程中，政府是主导者。对于公共危机管理，国家缺乏应对严重公共危机时间处理程序和规则，政府行动也相对缺乏完善的法律保障。

（4）旅游公共安全服务供给能力严重不足

我国大多数地区旅游公共安全服务尚处于起步阶段，许多地区甚至还处在公共安全服务供给盲区。针对规模庞大、高速增长的散客化、自助化旅游市场，公共安全服务供给明显不足，公共安全设施建设、公共安全信息供给、公共安全预警机制和应急救援服务保障明显滞后。

（5）安全管理机制缺失，增加了旅游安全事故重复性

历年来，相当数量的旅游安全事故在特定区域、环节、过程、项目、活动中重复出现，既有偶然性，又有必然性。其主要根源是旅游安全管

理机制缺失，包括旅游安全制度规范缺失、旅游安全设施管理缺失、旅游安全责任标准缺失和旅游安全监管手段缺失。我国从 20 世纪 80 年代初就开始酝酿《旅游法》，直到 2013 年 4 月 25 日第十二届全国人大二次会议审议通过，并于 2013 年 10 月 1 日正式实施。历经 30 多年，旅游产业缺少法律准绳、制度建设不完善、安全设施不配套、责任认定标准不统一、监督手段不得力的状况得到改善，旅游安全管理机制环节薄弱，增加了旅游安全事故重复性。

（6）旅游救援体系滞后，增加了旅游安全事故危害性

旅游救援体系是旅游产业重要组成部分。而我国旅游救援体系建设才刚刚起步，它的不完善表现在旅游救援意识不普及、旅游救援组织不健全、旅游救援设施不配套、旅游救援技术不专业、旅游救援响应不及时、旅游救援效果不理想。滞后旅游救援体系往往会增加旅游安全事故所造成的危害。

总之，无论我国还是整个世界，都经受过各种危机考验。我国经历了"非典"、雪灾、禽流感以及其他灾难后，在危机管理方面也积累了一定经验，这些经验对我国政府处理公共危机、应对威胁公共安全的突发事件，产生了积极影响。但实事求是地分析，我国政府公共危机管理能力与公民期望还存有较大差距，公共危机管理体制和机制尚不完善，危机管理能力和民众意识都有待提高。

13.2　公共危机下的旅游保险对策研究

旅游保险是指游客在本国或者国际旅游中，对可能发生的各种意外（除疾病、外科手术、自杀、战事变乱、职业性运动竞赛与故意行为外）所导致的一切死伤事故做保障，它能够支付医疗费用和提供其他损失保险业务。众所周知，外出旅游发生出现意外概率要比日常生活高得多。2013 年发生在世界各地的旅游意外事故有：2 月 26 日，埃及旅游城市卢克索热气球空中爆炸；5 月 1 日，我国凤凰县桃花岛篝火晚会跨河吊桥因受力过重桥墩断裂，出现桥面倾斜，从篝火晚会散场游客经过吊桥时发

生落水事故；5月3日，一个中国旅游团在罗马波奇米亚创意酒店附近遭遇抢劫；7月6日，韩亚航空飞机在美失事；9月15日，西安市南郊秦岭欢乐世界游乐场发生事故，3人在乘坐游乐设施时从空中甩落等。此类事件频繁出现，如何以最小成本，确保游客在旅游过程中获得更大保障，成为旅游业及保险业最关注的问题。

尽管我国近年来经济发展迅速，但是旅游业起步较晚，与国外旅游业发展存有很大差距。作为我国旅游安全保障体系重要组成部分——旅游保险发展与国外相比，更是处于劣势，甚至还处于摸索阶段，这在一定程度上阻碍了旅游业进一步发展。据中国保监会人身保险监管部副主任袁序成介绍，目前我国意外险总规模在300亿元左右，但旅游保险占比非常小，我国每年20多亿人次国内游和近8000万人次出境游规模中，购买旅游保险人数不到20%，主动购买旅游保险更是不足3%，绝大部分出游者处于无险状态。据了解，作为世界上保险业起源最早、最发达的国家，即英国、美国等欧美发达国家，其旅游保险购买率一般能达80%~90%。在欧美等发达国家，购买旅游保险是一种习惯，而我国旅游保险最发达的香港也仅仅达到50%而已。我国跟欧美国家在旅游保险方面有如此大差距，到底原因是什么，又哪些因素阻碍了旅游保险发展。

事实上，影响旅游保险发展因素很多，比如游客保险意识淡薄，存在侥幸心理，对旅游保险缺乏兴趣；保险公司轻视旅游保险业务，也没有看到其重要作用，因此无论在宣传还是销售以及险种设计方面都不重视；旅游保险险种比较单一，仅有险种规定死板，不能进行量体裁衣；旅行社经营不规范，仅仅关注自身利益，并没有真正从游客角度出发考虑游客利益问题，不能为游客承担自身的责任。

在以上影响旅游保险发展四大因素中，险种问题最为突出。曾任国家旅游局副局长祝善忠在由中国国家旅游局、中国保监会联合主办的2012年"旅游保险宣传周"启动仪式上指出，不断增长旅游市场需求与旅游保险发达国家相比，中国旅游保险市场与他们还存在一些差距。一方面，旅游者和旅游经营者风险意识还不强，旅游保险投保率还不高；另一方面，旅游保险产品还不够丰富，服务和保障水平还有待提高。目前我国旅游市场中，旅游保险主要以旅行社责任险、旅游意外险为主打产品，其中旅游意外险险种主要包括四大类：游客意外伤害保险、旅游人身意外伤害保险、住宿游客人身保险、旅游救助保险和旅游救援保险等。

旅行社责任保险是指承保旅行社在组织旅游活动过程中因疏忽、过失造成事故所应承担法律赔偿责任的险种，该险种投保人和被保险人都为旅行社。现在很多旅行社所说保险都是指旅行社责任保险，本质上是为旅行社投保，为旅行社转嫁责任。当旅行社自身原因导致旅游风险，使得游客在旅游过程中受到损失时，如果购买了旅行社责任保险，则由保险公司在第一时间对无辜受害旅客进行赔偿。但是，对于自然灾害等非旅行社造成的损失，则不属于旅行社责任险保障范围。

旅游意外险是指在旅游活动过程中由游客自愿购买的，在合同期内对遭遇外来的、突发的、非疾病导致的意外进行保障的一种短期保险，其投保人和受益人都是游客。该保险有以下几方面：承保的是旅游者自身；较同类产品增设双倍给付；增设误工、急救交通、异地转诊、遗体送返、异地安葬、亲属探望等补充保障。旅游意外险保障范围一般包括医疗费用、人身意外、意外双倍赔偿、紧急医疗运送、运返费用、个人行李、行李延误、取消旅程、旅程延误、缩短旅程、个人钱财及证件还有个人责任等。相比较而言，旅行责任险只是为旅行社自身因为疏忽或其他原因，造成游客损失而承担经济责任，如果非旅行社原因，或者是游客自身发生了意外状况，则不在保险范围之内，而旅游意外保险作用就显得非常重要。它主要承保游客在旅游过程中，由于意外事故造成的人身伤害。然而，尽管和旅行社责任险相比，其保障范围要大许多，但也并非意味着旅游意外险是无所不包的，很多风险比较高的旅游活动，保险公司是可以拒保的。因此，当旅游者意识到旅游过程中可能会出现一些风险系数很高活动时，一定要跟保险公司签好合同，以免出现意外而赔偿。旅游意外险大多时效性较强，其保险时限一般与出行时间对应。旅行社责任险与旅游意外险之间存在很大区别，见表 13 - 1。

表 13 - 1　我国旅游保险险种比较

内容　　　　　险种	旅行社责任险	旅游意外险
概念	旅行社责任保险是指承保旅行社在组织旅游活动过程中，因疏忽、过失造成事故所应承担的法律赔偿责任的险种	旅游意外险是旅行社向旅游者推荐购买的保险，是一种游客自愿购买的险种
投保人	旅行社	游客
被投保人	游客	游客
受益人	游客	游客
投保额	按年投保，一次性投保，保险金额是"三个限额"的最低投保额度，即每人责任赔偿限额、每次事故责任赔偿限额和每年累计责任赔偿限额三者必须同时满足	金额由游客个人选择
保障时间	在保险期间（一般为1年）及保险单列明的追溯期内	整个保险期间内，一般属于短期保险
赔偿范围	旅行社对游客所应承担的赔偿责任，有责才赔，无责不赔	一般包括在旅游期间发生各种意外事故，根据保险公司的不同而存在差异
是否强制性	是	否

　　正如前面所说的，英国、美国等欧美发达国家保险业起源较早，发展也更迅速，已成为世界上保险业最为发达的国家。发达国家经济发展水平和工业化程度较高，使得人们有较多可自由支配的收入，而且他们普遍注重闲暇娱乐时间，外出旅游频率很高，同时他们的较强保险意识帮助保险公司对旅游保险市场进行积极创新和开发，适时推出满足消费需求新产品，从客观上促进了旅游保险发展。同时，在这些旅游保险业发达的国家里，购买旅游保险特别方便，没有繁杂过程，只需简单打个电话，或者购买一张自助保险卡就可以自己完成整个保单的填写，大大节省了游客时间和成本。

　　下面主要从旅游保险险种方面，对比我国与几个发达国家旅游保险，见表 13 - 2。

表 13-2 我国与美、英发达国家在旅游保险方面的比较

国家\种类与范围	旅游保险的产品种类	赔偿范围
中国	旅行社责任保险、旅游意外险（游客意外伤害保险、旅游人身意外伤害保险、住宿游客人身保险、旅游救助保险和旅游救援保险）	医疗费用、人身意外、紧急医疗运送、运返费用、个人行李、行李延误、取消旅程、旅程延误、缩短旅程、个人钱财及证件等
美国	访问医疗保险，国际健康保险，学生医疗保险，美国移民健康保险，短期旅游保险、每年多次旅游保险、J1 签证保险，旅行保险，欧洲旅行保险和换工保姆保险、其他保险（商务旅行保险、旅行医疗保险、全年旅游保险、多程旅游保险、旅程取消保险、行李保险、医疗运送保险等）	医疗费用（包括有限的预先的健康状况），紧急医疗撤离和遣返、药方费用，紧急医疗撤离和意外死亡与伤残、行程中断，行李损失、行李延误、紧急医疗运送、遗体遣返、意外死亡及断肢、24 小时全球援助等
英国	假期保险、滑雪保险、背包客保险、探险旅游、廉价旅行保险、全年旅游保险、商务旅游保险等	旅程取消、旅程中断、旅程延误、医疗费用、急救医疗、交通运输/运返等

相对于英、美两国自成体系的旅游保险业，我国旅游保险发展还很不成熟，处于刚起步阶段，尽管我国政府及旅游业都在努力宣传旅游保险重要作用，也的确出台措施推动了旅游保险发展。但是，通过表 13-2，可以看到我国与英、美两国在旅游保险方面存在巨大差距。英国《每日电讯报》调查显示，英国旅游保险种类繁多，适用不同收入人群。比如，对于"两周游"这样中短期旅游而言，相关旅游保险价格就从 22 英镑（约 193 元人民币）到 164 英镑（约 1444 元人民币）不等，当然英国保险联合会发言人也对广大游客提出了自己建议，即在购买保险时，不能一味购买最便宜的，而要仔细辨认，找出最适合自己的。

由表 13-3 可以看出，美国保险相对而言是比较全面的，基本覆盖了各种人群，并对具体旅游方式及目的有相对应可选择险种，其保障也是涵盖了多个方面，规定也比较具体。与我国某些旅游保险不同，有时候即便购买了某些保险，最后在理赔方面也会出现不能保障的问题。通过中、英、美三国旅游保险现状对比，对于认清我国在国际旅游保险市场上地位，以及对中国旅游保险业长远发展有着重要意义。

表 13 - 3 美国旅游保险

美国旅游保险险种	险种介绍	适用人群	保障范围
访问医疗保险	访问医疗保险是用来保障游客在国外旅行中生病或受伤的医疗费用，游客可以随时购买的医疗保险，哪怕是在旅游的期间，并提供医疗保险保障的多种选择	游客和美国的家庭成员	旅客保险计划支付的医疗费用（包括有限的预先的健康状况），药方费用，紧急医疗撤离和意外死亡与伤残及行程中断，行李损失，行李延误等
国际健康保险	国际健康保险是为外籍人士和经常旅游海外的游客提供全球综合的医疗保险，包括美国	外籍人士和经常性的国际旅行者	全球健康保险计划提供综合的医疗福利，包括产假，心理健康，健康（预防性检查）和医疗撤离等
学生医疗保险	学生医疗保险是美国大学规定的必须拥有的医疗保险	在美国的国际学生（美国的 F1 签证），他们的配偶及子女（F2 的家属）	国际学生保险涵盖医疗费用（可以保障预先存在的健康状况和怀孕），药方的费用，紧急医疗撤离和遣返等
美国移民健康保险	美国移民健康保险是长远的计划，以照顾新移民（家庭成员申办的绿卡持有人）和计划移民者（H4 和 F2 签证持有人）的健康需求	H4 和 F2 的签证持有人及新移民	移民健康保险支付受保期间受伤或生病所需的医药费用。这些计划提供 2～5 年的保障
J1、J2 签证健康保险	美国政府规定，在美国的 J1 交流学者和 J2 的家属，必须拥有健康保险，如果不愿意购买保险，那 J1 申助者必须终止交流访问者计划，并告知美国国务院	交流学者和家属	保障范围包括医疗费用（可能保障预先存在的健康状况），药方的费用，紧急医疗撤离和意外死亡与伤残等
旅行保险	旅游保险是为短期旅游和度假所设计的计划。这些计划在负担得起的价格上提供良好的覆盖	度假者和邮轮旅行者	福利包括医疗费用（可能涵盖预先的健康状况），牙科服务费用，药方的费用，紧急医疗遣送。对于邮轮度假计划，也可以支付由于旅程取消带给游客的损失（不能退还的船票费用），行程中断，失去行李等
换工保姆保险	换工保姆保险是用来保障保姆和换工协助支付医院和医生的费用	在祖国以外逗留的保姆和换工	非美国公民的保姆，往往被要求拥有健康保险，以保障其受雇期间支付的医疗费用；新移民到该国的保姆（绿卡持有人）和换工，在美国有资格获得特殊的医疗保险

通过以上比较分析，可以看出我国在旅游保险方面与其他国家存在的差距，针对出现的各种问题，笔者从以下几方面提出优化建议。

（1）加快旅游保险产品设计研发

不仅可以从游客层次上划分不同险种，还可以从旅游不同目的，或者出游不同方式，以及旅游参与的活动项目来划分，只有这样才能从根本上改变旅游保险险种不能满足旅游者日益增长需要的状况。增加产品对消费者吸引力，从而改变旅游保险尴尬境地。具体可以从以下几个方面着手：加大新险种开发力度，扩大旅游保险服务范围，形成系统的旅游保险服务链，为游客提供全面系统保障；促进旅游保险多元化，对旅游保险适用人群进行细分，针对不同人群设计不同保单和保险条款；确定不同保费额度，尽可能为所有游客提供适合的保险，加大旅游风险防范力度；针对不同旅游项目设计专门保险。随着人们旅游方式改变，很多以前并不流行的旅游项目成了旅游热点，比如野外探险、登山、攀岩、帆船、热气球等，很多游客会因为这些项目危险系数太高而有所顾忌，所以保险公司可以设计与此类活动相关的保险，填补这方面空白，不仅可以将过去不可承保风险转化为可保风险，而且在满足消费者需要同时为保险公司带来利润。

（2）优化理赔环节

有些时候，并不是游客没有购买相关保险，而是保险理赔环节太过烦琐，或者是保险公司本身存在问题，导致游客理赔不顺利。因此，优化理赔过程和加大对其监管力度也是势在必行，它不仅是创造良好口碑关键环节，而且是游客最关心一个环节。当发生旅游事故时，会涉及社会各个部门，过程复杂冗余，导致理赔服务周期很长。该环节要加快专业权威仲裁调解机构调查取证、保险查勘过程，使旅游保险赔偿能够更快实现。相关政府部门也应该制定相关法律政策，加大对旅游风险公司监管力度，切实保障游客自身利益，真正实现"买保险就是买保障"使命，共同推进保险业和旅游业联合，促进旅游业健康发展。

（3）构建我国旅游业多元融资渠道和强大资金支撑体系

建立健全我国旅游保险制度，对游客安全和旅游地投保，从而实现风险转移。同时要加大宣传力度，确实提高被保险人保险意识和风险意识，积极促进旅游保险经营中信息建设，加大旅游保险产品开发力度，确实加强对保险销售中介管理，强化理赔风险控制。旅游业受外界风险影响大，除国家要建立相应政策风险体系外，还应建立旅游风险保障机制，国家要制定相应政策与法规，加大旅游产业在受到巨大风险时的支持力度，保障旅游企业及其相关产业，顺利度过风险期，迅速恢复风险创伤。

（4）加强对投保旅行社责任保险监管

积极推动加快实现旅行社责任投保示范项目，深化"旅保合作"。积极推动保险机构，开发适合旅游企业和游客保险需求的旅游保险产品，大力开展旅游保险宣传活动，培育健全旅游保险保障体系，进一步发挥旅游保险在发现、转移、善后处理等方面保驾护航作用。

13.3　旅游危机应急合作联盟对策分析

建立全方位旅游突发事件应急合作，在旅游业发展新形势下非常重要，旅游业各方也应积极配合，以最快速度发挥应急机制作用。旅游突发事件应急合作主要包括以下三方面。

其一是政研合作。

各级旅游管理部门要密切与当地科研院所合作，发挥科研院所专家智库作用。既要在旅游突发事件发生时积极配合，高效准确做出事故判断，也要加强当地旅游突发事件应急、防控研究。一旦发生突发事件，便可以从容应对。

其二是政企合作。

从某种意义上说，旅游企业是游客安全直接保障者和第一责任者。旅游企业要在提高预防风险意识、健全风险预案和应对机制、加强对领队导游等一线工作人员培训、注重对游客引导提示等方面，不断做出努力，把工作落到实处。

其三是国际合作。

目前，我国公民出境旅游目的地国家和地区已达 140 个，出境旅游人数超过 5000 万人次，且规模还在扩大，境外旅游突发事件应急救援必须要国家之间合作。我国公民在境外多次遇到突发事件的实际案例，都充分证明了国际合作是有效应对旅游突发事件的成功保证。建立与研究需要政企配合、国际合作、联防联控、政令畅通、指挥有力、高效运转的旅游业公共危机保障体系，是我国新时期、新形势下减少旅游突发事件对旅游业造成损失、保障旅游业有机协调运行的迫切需要，也是完善旅游突发事件应急管理体系重要研究内容。

从企业层面建立旅游供应链联盟，实现供应链上各企业合作。旅游供应链由景点、交通运输业、餐饮住宿业、旅行社和第三方电子商务供应商等构成。旅游供应链是将整个旅游过程有机联结成一条相互联系、相互影响供应链，并通过信息流、物流、资金流来共享资源、减少成本、创造最具竞争力的顾客价值，从而带动整个旅游产业运作。通过建立旅游供应链援助机制，实现旅游危机管理。

当某一企业受到突发事件影响，而无法实现正常运营时，其他企业为了减少自身拖欠成本和整条供应链损失，会向受损企业提供经济援助，使受损企业尽快恢复正常经营。拖欠成本是由受损企业无法向上下游企业提供服务和订单，而给上下游企业造成的损失。图 13 - 1 是旅游供应链示意图。

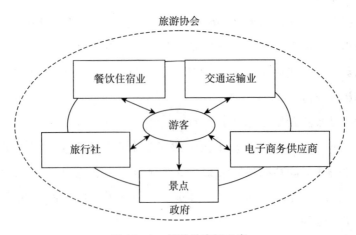

图 13 - 1 旅游供应链示意

假设景点遭受突发事件，旅行社和餐饮住宿业向景点提供经济援助，以减少拖欠成本。景点恢复时间为 t，景点恢复成本为 $C(t)$，景点预警成本为 $g(t_0)$，旅行社援助量为 a_r，旅行社拖欠成本为 $\theta_r t$，餐饮住宿业援助量为 a_m，拖欠成本为 $\theta_m t$。

供应链成本为：

$$C_l(t_0,t) = C(t) + g(t_0) + \theta_m t + \theta_r t C(t) \qquad (13.1)$$

供应链成本与景点恢复时间的关系为：

$$\frac{\mathrm{d}C_l(t_0,t)}{\mathrm{d}t} = -(\theta_m + \theta_r) \qquad (13.2)$$

景点的成本为：

$$\min C_s(t_0,t) = C(t) + g(t_0) - a_m - a_r \qquad (13.3)$$

援助量与拖欠成本之间的关系为：

$$\begin{cases} \dfrac{\mathrm{d}a_m}{\mathrm{d}t} = -\theta_m \\ \dfrac{\mathrm{d}a_r}{\mathrm{d}t} = -\theta_r \end{cases} \qquad (13.4)$$

旅行社和餐饮住宿业的援助量为：

$$\begin{aligned} a_m &= b_1 + \theta_m t \\ & \qquad\qquad u_i \ge b_i \ge \theta_i t (i = m, r) \\ a_r &= b_2 + \theta_r t \end{aligned} \qquad (13.5)$$

其中 u 为旅行社和餐饮住宿业最大效用量，b 为旅行社和餐饮住宿业与景点之间的谈判能力。通过上述定量模型研究，发生旅游公共危机后，旅行社和餐饮住宿业援助费用如上述公式（13.5）所示。运用公式分析景点遭受突发事件后，旅行社和餐饮住宿业向景点提供的经济援助量，以减少拖欠成本，使整体旅游供应链尽快恢复正常，为旅游合作联盟建立，为管理者提供了借鉴。

13.4 旅游应急救援体系对策分析

旅游安全救援体系指为实施旅游救援而建立的，涉及旅游安全各相关层面的组织机构和包括旅游救援分工、协作工作体系。根据旅游安全救援内容以及旅游安全救援系统所涉及有关机构，旅游安全救援系统包括救援核心机构、救援机构、外围机构在内，由旅游接待单位、旅游救援中心、保险、医疗、公安、武警、消防、通信、交通等多部门、多人员参与社会联动的系统。其中最核心、最重要的就是起到指挥作用的核心救援机构。

我国现有旅游安全应急救援系统还不成体系，各相关部门之间协调合作程度比较低，使得应急救援工作效率不高、应急救援系统作用发挥不明显。完整旅游应急救援系统应包括救援指挥中心、安全救援机构、安全救援直接外围机构和安全救援间接外围机构四部分。其中，救援指挥中心负责对整个旅游安全急救工作进行统筹协调；安全救援机构负责医疗救护、消防卫生等救护实施；安全救援直接外围机构包括可能发生旅游安全问题的旅游景区（点）、旅游企业、旅游管理部门和社区；安全救援间接外围机构包括旅游地、保险机构、新闻媒体和通信部门。这些部门虽不直接参加救援工作，但是对救援工作顺利开展起着非常重要影响作用。

一个完善的旅游安全急救系统要能够将这四个部分组织起来，以救援指挥中心为核心统一实施旅游安全急救工作，一旦发生旅游安全事故，各方面能够快速并快速响应有序开展工作，发挥集体力量。

旅游危机管理是跨区域、跨时段综合性系统管理。通常情况下，处理危机需要政府多个部门、社会团体和游客通力协作。政府部门作为旅游危机管理体系核心，在危机发生的整个过程中，应该发挥稳定队伍、化危为机、重塑形象、振兴旅游市场等积极能动作用。以政府部门为核心，建立起常态性危机管理机构，制定有利于统一领导和分工合作的危机管理机制，确保危机事件出现时，能够及时正确处理，降低危机事件对整体影响。这就要求在旅游危机事件发生前，收集并总结各种旅游危机事件资料和信息，定期就旅游危机在当前或更长时期内有可能发生危机事件，进行预警分析和风险评估，并制订应对策略、规划和政策等，以备在旅游危机发生时，及时协调各部门尽快化解危机，保持沟通渠道畅通，加强危机营销，化危为机，增强旅游者对景区未来消费信心，将危机损害降到最低；在旅游危机处理之后，及时开展危机对景区负面影响恢复。

13.5 法规与制度建设对策分析

对于公共危机应急管理而言，最重要环节在于事发前预防与控制，而不是事发后补救与救援。很多时候，并不是没有发现灾害出现前的预兆，而是因为危机意识淡薄发现预兆并没有及时去处理，导致了严重后果。目前我国公共危机管理还存在法律体系、组织体系和信息管理体系不完善，这些都影响中国在处理公共危机事件中效率和效果。为此，我国应该在提高公民危机意识、完善公共危机管理法律体系和加强危机管理机制建设等方面，提升我国危机管理水平，这也是改善中国政府危机管理基本解决对策。对策建立与研究工作需要政企配合、国际合作、联防联控，政令畅通、指挥有力、高效运转，这也是我国新时期、新形势下减少旅游突发事件对旅游业造成损失，保障旅游业有机协调运行的迫切需要，还是完善旅游突发事件应急管理体系重要研究内容。

（1）提高公民危机意识

危机意识层面包括个人意识层面和社会意识层面；危机意识培养过程包括培训教育和行为规范两个过程；程度或指标，希望公众能够由"被动"变为"主动"。现在，我国正处于经济转型关键时期，加上自然环境日益恶化，很多潜在危机逐渐浮现出来，给我国应对突发性公共危机带来了严峻挑战。因此，全体公民都应该意识到公共危机，尤其是突发性公共危机具有严重破坏性。提高公民危机意识，不仅需要个人努力，而且需要政府及社会各个组织的帮助，在全社会共同努力下，将防灾意识、防灾手段、应对模式普及给每个公民，对广大群众进行经常性危机意识教育和培养。综合我国基本国情，危机意识培养至关重要，危机防范意识教育、科学知识普及、危机中道德责任感培养，以及应对危机心理教育等，将使公众对公共危机有一个全新认识，从而能树立起良好道德责任意识，提高自己承受能力。具体而言，要充分利用各种宣传手段进行宣传、推广，并通过培训机构或学校教育等形式进行普及，还要进行灾害模拟和救灾演习。

（2）公共危机管理的法律体系和机制建设

公民危机意识培养并不是一蹴而就的，它是一个系统的、复杂的工程，不仅要靠教育，而且要靠法律规范约束。法律规范可以通过硬性规定来规范公民的行为，并使之潜移默化地融入各自价值观，结合教育培训和宣传，使得公民危机意识与我国文化建设的思想联系更加紧密，危机意识更加牢固和持久。具体来讲有以下几方面。一是完善公共危机管理法律体系：细化公共危机应急法律体系，使得危机管理中责、权、利更明确，将规范公共危机法律纳入宪法中，在制度上体现公共危机法律地位与强制性。二是营造良好实施法律环境：对各种危机事件，做一个长远战略规划和预算。同时政府要格外重视危机前期控制，使之能更好把握危机未来走向，以及对潜在危机防范能力，在制订一系列应对危机事件计划过程中，构建社会应急联动系统工程。在公共危机法律立法阶段，要鼓励公众参与，听取公众意见，加强和加深公众应急法律制度认同和理解，这样也可以为危机管理打下良好群众基础，使之在执行过程中能够得到公众理解和配合。加大应急法制宣传力度，开展公共危机应急知识普及活动和必要的应急演练，采取因地制宜宣传教育方式，培养民众在危机发生时良好心理素质和危机处理能力，加强公共危机管理法律法规和应急避险常识宣传。三是加大执法部门管理力度：各个部门严格依照法律规定对公共危机进行管理，加大执法力度，确立公共危机管理法律地位，采用各种柔性管理方式和方法，增强公民自觉守法意识。

（3）加强公共危机应急预案管理建设

公共危机应急预案工程是一项很复杂又庞大的工程，构建应急预案已经成为应对危机事件必要环节，尽管现行公共危机应急预案在一定程度上维护了人民生命财产安全，维护了社会稳定。但是实践证明，我国应急预案管理体系仍然存在很大问题，尤其是近年来各种突发危机事件带来了一系列衍生事件，严重影响人们生活和工作。因此，结合国内外理论和实践，具体从以下几个方面加强公共危机应急预案的管理建设。

①做好充足应急准备工作

做好应对突发事件准备工作，提前预防将出现的最坏状况，尽最大努力把损失降到最低。构建好应急准备框架，明确各阶段目标和任务，统一指挥各应急部门工作，建立应急救援管理机制，与各应急救援队伍进行联合，建立应急准备评估体系，并进行标准化管理，提升应急准备能力。

②优化应急预案体系

在风险评估基础上，有针对性地优化预案体系各薄弱环节，并对各环节涉及的各部门进行细化管理，严格监督各工作流程，使得各流程之间衔接更紧密、自然，重点关注危机事件快速反应机制，及时处理危机前兆，努力做到把危机扼杀在摇篮里。对各环节、各部门负责人及基层人员进行严格培训，使其能够有效参与危机预案编制过程，明确应急预案目的，推动应急预案公开化、透明化。

（4）提升预警应急和产业恢复能力

提升预警应急和产业恢复能力具体对策有以下几个。

①狠抓预警工作

开展旅游危机信息搜集和分析，建立健全安全信息平台，为危机预警提供支持；健全制度，将预警工作法制化。

②有效开展应急工作

在现有实践经验基础上，设计各类预案，储备资源，加强培训和训练，提高居民、旅游者和管理人员应对能力；成立跨区域性专门机构，搭建平台和建立信息物资等共享机制，调动社会各阶层积极性和能动性，共同应对旅游危机；利用媒体开展正面宣传，塑造目的地旅游安全形象；创新产品结构，推出乡村体验游、医疗科技游等新型产品。

③加强热点时段和空间管控

在重点地段和时段加大监控排查、增强精准管控、维护民族地区社会秩序。

④事后开展系统评估和总结

将经验教训及时梳理，用于指导后续实践。

13.6 应急企业合作分析

在旅游危机事件中，涉及政府、各类企业之间协调与合作问题，应急合作企业在面对危机时应以整体利益为重，注重做好以下几点，实现企业之间快速合作。

（1）注重培育合作信任政府组织文化

在旅游危机处理过程中，为实现跨部门协同，需要多措并举，培育相互信任的组织文化。

首先，要完善沟通机制。通过正式沟通和非正式沟通等多种方式，加强信息传递与共享，提升政府部门之间了解程度和信任程度。

其次，完善以法律为基础的制度环境。制度作为共同体内共同遵守规则，抵制跨部门协同中可能出现的机会主义行为，对违规行为加以惩罚。

最后，加强企业内部信任建设。一个企业内部信任水平越高，越容易赢得其他企业尊重和信赖，促进企业之间信任协作，对尊重与信赖的获得具有非常重要意义。

（2）设立跨企业危机协同治理中枢机构

针对条块分割和碎片化传统管理模式弊端，借鉴西方国家危机协同治理科学做法，设立高级别的跨企业中枢决策机构，赋予其较高权力和权威，以现代化信息网络和通信技术为支撑，集中制定应对策略，管理危机信息，调度应急资源，实现企业间协同治理。

（3）实现跨企业危机协同治理的目标整合

为提高危机协同治理效果，所制定和执行的应急决策应具有统一性和战略性，并以结果为本，前提是要对企业职能和目标进行明确界定。危机处理领导小组首先要明确整体目标，继而根据企业职能和专业，整合各子目标体系，从而实现快速应急救援与协作。

（4）优化跨企业危机协同治理资源配置

人力、物力、财力、信息等资源是应对危机事件重要资源保障。危机复杂性往往超出了单个政府部门资源承载能力。因此，需要建立并完善应急资源的跨企业调动和配置机制，因为政府各部门所掌握资源具有相关性，可以通过资源整合和共享方式实现规模效益和成本分摊；同时，政府各部门所掌握的资源具有互补性，可以通过资源整合和共享方式，实现资源全面优化利用。

13.7　本章小结

本章主要对目前我国旅游业公共危机下存在的问题进行了详细分析，主要有以下几点：

（1）公众危机意识淡薄；（2）公共危机应急预案形式大于内容；（3）公共危机应急管理体系存在法制不规范问题；（4）旅游公共安全服务供给能力严重不足；（5）安全管理机制缺失，增加了旅游安全事故重复性；（6）旅游救援体系滞后，扩大了旅游安全事故危害性。

针对上述存在的问题，围绕旅游公共危机从政策法规制定、旅游赔偿制度与保险、救援体系、应急合作联盟建立等方面，提出了相应对策研究。为企业和各级政府管理部门制定旅游公共危机保障体系政策研究、提高应对公共危机能力、减少危机损失、处理危机提供方针和政策指导。

总　结

　　供应链突发事件虽然发生的概率小，但是影响往往比较巨大，如果处理及时得当，企业可以把损失降到最低，也会给企业带来重要发展契机和重大飞跃。所以，供应链突发事件应急管理越来越引起专家和学者重视。供应链突发事件应急管理利用应急管理思想方法和研究框架，将应急管理、风险管理、供应链管理、旅游管理和信息管理结合起来，对供应链系统中出现的突发性事件进行实时管理，以降低其对供应链系统影响，保障突发事件后供应链系统协调及性能提高。供应链突发事件应急管理分为监测预防、识别评价、应急控制和善后管理四个阶段。应急计划、应急预案和预警系统是其重要的管理手段。

　　供应链突发事件应急管理研究建议我们要建立完善供应链应急管理机制与过程，制定完善的供应链企业之间突发事件风险防范措施和企业内部的风险防范措施，降低突发事件对整条供应链的影响，提高供应链的竞争能力。

　　本书综合运用风险管理、供应链管理、应急管理、计算机科学、运筹学、管理信息系统、图论和经济学等知识，着重从定量角度对供应链突发事件应急管理进行了研究，从供应链突发事件应急预警流程、应急控制定量研究、应急管理机制和应急风险防范策略四个方面进行了研究，其中供应链突发事件应急控制定量研究是本书讨论重点，并且取得一定突破。供应链突发事件应急管理从目前二级供应链模式完成了多级供应链模式应急管理协调。本书还进行了多级供应链网络模型协调研究，首次运用了运筹学中基于最小费用流的理论知识，使用 Matlab 软件进行 BG 迭代运算，计算出供应链网络在满足客户最大需求情况下，供应链网络总费用最小时的协调研究，这是将运筹学、图论、计算机系统、供应链管理、应急管理结合起来进行定量研究的突破，取得了一定的成果，并为后面进一步进行多级供应链网络突发事件协调研究提供了基础和思路，是突发事件研究的重要突破。

本书以服务类型典型供应链——旅游供应链为研究对象，针对我国旅游业面临的公共危机进行了分类，分析了公共危机特点、危害性以及相应保障体系现状。采用定量和定性相结合研究方法，并结合信息系统应用，建立完善的旅游业危机保障体系和相应对策研究；结合国内外研究现状，对旅游公共危机预警系统和应急预案系统也做了相关阐释。

供应链突发事件应急管理是本书的第一部分，取得具体成果有以下几个。

（1）完成了二级供应链到多级供应链突发事件应急控制研究突破，研究了基于收益共享契约多级供应链突发事件应急协调问题，建立了完善的收益共享契约模型和重要关系式。对多级供应链单链结构和多级供应链网络结构突发事件应急管理进行了定量研究；从目前二级供应链研究拓展到了多级供应链单链结构定量研究，同时运用相关网络知识，又扩展到了多级供应链网络结构定量研究。

（2）建立了基于案例推理的供应链突发事件风险预警系统，详细分析了基于案例推理风险预警具体过程和内容，分析了基于案例推理预警系统工作流程，对突发事件风险预警研究提供了方法和解决思路。供应链突发事件风险预警系统有效降低了供应链风险和损失，一定程度上做到风险事前管理。

（3）在供应链突发事件风险协调研究中，分析了基于收益共享契约多级供应链突发事件风险协调问题。研究了由一个制造商、一个批发商、一个零售商和顾客组成的多级供应链中，以供应链总的利润最大化原则下，未发生突发事件时，基于收益共享契约多级供应链协调问题，建立了契约参数关系；表明突发事件发生后，原有收益共享契约不能使供应链达到协调；通过调整收益共享契约参数，多级供应链在新的收益共享契约下，可以重新达到协调；分析了当市场需求规模和价格敏感系数同时扰动情况下，多级供应链最优化研究及应急策略；通过 Matlab 给出了突发事件后价格敏感系数和市场需求规模同时发生扰动时，采取应急措施和未采取措施情况下供应链利润差，同时针对仿真结果，提出了供应链应急协调策略。

（4）研究了基于费用最小流的多级供应链网络突发事件应急协调研究。研究了由一个制造商、三个分销商、每个分销商有三个零售商和顾客组成的多级供应链网络，未发生突发事件时，供应链网络中最大限度满足客户需求情况下，供应链网络总的费用最小时的协调研究。通过 Matlab 调用 BG 迭代算法，计算出供应链网络在未发生突发事件时，制造商生产数量、分销商和零售商采购数量。在供应链发生突发事件后，供应链网络需求和供给可能发生下述五种情况。第一，供给不变，需求减少；第二，供给不变，需求增加；第三，需求不变，供给减少；第四，需求不变，供给增加；第五，供给、需求同时发生变化。文章还研究了在供应链网络最大限度满足顾客需求情况下，供应链网络总费用最小的应急协调研究。在供给和需求发生上述五种变化后，多级供应链网络如何寻求整体最优的协调研究，Matlab 调用 BG 迭代算法，计算出供应链网络中此时零售商、分销商分别调整后的采购量和制造商生产数量，从而使多级供应链网络重新达到协调。文章还分析了基于订单驱动最大限度满足客户需求情况下，供应链网络总的费用最小化协调研究。

（5）结合上述供应链突发事件风险定量研究成果，建立了供应链突发事件应急管理机制；从定性角度，对多级供应链突发事件风险管理分别从供应链上企业之间协作策略和企业内部策略进行研究，为专家、学者和企业管理者进行供应链突发事件风险管理提供借鉴，也具有重要意义和实践价值。

本书针对旅游供应链突发事件应急管理进行研究，取得研究成果有以下几个。

（1）将公共危机管理、旅游管理、风险管理、供应链管理、管理信息系统知识结合起来，整合应用到旅游业公共危机保障体系中，做出了重要尝试和突破。完善我国旅游业公共危机下保障体系研究，使其系统化、规范化、标准化，以便于实施。各级政府也应完善相应旅游业公共危机下保障体系并开展政策研究，提高应对公共危机能力，减少危机带来的损失，为处理危机提供方针和政策指导。

（2）将粗糙集理论应用到旅游领域，针对旅游突发事件应急响应进行定量研究。目前针对旅游突发事件的研究更多的是定性研究，定量研究文献较少。由于突发事件信息具有不确定性、动态性，易受主观影响，应用粗糙集理论，处理不精确数据信息，能够减少事件信息模糊程度，加强信息处理和数据分析客观性、全面性。

（3）利用计算机 Python 语言实现响应模型，可以提高模型计算速度和准确率，减少由于计算时间长和误差引起的隐性损失。模型完成数据训练后，可以输入新的突发事件信息，快速确定响应级别。运用计算机智能算法，实现数据分析及快速处理，在一定程度上减少响应时间，为后续应急救援争取宝贵时间，减少人财物损失。

（4）应急响应模型具有可移植性和可拓展性，为决策支持系统提供支持。利用计算机语言编写的应急响应模型具有的可移植性，可将其功能模块，应用到旅游突发事件应急管理决策支持系统中，为旅游突发事件应急管理决策支持系统，提供功能支持及研究思路。该模型具有可扩展性，可以将决策属性替换为其他旅游突发事件决策内容，如应急预警、应急救援、应急恢复等，也可运用相应模型方法进行数据处理。

（5）开展完善旅游业公共危机对策研究。通过完善旅游公共危机对策研究，提高旅游企业抵御公共危机能力，争取把旅游企业损失降到最低，提高企业抵御风险能力，为城市建设和发展献计献策。旅游业公共危机对策需要社会各方面配合，在政府、旅游企业甚至旅行社主导下，使旅游过程顺利安全进行，及时对潜在危机或将要发生的危机进行预警和应急响应，旅客也应该配合疏导工作；同时，社会其他非直接相关人员，也应该及时提供有用信息，为应对旅游危机贡献自己力量。

（6）为旅游者提供更加完善和安全的旅游环境。提供安全旅游环境，可以增强旅游从业人员和旅游者信心，旅行社可以更好地为旅游者服务，旅游者对于旅游目的地的信心，是扩大旅游市场需求所必需的，只有提供全面旅游信息，提供一个安全旅游环境，才能促进旅游业不断发展，促进国家经济发展和社会繁荣。

供应链突发事件应急管理虽然取得了一定的研究成果，但是还有一些研究工作需要继续完成，主要有以下几点。

（1）基于收益共享契约下的多级供应链突发事件应急协调研究中没有考虑产品的残值。信息要完全公开，风险中立的情况下进行的多级供应链协调研究，如果在信息并不是完全公开，供应链上各节点企业不是完全风险中立的情况下，模型如何建立是需要进一步研究的内容。

（2）基于最小费用流的多级供应链网络结构的突发事件的协调研究是基于所有需求都能够满足的情况下进行的，发生突发事件后没有考虑需求增大、供给增加的情况；供应链网络中的制造商为了增加供给，打破原有生产计划导致成本增加的情况；需求较少，供应链网络上各节点企业库存成本增加的情况都没有考虑，这些是未来进一步的研究重点。

（3）在本书中是以一个制造商、三个分销商，每个分销商下属三个零售商和顾客组成的多级供应链网络进行研究的，如何推广到由 N 个制造商、N 个分销商、N 个零售商和 N 个顾客组成的复杂的供应链网络结构中，发生突发事件后如何实现供应链网络的动态协调是非常有价值的研究内容。

（4）研究旅游供应链应急响应模型，基于历史数据信息完整条件进行分析处理，具有一定的局限性。未来可以进一步研究信息不完整条件下，同时应急响应模型存在缺省值的数据分析处理及模型构建。

（5）本书运用计算机技术，实现应急响应模型，取得了一定研究成果。未来可以对计算机程序结合应急预警、应急救援、应急恢复等应急管理内容进行深入研究，持续增加系统功能和大数据管理功能，构建大数据的应急管理决策支持系统，为应急管理服务。

综上所述，虽然供应链突发事件应急管理取得了一定的成果，但是未来还有很多值得深入研究的内容需要学者继续努力。

参考文献

艾伦·哈里森等:《物流管理》,李严峰、李婷译,机械工业出版社,2013。

曹新向:《旅游地生态安全预警评价指标体系与方法研究——以开封市为例》,《环境科学与管理》2006年第3期,第39~42页。

柴寿升、曹艳梅、龙春凤:《国内旅游危机管理研究综述》,《青岛酒店管理职业技术学院学报》2011年第3期,第6~11页。

柴文龙:《剩余资本模型下资本供应链对突发事件的协调应对》,《中国流通经济》2017年第4期,第85~93页。

常志平、蒋馥:《供应链中信息共享的最优范围》,《工业工程与管理》2002年第5期,第47~49页。

陈丹红、赵榕:《辽宁省旅游公共服务的系统构建与保障机制研究》,《沈阳航空工业学院学报》2010年第6期,第16~18页。

陈刚、付江月:《兼顾公平与效率的多目标应急物资分配问题研究》,《管理学报》2018年第15期,第459~466页。

陈国元:《旅游企业危机管理探析》,《旅游纵览》(行业版)2011年第8期,第40~42页。

陈浩:《供应链突发事件风险预警评价研究》,硕士学位论文,长安大学,2012。

陈景翊、姜春红:《中国旅游业危机管理对策分析》,《北华大学学报》(社会科学版)2010年第2期,第37~40页。

陈敬贤、陈于、施国洪:《基于批发价契约的多零售商横向转载的供应链协调》，《运筹与管理》2013 年第 6 期，第 123～131 页。

陈敬贤：《构建基于 EDI 的供应链风险预警系统》，《现代情报》2012 年第 6 期。

陈菊红、郭福利：《Downside-risk 控制下的供应链收益共享契约设计研究》，《控制与决策》2009 年第 1 期，第 122～124 页。

陈玉：《大众旅游新阶段的目的地旅游公共服务体系建设》，《商场现代化》2012 年第 30 期，第 94～95 页。

陈志鼎、赵蒙蒙：《EPC 模式下水电工程供应链风险识别与评价》，《水电能源科学》2019 年第 6 期，第 137～141 页。

程书萍、张德华、李真：《工程供应链风险源的识别与控制策略研究》，《运筹与管理》2012 年第 4 期，第 244～248 页。

池宏、祁明亮、计雷等：《城市突发公共事件应急管理体系研究》，《中国安防产品信息》2005 年第 4 期，第 42～51 页。

储雪俭、秦偲嘉、刘逢：《基于熵权－TOPSIS 模型的运力供应链信用风险评估研究》，《金融理论与实践》2018 年第 1 期，第 57～62 页。

楚扬杰、王先甲、吴秀君、方德斌：《供应链信息共享的道德风险研究》，《武汉理工大学学报》（信息与管理工程版）2006 年第 2 期，第 86～89 页。

崔后卿、周根贵、綦方中、何金荫：《基于期权的信息不对称农产品供应链风险控制》，《湖北农业科学》2014 年第 8 期，第 1917～1921 页。

崔玉泉、张宪：《非对称信息下供应链应急管理和信息价值研究》，《中国管理科学》2016 年第 4 期，第 83～93 页。

代建生、秦开大：《具有风险规避销售商的供应链最优回购契约》，《中国管理科学》2016 年第 7 期，第 72～81 页。

但蕾、冯允成、姚李刚：《供应链销售渠道中的道德风险问题研究》，《科技进步与对策》2004 年第 10 期，第 128～130 页。

党夏宁：《供应链风险因素的分析与防范》，《管理现代化》2003 年第 6 期，第 47、48 页。

丁丽英：《福建沿海旅游环境承载力预警系统研究——以平潭岛为例》，

《佳木斯教育学院学报》2011 年第 1 期，第 371～372 页。

丁伟东、刘凯、贺国先：《供应链风险研究》，《中国安全科学学报》2003 年第 4 期，第 64～66 页。

董千里、马靖莲：《基于集成场的冷链突发事件防范与应对策略研究》，《公路交通科技》2015 年第 3 期，第 129～134 页。

窦开龙：《国外典型旅游危机管理模式及对我国民族旅游发展的启示》，《经济问题探索》2013 年第 2 期，第 121～124 页。

樊星、邵举平、孙延安：《基于模糊理论的跨国农产品供应链风险识别与评估》，《科技管理研究》2016 年第 6 期，第 210～215 页。

樊自甫、魏晶莹、万晓榆：《基于层次分析法与模糊综合评价的突发事件应急预案有效性评估》，《数字通信》2012 年第 1 期，第 15～19 页。

范向丽、郑向敏：《旅游安全科技支撑体系：内涵、机制与建设》，《华侨大学学报》（哲学社会科学版）2010 年第 3 期，第 83～89 页。

冯花平：《基于多因素扰动的供应链应急协调研究》，博士学位论文，北京邮电大学，2008。

冯希莹：《当前我国公共危机管理面临的挑战及应对》，《福建论坛》（人文社会科学版）2012 年第 1 期，第 159～163 页。

付烊、严余松、郭茜、邱忠权：《生鲜农产品供应链物流风险传递机理及控制》，《西南交通大学学报》2018 年第 3 期，第 654～660 页。

付烊、严余松：《物流视角下生鲜农产品供应链风险源识别》，《商业经济研究》2017 年第 16 期，第 92～94 页。

付玉等：《基于案例推理的供应链风险估计方法》，《预测》2005 年第 1 期，第 56～58 页。

Huang, G., Liu, L. "Supply Chain Decision-making and Coordination Under Price-dependent Demand." 系统科学与系统工程学报：英文版 15 (2006): 330–339. 罗忠良、王克运、康仁科、郭东明：《基于案例推理系统中案例检索算法的探索》，《计算机工程与应用》，2005 年第 25 期，第 230～232 页。

勾佳：《突发性自然灾害对目的地旅游业的影响研究——以汶川地震为

例》，硕士学位论文，重庆师范大学，2012。

郭庆、吴磊：《多粒度背景下直觉模糊信息系统的粗糙集及其决策》，《系统工程与电子技术》2016 年第 2 期，第 347~351 页。

郭孝芝、张星娟、李恩平：《B2C 电子商务企业供应链风险预警指标体系构建》，《企业经济》2015 年第 5 期，第 54~58 页。

哈罗德·孔茨、海因茨·韦里克：《管理学》，马春光译，中国人民大学出版社，2014。

韩传峰、王兴广、孔静静：《非常规突发事件应急决策系统动态作用机理》，《软科学》2009 年第 8 期，第 50~53 页。

韩慧、杨文健：《政府公共危机管理的困境及其出路探究——基于非均衡环境的视角》，《行政论坛》2013 年第 3 期，第 66~69 页。

韩梅琳、樊瑞满、郑建国：《供应链突发事件应急协调机制研究》，《统计与决策》2007 年第 20 期，第 170~172 页。

韩玉灵、翟向坤、王业娜：《国内旅游安全问题的前沿研究述评》，《华侨大学学报》（哲学社会科学版）2011 年第 1 期，第 39~47 页。

韩正涛、张悟移：《供应链协同创新中知识转移的收益共享机制》，《计算机工程与应用》，http://kns.cnki.net/kcms/detail/11.2127.TP.2019 0815.1708.029.html。

郝海、郑丕锷：《基于 Shapley 值的供应链合作伙伴利益风险分配机制》，《哈尔滨工业大学学报》（社会科学版）2005 年第 5 期，第 71~74 页。

郝杰、朱鹏、张鸿凯：《基于 VR 与 GIS 技术的海上油田设施应急管理信息系统的设计与实现》，《长江大学学报》（自然科学版）2013 年第 1 期，第 34~36 页。

何宾、贾怀京：《有效市场竞争对供应链中道德风险的制约》，《安徽师范大学学报》（人文社会科学版），2004 年第 3 期，第 282~285 页。

何池康：《旅游公共服务体系建设研究》，博士学位论文，中央民族大学，2011。

贺超、周莹、冯颖：《VMCI 下基于批发价决策权转移的供应链效率改进研究》，《工业技术经济》2017 年第 7 期，第 35~41 页。

侯洪凤、史原、李逊：《应急管理信息系统评价指标体系构建和评价方法研究》，《科技管理研究》2013 年第 6 期，第 63～66 页。

侯俊东、李铭泽：《自然灾害应急管理研究综述与展望》，《防灾科技学院学报》2013 年第 1 期，第 48～54 页。

胡洪彬：《基于游客感知视角的旅游公共服务改进策略研究——以浙江省为例》，《长春大学学报》2013 年第 1 期，第 10～13 页。

胡金环、周启蕾：《供应链风险管理探究》，《价值工程》2005 年第 3 期，第 36～39 页。

胡劲松、王虹：《三级供应链应对突发事件的价格折扣契约研究》，《中国管理科学》2007 年第 3 期，第 103～107 页。

胡军主编《供应链管理理论与实务》，北京：中国物资出版社，2006。

胡诗妍、隋晋光、王靖亚：《群体性事件风险定量预测预警》，《西北大学学报》（自然科学版）2012 年第 4 期，第 42 页。

胡运权：《运筹学教程》，北京：清华大学出版社，2003。

黄冠胜、林伟、王力舟、徐战菊：《风险预警系统的一般理论研究》，《中国标准化》2006 年第 3 期，第 9～11 页。

黄锦静、陈岱、李梦天：《基于粗糙集的决策树在医疗诊断中的应用》，《计算机技术与发展》2017 年第 12 期，第 148～152 页。

黄微、辛丽艳、曾明明：《面向政府危机决策的公共危机信息管理模式研究》，《图书情报工作》2012 年第 17 期，第 26～30 页。

计卫舸、宋景华、周长杰：《高校公共突发事件智能预警系统的设计》，《河北科技大学学报》2012 年第 2 期。

贾涛、徐渝、耿凯平：《部分延期付款下易腐品联合经济订货批量模型》，《运筹与管理》2011 年第 4 期，第 1～9 页。

简惠云、许民利：《风险规避下基于 Stackelberg 博弈的供应链回购契约》，《系统工程学报》2017 年第 6 期，第 829～842 页。

姜科：《非常规突发事件背景下旅游城市形象及旅游者行为研究》，博士学位论文，电子科技大学，2010。

姜丽宁、崔文田：《目标回扣契约下供应链对突发事件的协调应对》，《运筹与管理》2012 年第 2 期，第 9～13 页。

姜荣：《基于分成制的供应链合同设计与道德风险》，《南通大学学报》（哲学社会科学版）2005 年第 3 期，第 42～44 页。

解琨、刘凯：《供应链库存管理中的风险问题研究》，《中国安全科学学报》2003 年第 13 期，第 26～29 页。

解琨、刘凯、周双贵：《供应链战略联盟的风险问题研究》，《中国安全科学学报》2003 年第 11 期，第 38～41 页。

金海水、刘永胜：《食用农产品供应链风险识别及其安全监督管理研究进展》，《食品科学》2015 年第 13 期，第 265～271 页。

金卫东：《智慧旅游与旅游公共服务体系建设》，《旅游学刊》2012 年第 2 期，第 5～6 页。

靖鲲鹏、刘倩然：《几种供应链风险识别方法的比较研究》，《物流技术》2014 年第 10 期，第 363～366 页。

鞠恒荣、杨习贝、戚湧等：《量化粗糙集的单调性属性约简方法》，《计算机科学》2015 年第 8 期，第 36～39 页。

阚如良、詹丽、梅雪：《论政府主导与旅游公共服务》，《管理世界》2012 年第 4 期，第 171～172 页。

匡敏、曲玲玲：《构建乐山市旅游公共服务供给体系研究》，《乐山师范学院学报》2012 年第 12 期，第 61～64 页。

雷东、高修成、李建斌：《需求和生产成本同时发生扰动时的供应链协调》，《系统工程理论与实践》2006 年第 9 期，第 51～59 页。

雷勋平、邱广华、杜春晓、唐润：《基于供应链和集对变权模型的食品安全评价与预警》，《科技管理研究》2014 年第 18 期，第 41～47 页。

雷臻、徐玖平：《供应链中突发事件的应急管理探讨》，《项目管理技术》2004 年第 5 期，第 26～29 页。

李炳义、梅亮：《城市旅游公共服务体系的构建》，《城市发展研究》2013 年第 1 期，第 98～102 页。

李锋、魏莹：《病毒营销下的二级供应链回购契约协调研究》，《工业工程与管理》2019 年第 3 期，第 69～77 页。

李辉、李向阳、王颜新:《基于多支持向量机系统的供应链伙伴关系协同预警框架》,《计算机集成制造系统》2006 年第 5 期,第 753～758 页。

李辉、牛艳霞:《西安旅游公共服务供给现状与路径优化研究》,《价值工程》2013 年第 5 期,第 70～171 页。

李继勇、赵德彪、张静:《基于 BP 神经网络的供应链风险预警研究》,《河北工程大学学报》(自然科学版) 2011 年第 3 期。

李建忠、邓定兵:《基于供应链环境下企业与供应商的合作关系分析》,《交通运输工程与信息学报》2005 年第 2 期,第 106～110 页。

李娟、王红林:《泛旅游背景下旅游公共服务体系建设思考》,《旅游总览》(下半月) 2013 年第 4 期,第 72 页。

李柯、张胜:《航空公司预警管理系统研究与设计》,《武汉理工大学学报》(信息与管理工程版) 2006 年第 9 期,第 22～25 页。

李淼:《论旅游公共服务及依法监管》,《社科纵横》2010 年第 6 期,第 81～83 页。

李敏、冯淑华:《江西省旅游公共服务体系现状研究》,《旅游纵览》(下半月) 2013 年第 4 期。

李善良、朱道立:《逆向信息和道德风险下的供应链线性激励契约研究(英文)》,《运筹学学报》2005 年第 2 期,第 21～29 页。

李树民、温秀:《论我国旅游业突发性危机预警机制建构》,《西北大学学报》(哲学社会科学版) 2004 年第 5 期,第 45～48 页。

李爽、甘巧林、刘望保:《旅游公共服务体系:一个理论框架的构建》,《北京第二外国语学院学报》2010 年第 5 期,第 8～15 页。

李爽、黄福才:《旅游公共服务市场化与政府的作用研究》,《资源开发与市场》2011 年第 8 期,第 728～731 页。

李爽、黄福才、钱丽芸:《旅游公共服务多元化供给:政府职能定位与模式选择研究》,《旅游学刊》2012 年第 2 期,第 13～22 页。

李晓:《苏州旅游公共服务体系构建实证研究——基于游客满意度视角》,《旅游经济》2012 年第 8 期,第 118～120 页。

李业凤、李芳:《非对称信息下双渠道供应链应对突发事件协调模型》,

《上海理工大学学报》2018 年第 6 期，第 579～588 页。

李毅学：《供应链金融风险评估》，《中央财经大学学报》2011 年第 10
　　期，第 36～41 页。

刘北林、马婷：《虚拟应急供应链构建过程研究》，《物流科技》2007 年
　　第 1 期，第 109～112 页。

刘冬林、王春香：《供应链多风险组合的综合评估及风险管理》，《武汉理
　　工大学学报》（信息与管理工程版）2006 年第 8 期，第 110～113 页。

刘嘉、吴志军、郁鼎文等：《基于供应链风险管理的供应商评价体系研
　　究》，《制造技术与机床》，2005 年第 5 期，第 99～102 页。

刘建峰、钟胜：《供应链中的信息风险管理研究》，《特区经济》2004 年
　　第 10 期，第 159～160 页。

刘俊娥等：《风险矩阵的供应链风险评价》，《统计与决策》2007 年第 7
　　期，第 151～152 页。

刘浪、史文强、冯良清：《多因素扰动情景下应急数量弹性契约的供应链
　　协调》，《中国管理科学》2016 年第 7 期，第 163～176 页。

刘莉洁、闫秀霞、毕砚昭：《基于节点企业状态信息的供应链风险感知》，
　　《财会通讯》2016 年第 11 期，第 90～94 页。

刘露：《多中心治理视角下的旅游公共服务模式探究》，《商业时代》2012
　　年第 7 期，第 101～103 页。

刘明亮、邰媛媛、张景等：《基于超网络理论的应急预案体系模型构建及
　　实证研究》，《技术经济》2017 年第 11 期，第 86～100 页。

刘娜、沈江等：《基于改进节点收缩法的加权供应链网络节点重要度评
　　估》，《天津大学学报》（自然科学与工程技术版）2018 年第 10 期，
　　第 1056～1064 页。

刘秋生、张洁：《基于突发事件的供应链风险识别研究》，《商业时代》
　　2012 年第 25 期。

刘霞：《旅游目的地危机防范体系构建——基于混沌理论》，《阿坝师范高
　　等专科学校学报》2011 年第 2 期，第 48～54 页。

刘永胜、白晓娟：《供应链风险预警指标体系研究》，《物流技术》2006

年第 10 期，第 55～57 页。

柳键、马士华：《供应链合作及其契约研究》，《管理工程学报》2004 年
 第 1 期，第 85～87 页。

鲁声威：《价格随机条件下的应急双向期权数量弹性契约》，《工业工程》
 2019 年第 1 期，第 61～68 页。

罗斌：《基于风险角度的供应链联盟分析》，《价值工程》2005 年第 4 期，
 第 50～51 页。

骆公志、李震、黄卫东：《加权先验概率优势关系的粗糙决策分析模型》，
 《统计与决策》2015 年第 20 期，第 67～70 页。

马靖莲、董千里、陈明明、沈丽：《基于复杂网络理论的供应链风险管理
 研究综述》，《公路交通科技》2016 年第 3 期，第 154～158 页。

马丽娟：《供应链企业间的委托代理问题及道德风险的防范》，《商业研
 究》2003 年第 9 期，第 103～105 页。

马士华、林勇：《供应链管理》，高等教育出版社，2019。

马士华：《如何防范供应链风险?》，《中国计算机用户》2003 年第 3 期，
 第 21 页。

马书明、戴友榆、陈晓红：《企业信息安全事件应急响应效果的影响因
 素》，《技术经济》2016 年第 10 期，第 117～121 页。

孟翠翠、季建华、李新军：《基于柔性能力的供应链突发事件应急管理研
 究述评》，《软科学》2014 年第 4 期，第 127～130 页。

牟宗玉、刘晓冰、李新然、曹德弼：《生产成本扰动下差别定价闭环供应
 链的应对策略及协调》，《计算机集成制造系统》2015 年第 1 期，第
 256～265 页。

慕静、祁赫：《基于物联网的农产品供应链风险及其防控》，《商业经济研
 究》，2017 年第 6 期，第 164～165 页。

倪燕翎、李海婴、燕翔：《供应链风险管理与企业风险管理之比较》，《物
 流技术》2004 年第 12 期，第 40～42 页。

宁钟：《供应链脆弱性的影响因素及其管理原则》，《中国流通经济》2004
 年第 4 期，第 13～16 页。

宁钟、孙薇等：《基于案例推理的供应链突发危机应急处理原型系统研究》，《管理学家》（学术版），2011 年第 3 期。

庞庆华：《收益共享契约下三级供应链应对突发事件的协调研究》，《中国管理科学》2010 年第 4 期，第 101～106 页。

逄金辉、史文强、吴双胜、刘浪：《信息不对称下多因素波动的应急数量弹性契约》，《运筹与管理》2019 年第 3 期，第 95～103 页。

彭红军、王苗苗：《具有双向生态性的林浆纸供应链风险识别及防范对策研究》，《林业经济》2016 年第 10 期，第 33～37 页。

强瑞、胡秀连：《基于 RS－FWSVM 供应链质量危机预警研究》，《福州大学学报》（哲学社会科学版）2012 年第 6 期。

乔海燕 a：《低碳旅游视角下浙江省旅游公共服务体系的构建》，《改革与战略》2012 年第 5 期，第 135～139 页。

乔海燕 b：《基于 AHP 法的旅游公共服务评价指标体系研究》，《中南林业科技大学学报》（社会科学版）2012 年第 6 期，第 19～22 页。

乔海燕 c：《关于构建旅游公共信息服务系统的思考——基于智慧旅游视角》，《中南林业科技大学学报》（社会科学版）2012 年第 2 期，第 27～29 页。

任学慧、王月：《滨海城市旅游安全预警与事故应急救援系统设计》，《地理科学进展》2005 年第 4 期，第 123～128 页。

任奕阳：《边疆民族地区旅游危机和旅游者购买意愿的关系研究》，硕士学位论文，浙江大学，2010。

莎娜、季建华、陈祥国：《供应链不确定性的情景分析探讨》，《情报杂志》2011 年第 2 期，第 194～198 页。

盛方正、季建华：《基于风险规避的供应链突发事件管理》，《工业工程与管理》2008 年第 3 期，第 7～11 页。

盛方正、季建华：《基于援助合同的供应链应急管理》，《西南交通大学学报》2007 年第 6 期，第 777～780 页。

盛方正、季建华、周娜：《多个零售商情况下使用转移支付协调发生突发事件的供应链》，《管理工程学报》2009 年第 1 期，第 76～81 页。

盛方正、季建华、周娜:《基于供应链管理的应急预案启动时间研究》，《工业工程与管理》2008 年第 6 期，第 1~5 页。

施振佺、陈世平:《基于粗糙集和知识粒度的特征权重确定方法》，《科技管理研究》2018 年第 12 期，第 248~252 页。

史文强、刘崇光、汪明月、吴珊、乐承毅、唐恩斌:《随机价格条件下应急数量弹性契约的三级供应链协调》，《华中师范大学学报》（自然科学版）2018 年第 6 期，第 850~861 页。

舒良友、方芳:《基于供应链的制造商合作伙伴风险评估研究》，《铁道运输与经济》2007 年第 1 期，第 45~48 页。

宋晓雁:《旅游风景区预警系统研究》，硕士学位论文，上海交通大学，2006。

宋欣蔚、夏同水:《基于电子商务的集群供应链风险评估研究》，《财会通讯》2016 年第 29 期，第 97~100 页。

苏尼尔·乔普拉等:《供应链管理》，陈荣秋等译，中国人民大学出版社，2017。

孙建华:《旅游危机管理中舆论控制的策略研究》，《辽宁行政学院学报》2011 年第 10 期，第 5~6 页。

孙金花、郭湘:《基于 PAJEK 社会网络分析模型的科技服务供应链风险要素识别》，《企业经济》2016 年第 4 期，第 89~93 页。

孙小红、钱燕云:《城市旅游目的地综合服务功能提升的研究——以温州市鹿城区为例》，《河南科学》2012 年第 12 期，第 1812~1817 页。

覃艳华、曹细玉、宋巧娜:《提升供应链应对突发事件应急管理能力的策略》，《企业经济》2013 年第 2 期，第 65~68 页。

谭忠富、张会娟、刘文彦、王舒祥、张金良:《煤电能源供应链风险控制研究综述》，《现代电力》2014 年第 2 期，第 66~74 页。

唐润、彭洋洋、于荣:《基于熵权和模糊物元可拓的生鲜食品供应链质量安全预警研究》，《食品工业科技》2016 年第 21 期，第 285~290 页。

唐振宇、罗新星、陈晓红:《突发事件扰动下基于双向期权和 B2B 电子市场的供应链决策研究》，《管理学报》2018 年第 1 期，第 127~134 页。

滕春贤、胡引霞、周艳山:《具有随机需求的供应链网络均衡应对突发事件》,《系统工程理论与实践》2009 年第 3 期, 第 16 ~ 20 页。

田虹、崔悦:《企业管理视角下供应链风险的形成机制与应对策略分析》,《理论探讨》2018 年第 2 期, 第 105 ~ 111 页。

万荣、阎瑞霞:《基于粗糙集和模糊层次分析法的客户需求权重确定方法》,《科技管理研究》2018 年第 4 期, 第 204 ~ 208 页。

汪菁:《我国公共危机管理存在的问题、原因及解决对策》,《科学决策》2013 年第 1 期, 第 78 ~ 93 页。

王传涛、申金升、纪寿文:《具有非线性特征的突发事件下供应链协调方法的研究》,《交通运输系统工程与信息》2009 年第 5 期, 第 137 ~ 140 页。

王光辉、陈安:《突发事件应急启动机制的设计研究》,《电子科技大学学报》(社科版) 2012 年第 4 期, 第 44 ~ 48 页。

王桂兰:《基于案例推理的审计重大错报风险评估研究》,《审计与经济研究》2007 年第 6 期。

王海英、黄强、李传涛等: 图论算法及其 MATLAB 实现, 北京: 北京航空航天大学出版社, 2008。

王汉斌、李晓峰:《旅游危机预警的 BP 神经网络模型及应用》,《科技管理研究》, 2012 年第 24 期, 第 209 ~ 214 页。

王翯华、朱建军、张明:《基于灰关联寻优的协同研制供应链风险评估》,《科技管理研究》, 2017 年第 11 期, 第 65 ~ 70 页。

王佳欣:《基于多中心视角的旅游公共服务供给机制研究》, 硕士学位论文, 天津大学, 2012。

王九玲:《基于旅游者危机感知的旅游目的地危机管理研究——以新疆旅游区为例》, 硕士学位论文, 新疆师范大学, 2012。

王丽杰、刘奉林:《供应链中合作伙伴关系的益处和风险》,《企业研究》2006 年第 2 期, 第 39 ~ 40 页。

王丽杰、宋福玲:《供应链风险预警及风险防范控制研究》,《经济视角》(下) 2010 年第 10 期。

王丽、李文禹：《突发公共卫生事件的危机管理体系建构》，《法治与社会》2013 年第 8 期。

王敏：《关于我国旅游企业危机管理的思考》，《经营管理者》2012 年第 2 期，第 64 页。

王圣广、马士华：《供应链的拓展应用研究》，《南开管理评论》1999 年第 6 期，第 3～5 页。

王涛、倪静、王奕璇：《考虑消费者策略行为的三级供应链回购契约研究》，《系统科学学报》2017 年第 4 期，第 60～63 页。

王涛：《突发公共事件元事件模型及事件演化研究》，博士学位论文，大连理工大学，2011。

王文婕：《基于 OWA 算子的供应链风险评估方法》，《物流技术》2011 年第 7 期，第 110～113 页。

王新建、郑向敏：《国内旅游危机研究述评》，《旅游论坛》2011 年第 4 期，第 54～58 页。

王旭坪、傅克俊、胡祥培：《应急物流系统及其快速反应机制研究》，《中国软科学》2005 年第 6 期，第 127～131 页。

王雪倩：《基于改进案例推理的企业资金链风险评估研究》，硕士学位论文，哈尔滨商业大学，2012。

王颜新、李向阳：《供应链应急响应决策方法体系研究》，《哈尔滨工业大学学报》（社会科学版）2009 年第 4 期，第 90～95 页。

王彦伟、宋林：《供应链突发事件应急管理策略与仿真分析》，《统计与决策》2019 年第 10 期，第 51～55 页。

王艳、高成修：《一种带有生产费用扰动的供应链协调问题》，《数学杂志》2005 年第 5 期，第 583～590 页。

王燕、杨文瀚：《供应商的违约风险对供应链的影响》，《统计与决策》2005 年第 3 期，第 17～18 页。

王晔：《供应链上的风险因素识别和评价研究——基于权变理论和模糊集合的视角》，《现代管理科学》2013 年第 1 期。

王永桂：《旅游公共服务水平评价研究——基于模糊综合评价方法分析》，

《内蒙古农业大学学报》（社会科学版）2011 年第 5 期，第 88～89 页。

王永龙、付恒、方新、塞明：《突发性产出下的供应链协调应对策略》，《中国管理科学》2019 年第 7 期，第 137～146 页。

王宗光、朱炳晓、廖世龙：《考虑权重乘子的核心制造商风险动态评估研究——基于供应链视角》，《科技管理研究》2019 年第 4 期，第 258～266 页。

吴红卫、邵书荣：《论知识管理视角下的企业危机管理》，《社科纵横》（新理论版）2013 年第 1 期，第 80～81 页。

吴露岚、黄燕玲：《桂林旅游公共信息服务体系研究》，《江西科技师范学院学报》2011 年第 2 期，第 103～107 页。

吴叶葵：《突发事件预警系统中的信息管理和信息服务》，《图书情报知识》2006 年第 3 期，第 73～75 页。

吴志丹：《基于区域协作的突发生态危机应急管理机制探析》，《环境保护与循环经济》2013 年第 4 期，第 51～53 页。

吴忠和、陈宏、吴晓志、解东川：《突发事件下不对称信息供应链协调机制研究》，《运筹与管理》2015 年第 1 期，第 48～56 页。

伍星华、姚珣、尹秀娇：《突发事件下供应链契约协调的研究述评》，《科技管理研究》2015 年第 12 期，第 188～193 页。

夏德、王林：《供应链风险识别与风险管理杠杆选择》，《企业经济》2012 年第 7 期。

肖红：《历史文化村镇旅游公共关系发展研究——以岳阳张谷英村为例》，硕士学位论文，湖南师范大学，2011。

肖进：《地质灾害应急管理集成系统研究与开发》，《科技通报》2013 年第 4 期，第 1～3 页。

肖开红：《供应链突发事件风险预警模型研究》，《河南工业大学学报》（社会科学版）2012 年第 1 期。

肖亮、赵黎明：《基于 3S 技术的旅游景区灾害预警系统的研究——以神农架国家级自然保护区为例》，《电子科技大学学报》（社科版）2010 年第 3 期，第 49～52 页。

肖婷婷、黄燕玲、程瑾鹤:《基于因子分析的旅游公共服务游客满意度研究——以桂林国家旅游综合改革试验区为例》,《北京第二外国语学院学报》2011 年第 1 期,第 76 ~ 82 页。

谢朝武、周沛:《面向旅游者安全的公共服务体系研究》,《华侨大学学报》(哲学社会科学版) 2011 年第 1 期,第 30 ~ 38 页。

谢志坚、陈庆彬:《应急援助中的"双指挥部"模式》,《中国电力企业管理》2008 年第 6 期,第 40 ~ 41 页。

熊元斌、常文娟:《旅游公共服务市场化中的政府作为研究》,《生产力研究》2013 年第 1 期,第 102 ~ 103 页。

熊元斌、蒋昕:《区域旅游公共营销的生成与模式建构》,《北京第二外国语学院学报》2010 年第 11 期,第 1 ~ 6 页。

徐婕、郭明:《基于相对细化量的粗糙集属性约简算法》,《计算机科学》2015 年第 S1 期,第 94 ~ 114 页。

徐婧璇、符国基、刘木莲、王玉君:《基于混沌理论的海南旅游业危机预警机制构建》,《资源开发与市场》2012 年第 1 期,第 80 ~ 82 页。

徐菊凤:《旅游公共服务:理论与实践的若干问题》,《旅游学刊》2012 年第 3 期,第 6 ~ 7 页。

徐最、朱道立、朱文贵:《补偿契约模式下的供应链产能投资研究》,《科技导报》2007 年第 7 期,第 71 ~ 76 页。

许明辉:《供应链中的应急管理》,博士学位论文,武汉大学,2004。

许振宇、任世科、郭雪松、袁治平:《不确定条件下应急供应链可靠性评价模型》,《运筹与管理》2015 年第 3 期,第 35 ~ 44 页。

许志端:《供应链战略联盟中的风险因素分析》,《科研管理》2003 年第 4 期,第 127 ~ 132 页。

薛泉:《对公共危机管理若干重要问题的思考》,《理论学刊》2013 年第 4 期,第 28 ~ 32 页。

严南南、李森:《突发事件下三级供应链联合契约协调》,《计算机工程与应用》2019 年第 9 期,第 248 ~ 252 页。

颜波、石平、丁德龙:《物联网环境下的农产品供应链风险评估与控制》,

《管理工程学报》2014 年第 3 期，第 196～202 页。

杨爱杰：《基于"牛鞭效应"的供应链管理的信息风险防范》，《现代管理科学》2004 年第 10 期，第 46～47 页。

杨博翔：《基于优势粗糙集的证券投资决策研究及其应用》，《山东农业大学学报》（自然科学版）2016 年第 5 期，第 785～788 页。

杨德礼、郭琼、何勇、徐经意：《供应链契约研究进展》，《管理学报》2006 年第 1 期，第 117～125 页。

杨红芬、吕安洪、李琪：《供应链管理中的信息风险及对策分析》，《商业经济与管理》2002 年第 2 期，第 32～35 页。

杨俭波、黄耀丽、徐颂、罗平：《Web Service/Web GIS 在突发性旅游灾害事件应急预警信息系统中的应用》，《人文地理》2006 年第 4 期，第 79～84 页。

杨静慧：《公共危机治理中的政府角色定位与重塑》，《实事求是》2013 年第 1 期，第 67～69 页。

杨俊：《供应链风险管理理论与方法研究》，硕士学位论文，武汉理工大学，2005。

杨丽娟：《酒店企业危机管理的应急处理研究》，《经济问题探索》2012 年第 6 期，第 116～119 页。

杨斯玲、蒋根谋：《基于约束理论和集对分析的 EPC 建筑供应链风险管理》，《技术经济》2016 年第 8 期，第 111～117 页。

杨洋、李蔚、李珊、李双：《严重自然灾害危机对旅游意愿的影响因素探析》，《中大管理研究》2011 年第 3 期，第 90～105 页。

杨月华、杜军平：《基于神经网络的旅游突发事件预警研究》，《北京工商大学学报》（自然科学版）2008 年第 2 期，第 63～65 页。

杨治宇、马士华：《供应链企业间的委托代理问题研究》，《计算机集成制造系统－CIMS》2001 年第 1 期，第 19～22 页。

姚琪：《物联网环境下的食品供应链风险研究》，《食品工业》2018 年第 5 期，第 282～286 页。

姚珣、唐小我、潘景：《基于新消费者行为理论的供应链应急预案研究》，

《管理工程学报》2011 年第 2 期，第 8～13 页。

叶飞、符少玲、杨立洪：《收益共享的供应链协作契约机制研究》，《工业工程》2006 年第 1 期，第 9～12 页。

叶飞：《含风险规避者的供应链收益共享契约机制研究》，《工业工程与管理》2006 年第 4 期，第 50～55 页。

叶飞、李怡娜、胡晓灵：《不确定需求下供应链技术创新的共享收益契约研究》，《科技管理研究》2005 年第 3 期，第 81～83 页。

叶怀珍、胡异杰：《供应链中合作伙伴收益原则研究》，《西南交通大学学报》2004 年第 1 期，第 30～33 页。

叶全良、荣浩：《基于层次分析法的旅游公共服务评价研究》，《中南财经政法大学学报》2011 年第 3 期，第 47～54 页。

叶全良、荣浩：《旅游公共服务供给制度变迁的路径依赖与创新选择》，《湖南社会科学》2012 年第 2 期，第 65～69 页。

叶欣梁：《旅游地自然灾害风险评价研究——以九寨沟为例》，博士学位论文，上海师范大学，2011。

易伟明、董沛武：《基于模糊综合分析的智能硬件供应链节点风险等级评估》，《企业经济》2018 年第 8 期，第 126～131 页。

于宝琴、孙翠、张悦等：《基于模糊信息熵的绿色供应链管理风险因素分析》，《科技管理研究》2010 年第 12 期，第 178～180 页。

于辉、陈剑：《突发事件下何时启动应急预案》，《系统工程理论与实践》2007 年第 8 期，第 27～32 页。

于辉、陈剑、于刚：《回购契约下供应链对突发事件的协调应对》，《系统工程理论与实践》2005 年第 8 期，第 38～43 页。

于辉、陈剑、于刚：《批发价契约下的供应链应对突发事件》，《系统工程理论与实践》2006 年第 8 期，第 33～41 页。

于辉、陈剑、于刚：《协调供应链如何应对突发事件》，《系统工程理论与实践》2005 年第 7 期，第 9～16 页。

于辉、邓亮、孙彩虹：《供应链应急援助的 CVaR 模型》，《管理科学学报》2011 年第 6 期，第 68～75 页。

于辉、邓亮:《突发事件下供应链企业间援助行为分析》,《软科学》2011
　　年第 2 期,第 116～120 页。

于辉:《供应链合作与企业应急管理》,重庆:重庆大学出版社,2009。

于辉:《供应链合作与企业应急管理》,重庆:重庆大学出版社,2008,
　　第 160～171 页。

于辉、江智慧:《突发事件下的局内单机调度》,《系统工程》2009 年第 6
　　期,第 97～98。

于辉、江智慧:《突发事件下分阶段启动应急预案模型研究》,《管理工程
　　学报》2011 年第 1 期,第 109～114 页。

于辉、唐林:《基于多专家评估应急预案启动的 RCVaR 模型》,《北京航
　　空航天大学学报》(社会科学版) 2012 年第 6 期,第 20～24 页。

余娟:《港口物流柔性供应链稳定性评估模型分析》,《舰船科学技术》
　　2019 年第 8 期,第 193～195 页。

余纳新、韩传峰:《基于层次分析法的城市灾害应急管理指标分析》,《灾
　　害学》2013 年第 3 期,第 152～157 页。

余昇、徐寅峰、董玉成、郑斐峰:《基于在线方法的蓝藻危机应急预案启
　　动策略》,《系统工程理论与实践》2011 年第 5 期,第 914～919 页。

詹丽、梅雪、黄蓉:《旅游目的地风险管理研究综述》,《旅游研究》2013
　　年第 1 期,第 7～14 页。

张爱、袁治平、张清辉:《供应链企业委托代理问题的研究》,《工业工程
　　与管理》2003 年第 3 期,第 52～55 页。

张炳轩、李龙洙、都忠诚:《供应链的风险及分配模型》,《数量经济技术
　　经济研究》2001 年第 9 期,第 92～95 页。

张晨:《城市旅游公共服务体系建设与完善措施》,《标准科学》2013 年
　　第 2 期,第 43～46 页。

张翠华、黄小原:《供应链中的道德风险问题》,《东北大学学报》2003
　　年第 7 期,第 703～706 页。

张存禄、黄培清:《供应链风险管理》,北京:清华大学出版社,2007,
　　第 5 页。

张存禄、王子萍、黄培清等:《基于风险控制的供应链结构优化问题》,《上海交通大学学报》2005 年第 3 期,第 468 ~ 478 页。

张国丽:《智慧旅游背景下旅游公共信息服务的建设——以浙江为例》,《科技经营市场》2012 年第 3 期,第 41 ~ 44 页。

张浩、杨浩雄、郭金龙:《供应链网络可靠性的多层 Bayes 估计模型》,《系统科学与数学》2012 年第 1 期,第 45 ~ 52 页。

张华:《我国入境旅游发展策略研究》,《生态经济》2013 年第 2 期,第 125 ~ 130 页。

张俊霞、段文军:《综合绩效评价指标体系构建分析——基于平衡计分卡的旅游公共服务》,《现代商贸工业》2011 年第 18 期,第 18 ~ 20 页。

张宁、刘春林、王全胜:《企业间应急协作:应对突发事件的机制研究》,《商业经济与管理》2009 年第 9 期,第 30 ~ 35 页。

张松:《树形供应链中断风险应急模型研究》,《运筹与管理》2011 年第 1 期,第 186 ~ 191 页。

张维迎:《博弈论与信息经济学》,上海:上海人民出版社,2000。

张潇:《基于突变级数法的互联网供应链金融生态系统绩效评估》,《商业经济研究》2017 年第 24 期,第 161 ~ 164 页。

张旭、袁旭梅、袁继革:《基于加权改进节点收缩法的供应链网络节点重要度评估》,《计算机应用研究》2017 年第 12 期,第 3801 ~ 3805 页。

张学龙、王军进:《链路预测下能源供应链网络合作演化机制研究》,《智能系统学报》2017 年第 2 期,第 221 ~ 228 页。

张艳琼、蒋勋、徐绪堪:《基于层次粗糙集的突发事件检索模型研究》,《情报科学》2018 年第 10 期,第 30 ~ 47 页。

张一丁、张毅、张爱华、张月:《基于回购契约的闭环供应链系统动力学模型构建及仿真分析》,《数学的实践与认识》2018 年第 10 期,第 52 ~ 59 页。

张一文:《突发性公共危机事件与网络舆情作用机制研究》,博士学位论文,北京邮电大学,2012。

张义、钟斌:《装备项目型供应链风险控制策略》,《火力与指挥控制》

2015 年第 6 期，第 112 ~ 114 页。

张英菊：《基于灰色多层次评价方法的应急预案实施效果评价模型研究》，《计算机应用研究》2012 年第 9 期，第 3312 ~ 3315 页。

张忠磊、由亚男：《新疆旅游目的地危机管理应对策略研究》，《商场现代化》2013 年第 3 期，第 92 ~ 93 页。

张钟元：《滨海旅游地游客安全期望与感知的比较研究——以厦门为例》，硕士学位论文，华侨大学，2011。

章海峰：《供应链企业战略合作风险因素分析》，《武汉冶金管理干部学院学报》2004 年第 4 期，第 18 ~ 21 页。

赵奥、郭景福、武春友：《中国绿色增长评价——基于粗糙集、突变级数模型和 Topsis 法的集成》，《技术经济》2017 年第 12 期，第 121 ~ 128 页。

赵国军：《基于三角模糊集和 MCDM 的企业供应链管理绩效评估》，《财会月刊》2016 年第 30 期，第 80 ~ 83 页。

赵蕊：《后危机阶段遗产旅游目的地形象的塑造——以四川遗产旅游目的地为例》，《商业文化》（下月版）2012 年第 11 期，第 385 ~ 386 页。

郑惠莉、达庆利：《移动互联网供应链协调机制研究》，《管理科学学报》2005 年第 8 期，第 31 ~ 37 页。

郑琪、范体军、张磊：《"农超对接"模式下生鲜农产品收益共享契约》，《系统管理学报》2019 年第 4 期，第 742 ~ 751 页。

郑晓玲：《旅游保险发展与旅游收入增长的相关性分析——以海南省为例》，《特区经济》2012 年第 3 期，第 158 ~ 160 页。

郑忠良、包兴、季建华：《灾后运作系统能力的应急管理分析框架》，《软科学》2009 年第 5 期，第 31 ~ 36 页。

仲秋雁、王然、曲毅：《基于粗糙集的突发事件属性约简方法》，《运筹与管理》2018 年第 1 期，第 89 ~ 95 页。

周蓓：《基于旅游者认知的旅游危机信息管理模型研究》，《情报科学》2010 年第 4 期，第 536 ~ 540 页。

周文坤、王成付：《供应链融资模式下中小企业信用风险评估研究——基于左右得分的模糊 TOPSIS 算法》，《运筹与管理》2015 年第 1 期，第 209~215 页。

周艳菊等：《供应链风险管理研究进展的综述与分析》，《系统工程》2006年第 3 期，第 1 页。

周业付、罗晰：《农产品供应链风险识别和监管——以江西省禽类行业为例》，《华东经济管理》2016 年第 11 期，第 33~37 页。

朱传波、季建华、陈祥国：《突发性需求下的供应链能力决策及应急协调机制》，《计算机集成制造系统》2011 年第 5 期，第 1071~1077 页。

朱孔山、高秀英：《旅游目的地公共营销组织整合与构建》，《东岳论丛》2010 年第 8 期，第 129~133 页。

朱莉、丁家兰、马铮：《应急条件下异构运输问题的协同优化研究》，《管理学报》2018 年第 2 期，第 309~316 页。

朱倩、李杰：《从风险角度看供应链企业合作伙伴关系》，《现代管理科学》2002 年第 12 期，第 47~46 页。

朱晓迪、刘家国、王梦凡：《基于可拓的供应链突发事件应急协调策略研究》，《软科学》2011 年第 2 期，第 72~75 页。

朱永国、陶斌斌、宋利康等：《基于粗糙集和信息熵的技术成熟度关键技术要素识别方法》，《现代制造工程》2018 年第 1 期，第 1~4 页。

庄品、赵林度：《应急环境和非对称信息下两个竞争零售商的供应链批发价契约》，《东南大学学报》2007 年第 S7 期，第 413~419 页。

邹清明、肖东生：《基于模糊综合评价的城市社区应急管理脆弱性分析》，《南华大学学报》（社会科学版）2013 年第 1 期，第 55~60 页。

邹永广、谢朝武：《基于技术嵌入的乡村旅游服务体系研究》，《企业活力》2011 年第 4 期，第 27~32 页。

邹永广、郑向敏：《旅游目的地游客安全感的影响因素实证研究——以福建泉州为例》，《旅游学刊》2012 年第 1 期，第 49~57 页。

Aamodt, A., Plaza, E. "Cased-based Reasoning: Foundational Issue, Methodological Variation, and System Approaches." *AI Communications* 7, (1994): 39.

Abboud, N. E. "A discrete time Markov production inventory model with machine breakdowns." *Computers & Industrial Engineering* 39, (2001): 97 – 107.

Akkermans, H., Bogerd P., Vos B. "Virtuous and Vicious Cycles on the Road Towards International Supply Chain Management." *International Journal of Operations and Production Management* (1999): 566 – 581.

Alegre, Joaquín, Mateo, Sara, Pou, Lloren. "Tourism Participation and Expenditure by Spanish Households: The Effects of the Economic Crisis and Unemployment." *Tourism Management* 39, (2013): 37 – 49.

Ali, Salem Hyasat, Ali, Alhammad Fawwaz. "A Conceptual Framework for Crisis Planning and Management in the Jordanian Tourism Industry." *Advances In Management* (2010).

Alsabhan, W., Love, S. "Platforms and Viability of Mobile GIS in Real-time Hydrological Models-a Review and Proposed Model." *Journal of Systems and Information Technology* 4, (2011): 425 – 444.

Amirudin, N. R., Nawawi A, Salin, A. S. A. P. "Risk Management Practices in Tourism Industry-a Case Study of Resort Management." *Management & Accounting Review* (*MAR*) 16, (2017): 55 – 74.

Apte, Aruna, Khawam, John, Regnier, Eva, Simon, Jay. "Complexity and Self – sustainment in Disaster Response Supply Chains." *Decision Sciences* 47, (2016): 998 – 1015.

Aqlan, F., Lam, S. S. "Supply Chain Risk Modelling and Mitigation." *International Journal of Production Research*, (2015): 5640 – 5656.

Aram, G. M., Pascu, L. F., Lehr, C. "Prediction of the Concentration of the Pollutants Wave in Aquatic Environment Using Rough Set Theory." *Environmental Engineering and Management* 16, (2017): 1217 – 1225.

Avraham, Eli. "Crisis Communication, Image Restoration, and Battling Stereotypes of Terror and Wars: Media Strategies for Attracting Tourism to Middle Eastern Countries." *American Behavioral Scientist* 57, (2013): 1350 –

1367.

Becken, S. , Hughey, K. F. D. "Linking Tourism into Emergency Management Structures to Enhance Disaster Risk Reduction. " *Tourism Management* 36, (2013): 77 - 85 .

Becken, Susanne, Hughey, Kennet F. D. "Linking Tourism into Emergency Management Structures to Enhance Disaster Risk Reduction. " *Tourism Management* (2013): 77 - 85.

Berger, P. D. , Gerstenfeld, A. , Zeng, A. Z. "How Many Suppliers are Best? A decision - analysis Approach. " *Omega*, (2004): 9 - 15.

Bird, D. K. "Volcanic Risk and Tourism in Southern Iceland: Implications for Hazard, Risk and Emergency Response Education and Training. " *Journal of Volcanology and Geothermal Research* 189, (2010): 33 - 48.

BOONYANUSITH, W. , JITTAMAI, P. "Blood Supply Chain Risk Management Using House of Risk Model. " Walailak Journal of *Science and Technology* (*WJST*) (2019): 573 - 591.

Boukas, Nikolaos, Ziakas, Vassilios. "Impacts of the Global Economic Crisis on Cyprus Tourism and Policy Responses. " *International Journal of Tourism Research* 15, (2013): 329 - 345.

Bundschuh, M. , Klabjan, D. , Thurson, D. L. "Modeling Robust and Reliable Supply Chains. " *Optimization Online e-print* (2003) .

Cachon, G. P. , Lariviere, M. A. "Supply Chain Coordination with Revenue-sharing Conrtracts: Strengths and Limitations. " *Management Seienee* (2005): 30 - 44.

Cahyanto, Ignatius , Pennington - Gray, Lori, Thapa, Brijesh. "An Empirical Evaluation of the Determinants of Tourist's Hurricane Evacuation Decision Making. " *Journal of Destination Marketing & Management* 2, (2014): 253 - 265.

Carle, Marc Andre, Martel, Alain, Zufferey, Nicolas. "The CAT Metaheuristic for the Solution of Multi-period Activity-based Supply Chain Network

Design Problems. " *International Journal of Production Economics* 139, (2012): 664 – 677.

Cavinato, Joseph L. "The Logistics of Contract Manufacturing. " *International Journal of Physical Distribution & Logs Management* (1989): 13 – 20.

Ceryno, P. S. , Scavarda, L. F. , Klingebiel. K. "Supply Chain Risk: Empirical Research in the Automotive Industry. " *Journal of Risk Research* (2015): 1145 – 1164.

Ceryno, P. S. , Scavarda, L. F. , Klingebiel, K. "Supply Chain risk: Empirical Research in the Automotive Industry. " *Journal of Risk Research* 18 (2015): 1145 – 1164.

Chan, F. T. S. , and Kumar, N. "Global Supplier Development Considering Risk Factors Using Fuzzy Extended AHP-based Approach. " *Omega*, 2005.

Changa, C. L. , Cheng, B. W. , Su, J. L. "Using Case-based Reasoning to Establish a Continuing Care Information System of Discharge Planning. " *Expert Systems with Applications* (2004): 601 – 613.

Chaudhuri, Atanu , Mohanty, Bhaba Krishna, Singh, Kashi Naresh . "Supply Chain Risk Assessment During New Product Development: a Group Decision Making Approach Using Numeric and Linguistic Data. " *International Journal of Production Research* 51, (2013): 2790 – 2804.

Chen, C. C. , Chen , Y. L. Kung, Y. C. " A Heuristic Relief Transportation Planning Algorithm for Emergency Supply Chain Management. " *International Journal of Intelligent & Fuzzy Systems* 7, (2010): 1638 – 1664.

Cheng, Bin, Wang, Shaoming. "Supply Chain Risk Evaluation of Hotel and Catering Industry and Model Construction of Information Management System. " *Carpathian Journal of Food Science & Technology* (2015): 16 – 23.

Chen, Ming-Hsiang. " The Response of Hotel Performance to International Tourism Development and Crisis Events. " *International Journal of Hospitality Management* 30 (2011): 200 – 212.

Chopra, S. and Sodhi, M. S. "Managing Risk to Avoid Supply-chain Breakdown." (2004): 53 – 61.

Christopher, M. and Rutherford, C. "Creating Supply Chain Resilience Through Agile Six Sigma." *Critical eye*, 2004.

Claeys A. S, Cauberghe, V. "What Makes Crisis Response Strategies Work? The Impact of Crisis Involvement and Message Framing." *Journal of Business Research* 67, (2014): 182 – 189.

Cohen, Erik, Cohen, Scott A. "Current Sociological Theries and Issues In Tourism." *Annals of Tourism Research* (2012): 2177 – 2202.

Correia, Isabel, Melo, Teresa, Saldanha-da-Gama, Francisco. "Comparing Classical Perform-ance Measures for a Multi-period, Two-echelon Supply Chain Network Design Problem with Sizing Decisions." *Computers & Industrial Engineering* 64, (2013): 366 – 380.

Craighead, C. W., Blackhurst, J., Rungtusanatham, M. J., & Handfield, R. B. "The Severity of Supply Chain Disruptions: Design Characteristics and Mitigation Capabilities." *Decision Sciences* 38, (2007) 131 – 156.

Cranfield Management School. *Supply Chain Vulnerability.* Cranfield University, 2002.

Dana, Jr, J. D., Spier, K. E. "Revenue Sharing and Vertical Control in the Video Rental Industry." *Journal of Industry Economies* 3, (2001): 223 – 245.

Dekkers, R., et al. "Entropy Assessment of Supply Chain Disruption." *Journal of Manufacturing Technology Management*, Vol. 23 No. 8, 2012, pp. 998 – 1014.

DiMase, Daniel, Collier, Zachary A., Carlson, Jinae, et al. "Traceability and Risk Analysis Strategies for Addressing Counterfeit Electronics in Supply Chains for Complex Systems." *An International Journal* (2016): 1834 – 1843.

Ellis, S. C., Henry, R. M., Shockley, J. "Buyer Perceptions of Supply

Disruption Risk: A Behavioral View and Empirical Assessment. " *Journal of Operation Management* 28, (2010): 36 – 46.

Eugenio-Martin, Juan L. , Campos-Soria, Juan A. . "Economic Crisis and Tourism Expenditure Cutback Decision. " *Annals of Tourism Research* 8, (2014): 1 – 21.

Faisal, M. N. , Banwet, D. K. , Shankar, R. "Supply Chain Risk Mitigation: Modeling the Enablers. " *Business Process Management Journal* 12 , (2006): 535 – 552.

Fu, Dongfei, lonescu, Clara M. , Aghezzaf, El-Houssaine , De Keyser, Robin. "A Constrained EPSAC Approach to Inventory Control for a Benchmark Supply Chain System. " *International Journal of Production Research* (2016): 232 – 250.

Funaki, Kenichi. "Strategic Safety Stock Placement in Supply Chain Design With Due-date Based Demand. " *International Journal of Production Economics* 135, (2012): 4 – 13.

Ganguly, K. K. , Guin, K. K. "A Fuzzy AHP Approach for Inbound Supply Risk Assessment. " *Benchmarking: An International Journal* (2013): 129 – 146.

Ghaderi, Zahed, Som, Ahmad Puad Mat, Henderson, Joan C. "Tourism Crises and island Destinations: Experiences in Penang, Malaysia. " *Tourism Management Perspectives* (2012): 79 – 84.

Giannakis, M. , Louis, M. "A Multi-agent Based Framework for Supply Chain Risk Management. " *Journal of Purchasing & Supply Management*, 2011.

Goh, Carey. " Exploring Impact of Climate on Tourism Demand. " *Annals of Tourism Research* (2012): 1859 – 1883.

Greening, P. Rutherford, C. "Disruptions and Supply Networks: a Multi-level, Multi-theor-etical Relational Perspective. " *The International Journal of Logistics Management*, Vol. 22 No. 1, 2011, pp. 104 – 126.

Gürler, ülkü, Parlar, Mahmut. "An Inventory Problem with Two Randomly

Available Suppliers. " *Operations Research* (1997): 904 – 918.

Hale, T. , Moberg, Christopher R. "Improving Supply Chain Disaster Preparedness-A Decision Process for secure Site Location. " *International Journal of Physical Distribution &Logistics Management* 3, (2005): 197 – 207.

Hallikas, J. , et al. "Risk Management Processes in supplier Networks. " *Production Economics* (2004): 47 – 58.

Harland, C. , Brenchley, R. , Walker , H. "Risk in Supply Networks. " *Journal of Purchasing and Supply Management* (2003): 51 – 62.

Hilmola, O. P. , Lorentz, H. "Confidence and Supply Chain Disruptions. " *Journal of Modelling in Management*, 2012, pp. 328 – 356.

Hittle, Brad, Leonard, Karen Moustafa. "Decision Making in Advance of a Supply Chain Crisis. " *Management Decision* , 2011, pp. 1182 – 1193.

Hou, Yumei, Wei, Fangfang, Li, Susan X. , Huang, Zhimin, Ashley, Allan . "Coordination and Performance Analysis for a Three-echelon Supply Chain with a Revenue Sharing Contract. " *International Journal of Production Research* (2017): 202 – 227.

Ho, William, Zheng, Tian, Yildiz, Hakan, Talluri, Srinivas . " Supply Chain Risk Management: a Literature Review. " *International Journal of Production Research* 53, (2015): 5031 – 5069.

Ivanov, Dmitry, Sokolov, Boris. "Structure Dynamics Control Approach to Supply Chain Planning And Adaptation. " *International Journal of Production Research* (2012): 6133 – 6149.

Ivanov, Stanislav, Webster, Craig. "Tourism's Impact on Growth: The Role of Globalisation. " *Annals of Tourism Research* (2013): 231 – 236.

Jallat, F. , Shultz, C. J. "Lebanon: From Cataclysm to Opportunity—Crisis Management Lessons for MNCs in the Tourism Sector of the Middle East . " *Journal of World Business* 46, (2011): 476 – 486.

Jia, Zhiyang, Shi, Yiyin, Jia, Yuan, Li, Ding. "A Framework of Knowledge Management Systems for Tourism Crisis Management. " *Procedia En-*

*gineering*29 (2012): 138 – 143.

Kleindorfera, P., Oktem, U. G., Pariyanic, A., Seider, W. D. "Assessment of Catastrophe Risk and Potential Losses in Industry." *Computers and Chemical Engineering* 47, (2012): 85 – 96.

Kleindorfer, P. R. and Saad, G. H. "Management Disruption Risks in supply Chains." *Production and Operation management*, (2005): 53 – 68.

Klibi, W., Martel, A. "Scenario-based Supply Chain Network Risk Modeling." *European Journal of Operational Research* 223, (2012): 644 – 658.

Knemeyer, A. M., Zinn, Walter, Eroglu, C. "Proactive Planning for Catastrophic Events in Supply Chain." *Journal of Operations Mnagement* 27, (2009): 141 – 153.

Kraljic, P. "Purchasing Must Become Supply Management." *Harvard Business Review* 9, (1983): 109 – 117.

Kristianto, Yohanes, Gunasekaran, Angappa, Helo, Petri, Sandhu, Maqsood. "A Decision Support System for Integrating Manufacturing and Product Design into the Reconfiguration of the Supply Chain Networks." *Decision Support Systems* 52, (2012): 790 – 801.

Kumar, Krishna Sri, Tiwari, M. K. "Supply Chain System Design Integrated with Risk Pooling." *Computers & Industrial Engineering* 64, (2013): 580 – 588.

Lavastre, O., Gunasckaran, A., Spalanzani, Alain. "Effect of Firm Characteristics, Supplier Relationships and Techniques Used on Supply Chain Risk Management (SCRM): an empirical investigation on French industrial firms." *International Journal of Production Research* 11, (2014): 3381 – 3403.

Lewis, B. M, Erera, A. L., White, Chelsea C. *An Inventory Control Model with Possible Border Disruptions*. Working Paper, Georgia Institute of Technology, Atlanta, GA, 2005.

Li, M., Du, Y., Wang, Q. Sun, C., Ling, X. et al. "Risk Assessment of

Supply Chain for Pharmaceutical Excipients with AHP – fuzzy comprehensive evaluation. " *Drug Development & Industrial Pharmacy*, (2016): 676 – 684.

Liu, Jia, Li, Shiyong, Zhu, Xiaoxia. "Hydrological Layered Dialysis Research on Supply Chain Financial Risk Prediction under Big Data Scenario. " *Discrete Dynamics in Nature and Society* (2018): 1 – 9.

Liu, Lingzhe, Daniels, Hennie. "Towards a Value-based Method for Risk Assessment in Supply Chain Operations. " *IUP Journal of Operations Management* (2017): 36 – 40.

Lockamy, A. , McCormack, K. "Modeling Supplier Risks Using Bayesian Networks. " *Industrial Management & Data Systems*, 2012.

Lockamy, Archie. "Benchmarking Supplier Risks Using Bayesian Networks. " *Benchmarking: An International Journal* 3, (2011): 409 – 427.

Lonsdale, C. "Effective Managing Vertical Supply Relationships: a Risk Management Model for Outsourcing. " *Supply Chain Management: An international Journal* 4 , (1999): 176 – 183.

Makris, S. , Chryssolouris, G. "Web – services – based supply – chain – control Logic: an Automotive Case Study. " *International Journal of Production Research* (2013): 2077 – 2091.

Mehrjoo, M. , Pasek, Z. J . "Risk Assessment for the Supply Chain of Fast Fashion Apparel Industry: A system dynamics framework. " *International Journal of Production Research* (2016): 6760 – 6781.

Mehrjoo, M. , Pasek, Z. J. "Risk Assessment for the Supply Chain of Fast Fashion Apparel Industry: a System Dynamics Framework. " *International Journal of Production Research* (2016): 28 – 48.

Metzner, Christoph, Platzer, Maximilian , Young, Timothy M. et al. "Accurately Estimating and Minimizing Costs for the Cellulosic Biomass Supply Chain with Statistical Process Control and the Taguchi Loss Function. " *BioResources* (2019): 2961 – 2976.

Moon, Ilkyeong, Feng, Xue-Hao , RyuKwang-Yeol. "Channel Coordination for Multi-stage Supply Chains with Revenue-sharing Contracts Under Budg-et Constraints. " *International Journal of Production Research* 16, (2015): 4819 – 4836.

Mortimer, J. H. "The Effects of Revenue-sharing Contracts on Welfare in Vertically Separated Markets: Evidence from the video Rental Industry Working Paper. " *University of California at Los Angeles working Paper* (2000).

Mostafaeipour, A., Qolipour, M., Eslam, H. "Implementing Fuzzy Rank Function Model for a New Supply Chain Risk Management. " *The Journal of Supercomputing* (2017): 3586 – 3602.

Nagurney, A., et al. "Supply Chain Networks, Electronic Commerce and Supply Side and Demand Side Risk. " *European Journal of Operational Research* 1, (2005): 120 – 142.

Nakandala, D., Lau, H., Zhao, L. "Development of a Hybrid Fresh Food Supply Chain Risk Assessment Model. " *International Journal of Production Research* (2017): 4180 – 4195.

Nakandala, D., Samaranayake, P., Lau, H. C. W. "A Fuzzy-based Decision Support Model for Monitoring on – time Delivery Performance: A Textile Industry Case Study. " *European Journal of Operational Research* 225 (2013): 507 – 517.

Neiger, D, Rotaru, K., Churilov, L. "Supply Chain Risk Identification With Value-focused Process Engineering. " *Journal of Operation Management* 27, (2009): 154 – 168.

Nickel, Stefan, Saldanha-da-Gama, Francisco, Ziegler, Hans Peter. "A Multi-stage Stochastic Supply Network Design Problem with Financial Decisions and Risk Management. " *Omega* 40, (2012): 511 – 524.

Nigro, G. L., Abbate, L. "Risk Assessment and Profit Sharing in Business Networks. " International Journal of Production Economics (2011): 234 – 241.

Novak, F, Santo Zarnik, S. , Ma ek-Reliability, S. "Early Warning of Fault Conditions of an Over-current Protection Module in Dependable Communication Applications. " *Reliability Engineering and System Safety* 84, (2003): 127 – 128.

Oke, A. , Gopalakrishnan, M. "Managing disruption in supply chains: A case study of a retail supply chain. " *International journal of production economics* 118, (2009): 168 – 174.

Padmanabhan, V. , Png, I. P. L. "Manufacture's Returns Policy And Retail Competition. " *Marketing Science* (1997): 81 – 94.

Paksoy, Turan, Pehlivan, Nimet Yapici. "A Fuzzy Linear Programming Model for the Optimization of Multi-stage Supply Chain Networks with Triangular and Trapezoidal Membership Functions. " *Journal of the Franklin Institute* 349, (2012): 93 – 109.

Pang, Qinghua, Chen, Yuer, Hu, Yulu. "Three-Level Supply Chain Coordination under Disruptions Based on Revenue-Sharing Contract with Price Dependent Demand. " *Discrete Dynamics in Nature and Society* (2014): 1 – 11.

Paraskevas, A. , Altinay, L. , McLean, J. , et al. "Crisis Knowledge in Tourism: Types, flows and Governance. " *Annals of Tourism Research* (2013): 130 – 152.

Paraskevas, Alexandros, Altinay, Levent . "Signal Detection As The First Line Of Defence In Tourism Crisis Management. " *Tourism Management* (2013): 158 – 171.

Parlar, M. "Continuous Review Inventory Problem with Random Supply Interruptions. " *European Journal of Operations Research* 99, (1997): 366 – 385.

Pastermack B. A. "Using Revenue Sharing to Achieve Channel Coordination for a Newsboy Type Inventory Model. " *Supply Chain Management: Models, Applications and Research directions* (2002) .

Peck, Helen. "Drivers of Supply Chain Vulnerability: an Integrated Framework." *International Journal of Physical Distribution & Logistics Management* 35 (2005): 210 – 232.

Popescu, Liliana. "Safety and Security in Tourism. Case Study: Romania." *Forum geograficm* 10, (2011): 322 – 328.

Punniyamoorthy, M., Thamaraiselvan, N. and Manikandan, L. "Assessment of Supply Chain Risk: Scale Development and validation." *Benchmarking: An International Journal*, 2013, pp. 79 – 105.

Qi, X., Bard, J., Yu G. "Supply Chain Coordination with demand Disruptions." *Omega* (2004): 301 – 312.

Raza, Syed Ali, Jawaid, Syed Tehseen. "Terrorism and Tourism: A Conjunction and Rami cation in Pakistan." *Economic Modelling* 33, (2013): 65 – 70.

Richey, R. G., Skipper, Joseph B., Hanna, J. B. "Minimizing Supply Chain Disruption Risk Through Enhanced Flexibility." *International Journal of Physical Distribution &Logistics Management* (2009): 406 – 427.

Ritchie, B., Brindley, C. "Supply Chain Risk Management and Performance: a Guiding Framework for Future Development." *International Journal of Operations and Production Management*1 (2007): 303 – 322.

Rittichainuwat, Bongkosh N. "Tourists' and Tourism Suppliers' Perceptions Toward Crisis Management on Tsunami." *Tourism Management* 34, (2013): 112 – 121.

Routroy, S., Shankar, A. "A Study of Apparel Supply Chain Risks." *IUP Journal of Supply Chain Management* (2014): 52 – 69.

Sabokbar H. F., Ayashi A., Hosseini A., et al. "Risk Assessment in Tourism System Using a Fuzzy Set and Dominance-based Rough Set." *Technology and Economic Development of Economy* (2016): 554 – 573.

Sadjady, Hannan, Davoudpour, Hamid. "Two-echelon, Multi-commodity Supply Chain Network Design with Mode Selection, Lead-times and Inventory Costs. " *Computers & Operations Research* 39, (2012): 1345 – 1354.

Sarkar, A. , Mohapatra, P. K. J. "Determining the Optimal Size of Supply Base with the Consideration of Risks of Supply Disruptions. " *International Journal of Production Economics* (2009): 122 – 135.

Sawik, Tadeusz. "Selection of Supply Portfolio Under Disruption Risks. " *O-mega* (2011): 96 – 208.

Schmitt, A. J. , Snyder, L. V. "Infinite-horizon models for inventory control under yield uncertainty and disruptions. " *Computers & Operations Research* 39 , (2012): 850 – 862.

Schmitt, Amanda J. , Singh, Mahender. "A quantitative analysis of disruption risk in a multi-echelon supply chain. " *International Journal of Production Economics* 139, (2012): 22 – 32.

Serel, D. A. "Capacity Reservation Under Supply Uncertainty. " *Computers & Operations Research* 4, (2007): 1192 – 1220.

Serel D. A. "Inventory and Pricing Decisions in a Single-period Problem Involving Risky Supply. " *International Journal of Production Economics* 116, (2008): 117 – 128.

Sheffi, YOSSI. "Long-term Value. " *Site Selection* (2013) .

Sheffi, Yossi. "Preparing for Disruptions Through Early Detection. " *MIT Sloan Management Review* (2015) .

Sheffi, Y. "Supply Chain Management Under the Threat of International Terrorism. " *The International Journal of Logistics Management* 12, (2001) : 1 – 11.

Shin, Kwang Sup, Shin, Yong Woo, Kwonc, Ji-Hye, Kang, Suk-Ho. "Development of Risk Based Dynamic Backorder Replenishment Planning Framework Using Bayesian Belief Network. " *Computers & Industrial Engineering* 62, (2012): 716 – 725.

Shukla, A. , Lalit, V. A. , Venkatasubramanian, V. "Optimizing Efficiency-robu Stness Trade-offs in Supply Chain Design Under Uncertainty Due to Disruptions. " *International Journal of Physical Distribution & Logistics Management* (2011): 623 – 646.

Smeltzer, L. R. , Siferd S. P. "Proactive Supply Management: The Management of Risk. " *International Journal of Purchasing and Materials Management* 1, (1998): 38 – 45.

Snyder, L. V. , Shen, Z. "Managing Disruption to Supply Chains. " *Frontiers of Engineering: Reports on Leading-Edge Engineering from the* 2006 *Symposium.* National Academies Press, 2007.

Speakman, Mark , Sharpley, Richard. "A Chaos Theory Perspective on Destination Crisis Management: Evidence from Mexico. " *Journal of Destination Marketing & Management* (2012): 67 – 77.

Spekman, Robert E. , Davis, Edward W. "Risky Business: Expanding the Discussion on Risk and the Extended Enterprise. " *International Journal of Physical Distribution & Logistics Management* 34 (2004): 414 – 433.

Stahura, K. A. , Henthorne, T. L. George, B. P. , Soraghan, E. " Emergency Planning and Recovery for Terror Situations: an Analysis with Special Reference to Tourism. " *Worldwide Hospitality and Tourism Themes* (2012): 48 – 58.

Tabrizi, Babak H. , Razmi, Jafar. "Introducing a Mixed-integer Non-linear Fuzzy Model for Risk Management in Designing Supply Chain Networks. " *Journal of Manufacturing Systems* (2013): 295 – 307.

Tang, C. S. "Perspectives in supply Chain Risk Management. " *International Journal of Production Economics*, 2006.

Tang, C. , Tomlin, B. "The Power of Flexibility for Mitigating Supply Chain Risks. " *International journal of production economics*, (2008): 12 – 27.

Tomlin B. "On the Value of Mitigation and Contingency Strategies for Managing Supply Chain Disruption Risks. " *Management Science* 52, (2006): 639 – 657.

Tomlin, B. T . "Selecting a Disruption Management Strategy for Short Life Cycle Products: Diversification, Contingent Sourcing, and Demand Management." in *Working Paper OTIM*, Kenan Flagler Business School, University of North Carolina, 2005.

Tomlin, B. T., Snyder, L. V. "On the Value of a Threat Advisory System for Managing Supply Chain Disruptions." *Working Paper* (2007).

Tomlin, B. T. "The Impact of Supply Learning When Suppliers are Unreliable." *Manufacturing & Service Operations Management* 2, (2007): 192 – 209.

Tomlin, B. T., Wang, Y. "On the Value of Mix Flexibility and Dual Sourcing in Unreliable Newsvendor Networks." *Manufacturing and Service Operations Management* 1, (2005): 3 – 57.

Towill, D. R., Lambrecht, M. R., Disney, S. M. "Explicit Filters and Supply Chain Design." *Journal of Purchasing&Supply Management* 9, (2003): 73 – 81.

Trkman, P. and McCormack, K. "Supply chain Risk in Turbulent Environments—a Conceptual Model for Managing Supply Chain Network Risk." *International Journal of Production Economics* 119, (2009): 247 – 258.

Truong Quang, H., Hara, Y. "Risks and Performance in Supply Chain: the Push Effect." *International Journal of Production Research* 56, (2018): 1369 – 1388.

Tsay, A. A. "Risk Sensitivity in Distribution Channel Partnerships Implications for Manufacture Return Policies." *Journal of Retailing* (2002): 147 – 160.

Tse, Y. K., and Tan, K. H. "Quality Risk in Global Supply Network." *2010 8th International Conference on Supply Chain Management and Information*. IEEE, 2010.

Van Wassenhove, L. N. "Humanitarian Aid Logistics: Supply Chain Management in High Gear." *Journal of the Operational Research Society* (2006): 477 – 489.

Vlachos, D., Tagaras, G. "An Inventory System with Two Supply Modes and Capacity Constraints. " *International Journal of Production Economics* 72, (2001): 41 -58.

Wagner, S. M. , and Nikrouz Neshat. "Assessing the Vulnerability of Supply Chains Using Graph Theory. " *International Journal of Production Economics* 126, (2010): 121 - 129.

Wakolbinger, T. , Cruz, J. M. "Supply Chain Disruption Risk Management Through Strategic Information. " *International Journal of Production Research* (2011): 4063 - 4084.

Warburton, R. D. H. , Stratton, R. "The Optimal Quantity of Quick Response Manufacturing for an Onshore and Offshore Sourcing Model. " *International Journal of Logistics: Research and Applications* 2, (2005): 125 - 141.

Wilding, Richard, Wagner, B. , Claudia, Colicchia, Strozzi, Fernanda. "Supply Chain Risk Management: a new Methodology for a Systematic Literature Review. " *Supply Chain Management: An International Journal* (2012): 403 - 418.

Wu, D. D. , Olson, D. L. "A review of Enterprise Risk Management in Supply Chain. " *Kybernetes* Vol. 39 No. 5, 2010, pp. 694 - 706.

Wu, T. , Blackhurst, J, Chidambaram, V. " A Model for Inbound Supply Risk Analysis. " *Computers in Industry* (2006): 350 - 365.

Xanthopoulos, Anastasios, Vlachos, Dimitrios, Iakovou, Eleftherios. "Optimal newsvendor policies for dual-sourcing supply chains: A disruption risk management framework. " *Computers & Operations Research* 39, (2012): 350 - 357.

Xiao, Tiaojun, Yang, Danqin, Shen, Houcai. "Coordinating a Supply Chain with a Quality Assurance Policy Via a Revenue-sharing Contract. " *International Journal of Production Research* (2011): 99 - 120.

Xiao, T. J, Qi, X. T. "Price Competition, Cost and Demand Disruption and Coordination of Supply Chain with One Manufacturer and Two Competing

Retailers. " *Omega* (2008).

Xiao, T. J. , Qi, X. , Yu, G. "Coordination of supply chain after demand disruptions when retailers compete. " *International Journal of Production Economics* (2006).

Xia, Y. , Yang, M. H. , Golany, B. , et al. "Real-time Disruption Management in a Two-stage Production and inventory System. " *IIE transactions* (2004): 1 – 15.

Xie, C. , Anumba, T. R. , Tummala, R. et al. "Assessing and Managing Risks Using the Supply Chain Risk Management Process (SCRMP). " *Supply Chain Management: An International Journal* (2011): 474 – 483.

Xue, Hong, Lin, Yiliang, Yuan, Yi, Cai, Jinyu. "Early Warning Classification of Cluster Supply Chain Emergency Based on cloud Model and Datastream Clustering Algorithm. " *Journal of Intelligent & Fuzzy Systems* 35, (2018): 393 – 403.

Yang, J. , Qi, X. T. "Disruption Management in Production Planning. " Naval Research Logistics (NRL) 2, (2005).

Yang, Z. , Aydin, G. , Babich, V. , Beil, D. R. "Supply Disruptions, Asymmetric Information and a Backup Production Option. " *Management science* (2009).

Yan, H. , Liu, K. , Hsu, A. "Optimal Ordering in a Dual Supplier System with Demand Forecast Updates. " *Production & Operation Management* (2003): 30 – 45.

Yao, D. Q. , Yue, X. , Wang, X. , Liu, J. J. "The Impact of Information Sharing on a Returns Policy with the Addition of a Direct Channel. " *International Journal of Production Economics* 2, (2005): 196 – 209.

Yao, Z. , Leung, S. C. H. , Lai, K. K. "Analysis of the Impact of Price-sensitivity Factors on the Returns Policy in Coordinating Supply Chain. " *European Journal of Operational Research* 1, (2008): 275 – 282.

Yorozu, Y. , Hirano, M. , Oka, K. and Tagawa, Y. "Electron Spectrosco-
py Studies on Magneto-optical Media and Plastic Substrate Interface,"
IEEE Translation Journal on Magnetics in Japan (1987): 740 – 741.

Yue, X. , Raghunathan, S. "The Impacts of the Full Returns Policy on a
Supply Chain with Information Asymmetry. " *European Journal of Opera-
tional Research* 2, (2007): 630 – 647.

YU, H. , JIANG Z. H. "Competive Strategy of Single-machine Scheduling
Under Unexpected Events. " *System Engineering* 6, (2009): 97 – 98.

Yu, H. , Zeng, A. Z. , Zhao, L. "Single or Dual Sourcing: Decision –
making in the Presence of supply Chain Disruption Risks. " *Omega* 37,
(2009): 788 – 800.

Zaldivar, J. M. , Bosch, J. , Strozzi, F. , Zbilut, J. P. "Early Warning
Detection of Runaway Initiation Using No-linear Approaches. " *Communi-
cations in Nonlinear Science and Numerical Simulation*10 (2005): 299 –
311.

Zanger C. "Opportunities and Risks of Network Arrangements Among Small
and Large Firms Within Supply Chain. " *The Sixth International Annual
IPSERA Conference*, 1997.

Zeng, A. Z. , Berger, P. D. , et al. "Managing the Supply-side Risks in Sup-
ply Chains: Taxonomies, processes and Example Soft Decision Making
Modelling. " *Applications of Supply Chain Management and E – Commerce
Research.* Springer, Berlin, (2005) .

Zeng, A. Z. "Single or Multiple Sourcing: an Integrated Optimization Frame-
work for Sustaining Time-based Competitiveness. " *Journal of Marketing
Theory and Practice* (1998): 10 – 25.

Zhang, Daohai, Sheng, Zhaohan, Du, Jianguo, Jin, Shuai. "A Study of
Emergency Management of Supply Chain Under Supply Disruption. " *Neu-
ral Comput & Applications* (2014): 13 – 20.

Zhang, X. "The Impact of Forecasting Methods on the Bullwhip Effect. " *In-

ternational Journal of Production Economics 88, (2004): 17 – 27.

Zhao, Xiao, Xia, Xuhui, Yu, Guodong. "Buyback Contract of Reverse Supply Chains with Different Risk Attitudes Under Fuzzy Demands. " *Journal of Intelligent & Fuzzy Systems* (2018): 47 – 56.

Zhao, X. , Xie, J. , Leung, J. "The Impact of Forecasting Model Selection on the Value of Information Sharing in supply Chain. " *European Journal of Operational Research* 142, (2002): 321 – 344.

Zhou, Shenghan, Hu, Chen, Xie, Yue, Chanen, W. "Research on Supply Chain Risk Assessment With Intuitionistic Fuzzy Information. " *Journal of Intelligent & Fuzzy Systems* 30, (2016): 3367 – 3372.

Zolghadri, A. "Early Warning and Prediction of Flight Parameter Abnormalities for Improved System Safety Assessment. " *Reliability Engineering and System Safety* 76 (2002): 19 – 27.

Zsidisin, G. A. "Managerial Perceptions of Supply Risk. " *Journal of Supply Chain Management* (2003): 16 – 25.

Zsidisin, G. A. , Melnyk, S. A. , et al. "An Institutional Theory Perspective of Business Continuity Planning for Purchasing and Supply Management. " *International Journal of Production Research* 16 (2005): 3401 – 3420.

图书在版编目（CIP）数据

供应链突发事件应急管理 / 黎枫著. -- 北京：社
会科学文献出版社，2020.12
ISBN 978 - 7 - 5201 - 7647 - 7

Ⅰ.①供⋯　Ⅱ.①黎⋯　Ⅲ.①供应链管理 - 风险管理
Ⅳ.①F252

中国版本图书馆 CIP 数据核字（2020）第 232862 号

供应链突发事件应急管理

著　　者／黎　枫

出 版 人／王利民
责任编辑／孔庆梅
文稿编辑／张凡羽

出　　版／社会科学文献出版社·经济与管理分社（010）59367226
　　　　　　地址：北京市北三环中路甲 29 号院华龙大厦　邮编：100029
　　　　　　网址：www. ssap. com. cn
发　　行／市场营销中心（010）59367081　59367083
印　　装／三河市尚艺印装有限公司

规　　格／开　本：787mm × 1092mm　1/16
　　　　　　印　张：24　字　数：356 千字
版　　次／2020 年 12 月第 1 版　2020 年 12 月第 1 次印刷
书　　号／ISBN 978 - 7 - 5201 - 7647 - 7
定　　价／128.00 元